"十三五"高等职业教育核心课程规划教材·汽车类

汽车底盘构造与维修

主　编　曲英凯　刘　成
副主编　娄万军　车万华
　　　　宋　晓　刘利胜
主　审　刘　锐

西安交通大学出版社
XI'AN JIAOTONG UNIVERSITY PRESS

内容简介

本书是"十三五"高等职业教育汽车类核心课程规划教材,主要内容包括汽车传动系中的离合器、手动变速器、万向传动装置、驱动桥、汽车行驶系、汽车转向系、汽车制动系等,系统讲述了汽车底盘各系统的结构原理,并对各系统的维护、检修与常见故障诊断进行了详细介绍。

本书适合于高职高专院校汽车检测与维修、汽车运用与维修、汽车制造与装配、汽车营销与售后技术服务等专业的教学,也可以作为相关专业的教材或者参考书,还可供从事汽车维修的工程技术人员参考使用。

图书在版编目(CIP)数据

汽车底盘构造与维修/曲英凯,刘成主编.—西安:
西安交通大学出版社,2016.7(2019.7重印)
ISBN 978-7-5605-8771-4

Ⅰ.①汽… Ⅱ.①曲…②刘… Ⅲ.①汽车-底盘-结构-教材
②汽车-底盘-车辆修理-教材 Ⅳ.①U463.1 ②U472.41

中国版本图书馆 CIP 数据核字(2016)第 164896 号

书　　名	汽车底盘构造与维修
主　　编	曲英凯　刘　成
责任编辑	雷萧屹　李　文　陈　昕
出版发行	西安交通大学出版社 (西安市兴庆南路1号　邮政编码710048)
网　　址	http://www.xjtupress.com
电　　话	(029)82668357　82667874(发行中心) (029)82668315(总编办)
传　　真	(029)82668280
印　　刷	西安日报社印务中心
开　　本	787mm×1092mm　1/16　　印张 21　　字数 509千字
版次印次	2016年7月第1版　2019年7月第4次印刷
书　　号	ISBN 978-7-5605-8771-4
定　　价	49.80元

读者购书、书店添货如发现印装质量问题,请与本社发行中心联系、调换。
订购热线:(029)82665248　(029)82665249
投稿信箱:850905347@qq.com

版权所有　侵权必究

前言

本书力求理论与实际紧密联系,在阐述完部件、总成等的结构与工作原理后,紧接着讲述故障维修和诊断,并引入典型案例,加深对理论知识的理解。为适合我国高等职业教育发展的需要,着重强化职业能力的培养,使学生具有扎实的专业知识和基本操作技能。理论方面着眼于结构、工作原理的论述,实操方面则侧重培养学生的基本操作技能。

编者在本书编写过程中深入汽车维修企业,并与企业一线人员和管理人员充分沟通,针对汽车维修行业发展的实际情况和维修技术领域对高等职业技能人才的实际需求,设置本教材的内容结构及编写体例,简化繁琐的理论分析,突出职业能力的培养,有较强的岗位针对性和实用性。

参加编写的有吉林交通职业技术学院曲英凯(编写项目1、项目8)、刘成(编写项目6)、娄万军(编写项目7)、车万华(编写项目4、项目5)、宋晓(编写项目3)、刘利胜(编写项目2)。全书由吉林交通职业技术学院曲英凯、刘成担任主编,娄万军、车万华、宋晓、刘利胜担任副主编,刘锐担任主审工作。

由于编者水平有限,书中如有疏漏和不足,恳请各位专家和读者提出宝贵意见和建议,以便再版时更正。

编 者
2016 年 6 月

目 录

项目1　汽车传动系概述 ………………………………………………………………… (1)
　1.1　传动系的功用 ………………………………………………………………… (1)
　1.2　传动系的类型及组成 ………………………………………………………… (2)
　1.3　机械式传动系的布置形式 …………………………………………………… (4)

项目2　离合器 …………………………………………………………………………… (7)
　2.1　离合器概述 …………………………………………………………………… (7)
　2.2　离合器的操纵机构 …………………………………………………………… (16)
　2.3　离合器的维修 ………………………………………………………………… (21)
　2.4　离合器常见故障的诊断 ……………………………………………………… (26)
　2.5　案例分析 ……………………………………………………………………… (30)
　习题 ………………………………………………………………………………… (32)

项目3　变速器 …………………………………………………………………………… (34)
　3.1　变速器概述 …………………………………………………………………… (34)
　3.2　普通齿轮变速器的变速传动机构 …………………………………………… (37)
　3.3　同步器 ………………………………………………………………………… (44)
　3.4　变速器的操纵机构 …………………………………………………………… (49)
　3.5　分动器 ………………………………………………………………………… (55)
　3.6　变速器的维修 ………………………………………………………………… (58)
　3.7　变速器常见故障的诊断 ……………………………………………………… (66)
　3.8　案例分析 ……………………………………………………………………… (68)
　习题 ………………………………………………………………………………… (69)

项目4　万向传动装置 …………………………………………………………………… (71)
　4.1　万向传动装置概述 …………………………………………………………… (71)
　4.2　万向节及传动轴 ……………………………………………………………… (72)

4.3 万向传动装置的维修 ………………………………………………… (80)
4.4 万向传动装置常见故障的诊断 ……………………………………… (88)
4.5 案例分析 ……………………………………………………………… (89)
习题 ………………………………………………………………………… (91)

项目 5 驱动桥 ………………………………………………………… (92)
5.1 驱动桥概述 …………………………………………………………… (92)
5.2 主减速器 ……………………………………………………………… (94)
5.3 差速器 ………………………………………………………………… (98)
5.4 半轴与桥壳 …………………………………………………………… (105)
5.5 驱动桥的维修 ………………………………………………………… (108)
5.6 驱动桥常见故障的诊断 ……………………………………………… (114)
5.7 案例分析 ……………………………………………………………… (116)
习题 ………………………………………………………………………… (118)

项目 6 汽车行驶系 …………………………………………………… (119)
6.1 汽车行驶系概述 ……………………………………………………… (119)
6.2 车架 …………………………………………………………………… (120)
6.3 车桥与车轮 …………………………………………………………… (123)
6.4 悬架 …………………………………………………………………… (143)
6.5 汽车行驶系的维修 …………………………………………………… (173)
6.6 行驶系常见故障的诊断 ……………………………………………… (188)
6.7 案例分析 ……………………………………………………………… (194)
习题 ………………………………………………………………………… (195)

项目 7 汽车转向系 …………………………………………………… (197)
7.1 汽车转向系概述 ……………………………………………………… (197)
7.2 转向器及转向操纵机构 ……………………………………………… (199)
7.3 转向传动机构 ………………………………………………………… (208)
7.4 动力转向系统 ………………………………………………………… (213)
7.5 汽车转向系的维修 …………………………………………………… (232)
7.6 转向系常见故障的诊断 ……………………………………………… (241)
7.7 案例分析 ……………………………………………………………… (244)
习题 ………………………………………………………………………… (247)

项目 8　汽车制动系 ··· (248)
　　8.1　汽车制动系概述 ·· (248)
　　8.2　制动器 ··· (250)
　　8.3　制动操纵机构 ·· (259)
　　8.4　制动防抱死系统(ABS) ·· (274)
　　8.5　驱动防滑转(ASR)系统 ·· (289)
　　8.6　电子稳定系统(ESP) ··· (298)
　　8.7　汽车制动系的维修 ··· (302)
　　8.8　液压制动系常见故障的诊断 ··· (316)
　　8.9　案例分析 ··· (323)
　　习题 ·· (324)

参考文献 ··· (326)

项目1 汽车传动系概述

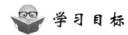
学习目标

(1)了解汽车传动系的功用。
(2)了解汽车传动系的类型和组成。
(3)掌握汽车传动系的布置形式。

1.1 传动系的功用

汽车传动系是指从发动机到驱动车轮之间所有动力传递装置的总称。

传动系统的功用是将发动机发出的动力按需要传递给驱动车轮,使汽车在各种不同的工况下均能正常行驶,并具有良好的动力性和经济性。其具体功用有以下几方面。

1.实现减速增矩

发动机输出的动力具有转速高、转矩小的特点,无法满足汽车行驶的基本需要。通过传动系统的主减速器,可以达到减速增矩的目的,即传给驱动轮的动力比发动机输出的动力转速低、转矩大。

2.实现变速变矩

发动机的最佳工作转速范围很小,但是汽车在实际使用过程中,行驶的速度和需要克服的阻力却在很大范围内变化。通过传动系统的变速器,可以在发动机工作范围变化不大的情况下,满足汽车行驶速度变化大和克服各种行驶阻力的需要。

3.实现倒车

现代汽车所采用的发动机主要是活塞式内燃机,它不能反转。但汽车除了前进外,还要倒车。在变速器中设置倒挡,汽车就可以实现倒车。

4.实现动力中断

启动发动机、换挡过程中、行驶途中短时间停车(如等候交通信号灯)、汽车低速滑行等情况下,都需要中断传动系统的动力传递。利用离合器或者变速器的空挡可以中断动力传递。

5.实现车轮差速

在汽车转向等情况下,需要两驱动轮能以不同转速转动。通过驱动桥中的差速器可以实现差速功能。

1.2 传动系的类型及组成

1. 传动系的类型

根据汽车传动系中传动介质的不同,传动系可分为机械式、液力机械式、静液式、电力式等类型。机械式传动系和液力机械式传动系广泛应用于普通双轴汽车,并与活塞式发动机配用。

2. 传动系的组成

传动系的组成与其类型、布置形式及驱动形式等许多因素有关。

(1)机械式传动系

如图1-2-1所示,机械式传动系主要由离合器、变速器、万向传动装置和驱动桥组成。其中万向传动装置由万向节和传动轴组成,驱动桥由桥壳、主减速器和差速器组成。发动机发出的动力经离合器、变速器、万向传动装置传到驱动桥,动力又经主减速器、差速器和半轴等传递到驱动车轮。

驱动轮获得转矩后给地面一个向后的作用力,地面对驱动轮产生一个向前的反作用力,我们把这个反作用力称为驱动力或牵引力。当驱动力克服汽车行驶助力,并满足附着条件时,汽车就会起步和行驶。

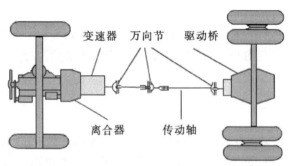

图1-2-1 机械式传动系

机械传动系各部分的功用分别是:

①离合器:按照需要适时地切断或接合发动机与传动系之间的动力传递。

②变速器:改变发动机输出转速的高低、转矩的大小以及输出轴的旋转方向,也可以切断发动机向驱动轮的动力传递。

③万向传动装置:将变速器输出的动力传给主减速器,并适应两者之间距离和轴线夹角的变化。

④主减速器:降低转速,增大转矩,改变动力的传递方向(发动机纵置时改变90°)。

⑤差速器:将主减速器传来的动力分配给左右半轴,并允许左右半轴以不同角速度旋转,以满足左右驱动轮在行驶过程中差速的需要。

⑥半轴:将差速器传来的动力传给驱动轮,使驱动轮获得旋转的动力。

(2)液力机械式传动系

如图1-2-2所示,液力机械变速器是组合运用液力传动(以液体为传动介质,利用其在主动元件和从动元件之间循环流动过程中动能的变化来传递动力)和机械传动,以液力机械变速器取代机械式传动系的摩擦式离合器和普通齿轮式变速器,其他组成部件及布置形式与机械式传动系相同。液力机械变速器由液力传动装置、有级式(或无级式)机械变速器、控制机构、操纵机构组成。

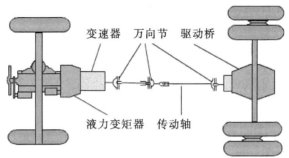

图1-2-2 液力机械式传动系

(3)静液式传动系统

静液式传动系统通过液体传动介质静压力能的变化传递动力。如图1-2-3所示,发动机带动油泵产生静压力,通过控制装置控制液压马达转速,用一个液压马达带动驱动桥或用两个液压马达直接驱动两个驱动轮。静液式传动系统的主要缺点是机械效率低、造价高、使用寿命短、可靠性差等,在汽车上没有得到广泛应用。

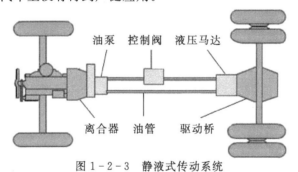

图1-2-3 静液式传动系统

(4)电力式传动系统

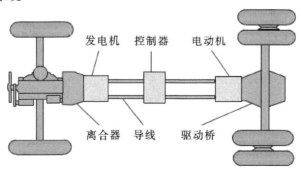

图1-2-4 电力式传动系统

电力式传动系统是一种无级传动装置。如图 1-2-4 所示,由汽车发动机带动发电机发电,将发出的电能送到电动机,再由电动机驱动驱动桥或由电动机驱动带有减速器的驱动轮。电力式传动系统的主要缺点是质量大、效率低,消耗较多的有色金属铜。

1.3 机械式传动系的布置形式

汽车传动系的布置形式主要与发动机的安装位置及驱动形式有关。汽车的驱动形式通常用汽车车轮总数×驱动车轮数(车轮数指轮毂数)来表示,普通汽车一般装 4 个车轮,常见的驱动形式有 4×2、4×4;重型货车大多装 6 个车轮,其驱动形式有 6×6、6×4、6×2。

1. 发动机前置后轮驱动(front-engine rear-wheel-drive,缩写为 FR)

发动机前置后轮驱动是传统的布置形式,如图 1-3-1 所示。其特点是传动路线较长,发动机只能采用纵向布置,但是后轮得到的驱动力较大。它适用于大多数货车、部分高级轿车和部分客车。

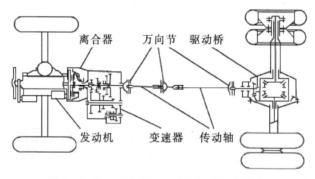

图 1-3-1　发动机前置后轮驱动布置形式

2. 发动机前置前轮驱动(front-engine front-wheel-drive,缩写为 FF)

发动机前置前轮驱动如图 1-3-2 所示,其特点是无万向节和传动轴,传动线路结构简

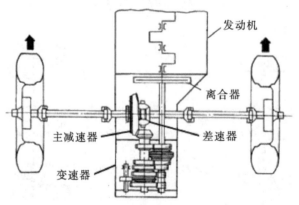

图 1-3-2　发动机前置前轮驱动布置形式

单,路线短,车身底板可以降低,有助于提高高速时的行驶稳定性。发动机可以横置也可以纵置,若采用横置可以使主减速器的结构简单。大多数轿车采用这种布置形式,但爬坡能力差,豪华轿车一般不采用。

3. 发动机后置后轮驱动(rear-engine rear-wheel-drive,缩写为RR)

发动机后置后轮驱动如图1-3-3所示,其发动机、离合器和变速器制成一体布置在驱动桥之后,大大缩短了传动轴的长度。传动系统结构紧凑,便于车身内部布置,增大前门乘客上车通道的空间,减小室内发动机的噪声,一般用于大、中型客车。

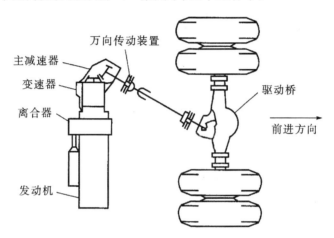

图1-3-3 发动机后置后轮驱动布置形式

4. 发动机中置后轮驱动(middle-engine rear-wheel-drive,缩写为MR)

发动机中置后轮驱动如图1-3-4所示,其特点是发动机布置在前后轴之间,用后轮驱动。一般用于跑车和少数大中型客车。

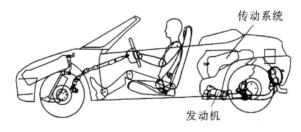

图1-3-4 发动机中置后轮驱动布置形式

5. 全轮驱动(n-wheel-drive,缩写为nWD)

全轮驱动如图1-3-5所示,其特点是所有车轮都是驱动车轮,常用于高档轿车和越野车。普通越野汽车通常有四个车轮,所以常标记为4WD。nWD有多个驱动桥,在变速器后加了一个分动器,其作用是把变速器输出的动力经几套万向传动装置分别传给所有的驱动桥,并可以进一步降速增矩。

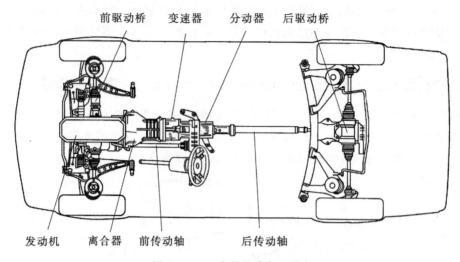

图1-3-5 全轮驱动布置形式

项目 2　离合器

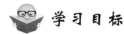学习目标

(1) 掌握离合器的基本组成和工作原理。
(2) 掌握离合器操纵机构的类型、构造和工作原理。
(3) 学会对离合器的主要零件进行检验。
(4) 会分析离合器的一般故障及排除方法。

2.1　离合器概述

2.1.1　离合器的功用和类型

1.离合器的功用

离合器位于发动机与变速器之间,用来分离或接合二者之间的动力联系,是汽车机械式传动系中的第一个总成。其主要作用有以下几点。

(1) 保证汽车平稳起步

在汽车起步之前,发动机已经运转,而汽车却处于静止状态,其速度为零。如果传动系与发动机刚性相联,则当变速器挂挡时,正常怠速运转的发动机曲轴将与联系整车的传动系在极短的时间内发生转动方向的碰撞。因此传动系将对曲轴造成很大的反向冲击力矩,使发动机转速急剧下降到最低稳定转速以下,导致其熄火而不能工作,同时也会使机件受过大负荷而损坏。在传动系中设置了离合器后,驾驶员就可以缓慢地放松离合器踏板来柔和地接合离合器,逐渐加大对传动系的作用力矩,避免了对曲轴造成很大的反向冲击力矩。与此同时,逐渐踩下加速踏板,相应增加对发动机的燃油供给量,使发动机能始终维持不熄火,到驱动轮产生的驱动力足以克服起步阻力时,汽车开始运动并逐渐加速。可见,离合器是保证汽车平稳起步的关键部件,汽车的平稳起步和加速对于乘员的舒适、安全及延长零部件的使用寿命都是有好处的。

(2) 便于换挡

汽车在行驶过程中,为了适应行驶条件的不断变化,变速器经常需要换用不同的挡位工作。而普通齿轮式变速器的换挡是通过拨动换挡机构来实现的,即原挡位的啮合齿轮副或其他啮合副(如齿形花键与接合套)脱开,新挡位的齿轮副开始啮合。换挡时,如果离合器没有将发动机与变速器之间的动力暂时切断,即原挡位的啮合齿轮副因压力过大而很难脱开,新挡位的齿轮副因两者圆周速度不等而难以进入啮合,即使能进入啮合,也会产生很大的冲击和噪声而损坏机件。装设了离合器后,换挡前,先踩下离合器使其分离,暂时切断动力传递,然后再进

行换挡操作,以保证换挡操作过程的顺利进行,并减轻或消除换挡的冲击。

(3)防止传动系过载

汽车紧急制动时,车轮突然急剧降速。若发动机与传动系刚性联接,将迫使发动机转速急剧降速,传动系内各转动件也将产生很大的惯性力矩(数值可能远大于发动机正常工作时所发出的最大转矩)。这一力矩作用于传动系,会造成传动系过载而使其机件损坏。有了离合器,当传动系承受载荷超过离合器所能传递的最大转矩时,离合器主动部分和从动部分就会自动打滑,从而避免了传动系内过大载荷的出现,起到了过载保护作用。

2.离合器的类型

按照离合器传递动力的方式不同可分为摩擦离合器、液力变矩器和电磁离合器等三种。

(1)摩擦离合器

摩擦离合器的结构如图2-1-1所示,它靠机械摩擦传动,常与手动变速器配合使用。

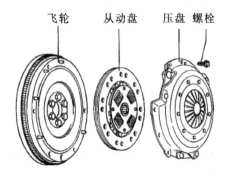

图2-1-1 膜片式离合器

(2)液力变矩器

液力变矩器的结构如图2-1-2所示,它常与自动变速器配合使用。

图2-1-2 液力变矩器

(3)电磁离合器

电磁离合器的结构如图2-1-3所示,它靠激磁线圈的通、断电来控制离合器的接合和分离。

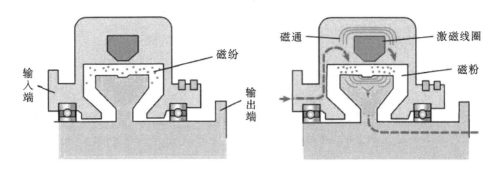

图 2-1-3 电磁离合器

2.1.2 摩擦式离合器的基本组成与工作原理

1. 摩擦式离合器的基本组成

目前在汽车上广泛采用的是用弹簧压紧的摩擦式离合器。摩擦式离合器的基本组成如图 2-1-4 所示,它主要由传动和控制两大部分组成。传动部分的主要作用是传递和中断发动机和变速器之间的动力,包括主动部分、从动部分、压紧机构。控制部分(即操纵与分离机构)的主要作用是控制离合器传动部分的分离和接合。

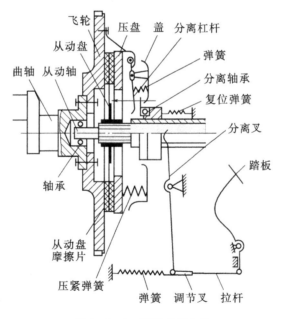

图 2-1-4 摩擦式离合器

①主动部分:主要由飞轮、离合器盖、压盘等组成。
②压紧机构:主要由螺旋弹簧或膜片弹簧组成。
③从动部分:主要指离合器的从动盘。
④操纵与分离机构:由离合器踏板、踏板复位弹簧、分离杠杆、分离轴承、分离套筒、分离

叉、回位弹簧等机件组成。

2.摩擦式离合器的工作原理

摩擦式离合器依靠摩擦原理传递发动机动力。当从动盘与飞轮和压盘之间有间隙时,飞轮和压盘不能带动从动盘旋转,离合器处于分离状态。当压紧力将从动盘压向飞轮后,飞轮和压盘在从动盘表面产生的摩擦力带动从动盘旋转,离合器处于接合状态。这个压紧力是由于离合器压盘总成安装在飞轮上时,弹簧压缩形变所产生的。

(1)自由状态

如图2-1-5(a)所示,装配时,在压盘、从动盘和飞轮对正安装位置,离合器盖没有固定到飞轮上时,膜片弹簧不受力,处于自由状态。此时,离合器盖平面与飞轮安装端面之间有一距离l。

(2)接合状态

将离合器盖用连接螺栓固定到飞轮上时,如图2-1-5(b)所示,由于离合器盖靠向飞轮,后钢丝支撑环则压向膜片弹簧使之发生弹性变形,膜片弹簧的圆锥底角变小。同时,在膜片弹簧的外端对压盘产生压紧力,使离合器处于接合状态。

(3)分离状态

当分离离合器时,分离轴承左移,如图2-1-5(c)所示,膜片弹簧被压在前钢丝支撑环上,其径向截面以前支撑环为支点转动,膜片弹簧成反锥形,使膜片弹簧外端右移,并通过分离钩拉动压盘使离合器分离。

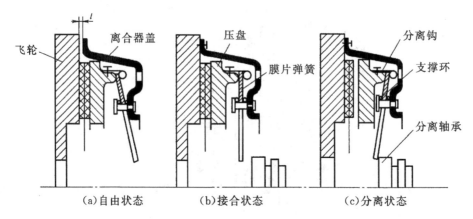

图2-1-5 摩擦式离合器的工作原理

3.摩擦式离合器的类型

手动挡的汽车上主要采用摩擦式离合器,依不同分类方法它有不同类型。按从动盘的数目不同可分为单片、双片和多片离合器;按弹簧的类型和布置形式不同可分为周布螺旋弹簧离合器、中央弹簧离合器、斜置弹簧离合器以及膜片弹簧离合器;按操纵机构的不同可分为机械式(拉索式和杆式)、液压式、气压助力式离合器。

下面对摩擦式离合器的主要类型进行对比介绍。

(1) 膜片弹簧式、周布弹簧式、中央弹簧式

膜片弹簧式离合器(见图2-1-1)具有结构简单、轴向尺寸小、压紧力分布均匀、弹性性能良好,以及能自动调节压紧力、操纵轻便、高速时压紧力稳定、分离杠杆平整不需调整等优点,因此在中小型汽车上广泛使用。

周布弹簧式离合器(见图2-1-6)采用若干个螺旋弹簧作为压紧弹簧,沿摩擦盘圆周分布,装在压盘和离合器盖中间。中央弹簧式离合器(见图2-1-7)采用一根张力较强的压紧弹簧布置于离合器中央。压紧弹簧有螺旋圆柱形和圆锥形两种形式。周布弹簧式和中央弹簧式离合器多用于重型汽车上。

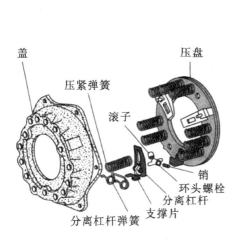

图2-1-6 周布弹簧式离合器

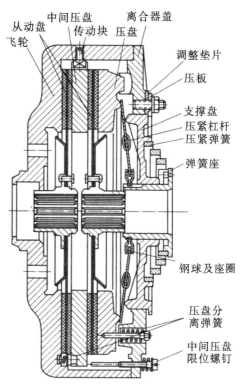

图2-1-7 中央弹簧式离合器

(2) 单片式、双片式

轿车和轻中型货车发动机的最大扭矩一般不是很大,常采用单片式离合器。中型以上客、货车因传递扭矩较大,采用摩擦面数目多且传递扭矩大的双片或多片式离合器。双片式离合器(见图2-1-7)与单片式离合器相比,结构上的主要区别在于离合器从动盘为两个,且二者之间多了一个中间压盘,摩擦面有4个,因此可传递的扭矩增大一倍。

2.1.3 膜片弹簧式离合器的构造

摩擦式离合器类型虽多,但其组成和工作原理基本相同,都是由主动部分、从动部分、压紧机构、分离与操纵机构四大部分组成。下面以中小型汽车所采用的膜片弹簧式离合器为例进行说明。

1. 膜片弹簧离合器的类型

膜片弹簧离合器有推式和拉式两种,如图2-1-8所示。

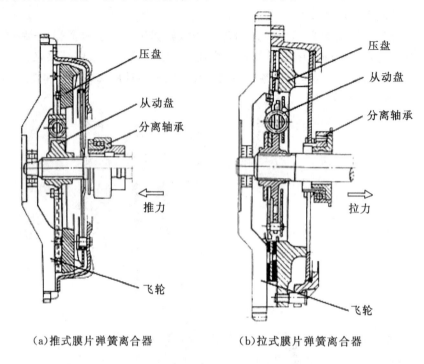

(a)推式膜片弹簧离合器　　(b)拉式膜片弹簧离合器

图2-1-8　推式和拉式膜片弹簧离合器

推式的特点是离合器在分离轴承向前推力的作用下分离。
拉式的特点是离合器在分离轴承向后拉力的作用下分离。

2. 推式膜片弹簧离合器的组成

推式膜片弹簧离合器一般采用单片、干式膜片弹簧,如图2-1-9所示。

(1)主动部分

离合器的主动部分由飞轮、离合器盖和压盘等组成。飞轮用螺栓固定在曲轴后端的凸缘上,离合器盖与飞轮靠螺栓联接。为了保证离合器与飞轮同心,离合器盖通过定位销定位,固装在飞轮上。压盘与离合器盖之间是通过周向均布的3组或4组传动片来传递转矩的,如图2-1-9所示。传动片用弹簧钢片制成,每组两片,一端用铆钉铆接在离合器盖上,另一端用铆钉铆接在压盘上。在离合器分离和接合过程中,依靠弹簧钢片的弯曲变形,使压盘前后移动。正常工作时,离合器盖通过传动片拉动压盘旋转,对压盘起传动、导向和定心的作用。传动片的反向承载能力较差,汽车反拖时,易折断传动片。

(2)从动部分

离合器的从动部分是从动盘,它通过花键与变速器一轴相联。从动盘两面带有摩擦片,装在飞轮和压盘之间。由于发动机传到汽车传动系的转速和转矩是周期性地不断变化的,这会使传动系产生扭转振动。另一方面,汽车行驶于不平路面上时,汽车传动系会出现角速度的突

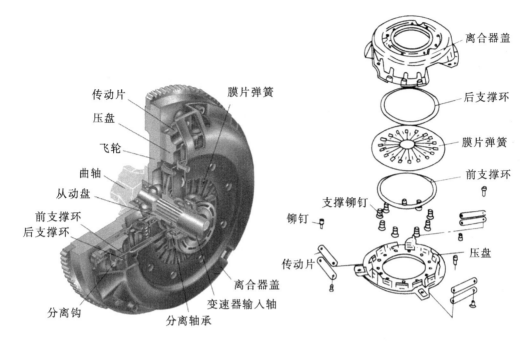

图 2-1-9 膜片弹簧式离合器的组成

然变化,也会引起上述扭转振动。如果扭转振动的频率与传动系固有振动频率成整数倍关系,就会产生共振,将使传动系零件的应力成倍地增加,从而使传动系零件的疲劳寿命大大下降。为了消除这种有害的共振现象,多数离合器从动盘中装有扭转减振器。另外,当发动机高转速下猛抬离合器踏板使汽车起步时,或者当采取紧急制动而来不及踏下离合器踏板时,由于减振弹簧的缓冲作用,使传动系的动载荷明显下降,从而防止造成传动系瞬间过载。

带扭转减振器的从动盘的结构如图 2-1-10(a)所示。从动盘钢片和从动盘毂通过弹簧弹性地联接在一起,构成减振器的缓冲机构。从动盘毂夹在从动盘钢片和减振器盘之间,在从动盘毂与从动盘钢片、从动盘毂与减振器盘之间还装有环状形摩擦片,它是减振器的阻尼耗能元件。从动盘毂、从动盘钢片和减振器盘上都有 6 个圆周均布的窗孔,减振弹簧装在窗孔中。特种铆钉将从动盘钢片和减振器盘铆接成一体,但铆钉中部和从动盘毂上的缺口存在一定的间隙,从动盘毂可相对从动盘钢片和减振器盘做一定量的转动。当从动盘不受转矩作用时,减振弹簧在从动盘毂与从动盘钢片和减振器盘之间不起传力作用,如图 2-1-10(b)所示。而从动盘受转矩作用时,由摩擦衬片传来的转矩首先传到从动盘钢片,再经弹簧传给从动盘毂,这时弹簧被压缩,如图 2-1-10(c)所示,通孔错开。因而,由发动机曲轴传来的扭转振动所产生的冲击或汽车行驶于不平路面上引起传动系角速度突然变化而产生的冲击,都会被弹簧所缓和并被摩擦片吸收,将扭转振动的能量通过摩擦阻力转变为热能形式散失到空气中,而不会造成传动系部件的共振。

有些汽车上采用刚度不等(各圈之间的螺距不等或圈数不同)的弹簧,并将装弹簧的窗口长度做成尺寸不同,使弹簧起作用的时间先后不一样,从而获得变刚度的特性,以避免传动系的共振和降低传动系的噪声。有的是在结构上采用双弹簧,即在一个窗口中安装两个刚度不等、旋向相反、套在一起的内、外两个弹簧。由于两弹簧的自振频率不同,当某一弹簧发生共振

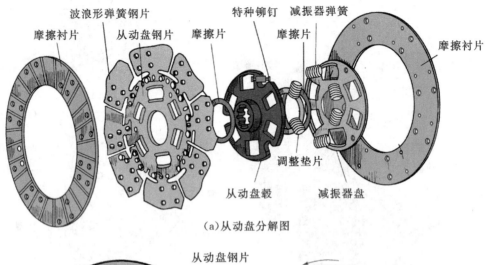

(a) 从动盘分解图

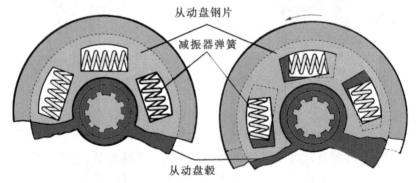

(b) 减振弹簧不传力　　　　(c) 减振弹簧被压缩(传力)

图 2-1-10　带扭转减振器的从动盘组成及工作示意图

时,另一弹簧起减振作用。另外,也可采用橡胶弹性元件。

离合器从动盘在安装时,应具有方向性,以避免连接长度不足(花键毂处)、摩擦片悬空、顶分离轴承等现象,其安装方向因车型而异。

(3) 压紧机构

压紧机构由膜片弹簧、支撑铆钉、支撑环等组成,与主动部分一起旋转。膜片弹簧的形状像一个碟子,如图 2-1-11 所示,它是在一个具有锥形面的钢圆盘上开有许多径向切口,形成一排有弹性的分离杠杆。在切口的根部都钻有孔,以防止应力集中,真正产生压紧力的,仅是钻孔以外的部分。可见膜片弹簧既起着压紧机构的作用,又起分离杠杆的作用。它以离合器盖为依托,将压盘压向飞轮,从而将处于飞轮和压盘间的从动盘压紧。在膜片的两侧各有一个支撑环(有的离合器仅一侧有支撑环),靠支撑铆钉固定在离合器盖上。

图 2-1-11　膜片弹簧

技术提示

离合器的压紧机构和主动部分的离合器盖、压盘等组成一个整体,称为压盘总成,维修时不可分解,一般采用整体更换。

(4)操纵与分离机构

操纵机构是驾驶员控制离合器分离与接合程度的一套专设机构。操纵与分离机构如图2-1-12所示,由分离轴承、分离拨板等机件构成的分离机构和位于离合器壳外的离合器踏板及传动机构、助力机构等组成。

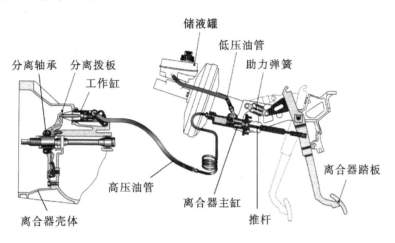

图2-1-12 离合器控制部分的结构

分离轴承能将离合器操纵机构的作用力传递到旋转着的压盘分离杠杆(膜片)上,用于分离离合器。分离轴承属于球轴承,在制造时已经润滑好,然后被密封。分离轴承一般压装在轴承毂上,轴承毂与离合器分离叉联接。轴承毂内有个中心孔,以便在变速器第一轴的支撑轴套上滑动。

在多种安装形式中,当离合器分离时,操纵机构拉动分离轴承与压盘分离。这种安装形式会使离合器踏板处存在自由间隙,但分离轴承和分离杠杆磨损量较小,能保证离合器完全接合。在许多新式汽车上,带有自调整的机械或液压操纵机构,能保持分离轴承和膜片弹簧之间一直存在轻微接触。

3.拉式膜片弹簧离合器的结构特点

(1)结构

拉式膜片弹簧离合器的结构形式与推式膜片弹簧离合器的结构形式大体相同,只是将膜片弹簧反向安装(即接合状态时锥顶背离离合器盖),其支撑点和力的作用点的位置有所改变。支撑点由原来的中间支撑环处移至膜片弹簧大端外径的边缘处,支撑在离合器盖上,中部与压盘的环形凸起接触并对压盘产生压紧力,离合器处于接合状态。

如图2-1-13所示,离合器盖及压盘总成摩擦工作面向后靠螺栓固定在曲轴后端的凸缘上,飞轮用螺栓固定在离合器盖上,其间夹有分离盘、卡环、从动盘,卡环将分离盘卡在膜片弹簧上的三个凸钩上。分离盘中心处有凹坑与离合器分离压杆配合。离合器的分离杠杆贯穿于变速器中空的一轴,后端与分离轴承接触。

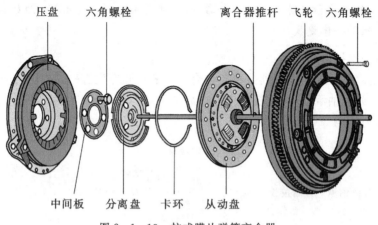

图 2-1-13 拉式膜片弹簧离合器

(2)特点

当分离离合器时,借助踏板机构的操纵使离合器推杆前移,推动分离盘前移使膜片弹簧内端前移,膜片弹簧中部与压盘的环形凸起脱离接触并存有一定间隙。此时,压盘离开从动盘而分离。

膜片弹簧离合器力的作用点为膜片弹簧碟簧部分的内径端,压紧离合器压盘上,这样可获得较大的压紧力,其操纵方式由推式变为拉式操纵。拉式离合器膜片弹簧分离端需要嵌装适合拉式用的分离盘。与推式膜片弹簧离合器比较,拉式膜片弹簧离合器的机构更为简化,便于提高压紧力和转矩,增强了离合器盖的刚度,提高了分离效率,有利于分离负荷的降低,改善了离合器操纵的轻便性。我国一汽大众生产的捷达、高尔夫轿车离合器即为拉式膜片弹簧离合器。

4. 离合器踏板的自由行程

离合器处于接合状态时,分离轴承与分离杠杆内端之间预留的间隙称为离合器的自由间隙。其作用是防止从动盘摩擦片磨损变薄后,压盘不能向飞轮移动而造成离合器打滑。

消除离合器自由间隙和分离机构、操纵机构零件的弹性变形所需要的离合器踏板行程,称为离合器踏板的自由行程。其大小可以调整,不同车型也不尽相同。为了减少维修作业,现在很多车辆都设置有离合器间隙自动调整机构。

2.2 离合器的操纵机构

2.2.1 离合器操纵机构的功用和类型

离合器操纵机构是驾驶员用来使离合器分离与柔和接合的机构,主要由分离机构和离合器踏板及传动机构、助力机构组成。

目前汽车上常用的离合器操纵机构有机械式和液压式两种。为了降低踏板力,在操纵机构中可引入助力装置。

机械式操纵机构有杆系传动和拉索传动两种。杆系传动装置的优点是结构简单,工作可靠。但是因为杆与杆联接的关节点多,所以摩擦损失大,传动效率低(一般 $\eta \approx 0.8 \sim 0.85$),操纵比较费力,车身和车架的变形会影响其工作。当离合器需要远距离操纵时,较难合理安排杆系,故一般应用于中型货车。拉索传动结构简单,质量轻,布置灵活,不受车身和车架变形的影响,但传递的力比较小,故一般应用于轿车。

液压式离合器操纵机构具有摩擦阻力小、传动效率高、接合平顺、便于布置等优点,特别适合于远距离操纵离合器的分离和接合。由于油管的柔性,车架、车身的变形对它的正常工作不会有任何影响,故广泛应用于轿车和轻型汽车上。

2.2.2 离合器操纵机构的组成

1. 机械式操纵机构

机械式操纵机构有杆式和拉索式两种,如图 2-2-1 所示。

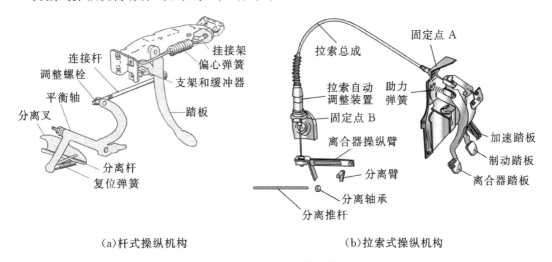

(a)杆式操纵机构　　　　　(b)拉索式操纵机构

图 2-2-1　机械式操纵机构

杆式操纵机构最简单,由踏板、连接杆、调节叉、分离叉及回位弹簧组成,通过调节叉来调节连接杆的长度,实现踏板自由行程的调节。

机械拉索式操纵机构也称绳索式操纵机构,主要由离合器操纵臂、分离臂、分离轴承、分离推杆、拉索和踏板等零部件组成。踩下离合器踏板时,踏板上端拉动离合器拉索,使离合器操纵臂带动分离臂顺时针转动,通过分离轴承推动分离推杆,压迫膜片弹簧,离合器分离。拉索式操纵机构可以消除位移和变形等缺点,多用于微、轻型车。

2. 液压式操纵机构

液压式操纵机构主要由主缸、工作缸及管路组成,如图 2-2-2 所示。它具有阻力小、质量小、接合柔和等优点,且大部分带液压操纵机构的车无需调整离合器踏板的自由行程。

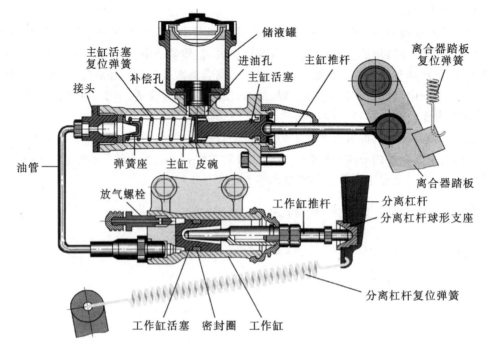

图 2-2-2　液压式操纵机构

(1) 主缸:机械能转化为液压能

离合器主缸的结构如图 2-2-2 所示,主缸体借助补偿孔、进油孔通过软管与储液罐(与制动系统共用)相通。主缸体内有一个中部较细的活塞,使活塞右方的主缸内腔形成环形油室。活塞两端装有密封圈和皮碗,活塞顶开有圆周分布的轴向小孔。活塞复位弹簧将皮碗、活塞垫片压向活塞,盖住小孔,形成止回阀,并把活塞推向最右的位置,使皮碗位于补偿孔和进油孔之间,两孔都打开。

(2) 工作油缸:液压能转化为机械能

离合器工作缸结构如图 2-2-2 所示,工作缸内装有活塞、皮碗、推杆等,缸体上还设有放气螺栓。当管路内有空气存在而影响操纵时,可拧出放气螺栓进行放气。由于工作缸活塞直径略大于主缸活塞直径,故液压系统稍有增力作用,以补偿液流通道的压力损失。

(3) 工作过程

离合器分离过程:当踏下离合器踏板时,通过主缸推杆带动主缸活塞向前移动,主缸内活塞复位弹簧被压缩;当活塞前皮碗将补偿孔关闭后,管路中油压开始升高;在油压作用下,与主缸相联的工作缸活塞推动工作缸推杆右移,使分离杠杆转动,带动分离轴承移动,使离合器分离。

离合器接合过程:当快速放松离合器踏板时,回位弹簧使主缸活塞较快后移,由于管道阻力的作用,管路中油液回流到工作油缸的速度跟不上活塞的移动,从而形成低于大气压强的情况;在压强差的作用下,从储液罐和进油管来的油液经进油孔和活塞上的轴向小孔,沿皮碗的外缘流向活塞前边油腔;当工作缸活塞回位,原先压入到工作缸的油液流回主缸时,多余的油液经补偿孔流入储液罐;当液压系统因漏损或温度变化引起油液容积改变时,可通过补偿孔自动适当进出油液,保证液压操纵系统的正常工作。

(4)离合器踏板位置传感器

大多数轿车在离合器踏板的下方安装有踏板位置传感器,一般为开关式。未踩下踏板时,传感器常闭;踩下踏板时,传感器打开,将信号传递给发动机控制单元。这个信号是电脑判断离合器状态的依据,并根据此信号进行其他功能控制,比如智能启停系统等。在短时间内连续使传感器打开次数较多时,控制单元认为目前车辆工作复杂。在点火开关打开直至点火开关关闭的工作周期内,电控单元检测到传感器常闭或常开,同时电控单元根据发动机节气门位置和车速信号,综合判断传感器是否有故障。若有故障并且是第一次出现,电控单元不记录此故障;连续几个工作周期出现上述故障现象,电控单元以故障代码的形式存储。

3.弹簧助力式操纵机构

为了尽可能减小作用于离合器踏板上的操纵力,以减轻驾驶员的劳动强度,又不致因传动机构杠杆比过大而加大踏板行程,在一些中重型汽车和某些轿车上的离合器操纵机构中运用弹簧助力。

根据助力弹簧受力方向的不同,弹簧助力式操纵机构又分为拉式和推式两种。

拉式弹簧助力式操纵机构如图 2-2-3 所示。助力弹簧(又称偏心弹簧)的两端分别挂在固定于支架和三角板上的两支撑销上,三角板可以绕其轴销转动。当离合器踏板完全放松,离合器处于接合位置时,助力弹簧的轴线位于三角板销轴的下方。当踩下踏板时,通过可调推杆推动三角板绕其轴销逆时针转动。这时,助力弹簧的拉力对轴销的力矩实际上是阻碍踏板和三角板运动的反力矩,反力矩随着离合器踏板下移而减小。当三角板转到使弹簧轴线通过轴销中心时,弹簧反力矩为零。踏板继续下移到使助力弹簧的拉力对三角板轴销的力矩方向转为与踏板力对踏板轴的力矩方向一致时,就能起到助力作用。在踏板处于最低位置时,这一助力作用最大。助力弹簧的助力作用由负变正的过程是可以允许的,因为在踏板的前一段行

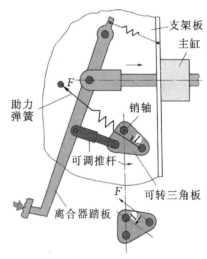

图 2-2-3 拉式助力弹簧助力原理

程中,要消除自由间隙,离合器压紧弹簧的压缩力还不大,总的阻力也在允许范围内;在踏板后段行程中,压紧弹簧的压缩量和相应的作用力继续增大到最大值。在离合器彻底分离以后,为了变速器换挡或制动,往往需要将踏板在最低位置保持一段时间,由此导致驾驶员疲劳,因而最需要助力作用。接合离合器时,放松离合器踏板,工作缸活塞将在回位弹簧作用下回位。在踏板回位的初始阶段,助力弹簧有阻止踏板回位的作用,这对离合器压盘以较慢的速度压紧从动盘、使离合器柔和地接合有好处。在踏板回位的最后阶段,离合器已完全接合,如果完全放松离合器踏板,则助力弹簧将使离合器踏板迅速回位。

推式弹簧助力式操纵机构的助力原理如图 2-2-4 所示。它与拉式弹簧助力式操纵机构类似,这里不再细述。所不同的是,弹簧起作用时的力为推力而非拉力。

这两种弹簧助力结构既可用于机械式离合器操纵机构,也可用于液压式离合器操纵机构。助力弹簧的助力效果一般能使踏板力降低 20%~30%,且主要在踏板后段行程时作用才明

显,操纵离合器的仍然主要是驾驶员的力。

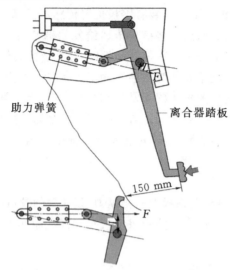

图 2-2-4 推式助力弹簧助力原理

2.2.3 制动液

1. 使用要求

汽车制动液是液压制动系采用的传递压力的工作介质。制动液品质的好坏,对制动系统工作的可靠性影响很大。对制动液的要求如下:

①高温下不易汽化,否则将在管路中产生汽阻现象,使制动系失效;

②低温下有良好的流动性;

③不会使与之经常接触的金属(铸铁、钢、铝或铜)件腐蚀,或使橡胶件发生膨胀、变硬和损坏;

④能对液压系统的运动件起良好的润滑作用;

⑤吸水性差而溶水性良好,即能使渗入其中的水汽形成微粒而与之均匀混合,否则将在制动液中形成水泡而大大降低汽化温度。

2. 制动液的种类

以前,国内使用的制动液大部分是植物油溶液,用50%左右的蓖麻油和50%左右的溶剂(丁醇、酒精或甘油等)配成。用酒精作溶剂的制动液黏度低,汽化温度只有70℃左右;用丁醇作溶剂时,汽化温度可到100℃。植物制动液的汽化温度也都不够高,而且在低温下都易凝结,蓖麻油又是贵重的化工原料,故近年来国内外开始采用合成制动液和矿物制动液来替代植物制动液。我国生产的合成制动液的汽化温度已超过190℃,在-35℃的低温下流动性良好,适用于高速汽车制动器,特别是盘式制动器。此外,合成制动液对金属件(铝件除外)和橡胶件都无伤害,溶水性也很好,但目前成本还较高。矿物制动液在高温和低温下性能都很好,对金属也无腐蚀作用,但溶水性较差,且易使普通橡胶膨胀。故用矿物制动液时,活塞皮碗及制动软管等都必须用耐油橡胶制成。

3. 制动液的标准

为保证汽车行驶安全，各国不断制定、修定汽车制动液标准。

(1) 国外汽车制动液标准

国外汽车制动液有代表性的标准是美国联邦政府运输安全部(DOT)制定的联邦机动车辆安全标准(FMVSS)，具体是 FMVSS No.116 DOT3，DOT4，DOT5，这是世界公认的汽车制动液通用标准。

(2) 我国汽车制动液标准

我国汽车制动液按现行标准 GB 12981—2003《机动车辆制动液》，分为 HZY3，HZY4，HZY5 三级合成制动液，级别越高，性能越好。这三种产品的技术要求基本上与国际上通用的 DOT3，DOT4，DOT5 产品相对应。

4. 制动液的选用

(1) 汽车制动液的选择

汽车制动液的选择应坚持两条原则：一是必须选用同一种类的制动液，尽量选择合成制动液；二是品质等级以 FMVSS No.116 DOT 标准为准。

一般使用情况下，捷达、卡罗拉、奥迪 A6 等汽车采用 DOT4 型制动液。

(2) 制动液的使用

制动液的更换以汽车的行驶里程或时间确定，一般行驶里程超过 30000 km 或时间超过两年需更换。

汽车制动液使用应注意下列事项：不同规格的制动液不能混用；防止水分或矿物油混入；制动缸橡胶皮碗不可长时间暴露放置在空气中；汽车制动液多以有机溶剂制成，易挥发、易燃，因此管理和使用中要注意防火；避免制动液进入眼睛；避免制动液溢洒到漆膜表面，若出现该种情况立即用冷水冲洗。

2.3 离合器的维修

2.3.1 离合器的维护

一般中小型车辆离合器的维护是根据用户手册推荐的行驶里程，按离合器的维护项目进行。国产中型载货汽车离合器的维护，按行驶里程数所到达的一级维护项目和二级维护项目进行。

目前大部分轿车使用液压式操纵机构离合器，在每 15000 km 的常规保养时应检查制动管路是否泄漏；检查制动液面，必要时补充制动液。

使用机械式操纵机构离合器的车辆，在每 15000 km 的常规保养时要检查离合器踏板自由行程的位置，必要时进行调整。

2.3.2 离合器主要零件检修

1. 飞轮和压盘

检查压盘和飞轮的表面是否出现过大的磨损,由于摩擦衬片磨损过薄,可能将压盘和飞轮划出沟槽。压盘和飞轮的损伤还有翘曲、裂纹或失去平衡。飞轮的定位销应固定牢固,不松动。离合器压盘工作表面的轻微磨损可用油石修平,磨损沟槽超过 0.5 mm 应修平平面,用游标卡尺检查压盘的极限减薄量不得大于 1 mm,离合器压盘平面度不应超过 0.2 mm。压盘有严重的磨损或变形,甚至出现裂纹,磨削后厚度小于极限值,应更换新件。图 2-3-1 为压盘平面度的检查,检查方法是将直尺搁平后以厚薄规测量。飞轮平面度的检查方法与此相同。

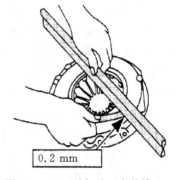

图 2-3-1 压盘平面度的检查

检查飞轮的导向轴承时,要用手转动轴承,同时向转动方向施加压力。若轴承卡住或阻力过大,应更换导向轴承。图 2-3-2 所示为更换导向轴承的方法。SST 为大众车系更换导向轴承的专用工具。也有的车辆用滑动轴承作为导向轴承,这类轴承的磨损通常是由于圆柱度超标不能对变速器一轴进行精准定位,从而导致踩下离合器踏板时有类似于金属的敲击声。出现这种情况直接更换导向轴承。

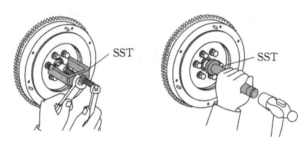

图 2-3-2 导向轴承的更换

离合器盖与飞轮接合面的平面度公差为 0.5 mm。如有翘曲、裂纹或变形,应更换新件。

2. 从动盘的检查

离合器从动盘的常见耗损有摩擦片的磨损、烧蚀、表面龟裂、硬化、油污、铆钉外露或松动;从动盘钢片翘曲、破裂,花键磨损;使用不当时,还会出现扭转减振器弹簧折断,钢片与花键毂铆钉松动等故障,应更换从动盘。

从动盘摩擦片磨损程度的检查如图 2-3-3 所示,用游标卡尺测量摩擦片铆钉头埋入的深度,检测摩擦片的磨损程度。铆钉头埋入深度小于 0.3 mm 时,更换从动盘。

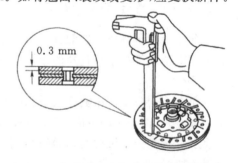

图 2-3-3 从动盘摩擦片磨损程度的检查

3. 膜片弹簧磨损深度的检查

膜片弹簧因受长期的负荷而疲劳,易造成磨损、弯曲、折断,或因弹力的减弱影响动力的传递。膜片弹簧磨损深度的检查方法如图2-3-4所示,用游标卡尺检测膜片弹簧的磨损大于0.5 mm,应更换。膜片弹簧内端高度差不能超过0.5 mm。

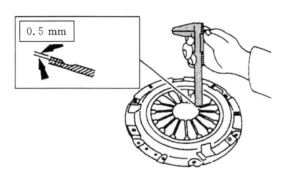

图2-3-4 膜片弹簧磨损深度的检查

4. 分离轴承的检修

分离轴承常因保养不当缺油发响,或受自然磨损松旷。检查方法如图2-3-5所示,将轴承内套用手压紧如箭头所示方向转动。若有阻滞,为轴承座或滚珠磨损,应更换。若转动灵活,但有"沙沙"声,为轴承缺油,应更换。分离轴承内孔磨损超过0.03 mm或轴向间隙超过0.06 mm,应更换。另外,出现分离叉护罩损坏、拉簧折断或拉力减弱等故障时,应及时更换。

图2-3-5 分离轴承的检查

2.3.3 离合器的拆卸

①拆下变速器。
②对于没有定位销的,应在压盘和飞轮上做出装配记号,便于安装和保证动平衡。
③用专用支架固定飞轮。图2-3-6所示为大众车的飞轮固定。
④按对角线将每个螺栓松一圈,直至弹簧张力消失为止。
⑤卸下螺栓。
⑥取下压盘总成和从动盘。

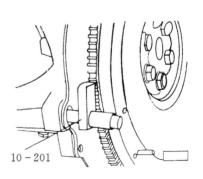

图2-3-6 用专用工具固定飞轮

2.3.4 离合器的组装与调整

1. 离合器的装配

膜片弹簧离合器的装配次序大体相同,可按拆卸时的相反次序进行安装。安装时应满足以下要求。

①安装从动盘。如图2-3-7所示,将压盘和离合器从动盘用定芯棒(或者变速器一轴)安装到飞轮上。待离合器安装好后,再取出定芯棒(或者变速器一轴)。

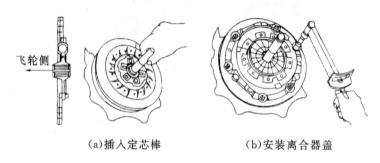

(a)插入定芯棒　　　　(b)安装离合器盖

图2-3-7　安装从动盘

②用手均匀地旋入所有的螺栓,直至螺栓头紧贴压盘。
③用定位工具固定飞轮。
④沿对角线按规定拧紧力矩逐步拧紧固定螺栓,以防损坏压盘的对中孔和双质量飞轮的对中销。
⑤安装变速器。
⑥对于不装配离合器自调机构的还需要调整离合器踏板的自由行程。

2. 装配操作提示

①检查气缸体上是否有用于发动机和变速箱定芯的配合套,如有必须进行安装。
②如果没有配合套,便会出现换挡困难、离合器故障,也可能会产生离合器噪音(松动轮子的嘎嘎声)。
③从动盘毂两边长度不对称,安装时应根据车辆型号确定离合器从动盘毂长短的前后方向,不可装反,否则会导致离合器分离不彻底。
④根据发动机型号匹配离合器从动盘和压盘。
⑤在离合器烧毁后,为了减少气味散发,必须彻底清洁离合器罩以及飞轮和发动机缸体后端面。
⑥清洁驱动轴花键,如果是旧离合器片则清洁轮毂花键;清除锈蚀,然后在花键上涂敷薄薄的一层离合器从动盘花键润滑脂。之后将离合器从动盘在变速器输入轴(也称为变速器一轴)上来回移动,直到轮毂在轴上活动自如。多余的油脂一定要去除。
⑦压盘已经过防腐蚀处理并涂有油脂,只允许清洁接触面,否则将严重缩短离合器的寿命。
⑧压盘的接触面和离合器从动盘必须完全紧贴飞轮,然后才能拧入紧固螺拴。

3. 离合器的调整

(1) 踏板高度的调整

踏板高度的调整如图 2-3-8 所示。拧松锁紧螺母，转动止动器螺栓直至高度符合规定。离合器踏板高度可用直尺测量，一般轿车规定值为 170～190 mm。

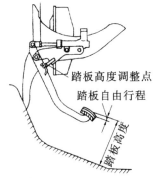
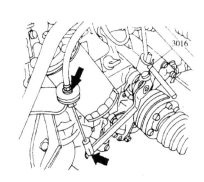

图 2-3-8 踏板高度和自由行程的调整　　　图 2-3-9 桑塔纳轿车离合器踏板自由行程的调整

(2) 踏板自由行程和推杆行程的检查与调整

正常的踏板自由行程是保证离合器完全接合和彻底分离的必要条件。检查踏板自由行程时可用直尺测量，如图 2-3-8 所示，先测出踏板完全放松时的高度，再测出按下踏板感觉有新阻力时的高度，前后两次高度差即为踏板自由行程。其值应符合规定，如踏板自由行程不符合规定时应予调整。

对于机械拉索式操纵系统，其踏板自由行程是拉索及分离装置各部连接部件的间隙，自由行程是通过调整拉索长度来调节的。图 2-3-9 是桑塔纳轿车离合器踏板自由行程的调整。离合器踏板自由行程应为 15～20 mm，具体可通过图 2-3-9 中箭头所示的调整螺母来调节。

液压操纵离合器踏板的自由行程是主缸推杆与活塞之间的间隙、分离杠杆和分离轴承之间的间隙在踏板上的总反映。主缸推杆与活塞之间间隙的调整方法一般为拧松推杆锁紧螺母，转动主缸推杆直至踏板自由行程和推杆行程符合规定。调整完毕后，锁紧锁止螺母，再重复检查自由行程和推杆行程。分离杠杆和分离轴承之间的间隙通过拧动离合器分泵推杆上的调整螺母进行调整。

2.3.5　液压操纵系统的检修

1. 离合器主缸的拆卸

① 取下离合器踏板与主缸推杆叉的连接销轴。
② 从主缸上拧下进油管和出油管接头。
③ 拧下主缸固定螺栓，拉出主缸。

2. 离合器工作缸的拆卸

① 拧下工作缸进油管接头。

②拆下工作缸固定螺栓，即可拉出工作缸。

3. 离合器主缸、工作缸的装配

主缸和工作缸的装配，按拆卸与分解相反顺序进行。但装配时应注意保持清洁，不可让主缸或工作缸油管接头内进入杂质，以防工作过程中拉伤活塞和皮碗。

4. 离合器液压系统中空气的排出

离合器液压操纵系统在经过检修之后，管路内可能进入空气，在添加制动液时也可能使液压系统中进入空气。空气进入后，相当于在工作系统内装入了一个空气弹簧，踩踏板时不能建立有效液体压力，损失了踏板的有效工作行程，从而使离合器分离不彻底。因此，液压系统检修后或怀疑液压系统进入空气时，就要排除液压系统中的空气。排除方法有以下几点：

①用举升机升起汽车，将主缸储液罐中的制动液加至规定高度；

②在工作缸的放气阀上安装一根软管，接到一个盛有制动液的容器内，如图 2-3-10 所示；

③排空气需要两个人配合工作，一人慢慢地踏离合器踏板数次，感到有阻力时踏住不动，另一人拧松放气阀直至制动液开始流出，然后再拧紧放气阀；

④连续按上述方法操作几次，直到流出的制动液中不见气泡为止；

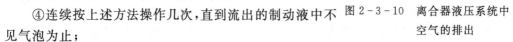

图 2-3-10　离合器液压系统中空气的排出

⑤空气排除干净之后，需要再次检查及调整踏板自由行程。

2.4　离合器常见故障的诊断

离合器通过接合、分离、打滑三种工作状态实现发动机转矩的传递，接合和分离这两种工作状态频率最高。易出现离合器打滑、离合器分离不彻底、离合器接合不平顺、离合器异响等故障。

2.4.1　离合器打滑

1. 现象

起步时，离合器踏板虽然抬起很高，汽车仍然不能行驶，直至完全抬起时，才能勉强起步。汽车行驶时，踩下加速踏板，速度增加不明显；汽车上坡时，动力不足，严重时离合器有烧焦的气味。

2. 判断方法

启动发动机，拉紧手制动，挂上低速挡，慢慢地抬起离合器踏板并逐渐加大油门起步，如果汽车不动，发动机也不熄火，说明离合器打滑。

3. 原因

①离合器踏板的自由行程过小或没有。
②离合器盖与飞轮的固定螺栓松动；弹簧或压盘变形；弹簧产生高温退火，造成弹簧弹力过弱。
③摩擦片表面粘有油污、硬化、铆钉头外露或严重烧损。
④液压操纵机构或机械绳索粘连，分离叉变硬。

4. 故障排除的方法

①检查离合器踏板的自由行程。
②检查液压及机械操纵机构是否有卡滞。
③检查离合器盖与飞轮之间的固定螺栓是否松动。
④检查是否有摩擦片表面粘有油污、硬化或铆钉外露等现象。
⑤检查弹簧的弹力。
⑥检查压盘或飞轮摩擦表面的磨损情况。

离合器打滑故障诊断流程如图2-4-1所示。

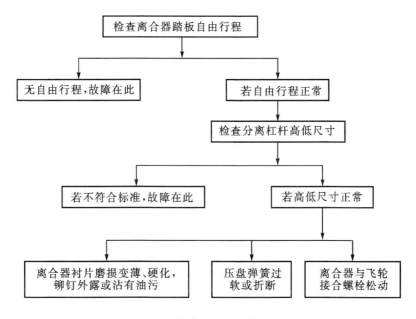

图2-4-1 离合器打滑故障诊断流程

2.4.2 离合器分离不彻底

1. 现象

发动机在怠速运转时，完全踏下离合器踏板，挂挡感觉困难，变速齿轮有撞击声。挂挡后，不等抬起离合器踏板，汽车就猛地向前窜或者发动机熄火。

2. 判断方法

驾驶员将变速器挂入空挡,踩下离合器踏板,一个人在车底下用旋具推动离合器摩擦片。如能轻轻推动,说明离合器能切断;若推不动,说明离合器分不开。

3. 原因

①离合器踏板自由行程过大。
②从动盘翘曲不平,或粘有粘复物等。
③新摩擦片过厚。
④从动盘在从动轴上滑动困难。
⑤液压操纵机构中,主缸、工作缸出现故障。
⑥机械式操纵机构中绳索或传动杆系损坏。

4. 排除方法

①调整离合器踏板的自由行程。
②检查主缸、工作缸的工作是否正常,机械、绳索及杆件是否损坏、卡滞。
③拆卸离合器,检查各部位的技术情况:从动盘是否有翘曲不平、粘复油污;新摩擦片是否过厚;从动毂和变速器输入轴花键是否锈蚀。

离合器分离不彻底故障诊断流程如图 2-4-2 所示。

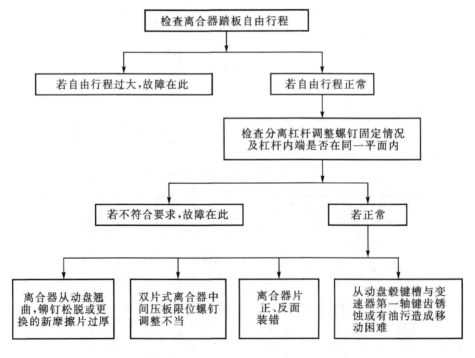

图 2-4-2 离合器分离不彻底故障诊断流程

2.4.3 离合器接合不平顺

1.现象

汽车启动时,离合器接合不平稳,车身发生轻微的抖动。

2.判断方法

使发动机怠速运转,变速器挂低速挡,慢慢松开离合器的踏板起步,如车身有明显的振抖,即为离合器接合不平顺。

3.原因

①弹簧变形或弹力不均。
②离合器从动盘翘曲不平或扭转减振器松动。
③摩擦片有油污,铆钉头外露。
④液压操纵机构或机械操纵机构部件松动,从动盘花键毂严重磨损,变速器输入轴弯曲。
⑤发动机固定螺栓松动,变速器与飞轮壳的固定螺栓松动,飞轮固定螺栓松动。

4.排除方法

①检查和紧固变速器、发动机及飞轮的固定螺栓。
②检查离合器总成和踏板之间的液压或机械操纵机构部件有无松动。
③拆下离合器总成,检查各部件:摩擦片上是否有油污,铆钉头是否外露;从动盘是否翘曲不平;从动盘钢片与从动毂是否松动;弹簧的高度是否在规定的范围内等。

离合器接合不平顺故障诊断流程如图2-4-3所示。

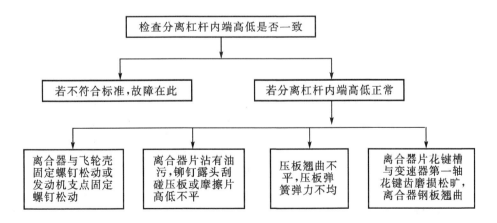

图2-4-3 离合器接合不平顺故障诊断流程

2.4.4 离合器异响

1. 现象

在使用离合器时,有不正常的响声产生。

2. 判断

少许踩踏板响,加油后仍响;将踏板踩到底时响,放松时不响;连续踩踏板,接合分离瞬间出现响声;发动机一启动就响。

3. 原因

①分离轴承磨损(缺油),回位弹簧软、折断或脱落。
②分离杠杆支撑销孔磨损松旷。
③从动钢片铆钉松动,钢片碎裂,减振弹簧折断。
④踏板复位弹簧软、折断或脱落。
⑤传动销与销孔磨损,花键磨损。

4. 排除方法

①轻踩离合器踏板,使分离杠杆与分离轴承接触,听到有"沙沙"的响声,为分离轴承响。如加油后仍响,为轴承磨损松旷或损坏,应更换新轴承。
②踩下、放松离合器踏板时出现间断的碰击声,说明分离轴承前后滑动,应更换分离轴承的复位弹簧。
③将踏板踩到底时响、放松时不响,为离合器传动销与销孔磨损松旷或者变速器一轴的导向轴承磨损,应更换相应部件。

2.5 案例分析

2.5.1 案例一:五菱 PN 货车离合器从动盘磨损引起的离合器打滑

1. 现象

一辆五菱 PN 货车在行驶中经常出现发动机转速升得很高,而车速却不能和发动机转速同步上升的情况,由此判断可能是离合器打滑。检查时,将变速器挂上挡,拉紧手制动,摇转曲轴,发现随着曲轴轻微转动,车身也有轻微动作,说明离合器没打滑。路试一段距离后,车辆出现了发动机转速升高而车速提高较慢的现象。初步判定故障现象就是离合器打滑。

2. 维修

将变速器拆下,检查离合器,发现离合器摩擦片磨损,其工作表面与铆钉头的尺寸约为 0.1 mm,低于极限值 0.3 mm。虽可以使用一段时间,但为了保险,还是更换了新摩擦片。装复后路试,故障消失。

2.5.2 案例二:捷达轿车离合器踏板沉重

1. 现象

顾客开来一辆捷达轿车,主要故障现象是最近离合器踏板感觉比以前沉了许多。这台车已经开了10年,根据使用年限,初步判断为离合器拉索损坏。

2. 维修

维修技师打开机舱盖,用扳手直接扳动离合器操纵臂,感觉离合器分离时阻力正常;而到驾驶室内踩离合器踏板时却感觉到十分沉重,因而估计为离合器拉索损坏。更换新的离合器拉索后,踏板力恢复正常,故障排除。

2.5.3 案例三:桑塔纳2000Gsi离合器踏板异响故障

1. 现象

一辆桑塔纳2000Gsi踏板踩下有异响。

2. 维修

根据顾客描述,维修技师启动发动机,踩下离合器踏板开始检测。刚刚踩下时没有异响,踩下几秒钟后响声出现并且很明显。技师初步怀疑为离合器分离轴承响,待拆解离合器后发现分离轴承良好,无损坏现象。仔细分析,响声在踩下踏板几秒钟后才开始明显,此时离合器压盘从动盘完全分离,即变速箱输入轴停止不动,而发动机正常运转,即飞轮正常运转,会不会是输入轴的导向轴承损坏造成异响呢?因为此时导向轴承随飞轮一同运转,输入轴因为离合器已经分离而停止不动,且刚踩下离合器踏板时,由于惯性作用,输入轴还会旋转,待几秒钟后才会完全停止,即此时异响明显。

经检查,导向轴承损坏,更换后故障现象消失。

2.5.4 案例四:宝来轿车离合器不分离故障

1. 现象

一辆宝来轿车在急速踩下离合器踏板时,离合器可以分离;但踩住离合器踏板一段时间后,离合器无法分离。

2. 维修

维修技师打开机舱盖,检查液压操纵系统,没有发现漏油迹象。让另一技师在驾驶室内踩住离合器踏板,观察工作缸推杆的变化。在刚踩下制动踏板时,工作缸推杆能够从工作缸内伸出,但过一会儿后发现工作缸推杆慢慢地回缩进工作缸,反复几次都是这样。分析造成此故障的主要原因是离合器主缸皮碗老化、磨损或者有纵向沟槽,主缸筒内壁磨损严重。因此当急速踩下离合器踏板时,由于制动液的粘性和液体惯性,制动液从主缸皮碗口及沟槽部位泄漏量较少,皮碗前方的制动液量和压力较大,所以离合器能够分离。当慢踩离合器踏板时,主缸皮碗前方的压力油沿皮碗口及沟槽部位被挤回皮碗后方的真空腔,造成压力无法建立,离合器无法分离。

根据上述判断更换离合器主缸,故障排除。

2.5.5 案例五:桑塔那轿车离合器踏板沉重且接合时发抖

1.现象

一辆桑塔纳3000轿车由于离合器打滑,因此更换了离合器摩擦片。车辆在行驶了几天后,出现离合器踏板沉重,离合器接合时发抖的故障。

2.维修

桑塔纳3000轿车离合器采用液压操纵机构。检查离合器踏板、离合器主缸、离合器工作缸及油管,均正常,无变形、泄漏现象。拆下变速器,检查离合器的分离机构,离合器分离叉、分离轴承等均正常。通过上述检查,分析故障原因可能是离合器总成有故障。检查变速器一轴,不弯曲。拆下离合器压盘与飞轮上的固定螺栓,发现各固定螺栓扭矩不一致。拆下离合器从动盘并检查,正常。检查离合器压板,发现严重变形。

若离合器压板损坏,需要换离合器盖及压盘总成。更换后按规定步骤安装,试车,故障排除。该故障是由于在安装离合器压盘总成时,没按规定步骤和次序扭紧螺栓,并且扭紧的力矩不一致所造成的。

 习 题

1.思考题

(1)传动系的功用有哪些?
(2)传动系的布置形式有哪几种?
(3)离合器的功用是什么?
(4)离合器由哪几部分组成,各部分有哪些零件?
(5)叙述离合器的工作原理。
(6)叙述离合器分离不彻底的故障现象、原因、诊断及排除方法。

2.选择题

(1)下列哪一种不是传动系的布置形式?(   )
　　A.发动机前置后轮驱动　　　　B.液力机械式传动系
　　C.发动机后置后轮驱动　　　　D.全轮驱动
(2)离合器分离轴承与分离杠杆之间的间隙是为了(   )。
　　A.实现离合器踏板的自由行程　　B.减轻从动盘磨损
　　C.防止热膨胀失效　　　　　　　D.保证摩擦片正常磨损后离合器不失效
(3)离合器的从动部分包括(   )。

A. 离合器盖　　　B. 压盘　　　　C. 从动盘　　　　D. 压紧弹簧

(4) 离合器的从动盘主要由(　　)构成。

A. 从动盘本体　　B. 从动盘毂　　C. 压盘　　　　D. 摩擦片

(5) 离合器的主动部分包括(　　)。

A. 飞轮　　　　　B. 离合器盖　　C. 压盘　　　　D. 摩擦片

(6) 离合器从动盘安装时,短毂(　　)。

A. 朝前　　　　　B. 朝后　　　　C. 朝前或者朝后　D. 没有方向要求

项目 3　变速器

学习目标

(1)正确描述变速器的功用、结构、类型和工作原理。
(2)正确叙述典型变速器各挡位的动力传动情况。
(3)正确描述同步器的功用、结构、类型和工作原理。
(4)正确描述分动器的构造、功用和工作原理。
(5)简单叙述变速器常见故障,并能够进行诊断与维修。

3.1　变速器概述

由于汽车上广泛采用活塞式发动机,其转矩和转速变化范围较小,而汽车实际行驶的道路条件非常复杂,要求汽车的牵引力和行驶速度必须能够在相当大的范围内变化;另外,活塞式内燃机的旋转方向是一定的,而汽车在实际行驶过程中常常需要倒向行驶,为此,在汽车传动系中设置了变速器。

3.1.1　变速器的功用和类型

1. 变速器的功用

①变换传动比。通过变换传动比,扩大汽车牵引力和速度的变化范围,以适应汽车在不同行驶条件下的需要。

②倒向行驶。在发动机旋转方向不变的条件下,使汽车能够倒向行驶。

③中断动力传递。利用空挡中断发动机向驱动轮的动力传递,以使发动机能够启动和怠速运转。

另外,有的专用汽车还利用变速器作为动力输出装置,驱动某些附属装置,如自卸车的液压举升装置,吊车的起吊工作装置等。

2. 变速器的类型

变速器可按以下方式分类。

(1)按传动比变化方式的不同可分为有级式、无级式、综合式

①有级式变速器。有级式变速器采用齿轮传动,具有若干个定值传动比。轿车和轻、中型货车多采用3~6个前进挡和一个倒挡。重型汽车变速器挡位较多,有的重型汽车还装有副变速器。

②无级式变速器。无级式变速器的传动比在一定的数值范围内可以连续变化,常见的有电力式和液力式(动液式)两种。

③综合式变速器。综合式变速器一般指由液力变矩器和齿轮式有级变速器组成的液力机械式变速器,其传动比可在最大值与最小值之间的几个间断的范围内做无级变化。

(2)按操纵方式的不同可分为强制操纵式、自动操纵式、半自动操纵式

①强制操纵式变速器。强制操纵式变速器即手动式变速器,是通过驾驶员直接操纵变速杆换挡。齿轮式有级变速器大多数采用该方式。

②自动操纵式变速器。自动操纵式变速器通常简称为自动变速器,其传动比的选择和换挡是自动进行的。即由控制系统根据发动机的负荷和车速的变化情况自动地选定挡位,并进行挡位变换。驾驶员只需操纵加速踏板以控制车速。

③半自动操纵式变速器。半自动操纵式变速器有两种,一种是常用的几个挡位自动控制,其余挡位由驾驶员操纵;另一种是预选式,即驾驶员预先用按钮选定挡位,在踩下离合器踏板或松开加速踏板时,接通一个电磁装置或液压装置来进行换挡。

在多轴驱动的汽车上,变速器之后还要装有分动器,以便把转矩分别输送给各驱动桥。

3.1.2 变速器的基本组成及工作原理

本教材仅以强制操纵(手动)式变速器为例,介绍变速器的基本组成及工作原理。

1. 变速器的基本组成

变速器主要由变速传动机构和操纵机构组成。

变速传动机构主要由变速器轴、变速齿轮、同步器、壳体和支撑件等组成,依靠不同挡位的齿轮啮合,提供不同的传动比,并改变旋转方向。

变速器操纵机构主要由变速器操纵杆、拨块、拨叉、拨叉轴以及安全装置等组成。根据汽车行驶条件的需要,驾驶员通过变速器操纵机构控制变速器的挡位。

2. 变速器的工作原理

(1)变速原理

普通齿轮式变速器是利用若干大小不同的齿轮副传动来实现转速和转矩的改变。

由齿轮传动的原理可知,一对齿数不同的齿轮啮合传动时可以变速,而且两齿轮的转速与齿轮的齿数成反比。设主动齿轮的转速为 n_1,齿数为 z_1;从动齿轮的转速为 n_2,齿数为 z_2。主动齿轮(即输入轴)的转速与从动齿轮(即输出轴)的转速之比值称为传动比,用 $i_{1,2}$ 表示,即

$$i_{1,2} = n_1/n_2 = z_2/z_1$$

如图 3-1-1(a)所示,当小齿轮为主动齿轮(即 $z_1 < z_2$),带动大的从动齿轮转动时,输出轴(从动齿轮)的转速降低,即 $n_2 < n_1$,$i > 1$ 称为减速传动。

如图 3-1-1(b)所示,当以大齿轮为主动齿轮(即 $z_2 < z_1$),带动小的从动齿轮转动时,输出轴(从动齿轮)的转速升高,即 $n_2 > n_1$,$i < 1$ 称为加速传动。

同理,多级齿轮传动的传动比为

$$i = \frac{\text{所有从动齿轮齿数的连乘积}}{\text{所有主动齿轮齿数的连乘积}} = \text{各级齿轮传动比的乘积}$$

汽车变速器某一挡位的传动比就是这一挡位的各级齿轮传动比的乘积。这就是齿轮变速的基本原理。

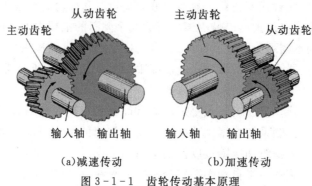

(a)减速传动　　(b)加速传动

图 3-1-1　齿轮传动基本原理

一对齿轮传动只能得到一个固定的传动比,从而得到一种输出转速,并构成一个挡位。为了扩大变速器输出转速的变化范围,普通齿轮式变速器通常都采用多组大小不同的齿轮啮合传动,这样就构成了多个不同的挡位。对应不同的挡位,均有不同的传动比值,从而得到各种不同的输出转速。当每个挡位的齿轮副都不传动时,就是空挡。

一般轿车和轻、中型客货车的变速器通常有 3～6 个前进挡和一个倒挡,每个前进挡对应一个传动比。所谓几挡变速器是指其前进挡数。前进挡一般为降速挡,传动比 $i>1$;传动比 $i=1$ 的挡位称为直接挡;有的汽车还具有超速挡,即 $i<1$。

变速器传动比小的挡位称为高挡,传动比大的挡位称为低挡。变速器每次只能以一个挡位工作。挡位的改变称为换挡,由低挡向高挡变换称为加挡,由高挡变换成低挡称为减挡。

根据齿轮传动的原理

$$i = n_入/n_出 = M_出/M_入 \ (M\text{ 表示转矩})$$

即齿轮传动的转矩与其转速成反比。由此可见,齿轮式变速器在改变转速的同时,也改变了输出转矩。挡位越低,传动比越大,输出转速越低,则输出转矩越大;反之,挡位越高,传动比越小,输出转速越高,则输出转矩越小。汽车变速器就是通过变换各挡的传动比来改变输出转矩,以适应汽车行驶阻力的变化。

(2)变向原理

如图 3-1-2 所示,通过增加一级齿轮传动副实现倒挡。两轴式变速器处于前进挡时,动力由第一轴直接传给第二轴。只经过一对齿轮传动,两轴转动方向相反。处于倒挡时,动力由第一

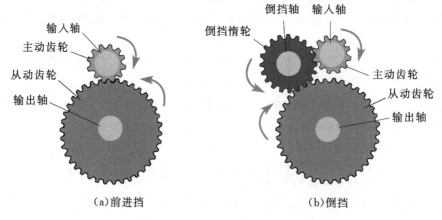

(a)前进挡　　(b)倒挡

图 3-1-2　前进挡与倒挡的对比

轴传给倒挡轴,再由倒挡轴传给第二轴,经过两对齿轮传动,第一轴与第二轴转动方向相同。

3.2 普通齿轮变速器的变速传动机构

3.2.1 变速传动机构的分类

变速器的变速传动机构是变速器的主体,按照工作轴(不包括倒挡轴)的数量可分为两轴式变速器和三轴式变速器。

3.2.2 两轴式变速器

1.两轴式变速器的构造

以一汽大众捷达五挡手动变速器为例,如图3-2-1所示,该变速器壳体包括后壳体、变

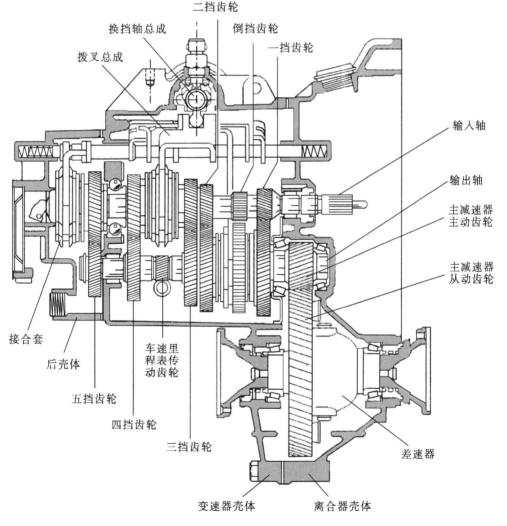

图3-2-1 二轴式五挡变速器结构

速器壳体和离合器壳体,三部分以螺栓联接,输入轴总成、轴出轴总成、拨叉总成和差速器总成装在壳体内。另外,还有倒挡轴(图中未画出)。

(1)输入轴

如图 3-2-2 所示,输入轴是一根带有轴向通孔的空心轴,内部装有离合器推杆,用于分离离合器。输入轴前端花键部分插入离合器从动盘的盘毂中,转矩由此输入。输入轴前部以滚针轴承支撑在离合器壳体上,后部以深沟球轴承支撑在变速器壳体上。一挡、倒挡和二挡齿轮与输入轴制成一体,三、四挡齿轮以滚针轴承装配在输入轴上。三、四挡同步器花键毂以内花键装配在二者之间输入轴颈上,轴向以轴肩和卡环定位,并通过外花键与接合套的内花键相配合,接合套在花键毂上轴向滑动实现三、四挡位及空挡的转换。五挡同步器总成装在输入轴后端,并通过五挡紧固螺套固定在输入轴上。花键毂以内花键与输入轴配合,以外花键与接合套配合。五挡齿轮通过滚针轴承装配在五挡同步器花键毂轴上,接合套在花键毂上轴向滑动实现五挡和空挡的转换。三、四、五挡齿轮靠向同步器一侧都加工有与花键毂、接合套同样键齿齿数和齿宽的接合齿圈及一段轴向带锥度的轴颈,齿圈用以和接合套接合传递动力,锥面轴颈上装配带有内锥面的同步环,并且同步环外圈上也加工有齿圈,齿圈的齿数和齿宽与齿轮齿圈的一样。

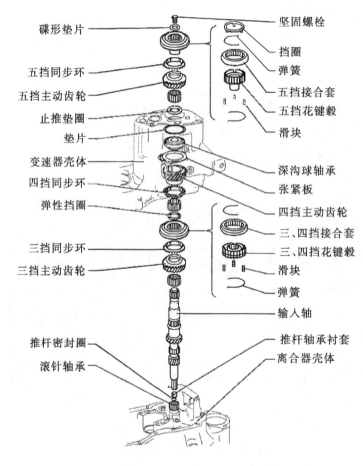

图 3-2-2 输入轴总成装配示意图

(2)输出轴

如图 3-2-3 所示,输出轴前部通过小圆锥滚子轴承和大圆锥滚子轴承支撑在离合器壳体上,两个轴承间夹持着与输出轴制成一体的主减速器主动齿轮,后部通过滚针轴承支撑在变速器壳体上。一、二挡齿轮以滚针轴承装配在输出轴上,一、二挡同步器花键毂以内花键装配在二者之间输出轴颈上,轴向以轴肩和卡环定位,并通过外花键与接合套(即输出轴倒挡齿轮)的内花键相配合,接合套在花键毂上轴向滑动实现一、二挡位及空挡的转换。一、二挡齿轮同输入轴上三、四、五挡齿轮一样,在靠向同步器侧也加工有接合齿圈和锥面轴颈,并装配同步环。三、四、五挡齿轮通过花键装配在输出轴相应的轴颈上,并通过卡环及轴肩限位。在三、四挡齿轮之间的输出轴上还加工有车速里程表驱动齿轮。

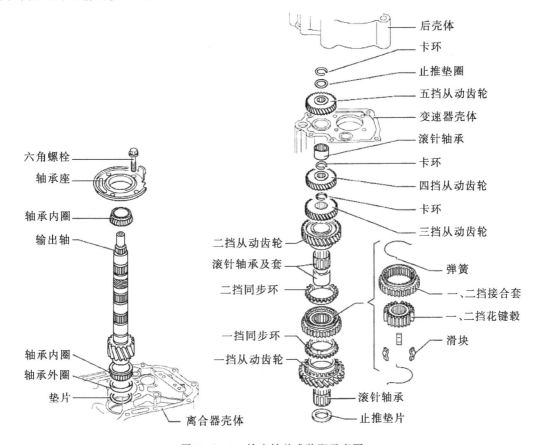

图 3-2-3 输出轴总成装配示意图

(3)倒挡轴

倒挡轴上装一倒挡惰轮,它不同于前进挡齿轮是常啮合的斜齿圆柱齿轮,而是非常啮合的直齿圆柱齿轮,所以也没有接合齿圈。倒挡惰轮轴孔上过盈装配着滑动轴承,且与倒挡轴间隙配合,可在倒挡轴上轴向滑动。

2.各挡位的传动路线

(1)一挡

如图 3-2-4 所示,一、二挡同步器接合套左移,与一挡从动齿轮接合齿圈接合,将一挡从动齿轮锁定在输出轴上。动力传动路线为:输入轴→一挡主动齿轮→一挡从动齿轮→一、二挡同步器接合套→一、二挡同步器花键毂→输出轴。

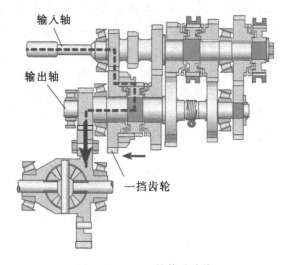

图 3-2-4 一挡传动路线

(2)二挡

如图 3-2-5 所示,一、二挡同步器接合套右移,与二挡从动齿轮接合齿圈接合,将二挡从动齿轮锁定在输出轴上。动力传动路线为:输入轴→二挡主动齿轮→二挡从动齿轮→一、二挡同步器接合套→一、二挡同步器花键毂→输出轴。

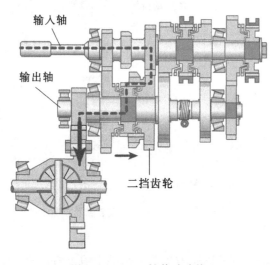

图 3-2-5 二挡传动路线

(3)三挡

如图 3-2-6 所示,三、四挡同步器接合套左移,与三挡主动齿轮接合齿圈接合,将三挡主动齿轮锁定在输入轴上。动力传动路线为:输入轴→三、四挡同步器花键毂→三、四挡同步器接合套→三挡主动齿轮→三挡从动齿轮→输出轴。

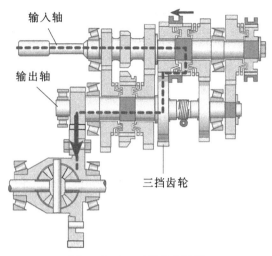

图 3-2-6 三挡传动路线

(4)四挡

如图 3-2-7 所示,三、四挡同步器接合套右移,与四挡主动齿轮接合齿圈接合,将四挡主动齿轮锁定在输入轴上。动力传动路线为:输入轴→三、四挡同步器花键毂→三、四挡同步器接合套→四挡主动齿轮→四挡从动齿轮→输出轴。

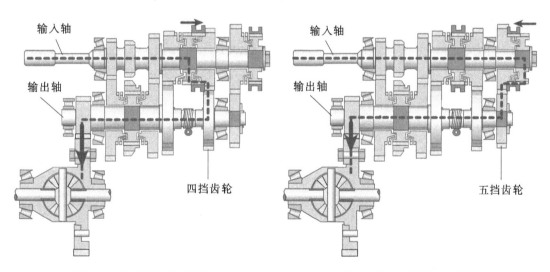

图 3-2-7 四挡传动路线　　　　图 3-2-8 五挡传动路线

(5)五挡

如图 3-2-8 所示,五挡同步器接合套左移,与五挡主动齿轮接合齿圈接合,将五挡主动齿轮锁定在输入轴上。动力传动路线为:输入轴→五挡同步器花键毂→五挡同步器接合套→五挡主动齿轮→五挡从动齿轮→输出轴。

(6)倒挡

从前进挡的传动示意图能够看出,无论挂入几挡或空挡时,倒挡主动齿轮和倒挡从动齿轮(即外缘加工有直齿的一、二挡同步器接合套)并没有接触,二者之间有一定量的间隙,所以不能直接传动。若要挂入倒挡,必须移动倒挡惰轮,与输入轴上的倒挡主动齿轮和输出轴上的倒挡从动齿轮相啮合,将二者联系起来,才能传动,如图3-1-2(b)所示。动力传动路线为:输入轴→倒挡主动齿轮→倒挡惰轮→倒挡从动齿轮→输出轴。

3.2.3 三轴式变速器

1. 三轴式变速器的构造

以东风EQ1090E货车用三轴式五挡变速器为例,如图3-2-9所示,该变速器设置有第一轴(输入轴)、第二轴(输出轴)和中间轴,其结构简图如图3-2-10所示。

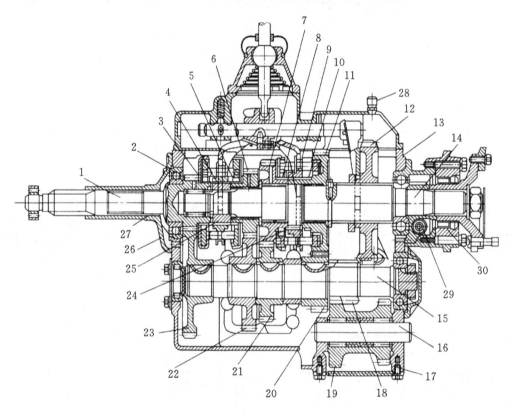

图3-2-9 货车用三轴式五挡变速器

1—第一轴;2—第一轴常啮合齿轮;3—第一轴齿轮接合齿圈;4—接合套;5—四挡齿轮接合齿圈;6—第二轴四挡齿轮;7—第二轴三挡齿轮;8—三挡齿轮接合齿圈;9—接合套;10—二挡齿轮接合齿圈;11—第二轴二挡齿轮;12—第二轴一、倒挡滑动齿轮;13—变速器壳;14—第二轴;15—中间轴;16—倒挡轴;17—倒挡中间齿轮;18—中间轴一、倒挡齿轮;19—倒挡中间齿轮;20—中间轴二挡齿轮;21—中间轴三挡齿轮;22—中间轴四挡齿轮;23—中间轴常啮合齿轮;24、25—花键毂;26—第一轴轴承盖;27—回油螺纹;28—通气塞;29—里程表传动齿轮;30—驻车制动器底座

(1)第一轴

第一轴(输入轴)前后端以轴承分别支撑在曲轴后端的内孔及变速器的前壁,其前部花键部分装离合器的从动盘,后部有常啮合齿轮,后端有一短齿轮为直接挡齿轮。第一轴轴承盖的

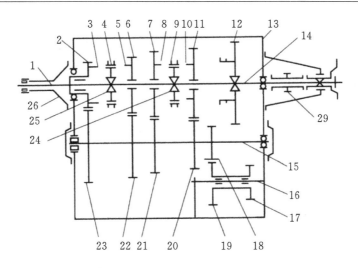

图 3-2-10 三轴式五挡变速器结构简图(图注同图 3-2-9)

外圆面与离合器壳相应的孔配合,以保证第一轴和曲轴的轴线重合。

(2)第二轴

第二轴(输出轴)前后端分别用轴承支撑于第一轴后端内孔和壳体上。一、倒挡齿轮与轴以花键形式配合传力,可轴向滑动。二、三、四挡齿轮分别以滚针轴承形式与轴配合,并与相应的中间齿轮常啮合,其上均有传力齿圈。第二轴前端花键上套装四、五挡花键毂,用卡环轴向定位,接合套在花键毂上轴向滑动实现挡位转换。二、三挡花键毂和接合套实现二、三挡动力传递。在二、四挡齿轮后面分别装有承受轴向力的止推环。后轴承盖内装有里程表驱动蜗杆与蜗轮,第二轴后端通过凸缘联接万向传动装置。

(3)中间轴

中间轴主要用来固定安装各挡变速器传动齿轮,轴的两端用轴承支撑在壳体上,与第一轴齿轮常啮合的齿轮及二、三、四挡齿轮用半圆键装在轴上,一、倒挡齿轮与轴制成一体。

除了第一轴(输入轴)、第二轴(输出轴)和中间轴之外,三轴式变速器中还设置有倒挡轴,其上安装倒挡齿轮,以滚针轴承的形式套在倒挡轴上,齿轮 19 与中间轴齿轮 18 常啮合。

2.动力传动

(1)空挡

第二轴的换挡接合套、传动齿轮均处于中间空转的位置,动力不传给第二轴。

(2)一挡

向前移动一、倒挡滑动齿轮 12,并使其与中间轴一挡齿轮 18 啮合。动力经第一轴常啮合齿轮 2、中间轴常啮合齿轮 23、中间轴一挡及倒挡齿轮 18、第二轴一挡及倒挡滑动齿轮 12,传到第二轴并使其顺时针旋转(与第一轴同向)。

(3)二挡

向后移动二、三挡接合套 9,并使其与第二轴二挡齿轮 11 上的齿圈啮合。动力经第一轴常啮合齿轮 2、中间轴常啮合齿轮 23、中间轴二挡齿轮 20、第二轴二挡齿轮 11、接合套 9、花键毂 24,传到第二轴并使其顺时针旋转。

(4) 三挡

向前移动二、三挡接合套 9，并使其与第二轴三挡齿轮 7 的齿圈啮合。动力经第一轴常啮合齿轮 2、中间轴常啮合齿轮 23、中间轴三挡齿轮 21、第二轴三挡齿轮 7、接合套 9、花键毂 24，传到第二轴并使其顺时针旋转。

(5) 四挡

向后移动四、五挡接合套 4，并使其与第二轴四挡齿轮 6 的齿圈啮合。动力经第一轴常啮合齿轮 2、中间轴常啮合齿轮 23、中间轴四挡齿轮 22、第二轴四挡齿轮 6、接合套 4、花键毂 25，传到第二轴并使其顺时针旋转。

(6) 五挡

向前移动四、五挡接合套 4，并使其与第一轴常啮合传动齿轮 2 的齿圈啮合。动力直接由第一轴传到第二轴。传动比为 1，此挡称为直接挡。第二轴的转速与第一轴相同。

(7) 倒挡

后移第二轴一、倒挡滑动齿轮 12，并使其与倒挡中间齿轮 17 啮合。动力经第一轴常啮合齿轮 2、中间轴常啮合齿轮 23、中间轴一挡及倒挡齿轮 18、倒挡中间齿轮 19、倒挡中间齿轮 17、第二轴一挡及倒挡滑动齿轮 12，传给第二轴并使其逆时针旋转，汽车倒向行驶。

3.3 同步器

3.3.1 无同步器的换挡过程

图 3-3-1 所示为某两轴式变速器无同步器的三、四挡结构简图。

1. 低挡换高挡（三挡换四挡）

变速器在三挡工作时，接合套 5 与输入轴三挡齿轮 6 的接合齿圈啮合，两者速度相等。要换入四挡时，驾驶员先使离合器分离，再通过变速操纵机构使接合套左移，处于空挡位置。此时，输入轴四挡齿轮 4 的速度低于接合套 5 的齿圈速度，两者强行啮合必然会产生冲击。应在摘下三挡后，立即抬起离合器踏板，利用发动机怠速工况使输入轴（接合套 5 的齿圈）减速。当两者等速时换入四挡。

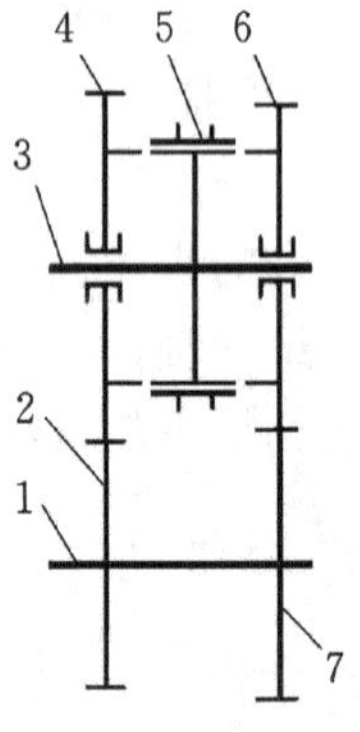

2. 高挡换低挡（四挡换三挡）

变速器在四挡工作时，接合套 5 与输入轴四挡齿轮 4 的接合齿圈啮合，两者速度相等。要换入三挡时，驾驶员先使离合器分离，再通过变速操纵机构使接合套右移，处于空挡位置。此时，输入轴三挡齿轮 6 的速度高于接合套 5 的齿圈速度，两者强行啮合同样会产生冲击。应在摘下四挡后，立即抬起离合器踏板，同时踩下加速踏板，使输入轴（接合套 5 的齿圈）速度上升，稍大于输入轴三挡齿轮 6 的速度时，再踩下离合器踏板。当两者等速时，换入三挡。

图 3-3-1 两轴式变速器无同步器的三、四挡示意图

1—输出轴；2—输出轴四挡齿轮；3—输入轴；4—输入轴四挡齿轮；5—接合套；6—输入轴三挡齿轮；7—输出轴三挡齿轮

由此可见,若要使无同步器的变速器换挡时不产生齿轮冲击,需要采取较为复杂的操作,不仅易使驾驶员产生疲劳,而且降低了齿轮的使用寿命。

3.3.2 同步器的结构及工作原理

1.同步器的功用

同步器的功用是使接合套与待啮合的齿圈迅速同步,缩短换挡时间;并防止在同步前啮合而产生接合齿之间的冲击。

2.同步器的类型

同步器有常压式、惯性式、自行增力式等形式。常压式同步器由于不能保证被啮合件只在同步时才能换挡,因而应用极少。目前广泛应用的是惯性式同步器。

3.惯性式同步器的结构及工作原理

同步器主要由同步装置(包括推动件和摩擦件)、锁止装置和接合装置等组成。惯性式同步器按锁止装置的结构形式不同分为锁环式惯性同步器和锁销式惯性同步器两种。

(1)锁环式惯性同步器

①锁环式惯性同步器的结构。如图 3-3-2 所示,花键毂用内花键套装在轴的外花键上,用垫圈、卡环轴向定位。花键毂两端与齿轮之间各有一个铜合金制成的锁环(也叫同步环)。锁环上有短花键齿圈,其花键的尺寸和齿数与花键毂、两侧齿轮的外花键齿相同。两个齿轮和锁环上的花键齿在靠近接合套的一端都有倒角(锁止角),与接合套齿端的倒角相同。锁环有

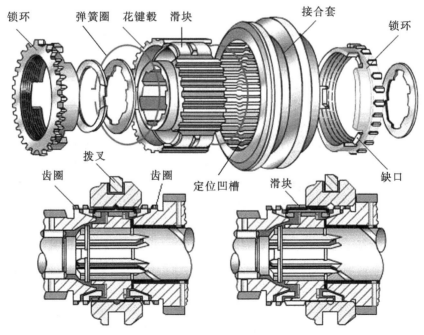

图 3-3-2 锁环式惯性同步器的结构

内锥面，与齿轮的外锥面锥角相同。在锁环锥面上制有细密的螺纹（或直槽），当锥面接触后，它能及时破坏油膜，增加锥面间的摩擦力。锁环内锥面摩擦副称为摩擦件，外沿带倒角的齿圈是锁止件，锁环上还有3个均布的缺口。3个滑块分别装在花键毂上3个均布的轴向槽内，沿槽可以轴向移动。滑块被两个外涨式弹簧圈的径向力压向接合套，滑块中部的凸起部位压嵌在接合套中部的定位凹槽内。滑块和弹簧圈是推动件。滑块两端伸入锁环的缺口中，滑块窄、缺口宽，两者之差等于锁环的花键齿宽。锁环相对滑块顺转和逆转都只能转动半个齿宽，且只有当滑块位于锁环缺口的中央时，接合套与锁环才能接合。

②锁环式惯性同步器的工作原理。以一挡换二挡为例，如图3-3-3所示。

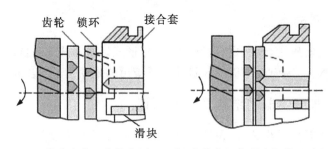

(a)接合套位于空挡位置　　(b)摩擦力矩的形成与锁止过程

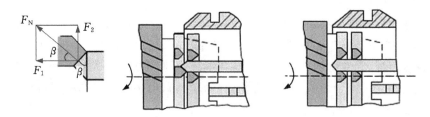

(c)接合套与锁环花键齿圈啮合　　(d)接合套与齿轮同步啮合

图3-3-3　锁环式惯性同步器的工作原理

(a)空挡位置。接合套刚从一挡退入空挡时，如图3-3-3(a)所示，二挡齿轮、接合套、锁环以及与其有关联的运动件，因惯性作用按原来转速沿原方向继续旋转（图示箭头方向）。设二挡齿轮、接合套、锁环的转速分别为n_2、$n_套$、$n_环$，因接合套通过滑块前侧（图中下侧）推动锁环一起旋转，所以$n_套 = n_环$。因$n_2 > n_套$，故$n_2 > n_环$。此时锁环是轴向自由的，其内锥面与二挡齿轮的外锥面没有摩擦（图示虚线）。

(b)摩擦力矩的形成与锁止过程。欲换入二挡时，推动接合套连同滑块一起向左移动，如图3-3-3(b)所示。滑块又推动锁环移向二挡齿轮，使锥面接触。驾驶员作用在接合套上的轴向推力，使两锥面有正压力，又因两者有转速差（$n_2 > n_环$），所以产生摩擦力矩M_1。通过摩擦作用，二挡齿轮带动锁环相对于接合套向前转动一个角度，使锁环缺口靠在滑块的另一侧（上侧）为止。此时接合套的内齿与锁环上齿圈错开了约半个齿宽，接合套的齿端倒角面与锁环的齿端倒角面互相抵住，锁止作用开始，接合套暂不能前移进入啮合。

驾驶员的轴向推力使接合套的齿端倒角面与锁环的齿端倒角面之间产生正压力F_N，力F_N可分解为轴向力F_1和切向力F_2。F_2形成一个企图拨动锁环相对于接合套反转的力矩，称为拨环力矩M_2。F_1使锁环和二挡齿轮的锥面进一步压紧，两锥面间的摩擦力矩M_1使齿轮相对于锁环迅速减速而趋向与锁环同步。由于二挡齿轮以及与其相关联的零件的减速，便产生一个与旋转方向相同的惯性力矩，又通过摩擦锥面以摩擦力矩的方式传到锁环上，阻碍锁环相对于接合套反向转动。可见，锁环上同时作用着方向相反的两个力矩：一个是齿端倒角面上力图拨动锁环相对于接合套向后转动的拨环力矩 M_2；另一个是阻止锁环向后倒转的惯性力矩。在齿轮和锁环未同步之前，惯性力矩在数值上等于摩擦力矩 M_1，并且结构设计上保证同步前摩擦力矩永远大于拨环力矩。

在上述过程中，可以认为锁环的转速 $n_环$ 不变，只是二挡齿轮的转速 n_2 减速趋近于 $n_环$。这是因为锁环连同接合套通过花键毂与整个汽车相联系，转动惯量大，转速下降得慢。而二挡齿轮仅与离合器从动部分相联系，转动惯量很小，速度降低较前者快得多，因而二挡齿轮做减速运动。

在达到同步之前，无论驾驶员施加多大的操纵力，都不会挂起上挡，推力的加大只能同时增大作用在锁环上的两个相反的力矩，缩短同步时间，从而产生可靠的锁止。由于锁止作用是靠齿轮以及与其相关联的零件作用在锁环上的惯性力矩产生的，所以称为惯性式同步器。

(c) 同步啮合。随着驾驶员施加于接合套上的推力加大，摩擦力矩 M_1 不断增加，使二挡齿轮的转速迅速降低。当二挡齿轮与接合套和锁环达到同步时，作用在锁环上的惯性力矩消失。此时在拨环力矩 M_2 的作用下，锁环、二挡齿轮以及与之相联的各零件都对于接合套反转一角度（因轴向力 F_1 仍存在，使两锥面以静摩擦方式贴合在一起），滑块处于锁环缺口的中央，如图 3-3-3(c) 所示。键齿不再抵触，锁环的锁止作用消除。接合套压下弹簧圈继续左移（滑块脱离接合套的内环槽而不能左移），与锁环的花键齿圈进入啮合。由于作用在锁环齿圈的轴向力和滑块推力都不存在，锥面间的摩擦力矩消失。若接合套花键齿与二挡齿轮的齿端相抵触，齿端倒角面上的切向分力拨动二挡齿轮相对于锁环和接合套转过一角度，让接合套与二挡齿轮进入啮合，如图 3-3-3(d) 所示，即换入二挡。

若由二挡换入一挡，上述过程也适用。不过，一挡齿轮应被加速到与锁环、接合套同步，接合套进入啮合换入一挡。

考虑结构布置的合理性、紧凑性及锥面间摩擦力矩大小等因素，锁环式惯性同步器多用在小型汽车上，有的中型汽车变速器的中、高速挡也采用这种同步器。

(2) 锁销式惯性同步器

①锁销式惯性同步器的结构。图 3-3-4 为五挡变速器的四、五挡同步器。两个带有内锥面的摩擦锥盘，以其内花键分别固装在带有接合齿圈的五挡齿轮和四挡齿轮上，随齿轮一起转动。两个有外锥面的摩擦锥环，其上有圆周均布的 3 个锁销和 3 个定位销与接合套装在一起。定位销与接合套的相应孔是滑动配合，定位销中部切有一小段环槽，接合套钻有斜孔，内装弹簧，把钢球顶向定位销中部的环槽（如 A—A 剖面图所示），使接合套处于空挡位置，定位销随接合套能轴向移动。定位销两端伸入两锥环内侧面的弧线形浅坑中，定位销与浅坑有周向间隙，锥环相对接合套在一定范围内做周向摆动。锁销中部环槽的两端和接合套相应孔两端切有相同的倒角（即锁止角）；锁销与孔对中时，接合套才能沿锁销轴向移动；锁销两端铆接在锥环相应的孔中。可见，两个锥环（即摩擦件，其上有螺纹槽）、3 个锁销（锁止件）、3 个定位销（推动件）和接合套（接合件）构成一个组件，套在花键毂的齿圈上。

②锁销式惯性同步器的工作原理。锁销式惯性同步器的工作原理与锁环式惯性同步器类似，如图 3-3-4 所示。在由四挡换入五挡时，接合套受到拨叉轴向推力作用时，通过钢球、定

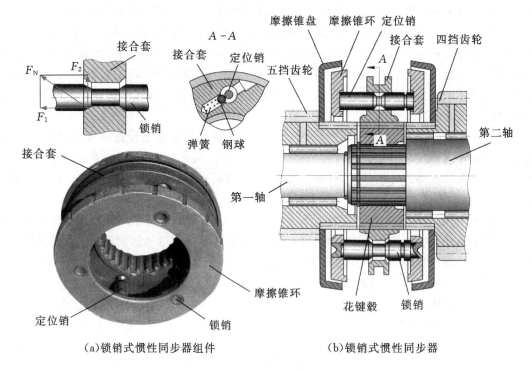

图 3-3-4 锁销式惯性同步器

位销推动摩擦锥环向左移动,即欲换入五挡。因摩擦锥环与锥盘有转速差,故接触后的摩擦作用使锥环和锁销相对于接合套转过一个角度,锁销与接合套上相应孔的中心线不再同心,锁销中部倒角与接合套孔端的锥面相抵住。在同步前,作用在摩擦面的摩擦力矩总大于切向分力 F_2 形成的拨销力矩,接合套被锁止不能前移,防止在同步前接合套与齿圈进入啮合。同步后惯性力矩消失,拨销力 F_2 使锁销、摩擦锥盘和相应的齿轮相对于接合套转过一个角度,锁销与接合套的相应孔对中,接合套克服弹簧的张力压下钢球并沿锁销向前移动,顺利地换入五挡。

总之,锁销式惯性同步器锥环与锥盘的摩擦力矩较大,除了部分轿车上应用外,多用在中型和重型汽车上。

上述惯性同步器的换挡过程可简要归纳为:推动件推动摩擦件接触产生摩擦力矩→同步件顺转(或倒转)一个角度→锁止件锁止面起锁止作用阻止接合套前进→摩擦力矩增长迅速同步→惯性力矩消失→同步件连同待啮合齿轮相对接合套倒转(或顺转)一个角度锁止作用消除→接合套与待啮合的齿圈进入啮合完成换挡。

由工作过程可知,惯性式同步器的基本原理是:用摩擦元件产生的摩擦力矩使待啮合的接合套与齿圈迅速达到同步;用变速器输入端各零件的惯性力矩产生锁止作用,防止同步前进行啮合。

上述惯性式同步器在使用中会因摩擦面螺纹槽的磨损而使摩擦系数下降,锁止角(即锁止端面的倒角)也会因磨损而改变,从而既会使同步性能变坏,也会破坏锁止条件,导致同步器失效。在维修换挡困难或换挡时有齿轮冲击声时,多检查同步器的这两个部位。

3.4 变速器的操纵机构

3.4.1 变速器操纵机构的功用和类型

1. 功用与要求

变速器操纵机构的功用是根据汽车使用条件,驾驶员可随时将变速器换上或摘下某个挡位。为了保证在任何情况下变速器都能准确、安全、可靠地工作,变速器操纵机构应符合以下要求:

① 设自锁装置,防止变速器自行脱挡,并保证齿轮以全齿长啮合;
② 设互锁装置,防止变速器同时挂入两个挡位,以免造成发动机熄火或损坏零部件;
③ 设倒挡锁,防止误挂倒挡,否则会发生安全事故。

2. 类型

根据操纵杆与变速器的相互位置,变速器操纵机构可分为远距离操纵式和直接操纵式两大类。

(1) 远距离操纵式

当驾驶员座位离变速器较远或将变速杆布置在转向盘下方(某些轿车)的转向管柱上时,通常在变速杆与换挡拨叉之间增加若干个传动件,组成远距离操纵机构,如图3-4-1所示。

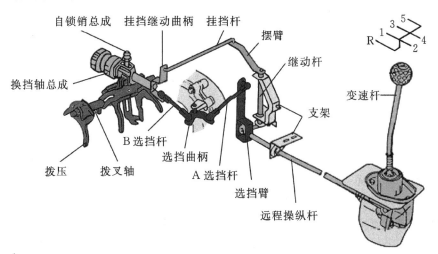

图 3-4-1 捷达汽车变速器操纵机构

(2) 直接操纵式

大多数汽车的变速器布置在驾驶员座位附近,变速杆从驾驶室底板伸出,驾驶员可直接操纵。这种操纵机构一般由变速杆、拨块、拨叉、拨叉轴以及安全装置等组成,多集中装于变速器上盖或侧盖内,如图3-4-2所示。

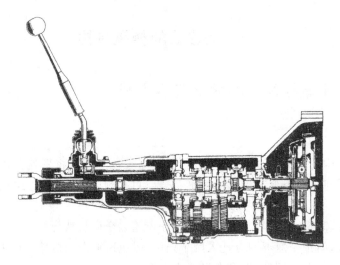

图 3-4-2 直接操纵式变速器示意图

3.4.2 变速器操纵机构的构造

变速器操纵机构包括外部操纵机构和内部操纵机构。

1.外部操纵机构

外部操纵机构的作用是将驾驶员的换挡操纵动作,通过处于变速器壳外的一组杆件机构传递到变速器内。大众捷达及桑塔纳系列轿车五挡手动变速器外部操纵机构分解如图3-4-3所示。

2.内部操纵机构

内部操纵机构如图3-4-4和图3-4-5所示,通常由换挡拨叉机构和定位锁止装置两部分组成。

定位锁止装置有自锁装置、互锁装置和倒挡锁装置。

(1)自锁装置

自锁装置的作用就是保证变速器不自行挂挡或脱挡,并保证齿轮全齿长啮合。自锁装置的结构形式多种多样,常见的是采用定位钢球对拨叉轴进行轴向移动的定位锁止或对换挡轴进行周向转动的定位锁止。

①对拨叉轴进行轴向移动定位的锁止装置。其结构如图3-4-6所示,在变速器盖的前端凸起部钻有3个深孔,在孔中装入自锁钢球及自锁弹簧,其位置正处于拨叉轴的正上方。每根拨叉轴对着钢球的表面沿轴向设有3个凹槽,如图3-4-7所示,槽的深度小于钢球的半径。中间的凹槽对正钢球时为空挡位置,前边或后边的凹槽对正钢球时则处于某一工作挡位置,相邻凹槽之间的距离保证齿轮处于全齿长啮合或是完全退出啮合。凹槽对正钢球时,钢球便在自锁弹簧的压力作用下嵌入该凹槽内,拨叉轴的轴向位置便被固定,其拨叉及相应的接合套或滑动齿轮便被固定在空挡位置或某一工作挡位置,而不能自行挂挡或自行脱挡。当需要换挡时,驾驶员通过变速杆给拨叉轴施加一定的轴向力,克服弹簧的压力而将自锁钢球从拨叉

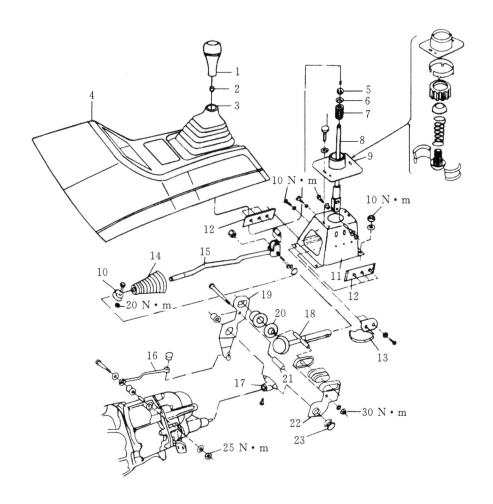

图3-4-3 大众桑塔纳系列轿车五挡手动变速器外部操纵机构分解图
1—换挡手柄;2—防尘罩衬套;3—防尘罩;4—仪表板;5—锁环;6—挡圈;7—弹簧;
8—上换挡杆;9—换挡杆支架;10—夹箍;11—变速杆罩壳;12—缓冲垫;13—倒挡缓冲垫;
14—密封罩;15—下换挡杆;16—支撑杆;17—离合块;18—换挡连接套;19—轴承右侧压板;
20—罩盖;21—支撑轴;22—轴承左侧压板;23—塑料衬套

轴凹槽中挤出并推回孔中,拨叉轴便可滑过钢球进行轴向移动,并带动拨叉及相应的接合套或滑动齿轮轴向移动。当拨叉轴移至其另一凹槽与钢球相对正时,钢球又被压入凹槽,此时拨叉所带动的接合套或滑动齿轮便被拨入空挡或被拨入另一工作挡位。

②对换挡轴进行周向转动定位的锁止装置。其结构如图3-4-8所示。捷达汽车选挡换挡机构采用的就是这种结构形式,通过装配在变速器壳体上的自锁销总成进行自锁。选挡指通过内花键套在换挡轴的外花键部位,并由弹性挡圈轴向限位。换挡指可插入拨叉上部的凹槽内。在换挡指对面的换挡套部位加工有三道键槽,在空挡时,自锁销在自锁弹簧的作用下压靠在中间的键槽内;挂挡位时,拨叉轴先轴向移动带动换挡指进入相应的拨叉凹槽内,再转动换挡指拨动拨叉及接合套轴向移动进入相应挡位,此时换挡套的转动使自锁销顶起,并压入到

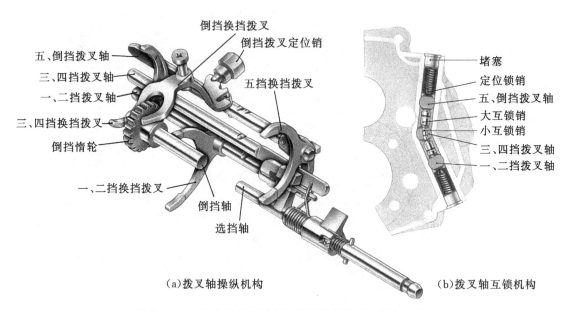

(a)拨叉轴操纵机构　　　　　　　　　(b)拨叉轴互锁机构

图 3-4-4　大众桑塔纳轿车五挡手动变速器内部操纵机构

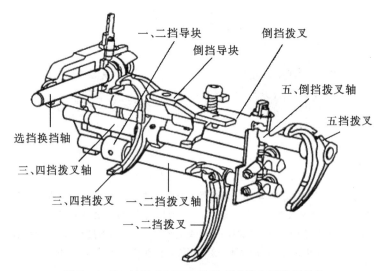

图 3-4-5　红旗 CA7220 轿车变速器内部操纵机构

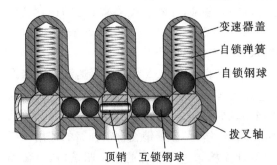

图 3-4-6　锁球式变速器的自锁及互锁装置

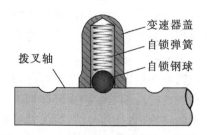

图 3-4-7　轴向定位自锁装置工作原理

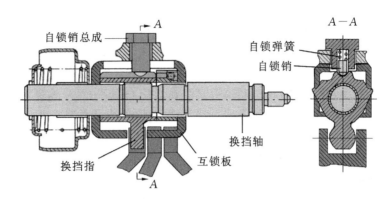

图 3-4-8 钳口式互锁装置及换挡轴周向转动定位自锁装置

左(或右)侧的键槽内。如果要想退挡,须在一定的外力作用下转动换挡套,克服自锁弹簧的弹力作用,把锁销顶起,重新对正中间凹槽(即空挡位置)。所以,自锁销总成起到了一定的定位锁止作用。

(2)互锁装置

互锁装置的作用就是防止换挡机构同时挂上两个挡,即当拨动一根拨叉轴(或拨叉)轴向移动时,其他拨叉轴(或拨叉)都被锁止,从而可以防止两个拨叉轴(或拨叉)同时移动。否则会产生运动干涉,甚至会损坏零件。常见的互锁装置有锁球(销)式和钳口式等类型。通常互锁装置与自锁装置加工在一起。

①锁球(销)式互锁装置。其结构如图3-4-6所示,在3根拨叉轴所处的平面且垂直于拨叉轴的横向孔道内,装有互锁钢球或互锁销。互锁钢球(或互锁销)对着每根拨叉轴的侧面上都制有一个凹槽,且深度相等。中间拨叉轴的两侧各制有一个凹槽。任一个拨叉轴处于空挡位置时,其侧面凹槽正好对准互锁钢球(或互锁销)。两个钢球直径之和(或一个互锁销的长度)等于相邻两拨叉轴圆柱表面之间的距离加上一个凹槽的深度。中间拨叉轴上两个侧面之间有通孔,孔中有一根横向移动的顶销,顶销的长度等于拨叉轴的直径减去一个凹槽的深度。

下面以锁球式为例说明其互锁原理。当变速器处于空挡位置时,所有拨叉轴的侧面凹槽同钢球、顶销都在同一直线上。在移动拨叉轴2时,如图3-4-9(a)所示,轴两侧的钢球从其侧面凹槽中被挤出,两侧面外钢球分别嵌入拨叉轴1和拨叉轴3的侧面凹槽中,将拨叉轴1和拨叉轴3锁止在空挡位置。若要移动拨叉轴3,必须先将拨叉轴2退回到空挡位置,拨叉轴3

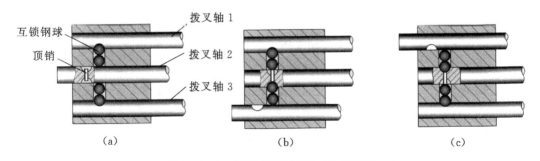

图 3-4-9 锁球式互锁装置工作原理图

移动时钢球从凹槽挤出,通过顶销推动另一侧两个钢球移动,拨叉轴1和拨叉轴2均被锁止在空挡位置上,如图3-4-9(b)所示。同理,移动拨叉轴1的工作情况如图3-4-9(c)所示。由上述互锁装置的工作情况可知,当一根拨叉轴移动的同时,其他两根拨叉轴均被锁止。

②钳口式互锁装置。其结构如图3-4-8所示,捷达汽车变速器的互锁装置就是应用的这种形式。换挡指置于互锁板钳口中,互锁板套装在选挡换挡轴上,并可绕轴转动。换挡时,驾驶员先完成选挡,即变速杆通过操纵机构带动换挡轴、互锁板和换挡指轴向移动,使互锁板的钳口对正相应挡位的拨叉凹槽,而其他挡位的拨叉凹槽即被互锁板挡住,从而换挡指只能拨动钳口所对正的相应挡位的拨叉,起到了可靠的互锁作用。

有的变速器操纵机构将自锁装置与互锁装置合二为一,如图3-4-10所示。在空心锁销内装有自锁弹簧。图中所示位置为空挡,此时两锁销内端面距离 a 等于槽深 b,不可能同时拨动两根拨叉轴,即起到互锁作用。另外,自锁弹簧的预紧力和锁销对拨叉轴又起到自锁作用。

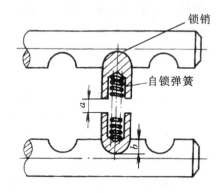

图3-4-10 起自锁与互锁双作用的锁止装置

总之,互锁装置保证了每次只能移动一根拨叉轴,其余拨叉轴均处于空挡位置。

(3)倒挡锁

倒挡锁的作用是防止误挂倒挡,否则会损坏零件或发生安全事故。倒挡锁的设置基本上都是在操纵机构上设置一倒挡弹簧,使驾驶员挂倒挡进行选挡动作时,先要压缩这一弹簧,才能使换挡指进入倒挡拨叉凹槽。压缩弹簧产生的反力通过变速杆反馈到驾驶员手上,起到一定的提示作用,如图3-4-11所示。

该倒挡锁主要由倒挡锁销和倒挡锁弹簧组成。倒挡锁销的杆部装有倒挡锁弹簧。驾驶员要挂倒挡时,必须用较大的力使倒挡拨叉压缩倒挡锁弹簧,将倒挡锁销推向右方后,才能使倒挡拨叉轴挂入倒挡。

倒挡弹簧的设置有侧压式、下压式和上拉式等几种操纵形式,例如捷达轿车用的是下压式的操纵形式,即要挂入倒挡,先要在一挡位置下压换挡操纵杆,压缩倒挡弹簧,同时解除倒挡锁止,才能挂上倒挡。另外,为了防止误挂入倒挡带来危险的后果,在仪表板上设有倒挡指示灯以提示驾驶员,在车尾部设有倒挡灯,有的还设有倒挡蜂鸣器提示车外行人,这些警示器都受倒挡开关的控制。

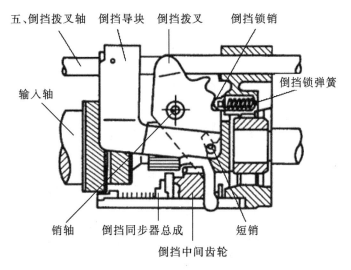

图 3-4-11 弹簧锁销式倒挡锁

3.5 分动器

3.5.1 分动器的功用

多轴驱动的越野汽车需装用分动器,其功用是将变速器输出的动力分配到各驱动桥。多数越野汽车装用两挡分动器。分动器兼起副变速器的作用。

3.5.2 分动器的结构

分动器由齿轮传动机构和操纵机构两部分组成。

1.齿轮传动机构

图 3-5-1 为三轴输出式分动器,其结构简图如图 3-5-2 所示。

分动器单独安装在车架上,其输入轴 1 用凸缘通过万向传动装置与变速器第二轴连接。输出轴 8、12、17 分别经万向传动装置通往后、中、前驱动桥。

分动器的减速增矩作用比变速器大,它的常啮合齿轮均为斜齿轮,轴的支撑多采用锥轴承。轴 1 前端通过锥轴承支撑在壳体上,后端通过锥轴承支撑在与轴 8 制成一体的齿轮 6 的中心孔内。齿轮 5 与轴 1 制成一体。齿轮 15 和 9 之间装有接合套 4,前桥输出轴 17 后端装有接合套 16。

图 3-5-2 所示的是分动器的空挡位置。将接合套 4 左移与齿轮 15 的齿圈接合时为高速挡,动力经输入轴 1、齿轮 3、齿轮 15 和中间轴 11 传到齿轮 10,再分别经齿轮 6、齿轮 13 传到输出轴 8 和 12。因齿轮 6 和 13 齿数相同,故轴 8 和 12 转速相等。将接合套 16 右移,轴 17 和 12 相联接,便接上了前驱动桥。再将接合套 4 右移与齿轮 9 的齿圈接合时为低速挡,动力由输入轴经齿轮 5、9 传到中间轴 11 和齿轮 10,再分别传入输入轴 8、12、17,三轴的转速相等。

多数轻型越野汽车装用两输出轴式分动器,分别驱动前桥和后桥。有普通齿轮式和行星

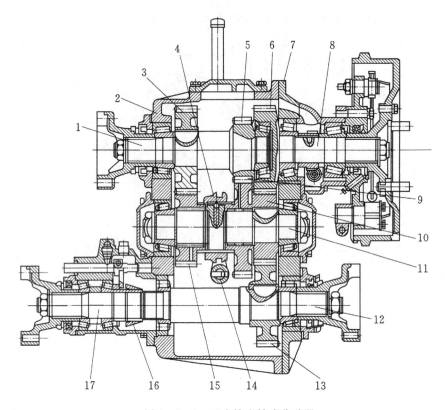

图 3-5-1 三个输出轴式分动器

1—输入轴;2—分动器壳;3、5、6、9、10、13、15—齿轮;4—换挡接合套;
7—分动器盖;8—后桥输出轴;11—中间轴;12—中桥输出轴;
14—换挡拨叉轴;16—前桥接合套;17—前桥输出轴

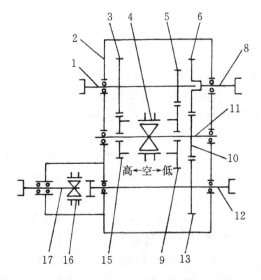

图 3-5-2 三个输出轴式分动器的结构简图(图注同图 3-5-1)

齿轮式两种。普通齿轮式的工作原理与三轴式分动器类似。图 3-5-3 为行星齿轮式分动器结构简图,其动力传动过程为,换挡花键毂 7 左移至太阳轮 6 内齿圈,换入高速挡。动力传动为:输入轴 1→太阳轮 6→换挡花键毂 7→后桥输出轴 10(齿圈 4 固定在分动器壳 2 上,行星齿轮 3 和行星架 5 空转)。此过程为两轮驱动高速挡。

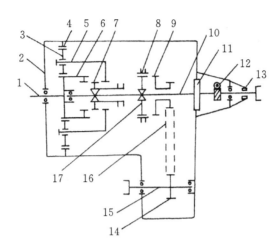

图 3-5-3 两轴输出行星齿轮式分动器结构简图
1—输入轴;2—分动器壳;3—行星轮;4—齿圈;5—行星架;6—太阳轮;7—换挡齿毂;
8—接合套;9、14—齿轮;10—后桥输出轴;11—转子式油泵;12—里程表驱动齿轮;
13—油封;15—前桥输出轴;16—锯齿式链条;17—花键毂

当接合套 8 右移与齿轮 9 接合时,换挡花键毂 7 右移与行星架 5 接合,此时处于四轮驱动低挡。动力传动为:输入轴 1→太阳轮 6→行星轮 3→行星架 5→换挡花键毂 7→后桥输出轴 10→后桥和花键毂 17→齿轮 9→锯齿式链条 16→齿轮 14→前桥输出轴 15。后桥输出轴 10 与前桥输出轴 15 转速相同。

2. 操纵机构

分动器的操纵机构由操纵杆、传动杆、摇臂及轴等组成。

操纵分动器时,若换入低速挡,输出转矩较大。为避免中、后桥超载,前桥需参加驱动,分担一部分载荷。为此,分动器操纵机构应保证:接上前桥前,不得挂上低速挡;低速挡退出前,不得摘下前桥。

为满足对分动器操纵机构的要求,应从结构上予以保证。图 3-5-4 为分动器操纵机构示意图。当换挡操纵杆向后拉动时,其下端将使传动杆向前运动以挂高速挡。若换挡操纵杆向前挂低速挡时,其下端受螺钉限制,无法挂上低速挡。要挂上低速挡,必须先将前桥操纵杆向前移动,使轴转动并通过摇臂使传动杆后推,接上前桥动力后才能实现。因为前桥操纵杆上端向前推时,下端便连同螺钉向后摆动,不再约束换挡操纵杆挂低速挡。当挂上低速挡后,换挡操纵杆下端又与螺钉接触,从而又限制住在低速挡位的前桥无法摘开。

总之,接上前桥驱动时,前后(或前、中、后)桥的车轮将同步转动,但前后轮胎若胎压不等、磨损不同或行驶在凸凹不平的路面上时,易产生轮胎滑移或滑转。因此在良好路面上应使用

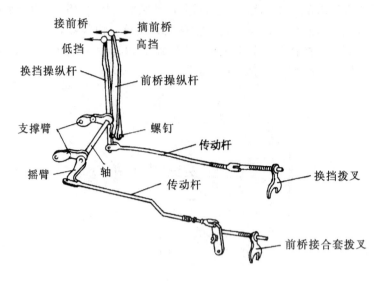

图 3-5-4 分动器操纵机构

分动器的高速挡,且不应接前桥。当汽车在较差路面上行驶时,应接上前桥并使用低速挡(或高速挡),以使汽车具有足够的驱动力,克服增加了的行驶阻力。

3.6 变速器的维修

3.6.1 变速器的维护

在汽车行驶时,变速器齿轮齿面间的接触力很大,易出现齿面磨损或产生疲劳剥落等现象。汽车行驶时需要根据行驶条件选择合适的挡位,在恶劣道路上行驶时换挡频繁,又会产生冲击载荷,破坏零件的润滑条件,更加剧变速器零件的损伤,导致换挡困难、换挡异响、自行脱挡、噪声及渗漏等故障。因此,必须对变速器进行正确的维护,以维持变速器良好的技术状况,延长变速器的使用寿命。

对变速器的维护应按照维修手册或使用说明书的要求进行。一般在一级维护时,应检查变速器润滑油情况,使通气塞保持畅通。二级维护时,应检查第二轴凸缘的螺母紧固情况,其紧固力矩应符合原厂要求。检查变速器是否有运转异响,判定齿轮、轴、轴承等零件的磨损情况。

1. 润滑油检查

变速器润滑油又称变速器齿轮油,其状况的好坏直接影响到变速器能否正常工作。如果在变速器工作中润滑油量不足,变速器齿轮和轴承会很快烧毁。检查时,除检查油量的多少外,还应注意检查润滑油的状况。

🔧 **维修提示**

变速器润滑油应保持新鲜的颜色和正常的气味,如果出现异常就应更换。如果润滑油内有金属碎屑,则表明变速器内部出现了严重磨损。

(1)变速器润滑油量的检查

①将汽车安全地支撑在举升机或举升台上,并将其升起。

警告:

在车下进行作业之前,一定要确保汽车已经以正确、安全的方式进行了支撑。

②如果变速器配有油尺,先拆下油尺将其擦干净,重新将其全部插入,再拆下油尺观察油位情况。正常油位应处于油尺的"MAX"和"MIN"标记之间。

如果配有加油螺塞,将其拆下,油位应处于加油螺塞孔开口的下边缘。

维修提示

拆卸加油螺塞时,应注意可能会由于油位较高而有油溢出。拆卸螺塞后,如果通过螺塞孔看不到油面,可小心地将手指直着插入螺塞孔中,然后向下弯曲,手指就如同油位指示器。将手指拿出,检查手指上的油面高度。正常油位应与加油螺塞孔的底部相平齐。

③如果油位过低,先检查油位过低的原因,确定无泄漏后加入正确型号的润滑油,并达到正确的油位。如果油位过高,则放掉多余的润滑油。

(2)变速器润滑油量的更换

维修提示

根据汽车维修手册建议,定期更换变速器润滑油。这样可以将润滑油中的金属污物除去,从而减少零部件的磨损,同时也有助于保证良好的润滑状态。

①启动汽车并使变速器润滑油温度达到工作温度,然后使发动机熄火。

②将汽车安全地支撑在举升机或举升台上,并将其升起。

③在变速器底部找到放油螺塞,在其下方放置一个集油盘,拆下放油螺塞。将润滑油排放干净。

④正确安装放油螺塞。

⑤向变速器中加注正确类型及加注量的润滑油。

2.变速器换挡操纵机构的检查

变速器换挡操纵机构的检查方法因车而异。大众桑塔纳系列轿车五挡手动变速器换挡操纵机构的检查方法如下(参考图3-4-3):

①挂入一挡;

②将上换挡杆向左推至缓冲垫处;

③慢慢松开上换挡杆,上换挡杆朝右返回约5~10 mm;

④挂入五挡;

⑤将上换挡杆向右推至缓冲垫处;

⑥慢慢松开上换挡杆,上换挡杆朝左返回约5~10 mm;

⑦当上换挡杆朝一挡和五挡压去时,上换挡杆大致返回同样的距离,如有必要,可通过移动换挡杆支架的椭圆形孔进行调整;

⑧检查各挡齿轮啮合是否平滑;
⑨如果啮合困难,要进行调整;

3.6.2 变速器的拆卸和安装

1. 变速器的拆卸

维修提示

由于在拆卸过程中必须拆除蓄电池的接地线,因此拆卸前应检查是否安装了带密码的收音机。若有的话,那么事先必须得到防盗密码。

不同的变速器,其具体的拆卸步骤有所不同,可参考具体车型的维修手册。大致的拆卸步骤如下。

①打开发动机罩,拆下蓄电池的搭铁线。

②断开下列零部件:换挡拉索或换挡杆、离合器拉索、倒车灯开关或导线、车速表电缆或速度传感器、起动机、其他与车身或发动机相连接的软管或电缆支架,如图3-6-1和图3-6-2所示。

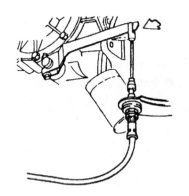 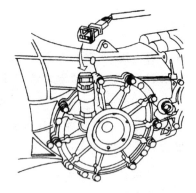

图3-6-1 拆下离合器拉索　　图3-6-2 拆下车速里程表软轴

③安装发动机支撑固定装置,确保发动机处于正确的位置,如图3-6-3所示。

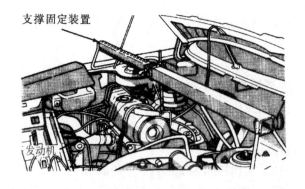

图3-6-3 用支撑固定装置来支撑发动机

④拆卸发动机与变速器上部的连接螺栓,在其中一个或两个螺栓孔中安装导向销。
⑤将汽车安全地支撑在举升机或举升台上,并将其升起。
⑥将变速器中的润滑油放出,注意润滑油的收集,并观察润滑油的数量和状况。
⑦将传动轴(半轴)从变速器上拆下,如图3-6-4所示。

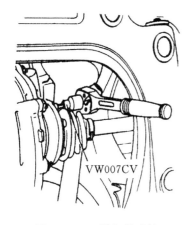 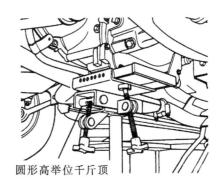

图3-6-4 拆卸传动轴　　图3-6-5 用变速器千斤顶支撑变速器

⑧拆下影响变速器拆卸的其他零部件,如挡泥板、悬架系统部件、变速器联接到发动机和车身上的所有部件。
⑨用变速器千斤顶支撑变速器,拆卸所有变速器支架或支撑,拆卸剩下的发动机与变速器连接螺栓,拆下变速器,如图3-6-5所示。

2. 变速器的安装

变速器的安装顺序与上述的拆卸顺序相反。在安装时需要注意:
①安装变速器时使用导向销,以防止变速器吊挂在离合器轴上;
②用规定的力矩和正确的方法拧紧变速器连接螺栓和螺母;
③在撤除变速器千斤顶之前,确保变速器支撑已安装到位;
④在启动发动机前,向变速器内加注正确型号的润滑油,并到正确的油位;
⑤检查并调整离合器踏板自由行程和换挡操纵机构。

3.6.3 变速器的分解与装配

1. 变速器的分解

不同的变速器,其具体的分解步骤有所不同,分解时请参考具体车型的维修手册。大致的分解步骤如下。
①清除变速器外表的油渍和尘土。
②拆卸变速器外壳,如图3-6-6所示。
③拆卸输入和输出轴总成,如图3-6-7所示。
④拆卸差速器总成,如图3-6-8所示。
⑤分解输入轴,如图3-6-9所示。

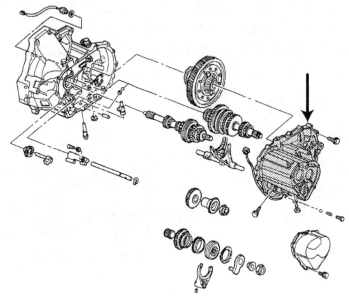

图 3-6-6 拆卸变速器外壳

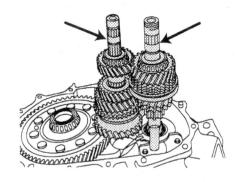

图 3-6-7 拆卸输入和输出轴总成

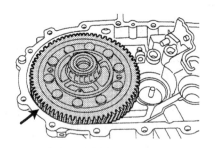

图 3-6-8 拆卸差速器总成

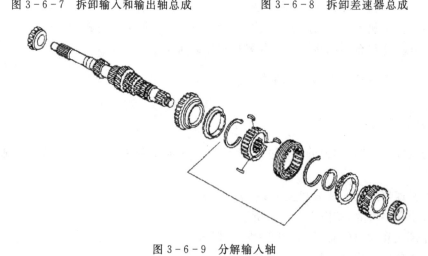

图 3-6-9 分解输入轴

⑥分解输出轴,如图 3-6-10 所示。

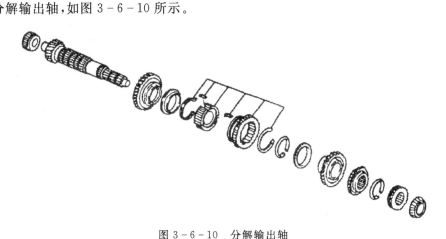

图 3-6-10 分解输出轴

⑦分解差速器,如图 3-6-11 所示。

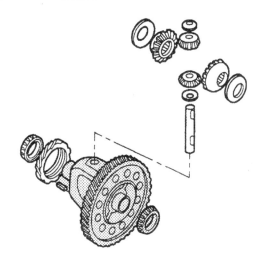

图 3-6-11 分解差速器

维修提示

如有必要还要拆卸换挡操纵机构、倒挡惰轮轴及倒挡惰轮。

2. 变速器的装配

变速器的装配顺序与上述的分解顺序相反。在装配时应注意以下几方面：

①装配前,必须对零件进行认真的清洗,除去污物、毛刺和铁屑等,尤其要注意各轴上径向润滑油孔的畅通;

②装配各部轴承及键槽时,应涂润滑油进行预润滑,修理总成时应更换所有的滚针轴承;

③零件的工作表面不得用硬金属直接捶击,避免齿轮出现运转噪声;

④注意同步器锁环或锥环的装配位置,装配过程中如有旧件应原位装复,以保证两元件的接触面积,因此在变速器解体时,应对同步器各元件做好装配记号,以免装错;

⑤组装输入轴和输出轴时,应注意各挡齿轮、同步器固定齿座、推力垫圈的方向和位置,以保证齿轮的正确啮合位置;

⑥安装各轴的轴承时,只许用压套垂直压在内圈上,禁止施加冲击载荷,轴承内圈圆角较大的一侧必须朝向齿轮;

⑦装入油封前,需在油封的刃口涂少量润滑脂,要垂直压入,并注意安装方向;

⑧变速器装配后,要检查各齿轮的轴向间隙和各齿轮副的啮合间隙及啮合印痕;

⑨装配密封衬垫时,应在密封衬垫的两侧涂以密封胶,确保密封效果;

⑩安装变速器盖时,各齿轮和拨叉均应处于空挡位置,必要时可分别检查各个常用挡的齿轮副是否处于全齿长接合位置,按规定的力矩和正确的方法拧紧全部螺栓。

3.6.4 变速器主要零件的检修

1. 检修注意事项

(1)衬垫、油封

①每次修理必须更换密封垫圈和O形圈。

②轴油封装入前,在外径上涂上一层薄油,在唇形密封圈之间的空隙内填满润滑油脂。轴油封装入后,检查变速器的油面,必要时须添加到注油口边缘。

③接合面须保持清洁。密封剂应涂均匀,不要太厚,且通气孔应保持通畅。

(2)调整垫片

①用千分尺多点检测调整垫片不同的公差,可以精确地测出所需垫片的厚度。

②检查边缘是否有损坏。只准装入完好的调整垫片。

(3)挡圈、锁圈

①修理中须调整挡圈及锁圈。不要将挡圈拉开过度。

②安装时必须将挡圈、锁圈放在规定的槽内并且就位。

③每次修理应更换弹簧销,其安装位置在纵向槽内。

④敲进或敲出换挡拨叉夹紧套筒时,要用锤子顶住,以免拨叉轴滑槽变形。

(4)螺栓、螺母

①固定盖和罩壳的螺栓和螺母应交叉拧紧和拧松。对于特别易损的部件,如离合器压盘要摆正,并逐步对角拧紧和拧松。

②按规定的力矩拧紧自锁螺栓和螺母。

(5)轴承

①将有标志一面的滚针轴承(壁厚较大)朝向安装工具。

②在轴与轴承之间涂一层润滑油。

③变速器内的全部轴承都要使用变速器油。摩擦力矩应予以检查,注油时要特别小心。

维修提示

变速器内部零件清洗时,先将其浸入安全溶剂中,并用硬毛刷进行清洗。清洗干净后,用压缩空气吹干。不可使用抹布擦拭零件,否则可能会在零件表面留下棉绒,并因此阻塞油道。

2. 变速器壳体

(1) 变速器壳体裂纹

轴承承孔和安装固定孔出现裂纹,应更换变速器壳体;受力不大部位的裂纹,可粘结修复;重要和受力较大部位的裂纹,可进行焊修。

(2) 变速器壳体变形

变速器壳体是保证齿轮传动副精度的基础件。变速器壳体的变形,易使各轴轴线间的平行度误差、轴心距改变,导致齿轮副啮合精度改变。若出现壳体变形,应进行整形修复,可采用镶套修复。无法修复的,应予以更换。

(3) 壳体螺孔损伤

壳体上所有连接螺孔的螺纹损伤不得多于2牙。螺纹孔的损伤可用换加粗螺栓或补焊后重新钻孔加工的方法修复。

3. 齿轮与花键

① 齿轮的啮合面上出现明显的疲劳麻点、麻面、斑疤或阶梯形磨损时,必须更换。齿面仅有轻微斑点或边缘略有破损时,可用油石修磨处理。

② 固定齿轮或相配合的滑动齿轮的端面损伤不得超过齿长的15%。

③ 齿轮齿面的啮合面中线应在齿高的中部,接触面积不得小于工作面的60%。

④ 齿轮与齿轮、齿轮与轴及花键的啮合间隙、径向间隙应符合原厂规定。

维修提示

如果齿轮副中的一个齿轮的轮齿坏掉,应注意与这个齿轮啮合的另一个齿轮的轮齿由于承受同样的载荷,也有可能已经损坏。一般情况下,损坏的齿轮和与其啮合的齿轮需要一起更换。

4. 轴

拨叉轴的直线度公差为 0.05 mm,轴上挡位凹槽的最大磨损量为 0.5 mm,超过此限应换新。

各轴以两端轴颈的公共轴线为基准,中部径向圆跳动公差为 0.03 mm(轴长 120～250 mm)或 0.06 mm(轴长 250～500 mm),否则应更换新轴。

5. 轴承

轴承应转动灵活,滚动体与内外滚道不得有麻点、麻面、斑疤和烧灼磨损等缺陷,保持架完好,径向间隙不得大于 0.10 mm。滚动轴承与承孔、轴颈或齿轮的配合应符合技术条件要求。

6. 同步器

(1) 锁环式惯性同步器零件的主要耗损

① 锁环内锥面螺纹槽(或直槽)磨损。这会破坏换挡过程的同步作用,使换挡时发出机械撞击噪声。

②滑块顶部凸起磨损。这会使同步作用减弱,因此,当滑块顶部磨出沟槽时,必须更换。

③滑块支撑弹簧断裂或弹性不足。这会使接合套通过滑块作用在锁环内锥面上的轴向推力减弱或消失,接合时会使换挡过程延缓,甚至出现齿轮冲击声。

④锁环或接合套的接合齿端磨秃。这会使锁环锁止力矩减弱或消失,从而导致换挡困难。

(2)锁销式惯性同步器零件的主要耗损

①锥环锥面上螺纹槽磨损。这会使摩擦系数过低,甚至使摩擦锥环和摩擦锥盘端面接触,同步作用失效。

②锁销和定位销松动或散架。这会引起同步器失效,一般应更换新同步器。

检测同步环磨损量如图 3-6-12 所示,将二挡同步环压到二挡从动齿轮锥面上,用塞尺检测同步环齿圈与待啮合齿轮齿圈之间的间隙 a。若超过磨损极限量,则更换新的二挡同步环。不同车型采用不同款的变速器,各挡锁环新件尺寸和磨损量都不尽相同。例如,大众高尔夫轿车所采用的 02K 变速器各挡锁环的新件间隙及磨损极限如表 3-6-1 所示。

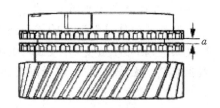

图 3-6-12 同步环磨损量的检测

表 3-6-1 02K 变速器各挡锁环新件间隙及磨损极限

间隙 a	新件尺寸/mm	磨损极限/mm
一挡同步环	1.1~1.7	
二挡同步环	1.1~1.7	
三挡同步环	1.15~1.75	0.5
四挡同步环	1.3~1.9	
五挡同步环	1.3~1.9	

3.7 变速器常见故障的诊断

变速器的常见故障主要有掉挡、乱挡、换挡困难、变速器异响等。

3.7.1 掉挡(自行脱挡)

掉挡是汽车在加速、减速或爬坡时,变速器杆自行跳回空挡位置。

1. 原因

①自锁装置的钢球未进入凹槽内,或挂入挡后未达到全齿长啮合。

②自锁装置的钢球或凹槽磨损严重,自锁弹簧疲劳过软或折断。

③齿轮在轴线方向磨损成锥形,汽车行驶中因振动、速度变化的惯性等在齿轮轴向方向产生推力,迫使啮合齿轮沿轴线方向脱开。

④输入轴轴承过于松旷,使输入轴和曲轴不同心,或变速器壳与离合器壳接合平面相对于曲轴轴线的垂直度变动。

⑤常啮合齿轮轴向或径向间隙过大。
⑥各轴轴向或径向间隙过大。

2. 故障诊断与排除

先确定掉挡挡位,将变速杆挂入该挡位,拆下变速器盖,观察掉挡齿轮的啮合情况。
①检查是否达到全齿长啮合。若是全齿长啮合,应检查啮合部位的啮合情况。
②检查该挡齿轮的轴向和径向间隙。
③检查自锁装置。
④检查离合器壳和变速器的接合平面与曲轴轴线的垂直度。

3.7.2 乱挡

乱挡是离合器技术状况正常的情况下,变速器同时挂上两个挡,或挂需要的挡位时却挂入了另外的挡位。

1. 原因

①互锁装置失效,拨叉轴、顶销或钢球过度磨损。
②变速杆下端工作面磨损过大,或拨叉轴上导块的导槽磨损过大。
③变速杆球头定位销折断或球孔、球头磨损过大。

2. 故障诊断与排除

①挂需要的挡位时却挂入了另外的挡位。摇动变速杆,检查其摆动角度,若超出正常范围,则故障由变速杆下端球头定位销配合松旷或球头磨损过大引起;若摆动角度正常,仍挂不上或摘不下挡,则故障是由变速杆下端脱出引起的。
②同时挂入两挡,由互锁装置失效引起。

3.7.3 换挡困难

离合器技术状况良好,变速器操纵机构工作正常时,换挡困难一般为同步器故障。
①检查同步器锁环的内锥面螺旋槽磨损情况,不能过度磨损,锁环与两锥面间隙应符合规定。
②检查同步器滑块在花键毂内的滑动,以及滑块与锁环槽和花键毂的配合间隙,应符合规定。
③检查同步器花键毂与接合套的轴向移动,应无卡滞。

3.7.4 变速器异响

变速器异响指变速器工作时发出不均匀的碰撞声。

1. 原因

①齿轮响。原因可能是齿轮过度磨损变薄,间隙过大,运转中有冲击;齿面啮合不良;齿轮与轴上的花键配合松旷,或齿轮的轴向间隙过大;轴弯曲或轴承松旷引起齿轮啮合间隙改变。

②轴承响。原因可能是轴承磨损严重;轴承内(外)座圈与轴颈(孔)配合松动;轴承滚珠碎裂或有烧蚀麻点。

③其他原因。如润滑油不正常,缺少、过稀、过稠或变质;变速器内落入异物;紧固螺栓松动;里程表软轴或齿轮发响。

2. 故障诊断与排除

①变速器发出金属干摩擦声为润滑油问题,应视情况处理。

②行驶中换入某挡若响声明显,为该挡齿轮磨损;若有周期性响声,则为个别齿损坏。

③空挡发响,而踩下离合器踏板后响声消失,一般为输入轴轴承或常啮合齿响;若换入任何挡都响,多为输出轴轴承响。

④变速器工作中突发撞击声,多为轮齿折断,应及时解体检查,以防机件进一步损坏。

⑤行驶中只在换入某挡时齿轮发响,检查啮合齿轮是否搭配不当,或同步器磨损、损坏。

⑥换挡时齿轮相撞击而发响,原因有离合器不能分离、同步器损坏、怠速过高、变速杆调整不当或导向衬套配合过紧等。应先检查离合器能否分离,再调整怠速或变速杆位置,检查导向衬套与分离轴承配合的松紧度。

3.7.5 变速器漏油

变速器漏油表现为变速器周围出现齿轮润滑油,变速器内油量减少。产生变速器漏油的原因和诊断排除方法为:

①润滑油选择不当,产生过多泡沫,或油量过多,需要更换润滑油或调节润滑油量;

②侧盖过松,密封垫损坏,油封损坏,应视情况更换新件;

③放油塞或变速器紧固螺栓松动,应按规定力矩拧紧;

④变速器壳体破裂或延伸壳油封磨损而引起漏油,视情况修理或更换;

⑤里程表齿轮限位器松脱破损,应予以锁紧或更换;

⑥变速杆油封漏油则更换油封。

3.8 案例分析

3.8.1 案例一:捷达轿车挂不上前进挡,只能挂倒挡

1. 现象

一辆一汽大众捷达轿车因换挡过猛,突然挂不上前进挡。除了倒挡能够行驶外,其余挡位均无法使汽车继续行驶。

2. 维修

经分析认为,变速器五个挡位同时损坏的可能性不大,该故障极有可能是操纵机构引起的。对操纵机构进行检查,发现是由于换挡过猛引起错位,而导致上述故障的发生。对其外部操纵机构进行拆检、调整,经试车后,故障排除。

现代轿车大多采用前置前驱动布置,变速器操纵机构一般包括内、外操纵机构两部分。驾驶员经一系列中间连接杆操纵变速器内部机构,进行换挡。换挡时操作不当,经常引起意外冲击,易造成中间传动杆锁紧螺母松动,致使传动杆变形引起错位。因此,虽然换挡手柄挂入前进挡,但变速器齿轮实际上并没有啮合,汽车便没有了前进挡。对换挡机构加以拆检、调整,并紧固锁紧螺母,即可排除此类故障。

3.8.2 案例二:桑塔纳轿车路试掉挡

1.现象

一辆上海桑塔纳轿车的变速器检修后,进行路试时出现掉挡故障。

2.维修

经分析认为,上海桑塔纳轿车五挡手动机械式变速器各挡均采用同步器换挡,同步器为锁环式惯性同步器,在锁环上采用了镀钼新工艺,可以有效地防止锁环的早期磨损。变速器齿轮为小模数斜齿轮,承载能力较大,传动平稳,一般不会出现掉挡现象。该变速器出现掉挡的主要原因有装配错误、自锁和互锁失效、变速杆变形。

对变速器进行拆检,发现输入轴上的齿轮轴向间隙较大,仔细检查发现输入轴四挡齿轮锁环漏装。重新进行装配,并按照规定调整好轴向间隙后装车再试,故障排除。

3.8.3 案例三:雪铁龙世嘉轿车挂三、四挡困难且掉挡

1.现象

一辆装有五挡手动变速器的雪铁龙世嘉轿车,在行车过程中挂三、四挡困难,挂挡时还有撞击声,有时挂四挡行进中还会自行脱挡。

2.维修

检查中发现,在车辆静态时原地挂挡不是很困难,搬动变速器操纵杆无明显晃动感,操纵杆、传动杆等均无明显卡滞变形故障,发动机、变速器与飞轮连接螺栓均无松动。外观检查也未发现故障部位。

对变速器进行解体检查,重点检查三、四挡同步器。发现该同步器锁环与接合齿轮锥面间磨损超限,同时锁环花键齿与三、四挡齿轮的花键齿不能平齐,表明锁环缺口与滑块磨损过度。检查接合套内花键齿,齿毂外花键出现过度磨损,已磨成台阶状。

更换三、四挡同步器后装车。经试车检验,故障排除。

习 题

1.思考题

(1)变速器有何功用?有哪些类型?

(2)变速器的基本组成及各组成部分的作用是什么?

(3)桑塔纳2000系列轿车五挡手动变速器的变速传动机构的结构是怎样的?

(4)同步器有何功用?有哪些类型?

(5)叙述锁环式惯性同步器的组成及工作原理。

(6)分动器有何功用?

(7)分动器操纵机构的组成是什么?操纵分动器时有什么要求?

(8)变速器的拆卸步骤有哪些?

(9)变速器的分解步骤有哪些?

2.选择题

(1)变速器按照操纵方式的不同可分为(　　)。

  A.无级变速器　　　　　　B.强制操纵式变速器

  C.自动操纵式变速器　　　D.半自动操纵式变速器

(2)为了保证在任何情况下变速器都能准确、安全、可靠地工作,其操纵机构一般设置有(　　)。

  A.自锁装置　　　　　　B.互锁装置

  C.倒挡锁装置　　　　　D.压紧装置

(3)根据操纵杆与变速器的相互位置,变速器操纵机构可分为(　　)。

  A.远距离操纵式　　　　B.液压操纵式

  C.直接操纵式　　　　　D.间接操纵式

(4)检查变速器润滑油时,主要检查(　　)。

  A.润滑油油位　　　　　B.润滑油温度

  C.润滑油质量　　　　　D.润滑油牌号

(5)变速器的常见故障主要有(　　)。

  A.掉挡　　　　　　　　B.乱挡

  C.换挡困难　　　　　　D.异响

项目4 万向传动装置

学习目标

(1)简单叙述万向传动装置的功用、组成和应用。
(2)简单叙述万向节的功用、类型和构造。
(3)正确描述万向传动装置的布置形式及装配特点。
(4)正确描述传动轴与中间支承的构造。
(5)会分析万向传动装置常见故障的产生原因,能排除故障。
(6)会做万向传动装置的检修与装配工作。

4.1 万向传动装置概述

4.1.1 万向传动装置的功用及组成

1.功用

万向传动装置的功用是在轴间夹角及相互位置经常发生变化的转轴之间传递动力。

2.组成

万向传动装置主要由万向节和传动轴组成。对传动距离较远的分段式传动轴,为了提高传动轴的刚度,还要加装中间支承,如图4-1-1所示。

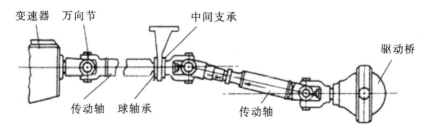

图4-1-1 变速器与驱动桥之间的万向传动装置

4.1.2 万向传动装置在汽车上的应用

万向传动装置在汽车上的应用主要包括六个方面,如图4-1-2所示。
①变速器与驱动桥之间距离较远,应将传动轴分成两段甚至多段,并加设中间支承,传动

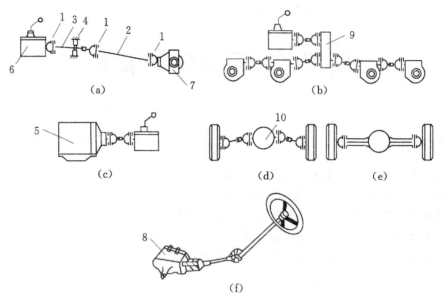

图 4-1-2 万向传动装置在汽车上的应用
1—万向节;2—传动轴;3—前传动轴;4—中间支承;5—发动机;
6—变速器;7—驱动桥;8—转向器;9—分动器;10—差速器

轴之间用万向节进行联接,如图 4-1-2(a)所示。

②多轴驱动汽车的变速器与分动器之间、分动器与驱动桥之间或驱动桥与驱动桥之间均需采用万向传动装置,如图 4-1-2(b)所示。

③发动机与变速器距离较远,在车辆运动过程中,两者的轴线会发生偏移,不能刚性联接,需要采用万向传动装置进行联接,如图 4-1-2(c)所示。

④采用独立悬架的汽车,车轮轴线与差速器输出轴之间存在相对运动,需采用万向传动装置进行联接,如图 4-1-2(d)所示。

⑤万向传动装置还应用在转向驱动桥的差速器与车轮之间,如图 4-1-2(e)所示。

⑥在汽车转向盘转轴和转向器之间亦需采用万向传动装置进行联接,如图 4-1-2(f)所示。

4.2 万向节及传动轴

万向节按其速度特性分为普通万向节、准等速万向节和等速万向节,按其刚度大小可分为刚性万向节和柔性万向节。

4.2.1 普通万向节

1. 构造

如图 4-2-1 所示,万向节叉上的孔分别套在十字轴的 4 个轴颈上。当主动叉转动时,从动叉随之转动,同时又绕十字轴中心在任意方向摆动。在十字轴轴颈与万向节叉孔之间装有滚针和套筒,采用滚针轴承是为了减小摩擦损失,提高传动效率。用带有锁片的螺钉和轴承盖来将套筒固定在万向节叉上,进行轴向定位。为了减小摩擦、润滑轴承,十字轴内钻有油道,如图4-2-2所示,且与注脂嘴、安全阀相通。

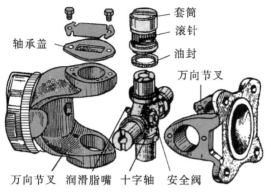

图4-2-1 十字轴式刚性万向节

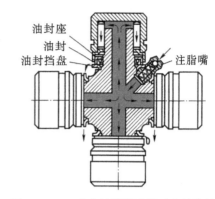

图4-2-2 十字轴润滑油道及密封装置

为避免润滑脂流出及尘垢进入轴承,十字轴轴颈的内端套装带金属壳的毛毡油封(或橡胶油封)。安全阀的作用是当十字轴内腔润滑脂压力超过允许值时,打开阀使润滑脂外溢,从而油封不会因油压过高而损坏。十字轴式万向节的损坏程度是以十字轴的轴颈和滚针轴承的磨损为标准的,润滑和密封直接影响着万向节的使用寿命。为了提高它的使用寿命,现代汽车多采用橡胶油封。当油腔内的润滑油压力大于允许值时,多余的润滑油从油封内圆表面与十字轴轴颈接触处溢出,故无须安装安全阀。

万向节轴承的常见定位方式除上述盖板式外,还有内、外弹性卡环固定式。

2. 特点

十字轴式刚性万向节允许相邻两轴的最大交角为15°~20°,具有结构简单、传动效率高的优点。但在两轴夹角α不为零的情况下,不能传递等角速度转动。为实现等角速度传动,可将两个普通万向节按图4-2-3所示的排列方式安装,并且传动轴两端的万向节叉在同一平面内时,用两个万向节加一根传动轴就可以实现等角速度传动。

①平行排列。第1个万向节的从动叉和第2个万向节的主动叉与传动轴相联,且传动轴两端的万向节叉在同一平面内;输入轴、输出轴轴线平行,如图4-2-3(a)所示。

②等腰三角形排列。第1个万向节的从动叉和第2个万向节的主动叉与传动轴相联,且传动轴两端的万向节叉在同一平面内;输入轴、输出轴同传动轴三轴线成等腰三角形,如图

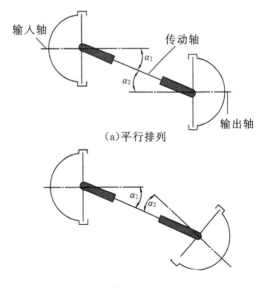

图4-2-3 双万向节的等速排列方式

4-2-3(b)所示。

3. 应用

目前普通万向节(十字轴式刚性万向节)在汽车中的应用比较广泛,如丰田皇冠轿车变速器与驱动桥之间的万向节即采用十字轴式万向节。

4.2.2 准等速万向节和等速万向节

转向驱动桥和独立悬架的驱动桥,由于轴向尺寸限制、转向轮偏转角大等原因,两个普通万向传动装置难以适应,因此采用各种形式的准等速和等速万向节。

1. 准等速万向节

准等速万向节是根据两个普通万向节实现等速传动的原理制成的。常见的准等速万向节有双联式和三销轴式两种。

(1) 双联式万向节

双联式准等速万向节实际上是一套传动轴长度缩减至最小的万向节传动装置。图4-2-4所示的双联叉相当于两个在同一平面内的万向节叉。要使万向节叉轴的角速度相同,应保证$\alpha_1 = \alpha_2$。为此有的双联式万向节装有分度机构(多为球销类零件组成),使双联叉的对称线平分所连两轴的夹角。

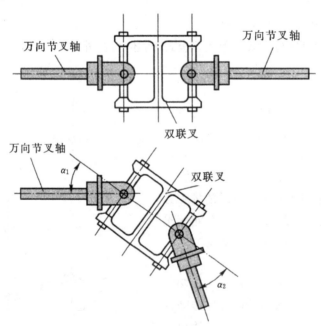

图4-2-4 双联式万向节的原理图

当外半轴(与转向轮相联)相对内半轴在一定角度范围内摆动时,双联叉也被带动相应角度,使两个十字轴中心线与两万向节叉轴线的交角(见图4-2-4中的α_1、α_2)差值很小,内外半轴的角速度接近相等,其差值在容许范围内。故双联式万向节具有准等速性。

双联式万向节允许有较大的轴间夹角,且结构简单,制造方便。

(2)三销轴式万向节

①构造。三销轴式万向节是由双联式万向节演变而来的准等速万向节,如图4-2-5所示。它由两个偏心轴叉、两个三销轴、六个滑动轴承和密封件等组成。

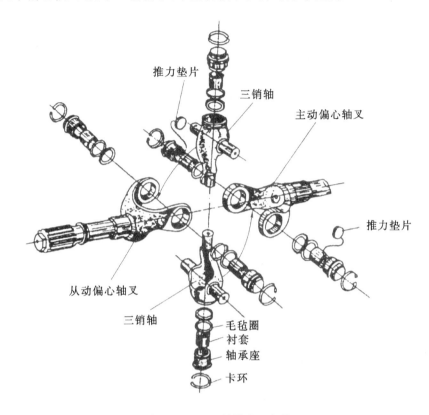

图4-2-5 三销轴式万向节

②特点。三销轴式万向节的最大特点就是允许相邻两轴有较大的交角,最大可达45°。采用此万向节的转向驱动桥可使汽车获得较小的转弯半径,提高了汽车的机动性。其缺点是所占空间较大。

③应用。三销轴式万向节用于EQ、CQ越野车(如EQ2080型汽车)及富康轿车等。

2.等速万向节

等速万向节的基本原理是传力点永远位于两轴交点的平分面上。如图4-2-6所示,两个大小相同的锥齿轮的接触点P位于两齿轮轴线交角α的平分面上,由P点到两轴的垂直距离都等于r。P点处两齿轮的圆周速度相等,两齿轮的角速度也相等。因此,若万向节的传力点在其交角变化时,始终位于两轴交角的平分面上,就能保证等速传动。

等速万向节的常见结构形式有球笼式和组合式。

(1)球笼式等速万向节

①构造。球笼式等速万向节的结构如图4-2-7

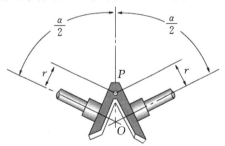

图4-2-6 等速万向节的工作原理

所示,星形套以内花键与主动轴相联,其外表面有六条弧形凹槽,形成内滚道。钟形壳的内表面有相应的六条弧形凹槽,形成外滚道。六个钢球分别装在由六组内外滚道所对出的空间里,并被保持架限定在同一个平面内。动力由主动轴经钢球传到钟形壳输出。

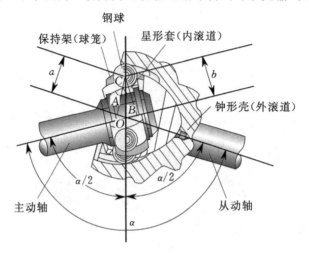

图 4-2-7 钟形球笼式万向节等角速传动原理

②特点。球笼式等速万向节可在两轴最大夹角为 42°下传递扭矩,且在工作时,无论传动方向如何,六个钢球全部传力。其承载能力强,结构紧凑,拆装方便。

③应用。球笼式等速万向节在轿车中应用广泛,如奥迪100、捷达、红旗 CA7220 和上海桑塔纳轿车,半轴内侧万向节所采用的是筒形球笼式等速万向节,如图 4-2-8 所示。

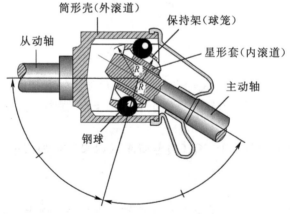

图 4-2-8 筒形球笼式万向节

(2)三枢轴式万向节

①构造。和主动轴相垂直的三脚架上,各装有一个球形滚子,并由它们作为传力点。从图 4-2-9 中可以看到,与从动轴相联的筒形外壳,其内有条滚道,截面成球形。球形滚子就沿滚道滑动和滚动。

②特点。当两轴呈相交传动时,如主动轴转过 180°,三根枢轴中下端的滚子就要转到上方,滚子一定要向外滑动;上端的滚子转到下方要向里滑动;而且球形滚子在其滚道内还要做径向移动。

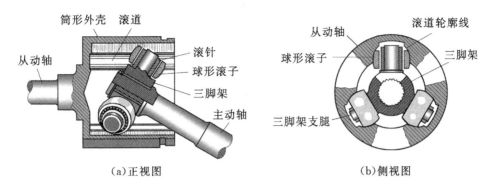

(a)正视图　　　　　　　　　(b)侧视图

图 4-2-9　三枢轴式万向节

由于主动轴和三脚架相垂直,当主动轴和从动轴形成夹角时,三根枢轴所形成的平面不可能处在两轴夹角的平分线上,因此不符合上述等速传动的原理。但是,三脚架上的球形滚子是在做复合运动,因传力点不在平分线上所造成的从动轴角速度差得到了补偿,几乎使从动轴就做等速传动,因此把它归属为等速万向节。

③应用。三枢轴式万向节结构较简单,工作可靠,许多轿车上在采用,如宝来、斯巴鲁等轿车。

(3)三叉臂式万向节

①构造。和车轮轴相联的杯形外壳上插入三根短杆(最后焊牢在外壳上),三根短杆在内部和三轴架相联。每根短杆上装有滚子,它可以自由滑动和转动。和主减速器相联的主动轴上有三个叉臂,如图 4-2-10(b)所示,叉臂槽为圆弧形,恰与滚子相配。当两轴成一角度传动时,滚子就在槽内做来回滑动。它和三枢轴式万向节都可以保证主动轴有一定的轴向移动量,但三叉臂式较三枢轴式可以有较大的转角。

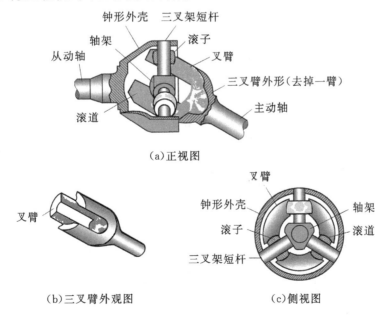

(a)正视图

(b)三叉臂外观图　　　　　　(c)侧视图

图 4-2-10　三叉臂式万向节

②特点。三叉臂式等速万向节结构简单、紧凑,维修方便。
③应用。三叉臂式等速万向节在汽车上使用时多为一次性使用。

4.2.3 挠性万向节

挠性万向节是由橡胶件将主被动轴叉交错联接而成,如图4-2-11所示。它依靠橡胶件的弹性变形,能够实现转动轴线的小角度(3°~5°)偏转和微小轴向位移,吸收传动系中的冲击载荷和衰减扭转振动,具有结构简单、无需润滑等优点。

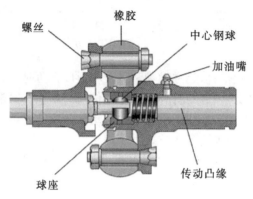

图4-2-11 挠性万向节

4.2.4 传动轴与中间支承

1.传动轴

(1)功用

传动轴通常用来联接变速器(或分动器)和驱动桥;在转向驱动桥和断开式驱动桥中,则用来联接差速器和驱动轮。

(2)构造

传动轴通常是一壁厚均匀的管轴,有实心轴和空心轴之分。为了减轻传动轴的质量,提高轴的强度、刚度及临界转速,传动轴多为空心轴,一般用厚度为1.5~3.0 mm且厚薄均匀的钢板卷焊而成,超重型货车则直接采用无缝钢管。转向驱动桥、断开式驱动桥或微型汽车的传动轴通常制成实心轴。若联接的两个部件之间的距离会发生变化,而万向节本身没有伸缩功能,就需要将传动轴做成两段,用滑动花键联接,如图4-2-12所示。

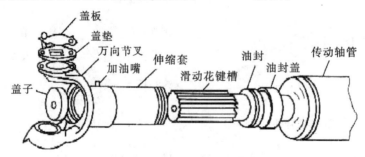

图4-2-12 传动轴结构

等速万向节和传动轴的组合结构如图 4-2-13 所示。

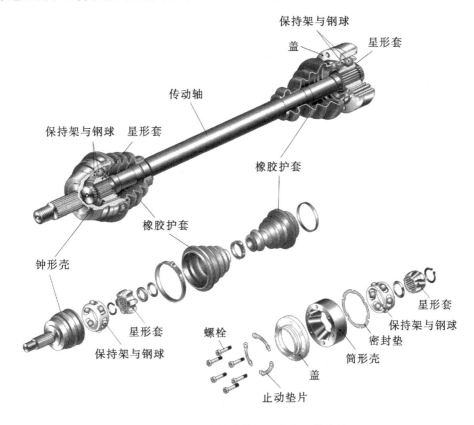

图 4-2-13 球笼式等速万向节及传动轴

2. 中间支承

在传动距离较长时,往往将传动轴分段(见图 4-2-14),所以需要在传动轴上安装中间支承,以防止在汽车行驶过程中因发动机窜动或车架变形等引起位移。

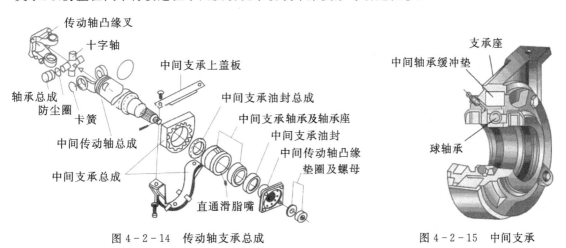

图 4-2-14 传动轴支承总成　　图 4-2-15 中间支承

图 4-2-15 所示为一种中间支承结构,它是一个通过支承座和缓冲垫安装在车身(或车

架)上的轴承,用来支承传动轴的一端。橡胶缓冲垫可以补偿车身(或车架)变形和发动机振动对于传动轴位置的影响。

4.3 万向传动装置的维修

4.3.1 万向节的分解与检修

1.十字轴万向节的分解与检修

(1)十字轴万向节的分解

十字轴万向节的分解过程如图 4-3-1 所示。用卡簧钳将每个万向节叉孔内的卡环取出,左手把传动轴的一端抬起,右手拿手锤轻敲凸缘根部,将一个滚针轴承振出。将传动轴转过 180°,用同样的方法取出另一个滚针轴承,取下凸缘叉。然后,左手抓住十字轴,将传动轴一端抬起,右手拿锤轻敲万向节叉根部,将另外两个滚针轴承振出。

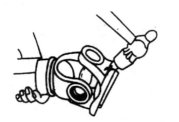 

图 4-3-1 十字轴万向节的分解

(2)十字轴万向节的检修

①检查十字轴轴颈表面,若有严重损伤,如金属剥落、明显凹陷或滚针压痕深度大于 0.1 mm 以上,均应更换。

②滚针轴承油封失效或滚针断裂、缺针,均应更换。

③检查万向节十字轴与滚针轴承的配合间隙。

2.等速万向节的分解与检修(以捷达轿车前桥球笼式等速万向节为例)

(1)传动轴总成的拆卸

①举升车辆,使前桥不承载。

②一名维修人员踩动制动系统,另一名维修人员松开车轮螺栓,卸下车轮。

③松开传动轴与制动盘的自锁螺母。

④拧下传动轴与变速器法兰连接螺栓。

⑤标记好控制臂与车轮轴承座联接球头的固定螺栓,如图 4-3-2 所示 1 的安装位置,然后拧下螺栓。

⑥用压具 3283 将传动轴从车轮轴承壳体中压出,如图 4-3-3 所示。

⑦将车轮轴承壳体向后翻转,并从轴承座中取出传动轴。

⑧将万向传动轴从车轮轴承座侧取下。

项目4 万向传动装置

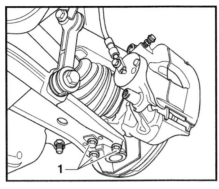

图4-3-2 标记螺栓位置

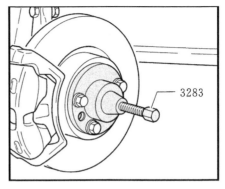

图4-3-3 压出传动轴

(2)球笼式等速万向节的拆卸

①拆卸外等速万向节。

(a)拆下保护套两侧卡箍,尽可能将保护套向内等速万向节方向推。

(b)使用塑料锤用力敲击外等速万向节,从传动轴上敲下外侧等速万向节,如图4-3-4所示。

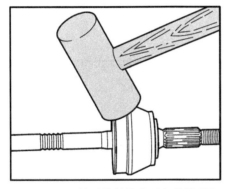

图4-3-4 敲下外侧等速万向节钟形套

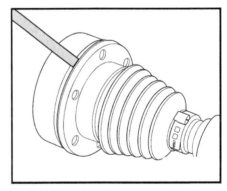

图4-3-5 敲下内侧万向节盖板

②拆卸内等速万向节。

(a)一根芯轴将内等速万向节的盖板从内等速万向节上敲下,如图4-3-5所示。

(b)用弹簧垫圈夹头钳VW 161A拆下卡环,如图4-3-6所示。

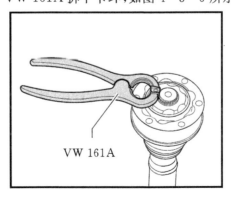

图4-3-6 拆下卡环

81

(c)拆下两个卡箍,把万向节保护套向外万向节方向推。

(d)压出内等速万向节,如图4-3-7所示。

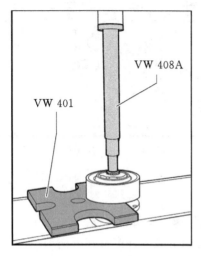

图4-3-7 压出内等速万向节

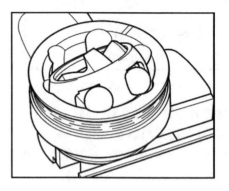

图4-3-8 取出钢球

(3)球笼式等速万向节的分解和检查

①分解外等速万向节。

(a)分解前,用电子刻笔或油石标出星形套相对于钢球保持架和壳体的位置。

(b)转动星形套和钢球保持架,逐个取出钢球,如图4-3-8所示。

(c)转动保持架,直至两个矩形窗口贴在万向节体上,取出保持架和星形套,如图4-3-9所示。

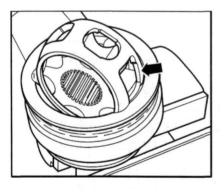

图4-3-9 取出保持架和星形套

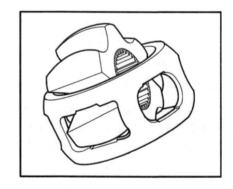

图4-3-10 取出星形套

(d)将星形套的一节转到保持架的矩形窗口中,然后从保持架上取出星形套,如图4-3-10所示。

(e)检查万向节体上的外滚道、星形套上的内滚道、保持架及钢球上有无小凹坑(麻点形状)和腐蚀迹象,如有,则更换整个万向节。

②分解内等速万向节。

(a)转动星形套和钢球保持架,沿箭头方向压出外滚道,而后从保持架中取出钢球,如图4-3-11所示。

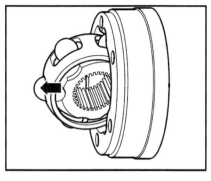

图 4-3-11 取出钢球

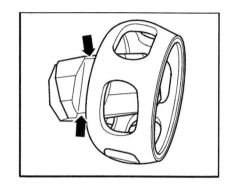

图 4-3-12 取出星形套

(b)如图 4-3-12 箭头所示,将星形套通过钢球的滚道从保持架中脱开。

(c)检查万向节体上的外滚道、星形套上的内滚道、保持架及钢球上有无小凹坑(麻点形状)和腐蚀迹象,如有,则更换整个万向节。

(4)球笼式等速万向节的组装

①内等速万向节的组装。

(a)将星形套装入钢球保持架,两件的倒角面就处于同一方向,安装位置随意,将钢球压入保持架,如图 4-3-13 所示。

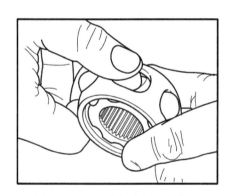

图 4-3-13 将钢球压入保持架

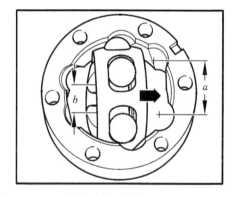

图 4-3-14 将保持架、钢球和星形套装入外滚道

(b)将带着保持架和钢球的星形套竖起装入外滚道,使万向节壳体上较宽的距离 a 与星形套上较窄的距离 b 靠在一起,如图 4-3-14 所示。

(c)旋入星形套,星形套必须很容易地从保持架中旋出,以使滚子装入滚子支架中,如图 4-3-15 所示。

(d)用力压保持架,使带有钢球的星形套旋入,如图 4-3-16 所示。

(e)在整个纵向补偿范围内用手前后移动星形套,如果可以移动,则万向节组装正确。

②外等速万向节的组装。

(a)将总油脂含量一半(约 40 g)的润滑脂注入万向节壳体中。

(b)将保持架连同星形套一起装入万向节中。

(c)必须将星形套装入钢球保持架和万向节壳体的初始位置,逐个压入钢球。

(d)将新卡簧装入传动轴的凹槽中。

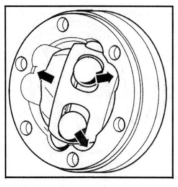

图 4-3-15 旋转星形套

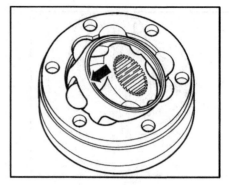

图 4-3-16 压保持架

(e)将剩余润滑脂注入防护套内。
(5)球笼式万向节与传动轴总成的组装
①安装内等速万向节和传动轴。
(a)先把装有卡箍的内、外橡胶护套小端相对套入传动轴。
(b)装入内等速万向节碟形弹簧,如图 4-3-17 所示。

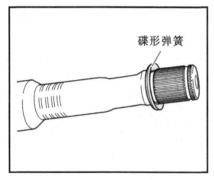

图 4-3-17 装入碟形弹簧

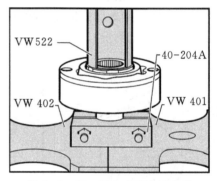

图 4-3-18 压入内等速万向节

(c)压入内等速万向节,如图 4-3-18 所示,将内等速万向节压到止点位置,装入卡簧,星形套(花键)内径倒角必须对着传动轴上接触台肩。
②安装外等速万向节和传动轴。
(a)装入外等速万向节碟形弹簧和止推垫片,如图 4-3-19 所示。

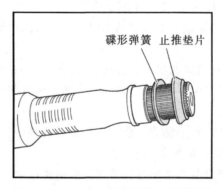

图 4-3-19 装入碟形弹簧和止推垫片

(b)将卡环装入传动轴外端环槽后,用塑料锤小心地将外等速万向节敲到传动轴上,直到止位。

③安装防护套。

(a)将防护套装在万向节上,图 4-3-20 所示为内等速万向节防护套安装位置,尺寸 $a=17\ mm$;图 4-3-21 所示为外等速万向节防护套安装位置,须使通风倒角置于防护套中。

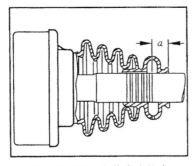
图 4-3-20　安装内防护套

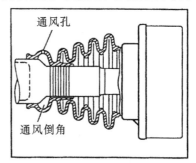
图 4-3-21　安装外防护套

(b)夹紧外万向节上的卡箍。如图 4-3-22 所示放置弹簧钳 V.A.G 1682,此时注意,钳子的刃应贴紧卡箍的角(图中箭头 B 处)。用扭矩扳手旋转丝杆 A 来夹紧卡箍(注意钳子不能歪斜),拧紧力矩 25 Nm。

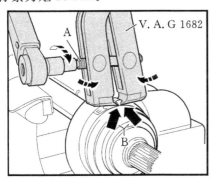
图 4-3-22　夹紧大端卡箍

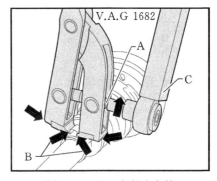
图 4-3-23　夹紧小卡箍

(c)如图 4-3-23 所示,钳子的刃应贴紧卡箍的角(图中箭头 B 处),用扭矩扳手 C 旋转丝杆 A,将防护套的小直径端(即传动轴上)的卡箍夹紧。

(6)传动轴总成的安装

①安装方法:

(a)清除外等速万向螺纹和花键上的油漆残留物或锈蚀,并予以润滑;

(b)从车轮轴承壳体侧装入传动轴总成;

(c)将外等速万向节装入轮毂花键中;

(d)按拆卸时的标记,以 20 Nm+90°的力矩拧紧控制臂与转向球头的新螺栓;

(e)将传动轴装入变速箱的法兰上,以 10 Nm 的力矩沿对角交叉预紧新的圆头内梅花螺栓后,用 40 Nm 的拧紧力矩以交叉方式拧紧;

(f)装上车轮并以 120 Nm 的力矩拧紧;

(g)以 180 Nm 的力矩将新的自锁螺母拧紧后,让汽车四轮着地,再将自锁螺母拧 180°。

②技术提示。

(a)万向传动轴的自锁螺母处于松开状态时,车轮轴承不许承载。如果车轮轴承承载车辆的自身重量,车轮轴承使用寿命会因此降低,甚至损坏。即便是为将万向传动轴上紧,车轮也不能着地,否则车轮轴承会损坏。因此,无万向传动轴的汽车不得移动,否则车辆轴承会损坏。如若必须移动,应装入不带传动轴的外等速万向节,并将自锁螺母以 50 Nm 的力矩拧紧。

(b)每次拆卸后更换新的传动轴自锁螺母、联接传动轴与变速箱法兰的圆头内梅花螺栓、控制臂与转向球头的新螺栓以及卡箍等。

(c)在车辆上进行拆卸和装配工作时,万向传动轴不得松弛地吊着,也不能过度弯曲达到万向节的极限位置。

(d)注意不要损坏和扭转橡胶防尘套。

(e)装传动轴时,传动轴与变速箱法兰之间的密封垫不要歪斜。

(f)内等速万向节与变速箱法兰的粘接表面必须无油脂和机油。

(g)内等速万向节防护套装配到等速万向节上时,在密封面上涂抹密封胶。

(h)由于万向节保护套的材料较硬(Hytrel,聚合弹性体),需用较硬的特种钢材料的卡箍,所以只能用弹簧钳 V.A.G 1682 夹紧。注意,钳子的丝杆螺纹应活动自如,必要时用 MOS2 润滑油润滑。

(i)在取下传动轴总成的过程中,横向稳定杆的连接杆可能会对操作造成一定的妨碍,根据实际情况可酌情将其拆下。

4.3.2 传动装置检验

1.传动轴及滑动叉的检验

(1)传动轴弯曲度的检验

可利用万向节叉和花键轴上的中心孔,两端用顶尖顶起来,用百分表测量轴管外圆的径向跳动;也可在轴管两端用 V 形铁支起来,用百分表测量轴管外圆的径向跳动,如图 4-3-24 所示。

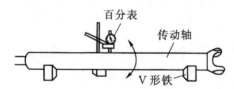

图 4-3-24 检查传动轴弯曲度

技术提示

轴管全长径向全跳动量的原厂标准为不大于 0.75 mm,使用极限为 1.5 mm。当传动轴弯曲度超过规定值时,可在压床上冷压或热压校直。

(2)传动轴花键轴、花键套的检验

传动轴花键轴、滑动叉的主要损伤是花键齿磨损或横向裂纹。键齿磨损主要表现在配合副配合侧隙增大,改配合副配合侧隙的检查方法如图 4-3-25 所示。把滑动叉夹持在台钳上,花键轴按装配标记插入滑动叉,并使部分花键露在外面,转动花键轴,用百分表测出花键侧面的读数变化值。

技术提示

配合侧隙原厂标准为 0.025～0.115 mm，使用极限为 0.40 mm。若配合侧隙超过规定值或花键齿宽磨损量超过 0.20 mm，根据实际情况，可换用新件或用局部更换法修复。

（3）传动轴中间支承轴承轴颈磨损的修复

传动轴中间支承轴承轴颈与轴承的配合，原厂标准为-0.002～+0.008 mm，最大不超过 0.015 mm。当传动轴中间支承轴颈处磨损超过规定值时，予以更换。

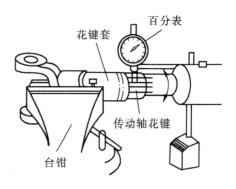

图 4-3-25　检查滑动叉花键

2. 传动轴中间支承轴承及支架的检验

（1）轴承的检验

① 若发现轴承滚珠、滚道上有烧蚀、金属剥落等现象，应予更换。

② 轴承拿在手上空转，观察轴承转动是否灵活轻便。

③ 检查轴承的径向间隙，方法如图 4-3-26 所示。先将轴承平放在平板上使百分表的触头抵住轴承外座圈；然后一手把轴承内圈压紧，另一手推动轴承外圈，此时百分表上所摆的数值即为轴承的径向间隙。

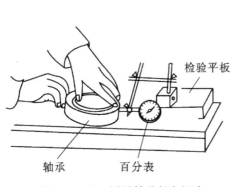

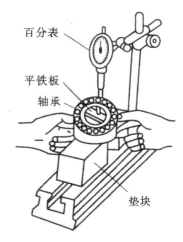

图 4-3-26　测量轴承径向间隙　　图 4-3-27　测量轴承轴向间隙

④ 检查轴承的轴向间隙，方法如图 4-3-27 所示。首先将轴承外圈放在两垫块上，并使轴承内圈悬空，再在轴承内圈上放一平板；然后将百分表触头抵住平板中央，上下推动轴承内圈，此时百分表上所指示的数值即为该轴承的轴向间隙。

技术提示

中间支承轴承间隙使用极限为 0.50 mm。若轴承轴向间隙或径向间隙过大，应及时更换。

(2) 中间支承轴承座的检验

检查中间支承轴承座表面的磨损情况,磨损深度大于 0.05 mm 时,应予更换。

(3) 前后油封盖的检验

检查前后油封盖有无磨损、支架有无裂损、橡胶环有无腐蚀老化,并视情况予以更换或修复。

4.4 万向传动装置常见故障的诊断

4.4.1 万向节异响

1. 故障现象

①汽车起步或突然变换车速时,传动装置发出"抗抗"的响声。
②缓慢行驶时,传动装置发出"呱啦呱啦"的响声。

2. 故障原因

①万向节凸缘盘连接螺栓松动。
②万向节轴承磨损松旷。

3. 故障诊断与排除

①检查万向节凸缘盘连接螺栓,若螺栓松动,则故障由此引起。
②用手握住万向节的主从动部分检查游动角度,若万向节游动角度太大,则异响由此引起。

4.4.2 传动轴异响

1. 故障现象

①汽车行驶中传动装置发出周期性的响声。
②车身越高响声越大,严重时伴随有车身振抖。

2. 故障原因

①传动轴动不平衡。
②传动轴变形或平衡块脱落。
③中间支承吊架固定螺栓松动或万向节凸缘盘连接螺栓松动,使传动轴偏斜。

3. 故障诊断与排除

①主要检查传动轴动不平衡。
②检查中间支承吊架固定螺栓和万向节凸缘盘连接螺栓是否松动,若有松动,则异响由此

引起。

4.4.3 传动轴振动

1. 故障现象

汽车行驶时,随着车速的增大,伴随有车身振动,握转向盘的手感觉麻木。

2. 故障原因

①传动轴上的平衡块脱落。
②传动轴弯曲或传动轴管凹陷。
③传动轴管与万向节叉焊接不正或传动轴未进行过动平衡试验和校准。
④伸缩叉安装错位,造成传动轴两端的万向节叉不在同一平面内,不满足等角速传动条件。

3. 故障诊断与排除

①检查传动轴管是否凹陷,有凹陷,则故障由此引起;无凹陷,则继续检查。
②检查传动轴管上的平衡片是否脱落,如脱落,则故障由此引起;否则继续检查。
③检查伸缩叉安装是否正确,不正确,则故障由此引起;否则继续检查。
④拆下传动轴进行动平衡试验,动不平衡,则应校准以消除故障。弯曲应校直。

4.5 案例分析

4.5.1 案例一:富康轿车传动轴异响

1. 现象

一辆富康 ZX 型轿车在服务站维修差速器后不久,车主要求返修,称异响较大。

2. 维修

对该车进行路试,前桥底部发出周期性"呜呜"的响声,并随着车速提高响声增大,在某一车速时车辆有抖动感。诊断方法和步骤如下。

①支起前桥,将变速器由低挡挂入高挡,仔细倾听声音发出的部位,似在传动部分,不在差速变速器壳内。

②用手来回拧动传动轴,查看万向节的径向有无明显的间隙,靠主减速器一侧的万向节能否在轴向平滑地滑动。虽未发现明显间隙,但有卡涩感。

③根据经验判断,此类响声大都为装配不当引起。为验证这个判断,决定更换一节靠近主减速器一侧的传动轴进行对比试验。经拆检发现原装配的此节传动轴有两个错误:一是万向节三销轴安装方向有误,三销轴缺齿端应背向轴的方向安装;二是万向节与传动轴未做装配标记。

④拆下另一节传动轴检查,除未做装配记号外,三销轴安装方向正确。
⑤重新安装传动轴,将三销轴缺齿端朝向轴端安装。在传动轴和万向节上打上装配记号,上路试验。调整万向节和传动轴的安装方向,响声消失。

4.5.2 案例二:捷达轿车传动轴不标准导致行驶自动跑偏

1. 现象

一辆捷达轿车的车主说该车轮重新定位过,前束也调整过,4个轮胎气压均符合标准,但是向右跑偏的故障一直没有排除。

2. 维修

对该车进行路试,当空挡滑行或低速时跑偏现象消失,在加速或高速时跑偏现象明显。测量该车前束及倾角,均正常,轮胎气压也符合标准值。对换左右轮胎,试车,仍向右跑偏。判断该车跑偏是由于左右车轮所受力矩不平衡而产生的。

捷达轿车因力矩不平衡产生汽车偏向的主要原因有:
①两前轮制动力有差别;
②前悬架或转向横拉杆端头松紧度有差别;
③橡胶胶套老化或开裂;
④副车架或控制臂及车身受力变形;
⑤前悬架高度不一致等。

依次检查以上可能原因,都未发现异常。

经询问车主得知换过传动轴,拆下该传动轴,发现比原厂配件细而且轻了许多。重新更换标准配件后试车,跑偏故障消失。

4.5.3 案例三:夏利轿车万向节三脚架反复损坏故障的检修

1. 现象

夏利 TJ7100U 万向节三脚架反复损坏。

2. 维修

该车是出租车,两个月前曾发生过撞车事故,修理后便反复发生三脚架损坏故障。检查左右轴距发现相差 98 mm,诊断为原车架校正后反弹;前稳定杆右支架变形,原车发生事故后未校正;右前轮下横臂支架变形,横臂衬套损坏。因此原车事故后修复不彻底,存在诸多事故隐患。

故障处理过程为:校正车架;更换前稳定杆支架、右前轮下横臂支架、横臂衬套及万向节三脚架;校正前轮定位并测量轴距,使轴距正常。

习 题

1. 思考题

(1) 汽车传动系中,万向传动装置主要用于哪些地方?它由几部分组成?

(2) 万向节有哪些结构形式?各自有什么特点?

(3) 万向传动装置常见故障现象及诊断方法是什么?

(4) 准等速万向节和等速万向节的类型及各自的结构特点是什么?

2. 选择题

(1) 前驱动轿车的半轴上均安装(　　)万向节。

A. 普通　　　　　B. 十字轴　　　　　C. 准等速　　　　　D. 等速

(2) 传动轴严重凹陷,会导致汽车在高速行驶中(　　)。

A. 异响　　　　　B. 振动　　　　　C. 异响和振动　　　　　D. 车速不稳

(3) 汽车行驶时变换车速,如出现"咔啦咔啦"的撞击声,多半是万向传动装置的(　　)。

A. 轴承磨损松旷　　　　　B. 传动轴排列破坏

C. 螺栓松动　　　　　D. 万向节轴承壳压得过紧

(4) 传动轴动不平衡需通过(　　)来进行修理。

A. 喷涂　　　　　B. 附加零件　　　　　C. 堆焊　　　　　D. 黏结

(5) 当传动轴中间支承轴承出现(　　)现象时不需要更换。

A. 轴承滚珠、滚道上有烧蚀　　　　　B. 轴承滚珠、滚道上有金属剥落现象

C. 轴承空转时,转动不灵活　　　　　D. 轴承紧,引起发热

项目 5　驱动桥

学习目标

(1)简单叙述驱动桥的功用、组成及类型。
(2)正确描述单级主减速器的构造。
(3)正确描述行星齿轮差速器的工作原理及构造。
(4)简单叙述桥壳的作用及特点。
(5)会分析驱动桥常见故障的产生原因及排除方法。
(6)会做驱动桥的维护和主要零件的检修。

5.1　驱动桥概述

5.1.1　驱动桥的功用及组成

1. 功用

驱动桥的功用是将万向传动装置(或者变速器)传来的发动机的动力降低转速、增大转矩后分配到左、右驱动轮。

2. 组成

驱动桥由主减速器、差速器、半轴和驱动桥壳等组成,如图5-1-1所示。

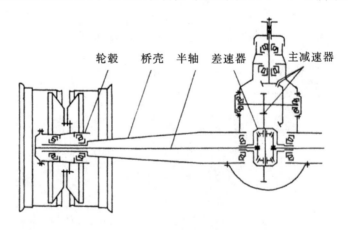

图 5-1-1　整体式驱动桥示意图

5.1.2 驱动桥的类型

驱动桥的类型主要有两种：整体式驱动桥和断开式驱动桥。

1. 整体式驱动桥

整体式驱动桥采用非独立悬架。如图5-1-1所示。其驱动桥壳为一个刚性的整体，驱动桥两端通过悬架与车架连接，左、右半轴始终在一条直线上，即左、右驱动轮不能相互独立地跳动。整个车桥和车身会随着路面的凸凹变化而发生倾斜。这种结构多用于汽车的后桥上。

2. 断开式驱动桥

断开式驱动桥采用独立悬架，如图5-1-2所示。其驱动桥壳制成分段并用铰链连接，半轴也分段并用万向节连接。驱动桥两端分别用悬架与车架连接。主减速器固定在车架上。这样，两侧的驱动轮及桥壳可以彼此独立地相对于车架上下跳动，从而提高了汽车行驶的平顺性和通过性。

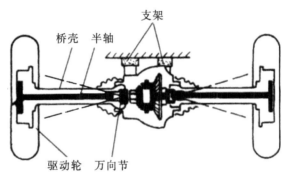

图5-1-2 断开式驱动桥示意图

另外，有些汽车的断开式驱动桥还省去了桥壳，如图5-1-3所示，主减速器与驱动轮之间通过摆臂铰链连接，半轴分段并用万向节相连接。

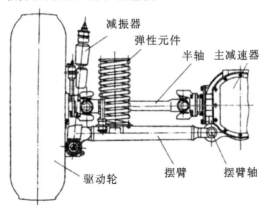

图5-1-3 断开式驱动桥构造

按驱动桥的安装位置划分，驱动桥可分为前驱动桥和后驱动桥。

1. 前驱动桥

前驱动桥一般与发动机前置前轮驱动的汽车相配用,也称转向驱动桥。其驱动桥将变速器、主减速器、差速器安装在一个三件组合的外壳(常称为变速器壳)内。由于取消了贯穿前后的传动轴,简化了结构,有效地减小了传动系的体积,使汽车的自重减轻,而且动力直接传给前轮,提高了传动效率。

2. 后驱动桥

后驱动桥一般与发动机前置后轮驱动的汽车相配用。由于变速器与驱动桥之间较远,两者之间要用万向传动装置连接。

5.2 主减速器

5.2.1 主减速器的功用及类型

1. 功用

主减速器的功用是将输入的转矩增大、转速降低,并将动力传递的方向改变后(部分发动机横向布置的除外)传给差速器。

2. 类型

①按参加减速传动的齿轮副数目分,可分为单级主减速器和双级主减速器。
②按主减速器传动比个数分,可分为单速式主减速器和双速式主减速器。
③按齿轮副结构形式分,可分为圆柱齿轮式(又可分为定轴轮系和行星轮系)主减速器和圆锥齿轮式(又可分为螺旋锥齿轮式和双曲面锥齿轮式)主减速器。

5.2.2 单级主减速器

图 5-2-1 所示为东风 EQ1090E 型汽车单级主减速器,它由一对主功锥齿轮和从功锥齿轮及其支承调整装置、主减速器壳 4 等组成。主动锥齿轮 18 的齿数为 6,从动锥齿轮 7 的齿数为 38,故其传动比 $i_0=38:6\approx6.33$。

为了保证主动锥齿轮有足够的支承刚度,改善啮合条件,主动锥齿轮 18 与主动轴制成一体,并通过三个轴承以跨置式支承在主减速器壳 4 上。其中前端采用两个圆锥滚子轴承 13 和 17,后端采用一个圆柱滚子轴承 19。轴承内圈用隔套和轴肩定位,外圈用轴承座 15 内孔上的台阶限位。轴承座依靠凸缘定位,用螺钉固装在主减速器壳体的前端,两者之间有调整垫片 9。轴承盖上装有防漏油的油封 12,凸缘上焊有防尘防水的防尘罩 10。

从动锥齿轮 7 靠凸缘定位,用螺栓紧固在差速器壳 5 上,而差速器壳则用两个圆锥滚子轴承 3 支承在主减速器壳的瓦盖式轴承座孔中。轴承盖 1 与壳体是装配在一起加工的,不能互换,二者之间有装配记号。轴承座孔外侧装有环形调整螺母 2。在从动锥齿轮啮合处背面的主减速器壳体上装有支承螺柱 6,用以限制大负荷下从动锥齿轮过度变形而影响正常啮合。

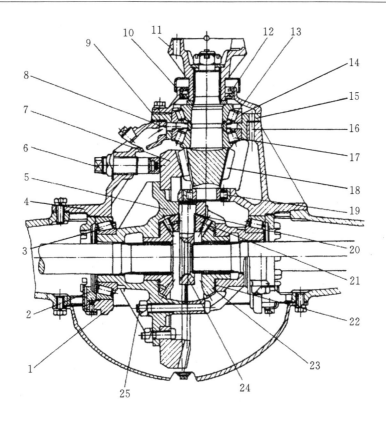

图 5-2-1　EQ1090E 型汽车单级主减速器

1—差速器轴承盖;2—轴承调整螺母;3、13、17—圆锥滚子轴承;4—主减速器壳;5—差速器壳;
6—支承螺栓;7—从动锥齿轮;8—进油道;9、14—调整垫片;10—防尘罩;11—叉形凸缘;
12—油封;15—轴承座;16—回油道;18—主动锥齿轮;19—圆柱滚子轴承;20—行星齿轮球面垫片;
21—行星齿轮;22—半轴齿轮推力垫片;23—半轴齿轮;24—行星齿轮十字轴;25—螺栓

装配时,应在支承螺柱与从动锥齿轮背面之间预留一定间隙(0.3～0.5mm),转动支承螺柱可以调整此间隙。

圆锥滚子轴承一般须成对使用,装配时应使其具有一定的预紧度,以减小锥齿轮在传动中因轴向力而引起的轴向位移,提高轴的支承刚度,保证锥齿轮副的正确啮合。但轴承预紧度也不能过大,否则会使摩擦和磨损增大,降低传动效率,设有轴承预紧度调整装置的目的即在于此。主动轴上两圆锥滚子轴承 13 和 17 的预紧度用调整垫片 14 来调整。增加垫片 14 的厚度,轴承预紧度减小,反之增加。支承差速器壳的一对圆锥滚子轴承 3 的预紧度则用调整螺母 2 来调整。拧入调整螺母,轴承预紧度增加,反之减小。

为了保证齿轮传动工作正常、磨损均匀,延长其使用寿命,主减速器还设置了齿轮啮合的调整装置。锥齿轮啮合的调整是指齿面啮合印痕和齿侧啮合间隙的调整,它们是通过锥齿轮轴的轴向移动从而改变主、从动锥齿轮的相对位置来得到的。所以,主、从动锥齿轮的啮合印痕可通过增减调整垫片 9 的厚度来调整。增加垫片厚度,主动轴及主动锥齿轮前移,反之则后移。啮合间隙则通过拧动调整螺母 2 来调整。一端螺母拧入,另一端螺母拧出,即可使从动锥齿轮轴向移动。

为了减小主减速器齿轮、轴承等的摩擦和磨损,在主减速器壳体内储有一定量的齿轮油。从动齿轮旋转时,将齿轮油飞溅到各齿轮、轴及轴承上进行润滑。主动轴前端的两个圆锥滚子轴承靠壳体进油道8飞溅进的油润滑,润滑过轴承的油经回油道16流回主减速器内。为防止主减速器内温度升高使气压增大而造成齿轮油外溢,在主减速器壳上装有通气塞。此外,还装有加油螺塞和放油螺塞。

图5-2-2所示为上海桑塔纳轿车单级主减速器,因采用发动机纵置前轮驱动,整个传动系都集中布置在汽车前部,因此其主减速器装于变速器壳体内,没有专门的主减速器壳体。变速器输出轴即为主减速器主动轴,动力由变速器直接传递给主减速器,省去了变速器到主减速器之间的万向传动装置。

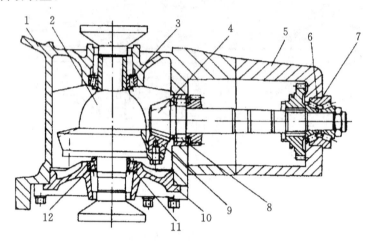

图5-2-2 桑塔纳轿车单级主减速器
1—变速器前壳体;2—差速器;3、7、11—调整垫片;4—主动锥齿轮;
5—变速器后壳;6—双列圆锥滚子轴承;8—圆柱滚子轴承;
9—从动锥齿轮;10—主减速器盖;12—圆锥滚子轴承

其主减速器由一对双曲面锥齿轮组成。主动锥齿轮4与变速器输出轴制为一体,用双列圆锥滚子轴承6和圆柱滚子轴承8支承在变速器壳体内。环状的从动锥齿轮9靠凸缘定位,并用螺钉与差速器壳连接。差速器壳由一对圆锥滚子轴承12支承在变速器壳体上。

主动锥齿轮轴上轴承的预紧度无须调整。轴承12的预紧度可通过调整垫片3和11来调整。齿轮啮合的调整通过调整垫片3、7和11进行,即增减垫片厚度,使主、从动锥齿轮轴向移动。在发动机纵向布置的汽车上,由于需要改变动力传递方向(一般为90°),单级主减速器都采用一对圆锥齿轮传动。若发动机横向布置,由于主减速器主动齿轮轴线与差速器轴线平行,因此主减速器采用一对圆柱斜齿轮传动即可,无须改变动力的传递方向。

单级主减速器具有结构简单、质量和体积小、传动效率高等特点,且动力性能满足中型以下货车及轿车的要求。因此,单级主减速器在这些车型上得以普遍采用。

5.2.3 双级主减速器

当汽车要求主减速器具有较大的传动比时,由一对锥齿轮构成的单级主减速器已不能保证足够的离地间隙,这时需要采用两对齿轮降速的双级主减速器,以使其既能保证足够的动力,又能减小其外廓尺寸,提高汽车的通过性。

图 5-2-3 所示为解放 CA1091 型汽车双级主减速器,第一级为锥齿轮传动,第二级为圆柱斜齿轮传动。主动锥齿轮与轴制成一体,采用悬臂式支承。

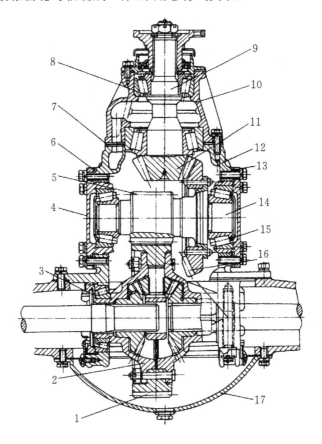

图 5-2-3 解放 CA1091 型汽车双级主减速器
1—第二级从动齿轮;2—差速器;3—调整螺母;4、15—轴承盖;5—第二级主动齿轮;
6、7、8、13—调整垫片;9—第一级主动齿轮轴;10—轴承座;11—第一级主动锥齿轮;
12—主减速器;14—中间轴;16—第一级从动锥齿轮;17—后盖

主动锥齿轮轴轴承的预紧度,可借增减调整垫片 8 的厚度来调整,中间轴圆锥滚子轴承预紧度则借改变两边侧向轴承盖 4、15 和主减速器壳 12 间的调整片 6 和 13 的总厚度来调整。支承差速器壳的滚子轴承的预紧度是靠旋动调整螺母 3 调整的。为便于进行锥齿轮副的啮合调整,主动和从动锥齿轮的轴向位置都可以略加移动。增加轴承座 10 和主减速器壳 12 间的调整垫片 7 的厚度,第一级主动锥齿轮 11 则沿轴向离开从动锥齿轮;反之则靠近。若减小左轴承盖 4 处的调整垫片 6,同时将这些卸下来的垫片都加到右轴承盖 15 处,则第一级从动锥齿轮 16 右移,反之则左移。若两组调整垫片 6 和 13 的总厚度的减量和增量不相等,将破坏已调控好的中间轴轴承预紧度。

5.3 差速器

5.3.1 差速器的功用及类型

1. 功用

差速器的功用是将主减速器传来的动力传给左右半轴,并在汽车转弯或在不平路面行驶时,使左右驱动车轮以不同的转速滚动行驶,以满足两侧驱动轮差速的需要。

当汽车在作转弯行驶时,如图 5-3-1 所示,在相同时间内左、右两个车轮走过的路程就不相等,内轮走过的路程较短,外轮走过的路程较长,因此要求它们的转速不一样,内轮转得比外轮慢。很显然,由同一个主减速器通过一根整轴同时驱动两个不同转速的车轮是不可能的,其结果必然是造成一个车轮的滑转(滚动＋原地打滑),另一个车轮的滑移(滚动＋向前滑动)。另外,即使汽车在直线行驶时,也会由于左右轮(以及越野汽车各驱动桥之间)行驶的路面凹凸状态不同,轮胎尺寸误差及气压不等等原因,而发生类似的滑移、滑转现象。车轮滑转或滑移的后果是,造成额外的功率损耗和轮胎的加速磨损,并使汽车的行驶性能变坏,甚至难于操纵。因此,在左右驱动轮之间必须装有差速器,保证两轮能作纯滚动的差速运动。

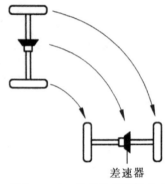

图 5-3-1 汽车转弯行驶左右车轮运动示意图

2. 类型

对于多轴驱动汽车,各轴间的转速也不可能经常保持一致,故在两驱动桥之间须有轴间差速器。这样,在汽车结构上差速器按所起作用的不同可分为轮间差速器和轴间差速器。但轴间差速器不一定有,要看情况而定。尽管这两种差速器所处的地位不一样,但其差速的道理是一样的。

差速器的类型按其工作特性可分为普通齿轮式差速器和防滑差速器两大类。

5.3.2 普通齿轮式差速器

1. 结构

普通齿轮式差速器有锥齿轮式和圆柱齿轮式两种。由于锥齿轮式差速器结构简单、紧凑,工作平稳,因此目前应用最为广泛。

普通行星锥齿轮差速器由四个行星锥齿轮、一个十字形行星锥齿轮轴、两个半轴锥齿轮、差速器左、右外壳、垫片等组成。如图 5-3-2 所示,主减速器的从动锥齿轮用铆钉或螺栓固定在差速器壳右半部的凸缘上。装配时,十字形的行星齿轮轴的四个轴颈嵌在差速器壳两半端面上相应的半圆槽所形成的孔中,差速器壳的剖分面通过行星齿轮轴各轴颈中心线。行星锥齿轮分别松套在四个轴颈上,两个半轴锥齿轮分别与行星锥齿轮啮合,以其轴颈支承在差速器壳中,并以花键孔与半轴连接。行星锥齿轮背面和差速器壳的内表面均制成球面,以保证行星齿轮的对中性,使其与两个半轴锥齿轮能正确啮合。行星齿轮和半轴齿轮的背面与差速器壳之间装有推力垫片,用以减轻摩擦面间的摩擦和磨损,提高差速器的使用寿命。使用中还可以通过更换垫片来调整齿轮的啮合间隙。垫片的材料除软钢以外,还有铜或聚甲醛塑料等。

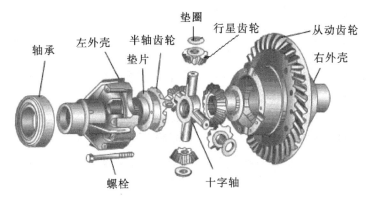

图 5-3-2 普通行星锥齿轮差速器

十字轴的四个装配孔是左、右两半差速器壳装合后加工成形,装配时不应周向错位。

差速器靠主减速器壳内的齿轮油来润滑,因此差速器壳上开有供润滑油进出的窗孔。为了保证行星齿轮与十字轴轴颈之间的润滑,在十字轴轴颈上铣有平面,并在行星齿轮的齿间钻有油孔与其中心孔相通。同样,半轴齿轮齿间也钻有油孔,与其背面相通,以加强背面与差速壳之间的润滑。

工作时,主减速器的动力传至差速器壳,依次经十字轴、行星齿轮和半轴齿轮传给半轴,再由半轴传给驱动车轮。

在中型以下的货车或轿车上,因传递的转矩较小,故可用两个行星齿轮,相应的行星齿轮轴为一直轴。一汽宝来轿车差速器即采用这种结构,如图 5-3-3 所示。差速器壳为一整体

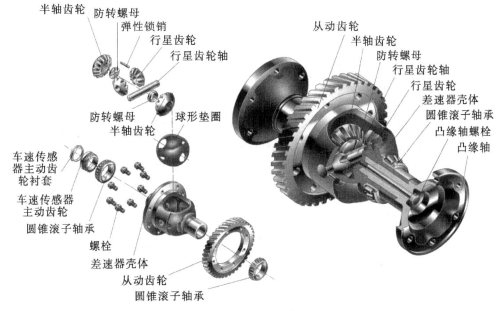

图 5-3-3 一汽宝来轿车差速器

框架结构。行星齿轮轴装入差速器壳后用止动销定位。半轴齿轮背面也制成球面,其背面的推力垫片与行星齿轮背面的推力垫片制成一个整体球形耐磨垫圈。防转螺母用来紧固半轴齿轮。

2. 工作原理

(1) 运动特性

半轴齿轮借花键与半轴相连,工作时,动力自主减速器从动锥齿轮依次经差速器壳体、行星齿轮轴、行星齿轮和半轴齿轮传给半轴,再由半轴传给驱动车轮。

如图 5-3-4 所示为行星锥齿轮差速器的运动原理图。差速器壳与行星齿轮轴连成一体并由主减速器从动齿轮带动一起转动,是差速器的主动件,设其转速为 ω_0,两个半轴齿轮为从动件,设其转速分别为 ω_1 和 ω_2。A、B 两点分别为行星齿轮与两个半轴齿轮的啮合点。C 点为行星齿轮的中心。A、B、C 点到差速器旋转轴线的距离相等,均为 r。

当两侧驱动轮没有滑转和滑移趋势,即两侧车轮转速相等,汽车直线行驶时两侧车轮所受的行驶阻力相等,通过半轴及半轴齿轮反作用行星齿轮两啮合点 A、B 的力也相等。这时行星齿轮相当于一个等臂杠杆保持平衡,即行星齿轮不自转,而只能随行星齿轮轴及差速器壳一起公转。所以,两半轴无转速差,如图 5-3-4(b)所示。差速器不起差速作用。即:$\omega_1=\omega_2=\omega_0$

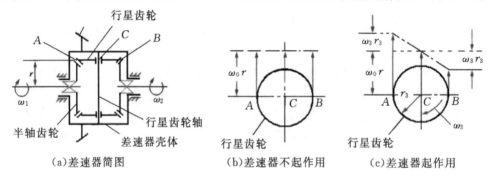

(a) 差速器简图　　(b) 差速器不起作用　　(c) 差速器起作用

图 5-3-4　差速器运动原理

当两侧车轮有滑转和滑移趋势时,两侧车轮所受的行驶阻力不再相等,通过半轴及半轴齿轮反作用于行星齿轮两啮合点的力也不相等。从图 5-3-1 中看到,转弯时汽车的外轮要比正常直线行驶时走更长的距离,而内轮行驶的距离则短。其结果的趋势是外轮有产生滑移的倾向,内轮有滑转的倾向。由于轮胎和地面的附着作用,地面要阻止轮胎的滑转或滑移。这样,轮胎上受到来自地面额外的作用力。力的作用方向是滑移的轮胎(外轮)受到向后的地面作用力,滑转的轮胎(内轮)受到向前的地面作用力。这些力经过轮胎就变成力矩,经半轴传到半轴齿轮。这样,半轴齿轮对行星齿轮的反力将不再相等,破坏了行星齿轮的平衡,即行星齿轮除了随差速器壳一起公转外,还要绕行星齿轮轴以角速度自转,设其半径为 r_3(r_3=BC=AC),自转速度为 ω_3。

自转时:

啮合点 A 的圆周速度为:　　　　　　$\omega_1 r=\omega_0 r+\omega_3 r_3$

啮合点 B 的圆周速度为:　　　　　　$\omega_2 r=\omega_0 r-\omega_3 r_3$

这就是差速器的差速作用。即汽车在转弯或其他情况下行驶,两侧车轮有滑转和滑移趋势时,行星齿轮即发生自转,借行星齿轮的自转,使两侧车轮以不同的转速在地面上滚动。

于是:
$$\omega_1 r + \omega_2 r = (\omega_0 r + \omega_3 r_3) + (\omega_0 r - \omega_3 r_3)$$

即
$$\omega_1 + \omega_2 = 2\omega_0$$

若角速度以每分钟转数 n 表示,则
$$n_1 + n_2 = 2n_0$$

上式即为行星锥齿轮差速器的运动特性方程式。

由以上分析过程可知:

①汽车正常直线行驶,差速器不起作用,左右车轮转速相等,且等于差速器壳体的转速,即 $n_1 = n_2 = n_0$。

②汽车转弯时,差速器起作用,左右车轮转速不相等,外轮转速增加,内轮转速减小,增加的量等于减小的量,所以差速器无论差速与否,两侧车轮转速之和永远等于差速器壳转速的 2 倍,而与行星齿轮自转速度无关。因此,在汽车转弯行驶或其他行驶情况下,都可以借行星齿轮以相应转速自转,使两侧驱动车轮以不同转速在地面上滚动而无滑动。

汽车一侧驱动车轮打滑时,另一侧驱动车轮完全可以停止不动,即转速为零,打滑的车轮将以 2 倍差速器壳体的转速转动。

③当差速器壳转速为零(例如用中央制动器制动传动轴时),若一侧半轴齿轮受其他外来力矩而转动,则另一侧半轴齿轮即以相同的转速反向转动。

(2)转矩特性

下面分析一下普通圆锥齿轮差速器中的转矩分配。

图 5-3-5 为行星锥齿轮差速器的分配示意图。设主减速器传至差速器壳的转矩为 M_0,经行星齿轮轴和行星齿轮传给两半轴齿轮,两半轴齿轮的转矩分别为 M_1 和 M_2。

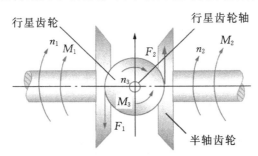

图 5-3-5 差速器转矩分配

当行星齿轮不自转,无差速作用时,即 $n_3 = 0$ 时,$M_3 = 0$(M_3 为行星齿轮自转时,其内孔和背面所受的摩擦力矩),行星齿轮相当于等臂杠杆,均衡拨动两半轴齿轮转动。所以,差速器将转矩 M_0 平均分配给两半轴齿轮,即 $M_1 = M_2 = M_0/2$。

当行星齿轮按图中 n_3 方向自转,产生差速作用时(即 $n_1 > n_2$),行星齿轮所受摩擦力矩 M_3 与其自转方向相反,从而使行星齿轮分别对两个半轴齿轮附加作用了大小相等而方向相反的两个圆周力 F_1 和 F_2,F_1 使转得快的半轴齿轮上的转矩 M_1 减小,而 F_2 使转得慢的半轴齿轮的转矩 M_2 增加。且 M_1 的减小值等于 M_2 的增加值,等于 $M_3/2$。所以,当两侧驱动轮存在转速差时($n_1 > n_2$):

$$M_1 = (M_0 - M_3)/2$$
$$M_2 = (M_0 + M_3)/2$$

即转得慢的车轮分配的转矩大于转得快的车轮分配到的转矩,差值为差速器的内部摩擦力矩 M_3。由于 M_3 很小,可忽略不计,则 $M_1 = M_2 = M_0/2$,可见,无论差速器差速与否,行星锥齿轮差速器都具有转矩等量分配的特性。

上述普通锥齿轮式差速器转矩等量分配的特性对于汽车在好路面上行驶是有利的。但汽车在坏路面上行驶时却会严重影响其通过能力。例如,当汽车的一个驱动轮处于滑溜路面(如沙地,冰雪地及泥泞地等)因附着力小而原地打滑时,即使另一驱动车轮处于附着力大的路面上未滑转,汽车仍会无法获得必要的牵引力推动汽车前进。这是因为附着力小的路面只能对驱动车轮作用一个很小的反作用力矩,而附着力好的驱动轮也只能分配到同样小的转矩,以至于总的牵引力不足以克服行驶阻力,汽车便不能前进。

5.3.3 防滑差速器

为了提高汽车通过坏路面的能力,可采用防滑差速器。当汽车某一侧驱动轮发生滑转时,差速器的差速作用即被锁止,并将大部分或全部转矩分配给未滑转的驱动轮,充分利用未滑转车轮与地面之间的附着力,以产生足够的牵引力使汽车继续行驶。

汽车上常用的防滑差速器有人工强制锁止式和自锁式两大类。前者通过驾驶员操纵差速锁,人为地将差速器暂时锁住,使差速器不起差速作用。后者是在汽车行驶过程中,根据路面情况自动改变驱动轮间的转矩分配。自锁式差速器又有摩擦片式、托森式等多种结构形式。

1. 强制锁止式差速器

强制锁止式差速器就是在行星锥齿轮差速器上装设了差速锁,如图 5-3-6 所示。差速锁由接合器及其操纵机构两大部分组成。

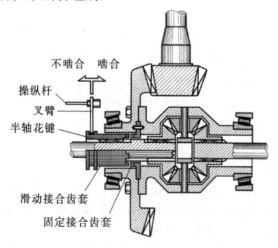

图 5-3-6 差速锁机构

当汽车在好路面上行驶不需要锁止差速器时,接合器的固定接合套与滑动接合套不嵌合,即处于分离状态,此时为普通行星锥齿轮差速器。

当汽车通过坏路面需要锁止时,通过驾驶员的操纵,将半轴与差速器壳连成一个整体,则左右两半轴被连锁成一体随壳一起转动,即差速器被锁止,不起差速作用。这样,转矩可全部分配给好路面上的车轮。与此同时,差速锁指示灯开关接通,驾驶室内指示灯亮,以提醒驾驶员差速器处于锁止状态,汽车驶出坏路面后应及时摘下差速器锁。

强制锁止式差速器结构简单,易于制造。但操纵不便,一般要在停车时进行。

2. 摩擦片式自锁差速器

图 5-3-7 所示为摩擦片式自锁差速器。它是在普通行星锥齿轮差速器的基础上发展而成的。两半轴齿轮背面与差速器壳之间各安装了一套摩擦式离合器,用以增加差速器的内部摩擦阻力矩。摩擦式离合器由推力压盘、主动摩擦片和从动摩擦片组成。推力压盘以其内花键与半轴相连,而且轴颈处用外花键与从动摩擦片的内花键连接。主动摩擦片则用外花键与差速器壳的内键槽相连接。主、从动摩擦片上均加工出许多油槽(两面均有),以利于增大摩擦。推力压盘和主、从动摩擦片均可作微小的轴向移动。十字轴由两根互相垂直的行星齿轮轴组成,其端部均切出凸 V 形斜面,差速器壳上的配合孔较大,相应地也加工有凹 V 形斜面。两根行星齿轮轴的 V 形斜面是反向安装的。

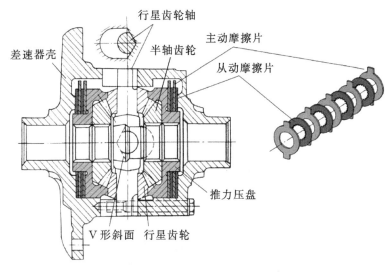

图 5-3-7 摩擦片式自锁差速器

当汽车直线行驶、两半轴无转速差时,转矩平均分配给两半轴。由于差速器壳通过斜面对行星齿轮轴两端压紧,斜面上产生的轴向力迫使两行星齿轮轴分别向左、右方向(向外)略微移动,通过行星齿轮使推力压盘压紧摩擦片。此时,转矩经两条路线传给半轴:一路经行星齿轮轴、行星齿轮和半轴齿轮,将大部分转矩传给半轴;另一路则由差速器壳经主、从动摩擦片、推力压盘传给半轴。

当汽车转弯或一侧车轮在路面上滑转时,行星齿轮自转起差速作用,左、右半轴齿轮的转速不等。由于转速差的存在和轴向力的作用,主、从动摩擦片间在滑转的同时产生摩擦力矩,其数值大小与差速器传递的转矩和摩擦片数量成正比,而其方向与快转半轴的旋向相反,与慢转半轴的旋向相同。较大数值的内摩擦力矩作用的结果,使慢转半轴传递的转矩明显增加。

摩擦作用越强,两半轴的转矩差越大,最大可达5~7倍。

摩擦片式自锁差速器结构简单,工作平稳,常用于轿车和轻型汽车上。如大众高尔夫(Golf)轿车就采用了摩擦片式自锁差速器。

3. 托森差速器

托森差速器利用蜗轮蜗杆的传动逆效率低、内摩擦转矩高的原理,使差速器能根据其内部差动转矩(即差速器的内摩擦转矩)的大小自动在"差速"和"锁死"之间转换,即当差速器内差动转矩较小时起差速作用,而当差速器内差动转矩过大时差速器将自动锁死,这样可以有效地提高汽车的通过能力,因而在现代四轮驱动轿车上得到了广泛应用。

托森差速器的结构如图5-3-8所示。差速器由空心轴、差速器壳、后蜗杆轴、前蜗杆轴、蜗轮轴和蜗轮等组成。空心轴靠花键与差速器壳相连一同转动,可作为差速器的输入。蜗轮通过蜗轮轴固定在差速器壳上,三对蜗轮分别与前蜗杆轴和后蜗杆轴相啮合,每个蜗轮上固定有两个圆柱直齿轮,与前后蜗杆轴相啮合的蜗轮彼此通过直齿圆柱齿轮相啮合。当该差速器作为轴间差速器使用时,可以将前蜗杆轴和驱动前桥的差速器齿轮轴连为一体,后蜗杆轴和驱动后桥的驱动轴凸缘盘为一整体。汽车驱动时,来自发动机的驱动力通过空心轴传至差速器壳,然后通过蜗轮轴传到蜗轮,并传向蜗杆,前蜗杆轴通过差速器齿轮轴将驱动力传至前桥,后蜗杆轴通过后驱动轴将驱动力传至后桥,从而实现前后驱动桥的驱动牵引作用。而当该差速器作为轮间差速器使用时,也可以将前蜗杆轴和后蜗杆轴分别与左、右驱动轮半轴相连接,当汽车转向时,左右驱动轮出现转速差,通过啮合的直齿圆柱齿轮相对转动,使一轴转速加快,另一轴转速减慢,实现差速作用。其具体工作过程可以分别讨论如下。

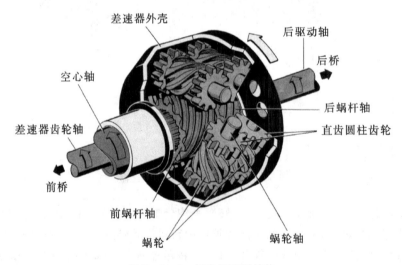

图5-3-8 托森差速器结构

当汽车直线行驶时,设差速器壳转速为n_0,前、后蜗杆轴转速为n_1和n_2,则$n_1=n_2$。发动机传来的动力通过空心轴传至差速器壳,再经蜗轮轴传到蜗轮,最后通过前、后蜗杆轴将动力分别传向左右车轮。由于两蜗杆轴转速相同,故蜗轮与蜗杆之间无相对运动,蜗轮上两个相互啮合的直齿圆柱齿轮之间亦无相对转动,差速器可与两蜗杆轴均绕蜗杆轴线同步转动,也即$n_1=n_2=n_0$。此时差速器上的转矩平均分配,即若设差速器壳接受的转矩为M_0,前、后蜗杆轴上的驱动转矩分别为 M_1 和 M_2，则有 $M_1=M_2$，且 $M_1+M_2=M_0$，如图 5-3-9(a)所示。

当汽车转弯或某一车轮陷入泥泞路面时，$n_1 \neq n_2$。若假设前蜗杆轴的转速大于后蜗杆轴的转速，即 $n_1 > n_2$。前蜗杆轴将带动与其啮合的蜗轮转动，蜗轮两端的直齿圆柱齿轮也随之以转速 n_r 转动，与其相啮合的后蜗轮上的直齿圆柱齿轮必将以转速 n_r 反向转动，并通过其上的蜗轮带动后蜗杆轴反向旋转，如图 5-3-9(b)所示。由于蜗轮即公转又自转，结果是前蜗杆转速增加，后蜗杆转速降低，实现差速。由于蜗轮蜗杆啮合副之间的摩擦作用，会在差速器内部形成较大的摩擦力矩 M_r，由于摩擦转矩的方向与运动方向相反，使得快转的前蜗杆转矩减小，慢转的后蜗杆转矩增加，此时转矩分配为 $M_1=(M_0-M_r)/2$，$M_2=(M_0+M_r)/2$，M_2 最大可达 M_1 的 3.5 倍。从而提高了汽车通过坏路面的能力。如果后轴分配到的转矩大到一定程度而使后驱动轮出现滑转时，则后轴转速升高一点，则转矩立刻会传给回转较慢的前轮多一些。转矩的分布是根据转弯的要求自动调节的。用这种方式，在有转弯限制的区域内，车辆仍具有较好的驾驶性。

托森差速器由于其结构和性能上的诸多优点，因而被广泛用作全轮驱动轿车的轴间差速器和后驱动桥的轮间差速器。但是由于在内摩擦引起的左右车轮转矩重新分配，使左右车轮上的驱动转矩出现差别过大的现象，对转向很不利，所以一般不用作转向驱动桥的轮间差速器。

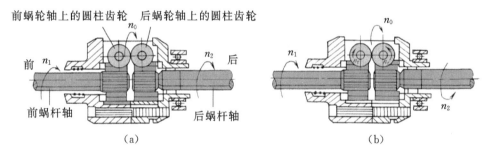

图 5-3-9 托森差速器工作原理

5.4 半轴与桥壳

5.4.1 半轴

1.功用

半轴是将差速器传来的动力传给驱动轮。因其传递的转矩较大，常制成实心轴。

2.构造

半轴的结构因驱动桥结构形式的不同而异。整体式驱动桥中的半轴为一刚性整轴。而转向驱动桥和断开式驱动桥中的半轴则分段并用万向节连接。半轴内端一般制有外花键与半轴齿轮连接。半轴外端结构形式，有的直接在轴端锻造出凸缘盘；也有的制成花键与单独制成的凸缘盘滑动配合；还有的制成锥形并通过键和螺母与轮毂固定连接。

3. 类型

常见的半轴支承形式有全浮式和半浮式两种。

(1) 全浮式半轴支承

全浮式半轴支承广泛应用于各型货车上。如图5-4-1所示为全浮式半轴支承的示意图。半轴外端锻造有半轴凸缘，用螺栓紧固在轮毂上，轮毂用一对圆锥滚子轴承支承在半轴套管上，半轴套管与空心梁压配成一体，组成驱动桥壳。这种支承形式，半轴与桥壳没有直接联系。半轴内端用花键与半轴齿轮套合，并通过差速器壳支承在主减速器壳的座孔中。

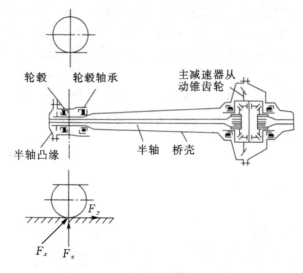

图5-4-1 全浮式半轴支承示意图

这种半轴支承形式，半轴只在两端承受转矩，不承受其他任何反力和弯矩，所以称为全浮式半轴支承。所谓"浮"是相对卸除半轴的弯曲载荷而言的。

全浮式半轴支承便于拆装，只需拧下半轴凸缘上的轮毂螺栓，即可将半轴抽出，而车轮和桥壳照样能支持住汽车。

(2) 半浮式半轴支承

如图5-4-2所示为半浮式半轴支承的示意图。半轴外端制成锥形，锥面上铣有键槽，最外端制有螺纹。轮毂以其相应的锥孔与半轴上锥面配合，并用键连接，用锁紧螺母紧固。半轴用一个圆锥滚子轴承直接支承在桥壳凸缘的座孔内。车轮与桥壳之间无直接联系，而支承于悬伸出的半轴外端。因此，地面作用于车轮的各种反力都须经半轴外端的悬伸部分传给桥壳，使半轴外端不仅要承受转矩，而且还要承受各种反力及其形成的弯矩。半轴内端

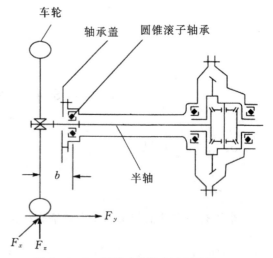

图5-4-2 半浮式半轴支承示意图

通过花键与半轴齿轮连接,不承受弯矩。故称这种支承形式为半浮式半轴支承。

半浮式半轴支承结构简单,但半轴受力情况复杂且拆装不便,多用于反力、弯矩较小的各类轿车上。

5.4.2 桥壳

1.功用

(1)安装并保护主减速器、差速器和半轴。
(2)安装悬架或轮毂。
(3)和从动桥一起支承悬架以上的汽车质量。
(4)承受驱动轮传来的反力和力矩,并在驱动轮与悬架之间传力。

2.类型

驱动桥壳可分为整体式桥壳和分段式桥壳两种类型。

(1)整体式桥壳

如图5-4-3所示为解放CA1092型汽车的整体式铸造驱动桥壳。它由空心梁、半轴套管、主减速器壳及后盖等组成。空心梁用可锻铸铁铸成,中部有一环形大通孔,前端用以安装主减速器及差速器总成。后端用来检视主减速器、差速器的工作情况,后盖用螺钉装于后端面,后盖上装有检查油面用的螺塞。空心梁上凸缘盘用以固定制动底板,两端压入钢制半轴套管,并用止动螺钉限定位置。半轴套管外端轴颈用以安装轮毂轴承,为了对轴承进行限位及调整轴承预紧度,最外端还制有螺纹。

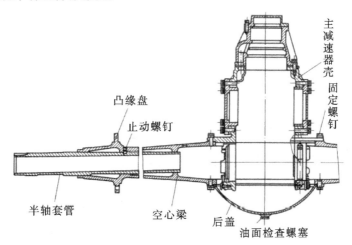

图5-4-3 解放CA1092型汽车的整体式桥壳

整体式桥壳强度和刚度好,便于主减速器的安装、调整和维修。缺点是质量大,铸造品质不易保证。因此,适用于中型以上货车。

(2)分段式桥壳

分段式桥壳一般分为两段,由螺栓将两段连成一体,如图5-4-4所示。其缺点是拆检主减速器、差速器时,必须把整个驱动桥从汽车上拆下来,很不方便,目前较少采用。

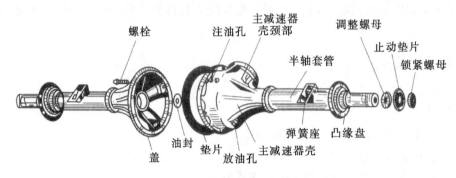

图 5-4-4 分段式桥壳

5.5 驱动桥的维修

汽车行驶时,驱动桥的受力情况十分复杂。各传递动力的零件,由于接近最终传动,其所受的各种应力远远大于传动系的其他部位。以后轮驱动的汽车,其驱动桥壳要承受相当一部分的载重质量;以前轮为驱动轮的轿车,半轴暴露在外,两端万向节的防尘套长期使用后的老化都会影响驱动桥的技术状况,造成传动间隙增大而出现异响、主减速器和差速器壳体温度过高、漏油等现象,影响汽车的正常使用。在汽车维护和维修时,应对驱动桥进行有针对性的作业。

5.5.1 主要元件的检修

1. 桥壳和半轴套管

①桥壳和半轴套管不允许有裂纹存在。各部螺纹损伤不得超过2牙。

②钢板弹簧座定位孔的磨损不得大于1.5 mm,超限时先进行补焊,然后按原位置重新钻孔。

③整体式桥壳以半轴套管的两内端轴颈的公共轴线为基准,两外端轴颈的径向圆跳动误差超过 0.30 mm 时应进行校正,校正后的径向圆跳动误差不得大于 0.08 mm。

④分段式桥壳以桥壳的结合圆柱面、结合平面及另一端内锥面为基准,轮毂的内外轴颈的径向网跳动误差超过 0.25 mm 时应进行校正,校正后的径向圆跳动误差不得大于 0.08 mm。

⑤桥壳承孔与半轴套管的配合及伸出长度应符合原厂规定。如半轴套管承孔的磨损严重,可将座孔镗至修理尺寸,更换相应的修理尺寸半轴套管。

⑥滚动轴承与桥壳的配合应符合原厂规定。如配合处过于松旷,可用刷镀修复轴承孔。

2. 半轴

①半轴应进行隐伤检查,不得有任何形式的裂纹存在。

②半轴花键应无明显的扭转变形。

③以半轴轴线为基准,半轴中段未加工圆柱体径向圆跳动误差不得大于 1.3 mm;花键外

圆柱面的径向圆跳动误差不得大于 0.25 mm;半轴凸缘内侧端面圆跳动误差不得大于 0.15 mm。径向圆跳动超限,应进行冷压校正;端面圆跳动超限,可车削端面进行修正。

④半轴花键的侧隙增大量较原厂规定不得大于 0.15 mm。

3. 主减速器壳

①壳体应无裂损,各部位螺纹的损伤不得多于 2 牙,否则应更换。

②差速器左、右轴承孔同轴度公差为 0.10 mm。

③圆柱主动齿轮轴承(或侧盖)孔轴线及差速器轴承孔轴线对减速器壳前端面的平行度公差:当轴线长度在 200 mm 以上,其值为 0.12 mm;当轴线长度小于或等于 200 mm,其值为 0.10 mm。

④主减速器壳纵轴线对横轴线的垂直度公差。当纵轴线长度在 300 mm 以上,其值为 0.16 mm;纵轴线长度小于或等于 300 mm,其值为 0.12 mm;纵、横轴线应位于同一平面(双曲线齿轮结构除外),其位置度公差为 0.08 mm。

4. 主减速器锥齿轮副

①齿轮工作表面不得有明显斑点、剥落、缺损和阶梯形磨损。

②主动圆锥齿轮锥面的径向圆跳动公差为 0.05 mm;前后轴承与轴颈、轴承孔的配合应符合原厂规定;从动锥齿轮的铆钉连接应牢固可靠;用螺栓连接的,连接螺栓的紧固应符合原厂规定,紧固螺栓锁止可靠。

③齿轮必须成对更换。

5. 差速器

①差速器壳产生裂纹,应更换。

②差速器壳与行星齿轮、半轴齿轮垫片的接触面应光滑、无沟槽。如有小的沟槽,可用砂纸打磨,并更换半轴齿轮垫片。

③行星齿轮、半轴齿轮不得有裂纹,工作表面不得有明显斑点、脱落和缺损。

④差速器壳体与轴承、差速器壳与行星齿轮轴的配合应符合原厂规定。

6. 滚动轴承

①轴承的钢球(或柱)和滚道上不得有伤痕、剥落、严重黑斑或烧损变色等缺陷,否则应更换。

②轴承架不得有缺口、裂纹、铆钉松动或钢球(或柱)脱出等现象,否则应更换。

5.5.2 驱动桥的维护

1. 一级维护

一级维护时,对驱动桥和车轮应进行下述的维护作业。

①检查后桥壳是否有裂纹及不正常的渗漏。如有渗漏,应查明原因,予以排除。

②检查各部螺栓、螺母的连接是否可靠。

③检查后桥壳体内的润滑油量是否合适,其油面应不低于检视孔下沿 15 mm 处。
④检查后桥壳的通气塞应保持畅通。
⑤用推动轮毂来检查轴承的紧度时,应无明显松旷的感觉。
⑥检视轮胎和半轴上的外露螺栓、螺母,不得有松动。

2. 二级维护

二级维护除进行一级维护的所有项目外,还应要进行以下内容。
①检查半轴。半轴应无弯曲、裂纹,键槽无过度磨损。如有可视的键槽磨损时,应进行左右半轴的换位。
②拆下轮毂,检查半轴套管是否有配合松旷和裂纹,各螺纹的损伤不得超过 2 牙。
③检视后桥壳是否有裂纹。
④放油后,拆下后桥壳盖,清除油污并检视齿轮、轴承及各部螺栓紧固情况,必要时可以更换齿轮和轴承。
⑤检视主减速器的油封有无漏油,凸缘螺母是否松动,检查主减速器的连接螺栓是否紧固。
⑥检查轮毂轴承的紧固情况,必要时按技术条件的要求拧紧。

二级维护时,还要根据有无下列现象,决定后桥维护的附加作业项目。
①主减速器有无异响,主减速器的啮合间隙是否过大。如有上述现象,说明轮齿磨损或啮合间隙过大,应调整啮合间隙并检查齿面接合状况。
②检查后桥在正常工作时的油温是否超过 60 ℃ 并伴有异响。如有此现象说明齿轮啮合不当或轮齿有断齿,也可能是由于轴承预紧度过大,应拆检主减速器和差速器。

上述作业结束后,装复后桥壳后盖,按规定加注符合原厂规定的齿轮油至规定油面。

5.5.3 驱动桥的装配与调整

1. 差速器的装配与调整

差速器装配时,应按下述顺序进行,并注意各步骤的注意事项。
①安装差速器轴承。安装差速器轴承内圈时,应用压力机平稳地压入,不得用手锤敲击,以免损伤轴承的工作表面、刮伤轴承表面或破坏配合性质。
②安装齿轮。在与行星齿轮和半轴齿轮配合的工作表面上涂以机油,先装入垫片和半轴齿轮,然后装入已装好行星齿轮及垫片的十字轴,并使行星齿轮与半轴齿轮啮合。在行星齿轮上装入另一侧半轴齿轮及垫片,扣上另一侧的差速器壳。装入另一侧壳体时,应使两侧壳体上的位置标记对正,以免破坏齿轮副的正常啮合。
③从动齿轮的安装和差速器的装合。将主减速器从动齿轮装在差速器壳体上,将固定螺栓按规定方向穿过壳体,套入垫片,用规定力矩交替拧紧螺母,锁死锁片。

2. 主减速器的装配与调整

1)主减速器的装配
主减速器装配中的调整包括主、从动圆锥齿轮轴承预紧度的调整(含差速器轴承预紧度的调整),主、从动圆锥齿轮啮合印痕和啮合间隙的调整等项目。由于主减速器的调整质量是决定主减速器圆锥齿轮副使用寿命的关键,因此,在进行调整作业时,必须遵守主减速器的调整规则。

①先调整轴承的预紧度,再调整啮合印痕,最后调整啮合间隙。

②主、从动圆锥齿轮轴承的预紧度必须按原厂规定的数值和方法进行调整与检查,在主减速器调整过程中,轴承的预紧度不得变更,始终都应符合原厂规定值。

③在保证啮合印痕合格的前提下,调整啮合间隙。啮合印痕、啮合间隙和啮合间隙的变化量都必须符合技术条件,否则应成对更换齿轮副。

④准双曲面圆锥齿轮、奥利康圆锥齿轮(等高齿)和格利森圆锥齿轮(网弧非等高齿)啮合印痕的技术标准不尽相同,调整方法亦有差异。前两种齿轮往往以移动主动圆锥齿轮调整啮合印痕,以移动从动圆锥齿轮调整啮合间隙;而对格利森齿轮的调整则无特殊的要求。

2)主减速器的调整

(1)轴承预紧度的调整

主、从动锥齿轮轴的轴承,安装时都应具有一定的预紧力,以消除轴承多余的轴向和径向间隙,平衡一部分前、后轴承的轴向负荷,这对主、从动锥齿轮工作时保持正确的啮合和前、后轴承获得较为均匀的磨损,都是十分必要的。

①主动锥齿轮轴承预紧度的调整。主动圆锥齿轮轴承预紧度的调整方法有两种。

一种是通过增减调整垫片进行调整,如图 5-5-1 所示。如在两轴承之间隔套前装有调整垫片 3,如图 5-5-1(a)所示。或在轴肩前有调整垫片 3,如图 5-5-1(b)所示。增减调整垫片的厚度即可改变两轴承内圈压紧后的距离,从而使轴承预紧度得到调整。预紧度是否符合要求,可用测量转动凸缘盘的力矩来判断,若所测得的力矩大于标准值,说明轴承的预紧度过大,应增加调整垫片的厚度。另外,也有的两轴承内圈之间的距离已定,在主减速器油封后面装有调整垫片 3,如图 5-5-1(c)所示。增减此垫片厚度即可改变两轴承之间的距离,以调整轴承预紧度。与此类似,有的汽车不用调整垫片,而是通过精选隔套长度来调整,如图 5-5-1(d)所示。

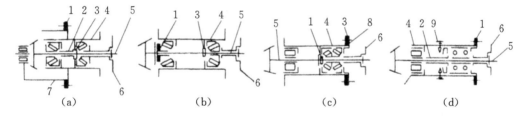

图 5-5-1 主动锥齿轮轴承预紧度调整装置
1—主动锥齿轮啮合调整垫片;2—隔套;3—轴承预紧度调整垫片;4—主动锥齿轮轴承座;
5—主动锥齿轮轴;6—凸缘叉;7—主减速器;8—油封盖;9—调整螺栓

另一种是用一个弹性隔套来调整主动锥齿轮轴承的预紧度,如图 5-5-2 所示。装配时,在前、后轴承内圈之间放置一个可压缩的弹性薄壁隔套,按规定力矩拧紧凸缘盘固定螺母时,隔套产生弹性变形,其张力自动适应对轴承预紧度的要求。但采用这种方法,因隔套的弹性衰退,每次都必须换用新的隔套。

②从动锥齿轮轴承预紧度的调整。从动锥齿轮轴承预紧度的调整因驱动桥的结构分为两种。

一种为单级主减速器,其从动锥齿轮固定在差速器壳上,从动锥齿轮轴承就是差速器轴承,调整从动锥齿轮轴承预紧度就是调整差速器轴承的预紧度。此外,双级主减速器差速器轴承预紧度的调整与此相同。

在图5-2-1中,差速器轴承两侧都有调整螺母。装配时,将差速器轴承外圈套在轴承上,将差速器总成装入差速器壳内,将两侧调整螺母装在座孔内的螺纹部分(螺纹一定要对好),然后将两侧轴承盖对准螺纹后装复(左、右两轴承盖不得互换),装好锁片用螺栓紧固轴承盖。

调整轴承预紧度时,慢慢转动两侧调整螺母,同时慢慢转动差速器总成,使轴承的滚柱处于正确位置。正确的预紧度可用转动差速器总成的力矩来衡量。预紧度调整后,应将调整螺母锁片锁住。

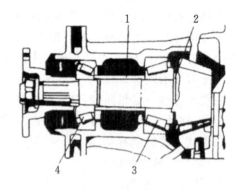

图5-5-2 主动锥齿轮轴承预紧度调整装置
1—弹性隔套;2—调整垫片;
3—后轴承;4—前轴承

另一种为双级主减速器,从动锥齿轮与二级减速的主动圆柱齿轮固定在同一根轴上,两端用轴承支承在主减速器壳上。轴承预紧度的调整可参照图5-2-3,选择适当厚度的调整垫片6和13,安装在主减速器与轴承盖之间。拧紧轴承盖紧固螺栓后,用转动从动圆锥齿轮的力矩来衡量预紧度是否合适。如所需力矩过大,说明预紧度过大,应增加垫片的厚度。

此外,有些汽车采用组合式桥壳,其从动锥齿轮轴承预紧度可通过轴承与差速器壳之间的垫片厚度来进行调节。如图5-2-2中垫片3。增加垫片的厚度,轴承预紧度增加。

(2)主、从动锥齿轮啮合印痕与齿侧间隙的调整

锥齿轮副必须有正确的啮合印痕与齿侧间隙才能正常工作和达到正常的使用寿命。正确的啮合印痕与齿侧间隙是通过齿轮的轴向移动改变其相对位置来实现的,因此锥齿轮传动机构都有轴向位置调整装置,即啮合印痕与齿侧间隙调整装置。

对主、从动锥齿轮啮合印痕与齿侧间隙的调整要求是:主、从动锥齿轮应沿齿长方向接触,其位置控制在齿轮的中部偏向小端,离小端端部2～7 mm,接触痕迹的长度不小于齿长的50%。齿高方向的接触印痕应不小于齿高的50%,一般应距齿顶0.80～1.60 mm,如图5-5-3所示,齿侧间隙为0.15～0.50 mm,但每一对锥齿副轮啮合间隙的变动量不得大于0.15 mm,齿侧间隙的测量方法可参见图5-5-4。

如果主、从动圆锥齿轮的啮合印痕和齿侧间隙不符合要求,应按如下的口诀进行调整。大进从、小出从;顶进主、根出主。按这种方法调整时,要注意保证齿侧间隙不得小于最小值,如表5-5-1所示。

实现齿轮位移的具体方法与车辆的结构有关。

①主动圆锥齿轮的移动。

(a)通过增减主动锥齿轮轴承座与主减速器壳之间的调整垫片厚度来调整垫片1,如图5-5-1(a)所示。当增减此垫片厚度时,就可实现主动锥齿轮轴向移动。

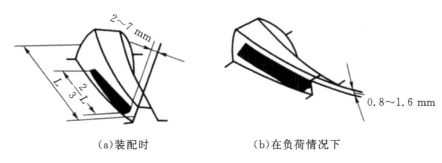

(a)装配时　　　　　　　(b)在负荷情况下

图 5-5-3　锥齿轮啮合印痕

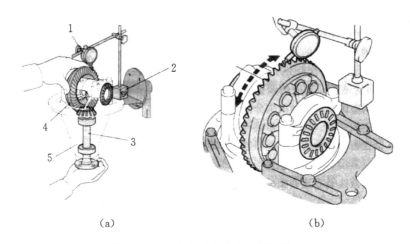

(a)　　　　　　　　　　(b)

图 5-5-4　主从动齿轮啮合间隙检查
1—百分表；2—百分表座；3—主动锥齿轮轴；4—从动锥齿轮；5—外壳

(b)通过增减主动锥齿轮背面与轴承之间的调整垫片厚度来调整垫片1,如图 5-5-1(b)所示。

这种结构若轴承预紧度调整垫片是靠在轴肩上的,则调整锥齿轮轴向移动的同时,也必须等量增减轴承预紧度的调整垫片。否则,由于轴肩轴向位置的移动将改变已调好的轴承预紧度,该调整方式每次调整都需将主动锥齿轮上的轴承压下来,维修调整不方便。

(c)通过增减主动锥齿轮轴肩前面的调整垫片厚度来调整垫片1,如图 5-5-1(c)所示。

(d)用调整螺栓配合调整垫片来调整,如图 5-5-1(d)所示。通过增减调整垫片1并使前端锥度的调整螺栓9旋进或旋出,就可调整前轴承的轴向位置,也就调整了主动锥齿轮的轴向位置。

②从动圆锥齿轮的移动。从动圆锥齿轮轴向位置的调整装置与轴承预紧度的调整装置是共享的。因此,在轴承预紧度调整好后,只需将左、右两侧的调整垫片从一侧调到另一侧,如图 5-2-3中调整垫片6、13,或左、右侧的调整螺母一侧松出多少另一侧就等量紧进多少,就可以在不改变轴承预紧度的前提下,改变从动圆锥齿轮的轴向位置。如图 5-2-1中调整螺母2。

表 5-5-1 圆锥齿轮副啮合印痕的调整方法

从动齿轮齿面接触区		调整方法	齿轮移动方向
		将从动齿轮向主动齿轮移近,若这时齿隙过小,则将主动齿轮移开	
		将从动齿轮自主动齿轮移开,若这时齿隙过大,则将主动齿轮移近	
		将主动齿轮向主动齿轮移近,若这时齿隙过小,则将从动齿轮移开	
		将主动齿轮自从动齿轮移开,若这时齿隙过大,则将从动齿轮移近	

3. 驱动桥的磨合试验

驱动桥装合后,应按规定加注润滑油进行磨合试验。磨合转速一般为 1400~1500 r/min。在此转速下进行正、反转试验,各项试验的时间不得少于 10 min。

驱动桥装配后进行磨合试验的目的在于改善零件相配合表面的接触状况和检查修理装配的质量。驱动桥的修理和装配质量可从三个方面进行检验。齿轮的啮合噪声、轴承区的温度和渗漏现象。

在试验过程中,各轴承区温升不得超过 25℃,齿轮的啮合不允许有敲击声和高低变化的响声,各结合部位不允许有漏油现象。试验后,应进行清洗并换装规定的润滑油。

5.6 驱动桥常见故障的诊断

驱动桥的常见故障为驱动桥过热、漏油和异响等,下面介绍这些故障的故障原因及诊断排除方法。

1. 过热

(1) 故障现象

汽车行驶一段里程后,用手探试驱动桥壳中部或主减速器壳,有无法忍受的烫手感觉。

(2) 故障原因

故障原因如下:

①齿轮油变质、油量不足或牌号不符合要求;

②轴承预紧度过大或齿轮啮合间隙过小;

③止推垫片与齿轮背隙过小;

④油封过紧或各运动副、轴承润滑不良而产生干(或半干)摩擦。

(3) 故障诊断及排除

检查驱动桥中各部分受热情况如下:

①局部过热。油封处过热,则故障由油封过紧引起,更换合适的油封;轴承处过热,则故障由轴承损坏或调整不当引起,应更换损坏的轴承或调整轴承;油封和轴承处均不过热,则故障由止推垫片与齿轮背隙过小引起,应调整好背隙。

②普遍过热。检查齿轮油面高度:油面太低,则故障由油量不足引起,应将齿轮油加至规定高度;若油量充足,则应检查齿轮油规格、黏度或润滑性能,如检查结果不符合要求,则故障由齿轮油变质或牌号不符引起,应排尽原来的齿轮油,冲洗桥壳内部,换上规定型号的润滑油;若不是上述问题,则应检查齿轮啮合间隙。先松开驻车制动器,变速器置于空挡,然后轻轻转动主减速器的凸缘盘:若转动角度太小,则故障由主减速器齿轮啮合间隙太小引起;若转动角度正常,则故障由行星齿轮与半轴齿轮啮合间隙太小引起,应重新调整上述齿轮啮合间隙。

2. 漏油

(1) 故障现象

从驱动桥加油口、放油口螺塞处或油封、各接合面处可见到明显漏油痕迹。

(2) 故障原因

故障原因如下:

①加油口、放油口螺塞松动或损坏,通气孔堵塞;

②油封磨损、硬化,油封装反,油封与轴颈磨成沟槽;

③接合平面变形、加工粗糙,密封衬垫太薄、硬化或损坏,紧固螺栓松动或损坏;

④桥壳有铸造缺陷或裂纹。

(3) 故障诊断及排除

故障诊断及排除如下:

①检查加油口、放油口螺塞是否松动;密封垫是否损坏;通气孔是否堵塞。对松动的螺塞按规定力矩拧紧或更换密封垫;对堵塞的通气孔进行疏通。

②检查油封是否磨损、损坏或装反,对磨损、损坏的予以更换,对装反的油封重新安装。

③检查桥壳,视情况进行修理或更换。

3. 异响

(1) 故障现象

驱动桥在运行时发出不正常的响声,可分为驱动时发出异响、滑行时发出异响及转弯行驶时发出异响等。

(2) 故障原因

故障原因如下:

①齿轮油油量不足、油质变差,特别是油内有较大金属颗粒;

②各类轴承损伤、严重磨损松旷或齿轮齿面磨损、点蚀、轮齿变形或折断;

③主减速器锥齿轮严重磨损、啮合面调整不当、啮合间隙不符合标准(太大或太小),啮合间隙不均或未成对更换;

④差速器壳与十字轴和行星齿轮轴孔与十字轴配合松旷;

⑤半轴齿轮与行星齿轮啮合间隙不符合标准(过大或过小)或半轴齿轮与半轴花键配合松旷。

(3) 故障诊断和排除

故障诊断和排除如下:

①汽车挂挡行驶、脱挡滑行均有异响。油量不足或油质、齿轮油型号不符合要求时,按规定高度加注齿轮油或更换齿轮油;主减速器或差速器轴承的预紧度不足时,按规定调整轴承的预紧度;若不是上述故障,则检查主减速器锥齿轮啮合间隙、轮齿变形、齿面磨损、齿面点蚀、轮齿折断,对此应酌情进行修理、调整或更换;

②挂挡行驶有异响,脱挡滑行声响减弱或消失。故障一般由主减速器锥齿轮齿面的正面磨损严重、齿面损伤或啮合面调整不当等引起,而齿的反面技术状况良好,应酌情修复、调整或更换;

③转弯行驶有异响,直线行驶时声响减弱或消失。故障一般由半轴齿轮或行星齿轮的齿面严重磨损、齿面点蚀、轮齿变形或折断、行星齿轮轴磨损、半轴弯曲等引起,对损伤严重的齿轮、行星齿轮轴应予以更换,对弯曲的半轴进行校正或更换;

④汽车起步或突然换车速时发出"吭"的一声,或汽车缓速时发生"克啦、克啦"的撞击声,则故障由驱动桥内游动角度太大引起,应予以调整;

⑤若异响时有时无,或有时呈周期性变化,则故障一般由齿轮油中杂物引起,应更换或滤清齿轮油。

5.7 案例分析

5.7.1 案例一:上汽奇瑞轿车修理差速器后出现异响

1. 故障现象

该车的差速器前几天大修过,最近桥内出现异响,而且越来越严重,被迫停车进行检修。

2. 诊断方法和步骤

因该车后桥刚大修不久,桥内出现异响,主要原因有以下几种。

(1)主减速器或差速器轴承损坏。
(2)主减速器或差速器齿轮掉齿。
(3)差速器行星齿轮轴断裂或窜出。
(4)差速器行星齿轮轴弹性圆柱销掉出或漏装。
(5)润滑油变质或有质量问题。

对主减速器和差速器进行拆检,主减速器部分没有异常现象,而差速器行星齿轮轴窜出。打开差速器壳,发现行星齿轮和半轴齿轮已报废。检查后没有发现弹性圆柱销,因弹性圆柱销的硬度较高,必然会有残渣,所以漏装的可能性较大。于是驾驶员到原来修车的地方找了弹性圆柱销,因该零件为一次性使用零件,故不能再用。换上新件,路试,响声消失。

5.7.2 案例二:富康轿车差速器出现异响

1. 故障现象

一辆富康ZX(1.36L)型轿车在维修差速器总成后不久,车主称底部维修后有异响。

2. 诊断方法和步骤

用千斤顶架起前部,用三角木楔定住后轮,做起步加速试验,将变速器由低挡挂入高挡,听响声,并无严重异响。试车时途经转弯处出现"哗"、"哗"异响,车身甚至有抖动现象,但车行直路时,响声渐小。从异响在车辆转弯时出现和曾拆装过差速器判断,故障部位仍然还在差速器内。拆检差速器,发现行星齿轮轴忘记安装配卡环,致使行星齿轮与半轴齿轮(侧齿轮)不能良好啮合,异响由此产生。

将行星齿轮及半轴齿轮(侧齿轮)成对装入整体式摩擦壳内,再装入差速器内,然后插入行星齿轮轴,最后装上新卡环,故障即刻排除。

5.7.3 案例三:桑塔纳轿车主减速器过热

1. 故障现象

用手触摸主减速器壳很烫手,有不能忍受的感觉。发热部位在轴承处或在整个减速器壳体上。

2. 诊断方法和步骤

(1)各种形式的主减速器不同部位的轴承,在安装时轴承预紧度调整过紧,使过紧轴承部位过热。遇有这种情况时,应及时调整轴承预紧度。若暂时没有条件时,不能行驶太久使温度升高过多,可采用行驶一程停车降温后再行驶的办法,以免轴承烧坏。

(2)若整个主减速器壳体很烫手,一般是因缺润滑油或齿轮啮合间隙过小造成。此时应先检查润滑油是否足够(但也不能加得过多),若润滑油不缺,则应对齿轮啮合间隙和啮合印迹进行调整。

习 题

1. 思考题
(1)驱动桥主要由几部分组成?其在传动系中功用是什么?
(2)驱动桥有哪些结构形式?各自有什么特点?
(3)简述托森差速器的工作原理有哪些?
(4)常见的半轴支承形式有哪些?各自有什么特点?
(5)驱动桥常见的故障现象及诊断方法有哪些?

2. 选择题
(1)下列不属于差速器的是(　　)。
A. 行星齿轮　　　　B. 半轴齿轮　　　　C. 从动圆锥齿轮　　　　D. 行星齿轮轴
(2)差速器具有转矩平均分配的特点,因此当左轮打滑时,右轮获得的转矩(　　)。
A. 大于左轮转矩　　B. 小于左轮转矩　　C. 等于左轮转矩　　　　D. 等于零
(3)前驱动轿车的半轴上均安装(　　)万向节。
A. 普通　　　　　　B. 十字轴　　　　　C. 准等速　　　　　　　D. 等速
(4)汽车主减速器圆锥主动齿轮轴承(　　)会导致后桥异响,并伴随后桥壳温度升高。
A. 损坏　　　　　　B. 过紧　　　　　　C. 过松　　　　　　　　D. 磨损
(5)下列(　　)故障,可能引起驱动桥异响。
A. 齿轮油加注过多　　　　　　　　　B. 齿轮或轴承严重磨损或损坏
C. 轴承预紧度过紧　　　　　　　　　D. 齿轮油型号不对

项目6 汽车行驶系

学习目标

(1)简单叙述汽车行驶系的功用、组成和类型,汽车行驶的基本原理。

(2)正确叙述车桥、车架的功用、构造、转向轮定位参数的内容;熟悉车轮和轮胎的构造与规格。

(3)正确叙述悬架中弹性元件、减振器、导向装置的类型、构造及工作原理。

(4)正确叙述非独立悬架、独立悬架的类型、特点及工作过程。

(5)叙述电子悬架的功用、结构及工作原理。

(6)会做行驶系各总成的拆装、检修、维护工作。

(7)会做车轮与轮胎换位、动平衡及车轮定位等检查工作。

(8)熟悉汽车行驶系的常见故障,并能进行诊断与检修。

6.1 汽车行驶系概述

6.1.1 汽车行驶系的功用

道路上行驶的汽车都设有行驶系统,以确保车辆在路面上正常行驶。汽车行驶系的功用是接受传动系传来的发动机转矩,通过驱动轮与地面间附着作用产生驱动力;承受汽车的总重量,传递并承受路面作用于车轮上的各个方向的反力及其转矩;缓和不平路面对车身造成的冲击和振动,保证汽车平顺行驶;与转向系统协调配合工作,控制汽车的行驶方向。

6.1.2 汽车行驶系的类型

汽车行驶系根据其结构形式的不同,可以分为轮式行驶系、半履带式行驶系、全履带式行驶系、车轮-履带式行驶系四种。绝大多数汽车经常在比较坚实的道路上行驶,且直接与地面接触的部分是车轮,因此称之为轮式行驶系。

6.1.3 汽车行驶系的组成

轮式汽车行驶系一般由车身(车架)、车桥、车轮和悬架组成,如图6-1-1所示。

汽车的总重量 G_a,通过前、后车轮传到地面,引起地面作用于前轮和后轮上的垂直反力 Z_1 和 Z_2。当驱动桥中半轴将驱动转矩 M_k 传到驱动轮上时,产生路面作用于驱动轮边缘上的向前的纵向反力,被称作驱动力,用 F_t 表示,驱动力用以克服驱动轮本身的滚动阻力,其余大部分则依次通过驱动桥壳、后悬架传到车架,用来克服作用于汽车上的空气阻力和坡道阻力;还

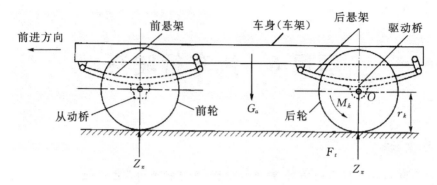

图 6-1-1 轮式汽车行驶系组成及受力分析

有一部分驱动力由车架经过前悬架传至从动桥,作用于自由支撑在从动桥两端转向节上的从动轮中心,使得前轮克服滚动阻力向前滚动。

驱动力 F_t 是作用于驱动轮缘上的,因而对车轮中心造成了一个反力矩。此反力矩使驱动桥壳中部(主减速器壳)的前端向上抬起,当采用非断开式驱动桥时,反力矩则由主减速器壳传给后悬架,再传给车架。当采用断开式驱动桥时,主减速器是直接固定在车架上的,而此反力矩也就直接由主减速器壳传给车架。反力矩使得车架连同整个汽车前部都有向上抬起的趋势,具体表现为前轮上的垂直载荷减少而后轮上的垂直载荷增加。汽车在制动时,车轮上便产生一个与汽车行驶方向相反的制动力,迫使汽车减速或停车。这个力使汽车具有后部向上抬起,前部下沉的趋势,从而使后轮上的垂直载荷减小,前轮上垂直载荷增大。汽车在弯道上或路面拱度较大的道路上行驶时,由于离心力或汽车质量在横向坡道上的分力作用,使汽车具有侧向滑动的趋势,路面会阻止车轮侧滑而产生路面作用于车轮的侧向力,此力也是由行驶系来传递和承受。

6.2 车架

6.2.1 车架的功用

汽车车架俗称大梁,它是跨接在各车桥之间的桥梁式结构,是整个汽车的安装基础。车架的功用为保持发动机、变速器、传动轴、前后桥、车身正确的相对位置,并承受各种载荷。车架通过悬架装置坐落在车轮上。现代许多轿车和大客车大多没有车架,车架的功能由轿车车身或大客车车身骨架承担,故称其为承载式车身。而货车和部分大客车为了提高其承载能力,都设有专门的车架,车身安装在车架上,所以车身不再承受弯曲载荷和扭矩等,故又称其为非承载式车身。

6.2.2 车架的类型与构造

车架的类型主要有边梁式车架、中梁式车架(也称脊骨式车架)和综合式车架三种。

1.边梁式车架

车架由两根位于两边的纵梁和若干根横梁组成,并通过铆钉或焊接将纵梁与横梁连接成坚固的刚性构架,被广泛应用在货车和特种汽车上,如图6-2-1所示东风EQ1090E型汽车车架。

车架纵梁通常用低合金钢钢板冲压而成,断面一般为槽形。也有的作成工字形或箱形断面。根据汽车形式不同和结构布置的要求,纵梁可以在水平面内或纵向平面内做成弯曲的,以及等断面或非等断面的。横梁用来连接左、右两个纵梁,保证车架的扭转刚度和承受纵向载荷,而且还用以支撑发动机、散热器等主要部件。通常货车约有5~8根横梁。

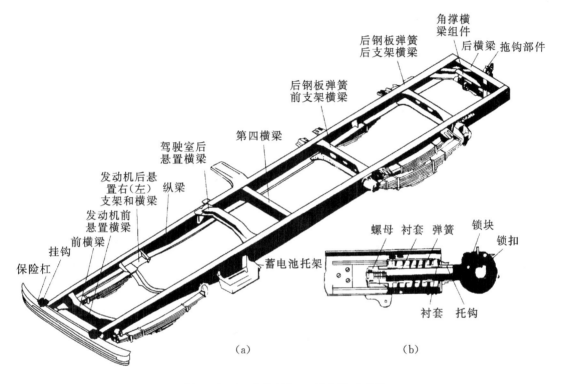

图6-2-1 东风EQ1090E边梁式车架

边梁式车架也用于轿车,为了降低重心高度和提高车架的扭转刚度,车架短而宽并通常制成前窄后宽而后部向上弯曲的车架结构,两根横梁制成X形或梯形,如图6-2-2所示。

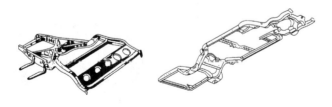

图6-2-2 X形或梯形轿车车架

2. 中梁式车架

中梁式车架由一根位于中央贯穿前后的纵梁和若干根横向悬伸托架组成,因此也称为脊骨式车架,如图6-2-3所示。

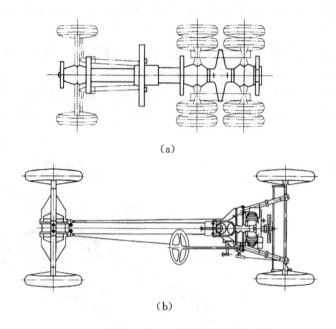

图 6-2-3 中梁式车架

中梁的断面可做成管形或箱形,传动轴从中梁内穿过,主减速器通常固定在其尾端。中梁前端悬伸托架用以安装发动机,中梁中后端悬伸托架(图中未画出)则用来布置车身及其他总成。中梁式车架有较大的扭转刚度,并使车轮有较大的运动空间,便于采用独立悬架和获得大的转向角。但其制造工艺复杂,精度要求高,维修不方便。因此,只是在某些轿车和货车上被采用。

3. 综合式车架

车架前部是边梁式,而后部是中梁式,这种车架称为综合式车架(也称复合式车架)。它同时具有中梁式和边梁式车架的特点,如图 6-2-4 所示。有些轿车采用了半车架(也叫副车架),可以减轻车架质量,便于安装发动机和变速器等部件,如图 6-2-5 所示。

4. 承载式车身

现代轿车和部分大型客车车身兼做车架,即将所有部件固定在车身上,由车身来承受载荷,这种车身称为承载式车身。如上海帕萨特、一汽奥迪、高尔夫等轿车均为承载式车身。承载式车身结构如图 6-2-6 所示。

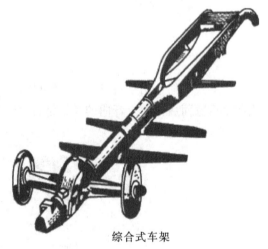

综合式车架

图 6-2-4 综合式车架

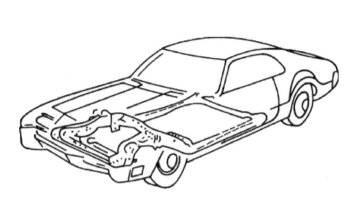

图 6-2-5 半车架

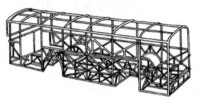

图 6-2-6 承载式车身

承载式车身由于无车架,整车质量减轻,地板高度降低,乘客上、下车更加方便,因此应用非常广泛。

6.3 车桥与车轮

6.3.1 车桥的功用与类型

1. 车桥的功用

车桥又称车轴,两端安装车轮,在车轮与悬架之间传递各种力和力矩。

2. 车桥的类型

(1) 按悬架结构分类

按悬架结构的不同可分为整体式和断开式两种。断开式车桥为活动关节式结构,它与独立悬架配合使用;整体式车桥的中部是刚性实心或空心梁。它多配用非独立悬架。

(2) 按车轮所起作用分类

按车轮所起作用的不同可分为转向桥、驱动桥、转向驱动桥和支持桥。

在后轮驱动的汽车中,前桥不仅用于承载,还起到转向作用,称为转向桥;后桥不仅用于承载,还起到驱动作用,称为驱动桥。越野车和前轮驱动汽车的前桥,除了承载和转向的作用外,还兼起驱动的作用,称为转向驱动桥。只起支撑作用的车桥称为支持桥,支持桥除了不能转向外,其他功能和结构与转向桥相同。转向桥和支承桥均属于从动桥。

6.3.2 车桥构造

1. 转向桥

汽车转向桥的结构大致相同,主要由前轴、转向节和主销等部分组成。转向桥可以与独立悬架匹配,也可以与非独立悬架匹配。有关悬架的结构、工作原理将在后面章节讲解。

(1) 与非独立悬架匹配的前转向桥

汽车非独立悬架的结构大体相同,主要由前轴、转向节、主销等几个部分组成。如图6-3-1所示为非独立悬架汽车转向桥(常用于货车)。前轴的工字梁在两端加粗的拳部有通孔,通过主销和转向节连接。转向节前端用内外两个推力滚子轴承,与轮毂和制动毂连接,并通过锁止螺母,前轮毂轴承调整螺母与转向节安装成一体。轮毂与车轮用螺栓连接,其内端轮毂轴承采用润滑脂润滑。为防止润滑脂侵入制动鼓,影响制动功能,在内端轴承内侧装有油封和油封垫圈,外轴承外端用轮毂盖加以防尘。内外轮毂轴承的预紧度是需要调整的,方法是将调整螺母拧紧使轮毂转动困难,再将调整螺母退回 1/6~1/4 圈,感到轮毂转动灵活即可。调好后用锁止垫圈、锁圈和锁紧螺母锁紧即可。前轴工作时主要承受垂直弯矩,因而前轴采用工字形断面以提高前轴的抗弯强度,同时减轻自重,另外在车辆制动时,前轴还要承受转矩和弯矩,因此从弹簧处逐渐由工字形断面过渡到方形(或圆形)断面,以提高扭转刚度,同时保持断面的等强度。在前轴上平面加工有钢板弹簧座,其平面略高于前轴平面,并通过 U 形螺栓将钢板弹簧固定。左右两端安装转向节,转向节两耳部有通孔,通过主销与前轴两端相接。车轮可绕转向主销偏转,从而实现汽车转向。转向节内端两耳部通孔内压入减磨青铜衬套,销孔端部用盖板封住,并通过转向节上的滑脂嘴注入润滑脂。下耳于前轴拳部之间装有推力轴承,减少转向阻力,使转向轻便;上耳于前轴拳部之间装有调整垫片,用来调整转向节叉的轴向间隙。靠转向节根部有一方形凸缘,用以固定制动底版。左转向节两耳上端的锥形孔用来安装转向节上臂,下端的锥形孔分别用以安装左右转向梯形臂。

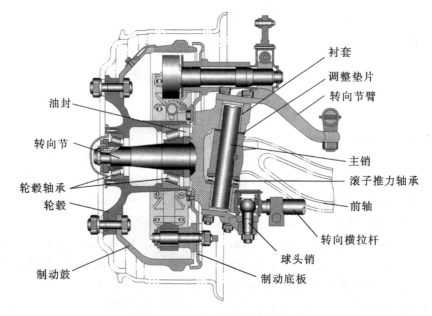

图 6-3-1 非独立悬架前转向桥

(2) 与独立悬架匹配的前转向桥

现代轿车大部分采用独立悬架的结构形式后,两左右前轮之间已不存在车桥实体,它已和独立悬架的结构融合在一起,如图 6-3-2 所示。但是对于前置前驱的布置形式的轿车而言,为了叙述方便,习惯上仍称为前桥。前轮轴承就装于前桥的前轮轮毂和转向节(也称为轴承

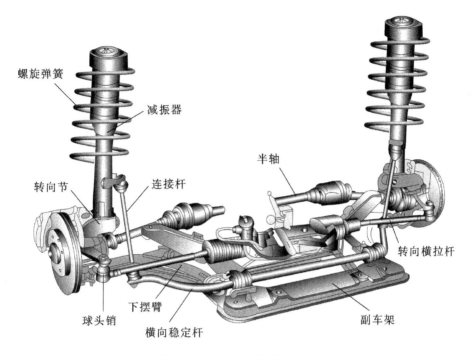

图 6-3-2 独立悬架前转向桥

座)之间。前桥既是转向桥,又是驱动桥。其结构如图 6-3-3 所示,主要由转向节、轮毂总成及与转向节相连的断开式传动轴总成等组成。前轮毂通过轴承和转向节压合在一起,传动轴

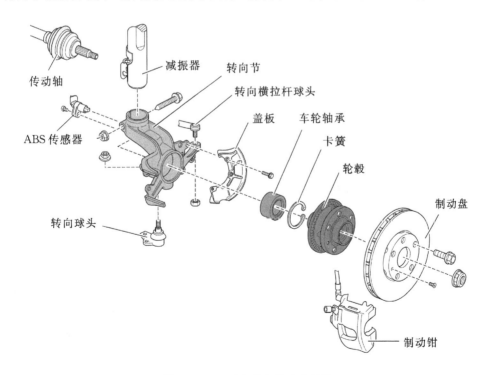

图 6-3-3 独立悬架转向节结构

外半轴上的外花键和前轮毂的内花键相连,然后通过轴头螺母将前轮毂和传动轴外半轴固连在一起。前轮毂外端和制动盘及车轮总成连在一起。转向节的上端通过螺栓与悬架弹簧及减振器组件相连。转向节的下端通过转向球头与悬架控制臂相连。此外转向节上还安装有转向横拉杆,其连接方式为球铰连接。

2. 转向驱动桥

转向驱动桥具有转向和驱动两种功能。结构组成既包括一般驱动桥具有的主减速器、差速器及半轴等基本部件,也包括一般转向桥所具有的转向节壳体、主销和轮毂等部件,如图 6-3-4 所示。

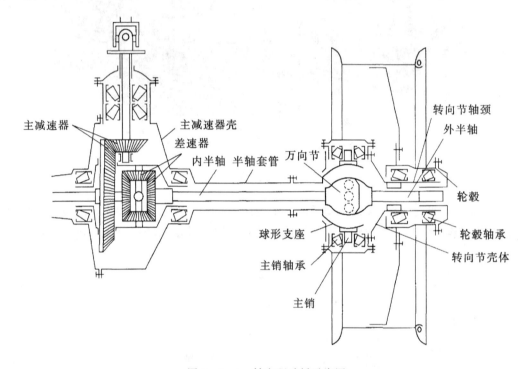

图 6-3-4 转向驱动桥示意图

转向驱动桥与单独的驱动桥、转向桥相比,其不同之处是,由于转向所需要半轴被分为两段,分别叫内半轴(与差速器相连接)和外半轴(与轮毂连接),二者用等角速万向节连接起来。同时,主销也因此分成上下两段,分别固定在万向节的球形支座上。转向节轴颈做成空心,以便外半轴从中穿过。转向节的连接叉是球状转向节壳体,既满足了转向的需要,又适应了转向节的传力。转向驱动桥广泛地应用到轿车及全轮驱动的越野汽车上。

许多现代轿车采用了发动机前置前驱动的布置形式,其前桥为转向驱动桥。此种车桥多采用麦弗逊式独立悬架,其特点是结构简单,布置紧凑,具有良好的接近性,而且转弯直径小,机动性好,便于维修。上海桑塔纳轿车前桥总成如图 6-3-5 所示。

图 6-3-5 中未画出中间主减速器和差速器,动力经主减速器、差速器和半轴总成驱动车轮旋转。

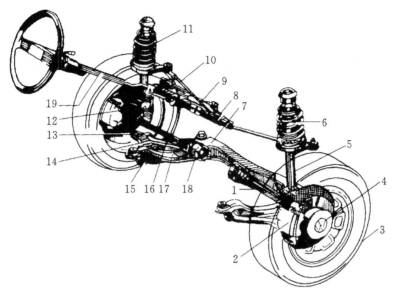

图 6-3-5 上海桑塔纳轿车前桥(转向驱动桥)

1—半轴;2—制动钳;3—车轮;4—外半轴凸缘;5—减振支柱;6、11—烛式独立悬架;
7—悬挂臂前端橡胶金属支架;8—齿条式转向装置;9—转向减振器;10—可调横拉杆;
12—外等角速万向节;13—车轮与下悬臂的连接螺栓;14—悬挂臂;
15—悬挂臂后端的橡胶金属轴衬;16—稳定杆;17—发动机悬置;
18—内等角速万向节;19—安全转向柱

3. 支持桥

支持桥通常只起支承作用,属于从动桥。发动机前置前驱动轿车的后桥属于支持桥;单桥驱动的三轴汽车,后桥设计成支持桥,挂车上的车桥也是支持桥。汽车支持桥的结构简单,主要由后轴及轮毂等部分组成,如图 6-3-6 所示。

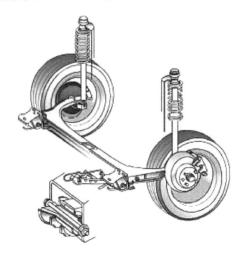

图 6-3-6 一汽捷达轿车后桥

6.3.3 车轮定位

汽车的转向轮、转向节、前轴这三者在车架上的安装应保持一定的相对位置关系,这种安装位置就称为车轮定位。车轮定位通常是指汽车转向轮的定位,由于大多数汽车均采用前轮转向,因此车轮定位又被称为前轮定位。

汽车的前轮定位参数包括主销后倾角、主销内倾角、前轮外倾角和前轮前束。这些定位参数的共同作用是:使汽车保持直线行驶的稳定性;使汽车的转向操纵轻便;使转向轮在每一瞬间均接近向正前方滚动而无滑动,以减轻轮胎的磨损。

现代汽车的材料质量、零部件制造精度、装配工艺等与以前相比均有了极大的提高,尤其是乘用车的车速越来越高,路面质量越来越好,而且大部分乘用车均为前轮驱动,并采用压力很低的子午线轮胎,这些因素决定了现代汽车的车轮定位参数与传统汽车的车轮定位参数相比有了很大的差异,其定位机理也发生了相应的变化。

1. 主销后倾角

主销后倾角是主销轴线(转向轴线)向后倾斜的角度,即从汽车纵向平面观察时,转向轴线与垂直线之间的角度,用 γ 表示,一般为 $2°\sim3°$,如图 6-3-7 所示。主销后倾角一般是将前轴连同悬架安装在车架上,使前轴向后倾斜而形成。

车辆向左或向右转向时,车轮会围绕转向轴线转动,对于独立悬架而言,因结构较非独立悬架发生了根本的变化,已不存在主销实体,转向轴线为通过减振器上支撑轴承圆心和下悬架支臂球节球心之间假想的直线。

由于主销具有后倾角,使主销轴线与路面的交点 a(转点)位于转向轮与路面的交点 b(力点)之前,这样,力点到主销轴线之间就有一距离 L 称为主销后倾移距。在

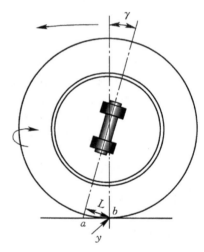

图 6-3-7 主销后倾

汽车直线行驶中,当转向轮偶遇外力作用而偏转做曲线运动时,由于汽车本身离心力的作用,路面对车轮产生的侧向推力 y 将会对转向轮产生一个绕主销轴线作用的回正力矩 yL,其方向与车轮的偏转方向相反。在此力矩作用下,转向轮回复到原来的中间位置,而保持了汽车直线行驶的稳定性。

由此可见,决定由主销后倾角引起的车轮回正力矩大小的因素有两个:一是主销后倾角的大小,二是汽车行驶速度的高低。显然,主销后倾角越大,回正力矩也越大,汽车直线行驶的稳定效应就越强。但是,回正力矩过大,将引起转向轮回正过猛,从而加剧转向轮的振摆。并且,为了克服此稳定力矩,驾驶员在转向时必须在方向盘上施加较大的力,即转向沉重。另外,现代汽车的设计车速越来越高,加上公路的路面条件越来越好,汽车的行驶速度在不断提高,因此汽车高速通过弯路时由主销后倾角引起的回正力矩也越来越大。为了避免汽车在高速时转向沉重,所以主销后倾角在不断地减小,接近于零,有的甚至主销轴线向前倾斜称为负主销后倾角。

2. 主销内倾角

在汽车的横向平面内,主销上部向内倾斜一个角度,这个主销轴线与垂直线之间的夹角 β 称为主销内倾角,如图 6-3-8(a)所示。通常,主销内倾角不大于 8°。主销内倾角是通过前桥及悬架的结构设计来保证。主销轴线与地面的交点到车轮中心平面与地面交线的距离 c,称为接地距。接地距有正负之分,接地距在车轮中心内侧为正,在外侧为负。

主销内倾角有使车轮自动回正的作用,如图 6-3-8(b)所示。当转向轮在外力作用下由中间位置发生偏转一角度(为了解释方便,图中画成 180°,即转到轴对称位置)时,车轮的最低点将陷入路面以下 h 处,但实际上车轮是不可能陷入路面以下的,而是将转向轮连同整个汽车前部向上抬起一个相应的高度。这样,汽车本身就具有了一定的重力势能,一旦外力消失,转向轮便在汽车重力势能的作用下回复到原来的中间位置,即自动回正效应。

此外,主销的内倾还使得接地距 c 减小,如图 6-3-8(a)所示。从而使转向时路面作用于前轮上的阻力距减小(因力臂 c 减小),使转向操纵轻便,同时也可减小因路面不平而从转向轮传到转向盘上的冲击力,对延长转向系统的使用寿命有一定的好处。但 c 值也不宜过小,如当 $c=0$ 转向时,车轮绕主销偏转的过程中,轮胎的滚动受到阻碍,而变成轮胎胎面的擦地滑动,因而增加了轮胎与路面间的摩擦阻力。这不仅使转向变得沉重,而且加速了轮胎的磨损。因此,一般内倾角不大于 8°,接地距 c 一般为标准轮胎宽度的 10%~25% 较为合适。

现代汽车的速度比以前有了很大的提高,为了具有良好的高速行驶稳定性,其主销内倾角均较大。例如,奥迪 100 型轿车的主销内倾角为 14.2°,天津夏利 TJ7100 型轿车的主销内倾角为 12°±30′。

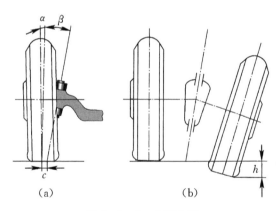

图 6-3-8 主销内倾

3. 前轮外倾角

从汽车的前、后方向看车轮,车轮并非是垂直安装的,而是稍微有些倾斜的。在横向平面内,前轮中心平面向外倾斜的角度称为前轮外倾角,如图 6-3-9 所示。车轮呈"八"字形张开时称为负外倾角,车轮呈"V"字形张开时称为正外倾角。前轮外倾角是由转向节的设计及装配保证。设计时使转向节轴颈与水平面成一角度,该角度即为前轮外倾角。对于独立悬架,外倾角可通过调整予以校正。

正外倾角的作用是使前轮在重负荷时接近垂直路面滚动而无滑动，减小了轮胎的偏磨，也可以减小转向阻力，使转向操纵更轻便。同时，正外倾角减小了重载时车轮内倾时路面对车轮的垂直反作用力沿轮毂的轴向分力对轮毂外端小轴承的负荷，增加了它们的使用寿命，提高了前轮工作的安全性。

正外倾角的情况主要适用于应用斜交轮胎的时期。在现代汽车上，扁平的子午线轮胎不断普及，由于子午线轮胎的特性（轮胎花纹刚性大，胎体比较软，外胎面比较宽），若仍设定较大的外倾角，会使轮胎发生偏磨，缩短轮胎的使用寿命。

早期汽车车轮采用正外倾角的另一个原因是为了防止汽车在中间高于两侧的拱形路面（为了排水需要）上行驶时，轮胎的不均匀磨损。现代道路排水设施完善，路面相当平坦。而且，在现代汽车中，由于悬架和车桥比过去坚固，其材料质量、零部件加工精度、装配工艺均比过去有很大提高，所以采用正外倾角的必要性减少了。目前，在调整车轮定位时，一般倾向于采用接近0°的外倾角。

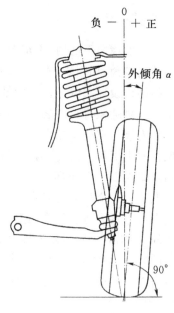

图6-3-9　前轮外倾

汽车高速化后，高速转向时离心力增大，使得外侧悬架和轮胎负荷增大，加剧了外侧轮胎的"滚锥"变形（因为轮胎是软的，在车轮外倾或车身因转向而产生侧倾时，实际滚动的车轮为内侧直径大而外侧直径小的锥体，所以称为滚锥变形），而内侧车轮滚锥变形减小，使内、外侧车轮在滚动的同时必然发生滑动，加速了轮胎的不均匀磨损，增加了行驶阻力，同时还会造成转向不足，降低汽车的转向性能。因此，高速化汽车的急转向工况要求前轮外倾角减小，甚至为负外倾角，以改善转向性能，增强汽车的转向稳定性。

4. 前轮前束

俯视汽车的车轮，两个前轮的旋转平面并不是完全平行的，而是稍微带有一些角度，这种现象称为前轮前束，如图6-3-10所示。对于前轮前束的度量有两种方法：左右两车轮前后轮缘的差值，即 $A-B$；或前束角δ（车轮中心平面和汽车纵向平面的夹角）。前束有正负之分，像内"八"字形一样前端小后端大的称为前束或正前束，像外"八"字形一样后端小前端大的称为后束或负前束。前轮前束可通过改变横拉杆的长度来调整。

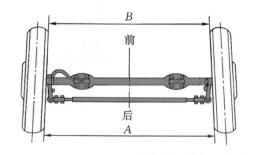

图6-3-10　前轮前束

前轮前束的作用是为了消除由于车轮外倾引起的前轮"滚锥效应"。当车轮具有外倾角后，滚动时就类似于圆锥滚动，从而导致两侧车轮向外滚开，但由于转向横拉杆和车桥的约束，车轮不可能向外滚开，所以车轮将在地面上出现边滚边向内滑移的现象，增加了轮胎的横向偏磨，增大了轮毂轴承的负荷。为了消除车轮外倾带来的这种不良后果，在安装车轮时，采取了使两前轮的中心平面不平行的措施,即两前轮前边缘的距离小于后边缘的距离,这样就可以使车轮在每一瞬间滚动时方向都接近于正前方,从而在很大程度上减轻和消除了由于前轮外倾而引起的不良后果,如图6-3-11所示。

前轮前束与前轮外倾角有较大的相关性,二者必须协调作用,才能保证前轮在汽车行驶中纯滚动而无滑动。现在既然前轮外倾角减小了,有时甚至为负外倾角,那么前轮前束也就相应地减小了,有时甚至为负前束。

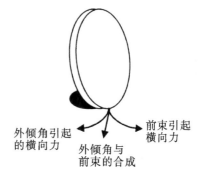

图 6-3-11 前束的作用

几种车型前轮定位值见表6-3-1所列。

表 6-3-1 几种车型前轮定位数据

车型	主销后倾角	主销内倾角	车轮外倾角	前轮前束值
奥迪 100	50′±40′	14°10′	0°±30′	−1.6mm
桑塔纳 2000	1°30′±30′	—	−15′±15′	(0~1.6)mm
丰田 CORON A 2000	−1°~0°	7°20′	−5′~−55′	(3~5)mm
皇冠 RS60L-Yb	45′±15′	7°20′	25′±30′	(4~1)mm
蓝鸟 1.6XBLU11D	1°15′~2°45′	13°15′~14°15′	15′~1°5′	(1~3)mm
一汽捷达	1°30′~30′	14°	−30′±20′	(0~10)mm
凌志 LS400(空气悬架)	9°50′~45′	8°40′±45′(转向轴线倾斜角)	0°5′±45′	(2±2)mm
富康	0°30′±40′	10°45′±40′	0°30′±30′	(−2~0)mm

5. 后轮定位

车轮定位参数通常都指汽车的前转向轮而言。但是,随着汽车技术的发展,汽车的行驶速度越来越高,特别是有些前置前驱的高速轿车在进行前轮定位的同时后轮也需要定位,也就是通常所说的四轮定位。后轮定位通常包括外倾角和前束,其定位机理与前轮一样。后轮定位的好坏,对轮胎磨损和汽车的操纵性也有很大影响。如图6-3-12所示,汽车的驱动力 F 通

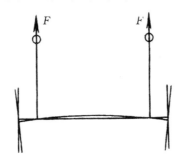

图 6-3-12 驱动力作用在后轴上的示意

过纵臂或车身作用于后轴上。如果车轮没有前束角,当汽车高速行驶时,在很大的驱动力 F 作用下,后轴将产生一定弯曲,使车轮出现前张现象,而预先设置的前束角就是用来抵消这种前张的。后轮外倾角也设置成负值,它有两个作用:①由于外倾角是负值,可增加车轮接地点的跨度,增加汽车的横向稳定性;②负外倾角是用来抵消当汽车高速行驶且驱动力 F 较大时,车轮出现的负前束(前张),以减少轮胎的磨损。后车轮前束角和外倾角有的车可调整,有的车不可调整,依车型而定。

另外,有的车辆加载后悬架下沉就会引起车轮外倾角改变。为了对载荷进行补偿,采用独立后悬架的车辆有的也设有一个较小的正后轮外倾角。后轮外倾角的正负及大小,与悬架、车辆设计等多方面因素有关。但是,理想状态是 4 个车轮的运动外倾角和运动前束均为零,这样轮胎和路面接触良好,从而得到最佳的牵引性能和操纵性能。

在汽车使用过程中,转向机构与车桥的配合副磨损、零件变形或松动以及车身变形等,都将引起原来已确定的车轮定位角发生变化,甚至使其超限。因此,在汽车使用过程中,必需定期检测和调整车轮定位参数,以保证行车安全。

6.3.4 车轮与轮胎的功用和组成

1. 车轮与轮胎的功用

车轮与轮胎又称车轮总成,位于车身与路面之间,是汽车行驶系中的重要组成部分。

车轮与轮胎的功用为:支撑汽车及其装载质量;缓冲车轮受路面不平引起的冲击振动,提高汽车通过性;传递汽车与路面之间的各种力和力矩;抵抗侧滑并能产生回正力矩,保证汽车正常的转向及行驶。

2. 车轮与轮胎的组成

车轮总成由车轮和轮胎两部分组成,如图 6-3-13 所示。

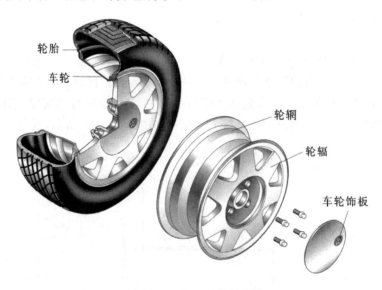

图 6-3-13 车轮的组成

6.3.5 车轮与轮胎的构造

1. 车轮

车轮是介于轮胎和车轴之间承受负荷的旋转组件,通常由轮辋、轮辐组成。轮辋是在车轮上安装和支承轮胎的部件,轮辐是在车轮上介于车轴和轮辋之间的支承部件。按照车轮所用材料的不同,又可分为钢质车轮和铝合金车轮。按轮辐的构造,车轮可分为辐板式和辐条式两种。按车轴一端安装的轮胎数目,车轮可分为单式车轮和双式车轮。

1)辐板式车轮

辐板式车轮由挡圈、轮辋、辐板和气门嘴伸出口组成,如图6-3-14所示。

车轮中用以连接轮毂和轮辋的钢质圆盘称为辐板,轿车的辐板所用板料较薄,常冲压成起伏多变的形状,以提高其刚度。货车辐板式车轮如图6-3-15所示。

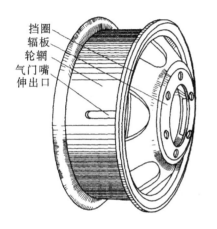

图6-3-14 辐板式车轮　　图6-3-15 货车辐板式车轮

辐板上的孔可以减轻质量,有利于制动鼓的散热,方便于接近气门嘴,同时可作为安装时的把手处。6个孔加工成锥形,以便在用螺栓把辐板固定在轮毂上时对正中心。少数重型汽车辐板和轮毂采用铸成一体。

2)辐条式车轮

辐条式车轮的轮辐是钢丝辐条或者是和轮毂铸成一体的铸造辐条。钢丝辐条车轮由于价格昂贵、维修安装不便,故仅用于某些高级轿车和赛车上,如图6-3-16所示。

现代汽车的轮辐多种多样,与汽车造型融为一个整体,对整车起到了很好的装饰作用,也有利于制动器的散热。铸造辐条式车轮用于装载质量较大的重型汽车上。在这种结构的车轮上,轮辋是用螺栓

图6-3-16 辐条式车轮

和特殊形状的衬块固定在辐条上,为了使轮辋和辐条很好的对中,在轮辋和辐条上都加工出配合锥面。

3)轮辋

(1)轮辋的分类与构造

轮辋常见形式主要有两种:深槽轮辋和平底轮辋,如图6-3-17所示。此外,还有对开式轮辋,半深槽轮辋、深槽宽轮辋、平底宽轮辋、全斜底轮辋等。

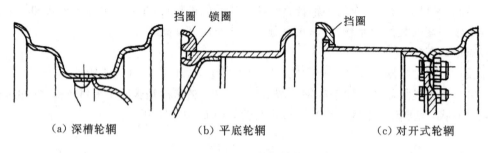

图6-3-17 轮辋结构

①深槽轮辋。这种轮辋主要用于轿车及轻型越野车。它有带肩的凸缘,用以安放外胎的胎圈,其肩部通常略向中间倾斜,其倾斜角一般是5°±1°,倾斜部分的最大直径即称为轮胎胎圈与轮辋的着合直径。为便利外胎的拆装,断面的中部制成深凹槽。深槽轮辋的结构简单,刚度大,质量较小,对于小尺寸弹性较大的轮胎最适宜,但是尺寸较大、较硬的轮胎则很难装进这样的整体轮辋内。

②平底轮辋。这种轮辋的结构形式很多,是我国货车常用的一种形式。挡圈是整体的,而用一个开口锁圈2来防止挡圈脱出,在安装轮胎时,先将轮胎套在轮辋上,而后套上一挡圈,并将它向内推,直至越过轮辋上的环形槽,再将开口的弹性锁圈嵌入环越过轮辋上的环形槽,再将开口的弹性锁圈嵌入环形槽中。东风EQ1090E和解放CA1091型汽车均采用这种形式的轮辋。

③对开式轮辋。这种轮辋由内外两部分组成,其内外轮辋的宽度可以相等,也可以不相等,二者用螺栓连成一体。拆装轮胎时拆卸螺栓上的螺母即可。挡圈3是可拆的。有的无挡圈,而由与内轮辋制成一体的轮缘代替挡圈的作用,内轮辋与辐板焊接在一起。东风EQ2080汽车即采用这种形式的轮辋。

此外,还有半深槽轮辋,一般用于轻型货车上。由于轮辋是轮胎的装配和固定基础,当轮胎装入不同轮辋时,其变形位置与大小也发生变化。因此,每种规格的轮胎,最好配用规定的标准轮辋,必要时也可配用规格与标准轮胎相近的轮辋(容许轮辋)。如果轮辋使用不当,会造成轮胎早期损坏,特别是使用于过窄的轮辋近几年来,为了适应提高轮胎负荷能力的需要,开始采用宽轮胎,实验表明,采用宽轮辋可以提高轮胎的使用寿命,并可改善汽车的通过性和行驶稳定性。

(2)国产轮辋规格的表示方法

①国产轮辋轮廓类型及其代号。目前,轮辋轮廓类型有7种,深槽轮辋:代号DC;深槽宽轮辋:代号WDC;半深槽轮辋:代号SDC;平底轮辋:代号FB;平底宽轮辋:代号WFB;全斜底轮辋:代号TB;对开式轮辋:代号DT,如图6-3-18所示。

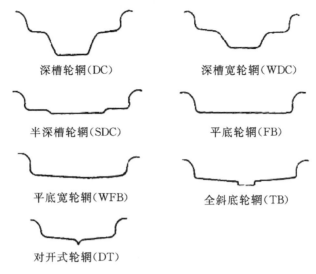

图 6-3-18 轮辋轮廓类型及代号

②国产轮辋的规格代号。轮辋规格用轮辋名义宽度代号、轮缘高度代号、轮辋结构形式代号、轮辋名义直径代号和轮辋轮廓类型代号来共同表示。轮辋名义宽度和轮辋名义直径一般以 in(英寸)表示(当新设计轮胎以 mm 表示直径时,轮辋直径用 mm 表示)。直径数字前面的符号表示轮辋结构形式代号。符号"×"表示该轮辋为一件式轮辋,符号"—"表示该轮辋为两件或两件以上的多件式轮辋。在轮辋名义宽度代号之后的拉丁字母表示轮缘的轮廓(如 E、F、J、JJ、KB、L、V 等)。有些类型的轮辋(如平底宽轮辋)的名义宽度代号代表了轮缘轮廓,不再用字母表示。最后面的代号表示轮辋轮廓类型代号。

例如,桑塔纳 2000Si 型轿车的轮辋为 6J×14ET38,表示该轮辋名义宽度为 6 in,名义直径为 14 in,"×"为一件式,轮缘轮廓代号为 J 的深槽轮辋,ET38 代表轮辐板与轮毂接合面至轮胎中心线的距离为 38 mm。对于平底式宽轮辋只有表示轮辋名义宽度和名义直径尺寸的数字,没有表示轮缘轮廓的拉丁字母代号。例如,东风 EQ1090 型汽车轮辋规格为 7.0~20,表示该轮辋名义宽度为 7in,名义直径为 20in,"—"为多件式,平底宽轮辋。

③车轮规格。车轮的规格表示如图 6-3-19 所示。

除了轮辋宽度 B 和轮辋直径 d 外,还有螺栓孔的节圆直径 d_1(分布圆直径),即车轮通常用若干个螺栓安装在轮毂上,各螺栓孔中心分布圆形成直径为节圆直径,用毫米表示。车轮的另一个重要规格是偏置距 E,它表示了轮辋中心和车轮安装面之间水平距离,这是选择车轮的重要尺寸。对于发动机前

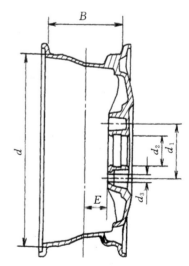

图 6-3-19 车轮的规格
d—轮辋直径;B—轮辋宽度;E—偏置量(距);
d_1—螺栓孔分布圆直径;d_2—轮毂直径;
d_3—螺栓孔直径

置前轮驱动的汽车(FF)和发动机前置后轮驱动的汽车(FR)的车轮偏置距是不一样的,必须装用符合原车轮偏置距的车轮。此外,还有轮毂直径 d_2,螺栓孔直径 d_3。轮辋规格只表示轮胎与轮辋的匹配,而不明确是否与车身相匹配,选用时注意车身的运动校核。

2. 轮胎

轮胎与地面之间的摩擦力决定了汽车的操纵性。轮胎的组成、结构和使用条件是影响汽车转向、悬架、车轮定位和制动系统的最重要的方面。

1)轮胎的功用和类型

轮胎安装在轮辋上,直接与地面接触。轮胎的作用是支承汽车的总质量;与汽车悬架共同吸收和缓和汽车行驶时所受到的冲击和振动,以保证汽车具有良好乘坐舒适性和行驶平顺性;保证车轮与路面的良好附着而不致打滑,使汽车行驶平稳。

按用途分,可分为轿车轮胎和载货汽车轮胎及特种用途轮胎。而载货汽车轮胎,又分为重型、中型和轻型载货汽车轮胎;按胎体结构不同可分为充气轮胎和实心轮胎。绝大多数现代汽车采用充气轮胎;按组成结构不同,又分为有内胎轮胎和无内胎轮胎两种。按胎体中帘线排列的方向不同,还可分为普通斜交轮胎和子午线轮胎。

2)轮胎的结构

轮胎(这里主要指无内胎轮胎或有内胎轮胎的外胎)的结构基本上分成两类。斜交胎和子午胎。两者结构基本一致,只是帘布层排列上的差异,而造成了一些差别。

(1)斜交胎

斜交胎在发达国家一般不再采用,由于斜交胎的侧壁不易受损,这是它的最大的优点,因此在道路很不好的地区仍有采用。斜交轮胎的结构基本上由胎面、缓冲层、帘布层和胎圈四部分组成,如图 6-3-20 所示。

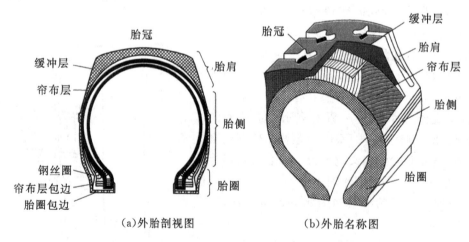

图 6-3-20 外胎结构

①胎面。它是轮胎的外表面,它包括胎冠、胎肩和胎侧三部分。

胎冠也称行驶面,用耐磨的橡胶制成,它直接承受摩擦和全部载荷,并保护胎体免受机械损伤。为了使轮胎与地面有良好的附着性能和排水性能,防止纵横向滑移等,在胎冠上有着各种形式的花纹。

胎肩是较厚的胎冠和较薄的胎侧间的过渡部分,一般也制有花纹,以利散热。

胎侧是贴在胎体帘布层侧壁的薄橡胶层,它的主要作用是保护胎侧部分的帘布层免受机械损伤及水份侵蚀。胎侧不与地面接触,一般不磨损,但在行驶过程中,不断地在载荷作用下弯曲变形,所以要求它具有良好的耐疲劳性能和抗老化性能。

②帘布层。它是轮胎承载的骨架,也称为胎体,主要材料有棉线、人造丝、尼龙、聚酯纤维和钢丝等。其主要作用是承受负荷(汽车重力、路面冲击和内部气压)、保持轮胎外缘尺寸和形状。帘布层通常由多层胶化的棉线或其他纤维编织物所叠成。帘布层的帘线按一定的角度交叉排列,如图 6-3-21 所示。斜交胎的帘线一般与轮胎中心平面成小于 90°角排列,一般为 20°~40°,并且从一侧胎边穿过胎面到另一侧胎边,层层相叠,成为胎体的基础,所以称为斜交轮胎。为使其负荷均匀分

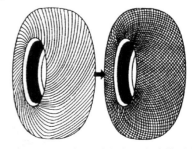

图 6-3-21 斜交胎帘布层帘线排列方

布,帘布层数多为偶数。帘布层数越多强度越大,但是其弹性越低。帘布层多少要根据轮胎承受的负荷、内压以及轮胎的类别和用途来确定。

③缓冲层。它位于胎冠和帘布层之间,是用富有较大弹性的橡胶和两层或数层挂胶稀帘布制成,质软而弹性大。其作用是加强胎冠和帘布层的结合,防止轮胎在转动或制动过程中因胎冠和帘布层之间变形相差过大而出现剥落现象,并且直接缓和路面传来的各种冲击。

④胎圈。它是帘线末端折起将钢丝环包住形成的,是帘布层(胎体)的根基,它有较大的刚度和强度,使轮胎牢固地装在轮辋上,由钢丝圈、帘布层包边和胎圈包布组成。

斜交轮胎的优点是:轮胎噪声小,外胎面柔软,价格也较子午线轮胎便宜。

它的缺点是:转向行驶时,接地面积小,胎冠滑移大,抗侧向力能力较差,滚动阻力较大,油耗偏高,高速行驶时稳定性和承载能力也不如子午线轮胎。

(2)子午胎

目前轿车上几乎都装用子午线轮胎。其结构与与斜交胎基本相同,只是因为帘布层的排列方式不同而使其具有如下结构特点是:

①帘布层帘线排列的方向与轮胎的子午断面(横截面)一致,即与轮胎中心平面成 90°角,如图 6-3-22。由于帘线如此排列,使其强度得到充分利用。子午线轮胎的帘布层数一般可比普通斜交胎减少约 40%~50%,胎体较柔软。

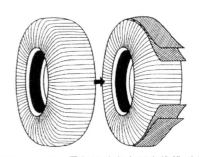

图 6-3-22 子午线胎帘布层帘线排列方

②线在圆周方向上只靠橡胶来联系,因此,为了承受行驶时产生的较大的切向力,子午线胎具有若干层帘线与子午断面呈大角度(交角为 70°~75°)、高强度、不易拉伸的周向环形的类似缓冲层的带束层。带束层通常采用强度较高、拉伸变形很小的织物帘布(如玻璃纤维、聚酰胺纤维等高强度材料)或钢丝帘布制造。

子午线轮胎和普通斜交轮胎的结构比较,子午线轮胎帘布层帘线排列的方向与轮胎的子午断面一致,即帘线排列成辐射状,所以强度大,层数少,胎侧部分较柔软。但是,由于胎面内侧有带束层,从而提高了外胎面(胎冠)的刚度。而普通斜交轮胎的帘布层帘线是按斜线交叉

排列,因而从外胎面(胎冠)到胎侧的柔软度是均匀的。

子午线轮胎由于外胎面(胎冠)刚性大,而胎侧部分柔软,所以在侧向力的作用下,胎侧变形较大,胎冠的接地面积基本不变。如图6-3-23(a)所示。而普通斜交轮胎在侧向力的作用下胎侧变形不大,但使整个轮胎发生倾斜,结果使轮胎胎冠的接地面积减小,如图6-3-23(b)所示。可见,轮胎在承受侧向力时,子午线轮胎具有明显的优越性。

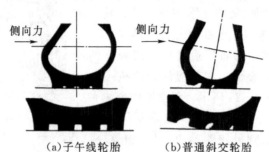

图6-3-23 午线轮胎和普通斜交轮胎在承受侧向力时的变形状况

综上所述,子午线轮胎的优点如下。

(a)接地面积大,附着性能好,胎面滑移小,抗湿滑能力强。

(b)胎冠较厚且有坚硬的带束层,不易刺穿,安全性好;行驶时变形小,滚动阻力小,可降低油耗3%～8%。

(c)因为帘布层数少,胎侧薄,所以散热性能好,适于长时间行驶。

(d)径向弹性大,缓冲性能好,有利于提高汽车行驶平顺性。

它的缺点是:因胎侧较薄,胎冠较厚,在其与胎侧的过渡区易产生裂口,汽车超载和胎压不正确会使轮胎早期损坏,特别是轮胎气压超过标准气压时易爆胎;由于胎侧柔软,受侧向力时变形较大,导致汽车横向稳定性差;制造技术要求高,成本也高。

由于子午线轮胎明显优越于普通斜交轮胎,因此在轿车上已普遍采用,在货车上也越来越多地采用了子午线轮胎,如东风EQ1O90E型、EQ2080E型、解放CA1O91型、黄河JN1l82型等载货汽车和越野汽车上的轮胎,均为子午线轮胎。

(3)内胎

以上提到的斜交胎或子午胎,都属轮胎的外胎,实际上除了重型专用工程机械采用实心轮胎外,现代汽车几乎全部采用充气轮胎。充气轮胎可分成有内胎和无内胎两种。若轮胎内无内胎,则轮胎胎体内表面有一层厚1.5～3.0 mm的胶质气密层,它具有高的抗气体渗透能力。此外,无内胎轮胎的胎圈结构,应保证它与车轮轮辋(钢圈)间具有气密性极好的紧密配合。这就要求它有更精良的制造工艺,材料要求也更高。如果做不到,只能采用单独的内胎充气。所谓内胎实际上为环形的橡胶气囊,装于轮胎胎体之中,充入压缩空气后形成胎压,使轮胎富有弹性而获得承载和缓冲的能力。

无内胎轮胎与有内胎轮胎相比较具有如下特点。

①无内胎轮胎穿孔时压力不会急剧下降,仍然能继续安全行驶;

②无内胎轮胎中由于没有内胎,故不存在内外胎的摩擦和夹卡而引起的损坏;

③它可以直接通过轮辋散热,所以轮胎工作温度低,使用寿命长;

④无内胎轮胎结构简单,质量较小。

无内胎轮胎近年来应用非常广泛,轿车几乎均使用无内胎轮胎。

3)轮胎花纹

轮胎胎面和地面接触,它除了要保护轮胎滚动中胎体免受地面的伤害以外,还希望有很好的抓地能力,为轮胎提供足够的牵引力、制动力、抗侧滑的横向力,以便汽车能在各种路面情况(平坦和粗糙的硬路面,干或湿的路面,泥泞路,冰雪路面,沙地等)可靠行驶。汽车行驶中轮胎受到纵向力、横向力时不会轻易打滑,这就表明轮胎有强的抓地能力。轮胎所具有的抓地能力除了和胎面材料的性质有关外,很大程度上还要靠胎面的花纹来保证。由于路面情况复杂,单一的胎面花纹适应能力有限,为了保证汽车在不同路面上有良好的行驶能力,胎面上的花纹有多种形状。

总的来说,轮胎胎面花纹起两个主要功能。

①在轮胎上作用有纵向和横向力时,能较好的咬住地面;

②在有水的路面,能将水排挤走,不会形成水膜使轮胎失去附着。

以上两个功能,总的目的是使轮胎在路面上滚动时尽量减少滑溜。为了确保以上两个功能,轮胎花纹基本要素如下。

①胎面花纹条。胎面花纹连续成条状的凸起部分,如图 6-3-24(a)、(b)所示;

②胎面花纹块。胎面花纹相互之间有一定距离,而又各自独立或部分连续凸起成块状部分,如图 6-3-24(c)、(d)所示。

胎面的花纹条和花纹块在行驶或制动过程中抵抗摩擦力,保护胎体。

③胎面花纹沟。胎面花纹块或花纹条之间的凹下部分,主要作排水用,如图 6-3-24(a)、(b)、(c)、(d)所示;

④胎面花纹细缝。胎面花纹凸起部分上的细缝,其宽度通常不超过 1.5 mm。如图 6-3-24(a)、(b)、(c)、(d)所示。从图中可以看到这种细缝像刀的切口成直线、或者成 z 字形,其主要作用是使车辆在高转矩和高侧向力下有较好的纵向断面弹性。

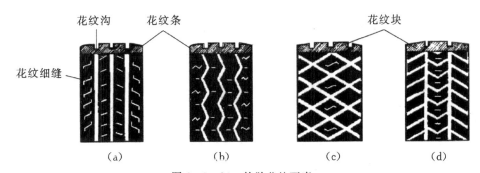

图 6-3-24 轮胎花纹要素

(a)周向花纹直沟、胎面花纹有细缝;(b)周向花纹折沟、胎面花纹有细缝;
(c)菱形花纹块斜沟、中间花纹有细缝;(d)斜花纹块条沟、中部 V 形花纹块有细缝

依据上面这些花纹要素,结合汽车的不同行驶路面状况,形成花样很多的轮胎花纹,但是,主要有三种类型:普通花纹、混合花纹和越野花纹。普通花纹的特点是花纹细而浅,花纹块接地面积大,因而耐磨性和附着性较好,适用于较好的硬路面,如图 6-3-25(a)所示。越野花纹的特点是凹部深而宽,在软路面上与地面的附着性好,越野能力强,适用于矿山、建筑工地以及其他一些松软路面上使用的越野汽车轮胎,如图 6-3-25(b)、(c)、(d)所示。当安装人字形越

野花纹轮胎时,如图6-3-25(d)所示,驱动轮胎面花纹的尖端与前进时旋转方向一致,以免花纹之间被泥土所填塞。越野花纹轮胎不宜在较好的硬路面上使用,否则行驶阻力加大且加速花纹的磨损。混合花纹的特点介于普通花纹与越野花纹之间,兼顾了两者的使用要求,既适用于在城市的硬路面上又适用于在乡村之间的土路面上行驶的汽车轮胎,如图6-3-28(e)所示。

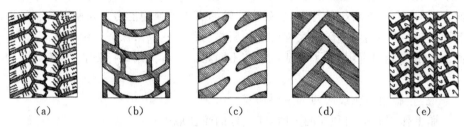

图6-3-25 轮胎花纹
(a)普通花纹轮胎;(b)、(c)、(d)越野花纹轮胎;(e)混合花纹轮胎

4)轮胎规格表示方法
(1)轮胎的规格
轮胎的规格可用外胎直径 D、轮辋直径 d、断面宽 B 和断面高 H 的名义尺寸代号表示,如图6-3-26所示。

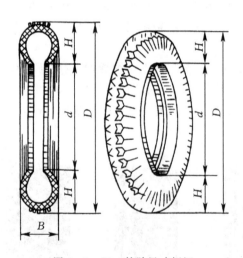

图6-3-26 轮胎尺寸标记

我国采用国际标准,斜交轮胎的规格用 $B-d$ 表示,载货汽车斜交轮胎和轿车斜交轮胎的尺寸 B 和 d 均用英制单位,B 是轮胎名义断面宽度代号,d 是轮辋名义直径代号。

国产子午线轮胎规格用 BRd 表示,其中 R 代表子午线轮胎(即"Radial"的第一个字母)。国产轿车子午线轮胎断面宽 B 已全部改用公制单位 mm;载货汽车轮胎断面宽面有英制单位 in 和公制单位 mm 两种。而轮辋直径 d 的单位仍用 in。

随着轮胎的扁平化,仅用断面宽 B 和轮辋直径 d 已不能完全表示轮胎的规格。即在断面宽 B 相同的情况下,断面高 H 随不同扁平率而变化。轮胎按其扁平率(高宽比)划分系列,目前国产轿车子午线轮胎有80、75、70、65、60五个系列,数字分别表示断面高 H 是断面宽 B 的

80%、75%、70%、65%和60%。显然,数字越小,胎越矮,即轮胎越扁平。

例如:轮胎的型号为 225/60R17 99 H,表示轮胎宽度 225 mm,符号"/"后面的数字 60 表示扁平率为 60%,即 $H/B\times100=60$,字母"R"表示该轮胎为子午线轮胎,轮辋的直径为 17 in,99 表示负荷指数,H 表示速度等级。

按国标 GB/T 2977—2008《载货汽车轮胎规格、尺寸、气压与负荷》规定,载重汽车普通断面子午线无内胎轮胎规格用 BRd 表示。有些子午线轮胎,采用在规格中加 TL 标志。例如:轮胎 195/70 Rl4TL 表示轮胎的断面宽度为 195 mm,扁平率为 70%($H/B\times100=70$),子午线轮胎,轮辋直径为 14 in,最后"TL"表示无内胎轮胎。

(2)轮胎的速度等级

近年来,汽车和轮胎的性能都有很大的提高,要求轮胎的速度性能和汽车的最高速相匹配。为此,轮胎需表明其速度等级。国际标准化组织(ISO)制定的,并且已为一些国家所采用的速度标号标志的特点是对各种速度均给一个代号,见表 6-3-2 所示。该表规定的速度等级代号既适用于轿车轮胎,也适用于货车轮胎,但是他们的含义不完全相同。对于轿车轮胎(P 到 S 级),是指不许超过的最高速度;对于货车轮胎(F 到 N 级),是指随负荷降低可以超过的参考速度。

我国参照采用了国际标准化组织(ISO)规定的速度标志。根据 GB/T 2978—2008《轿车轮胎规格、尺寸、气压与负荷》规定,轿车轮胎采用表 6-3-2 中速度标志符号及对应的最高行驶速度。同时还要求对于不同轮辋直径的轮胎,最高行驶速度应符合表中的规定。

表 6-3-2 速度符号与最高速度对应表

速度标志	速度/km/h	速度标志	速度/km/h
C	60	P	150
D	65	Q	160
E	70	R	170
F	80	S	180
G	90	T	190
J	100	H	210
K	110	V	240
L	120	W	270
M	130	Y	300
N	140	—	—

(3)负荷能力

轮胎的负荷能力是指在一定行驶速度和相应充气压力时的最大载质量。它的表示方法有三种。

①以"层级"(PR)表示。这是最早的表示方法,轮胎上表示的层级并不代表实际的帘线层数,只代表近似于棉帘线层数的载质量。例如:9.00-20-14 层级全钢丝子午线轮胎,实际胎

体钢丝帘线只有一层,但它的载质量却相当于14层棉帘线9.00-20斜交轮胎。

②以"负荷指数"表示。这是目前国际上子午线轮胎普遍采用的表示方法,以阿拉伯数字标记在轮胎侧面。如9.00R20原来14层级的子午线轮胎,如今在轮胎胎侧上标为900R20140137,表示单胎负荷指数为140,相当于载质量2500 kg,双胎负荷指数为137,相当于载质量为2300 kg。

③以"负荷级别"表示。这是美国为了避免"层级"这种表示方法容易同实际层数混淆而采用的替代方法,以拉丁字母表示。例如:"G"表示相当于同规格轮胎14层级的载质量。负荷级别与层数的对应关系如表6-3-3所示。

表6-3-3 负荷级别与层数的对应关系

负荷级别	对应层数	负荷级别	对应层数	负荷级别	对应层数
A	2	E	10	J	18
B	4	F	12	L	20
C	6	G	14	M	22
D	8	H	16	N	24

我国国家标准规定以"层级"表示负荷能力。但用引进技术生产的子午线轮胎,以及有的国内轮胎厂生产的子午线轮胎,还同时标明"负荷指数"或"负荷级别"。

在这三种表示方法中,因为"负荷指数"直接代表载质量,而且可以在轮胎上同时标明单胎和双胎的"负荷指数",所以对使用者来讲是最方便的。而要知道每一个轮胎规格的"层数"和"负荷级别"所代表的载质量,还要查每个轮胎规格的标准规定,相对较麻烦。

(4)胎侧标志

根据国际上有关规定,为方便使用者维修与购置,在每条外胎两侧上必须标有规格、制造厂商和厂名(或地点)、标准轮辋、生产编号、骨架材料及结构代号;轿车轮胎还须标有速度级别代号和胎面磨耗标志位置的符号;载重汽车轮胎还须标有层级;胎面花纹有行驶方向的,还须有行驶方向标志。胎面磨损指示标志或称防滑标记,即是稍微高出轮胎花纹沟槽底部的凸台,如图6-3-27所示。随着轮胎行驶里程增加、轮胎磨损、花纹沟槽变浅,凸台露出说明轮胎花纹即将磨尽,可能造成行驶中轮胎打滑,引发交通事故。因此,为了便于检查轮胎的磨损,通常

图6-3-27 轮胎磨损指示标

在磨耗标志对应的胎肩处标记出"△"或"TWI"等符号。

6.4 悬架

6.4.1 悬架功用

悬架是车架(或承载式车身)与车桥(或车轮)之间的所有传力连接装置的总称。

悬架的主要功能如下。

①把路面作用于车轮的垂直反力(支承力)、纵向反力(驱动力和制动力)、侧向反力以及这些反力所造成的力矩传递到车架(或车身)上。

②与轮胎一起,吸收和缓冲汽车行驶中由于路面不平所造成的各种振动和冲击,从而保证乘客乘坐舒适和货物的安全。

③使车身与车轮之间保持有适当的动态几何关系,即车轮跳动时应有正确的运动规律,以保证汽车操纵稳定性。

汽车悬架直接关系到汽车行驶的平顺性和操纵稳定性能,而汽车的行驶状况非常复杂,同时也受到很多因素的制约,要使平顺性和操纵稳定性都达到最佳状态是很难的,有时也是矛盾的。因此,合理的悬架系统必定要和车辆的特点相结合。

6.4.2 悬架的组成

汽车的悬架虽然有不同的结构形式,但主要有3部分组成。弹性元件、减振器和导向机构。但有的汽车悬架弹性元件刚度较小,容易造成车身侧倾过大,因此在悬架中增加了第4部分——横向稳定器,如图6-4-1所示。下面来分别介绍悬架的组成。

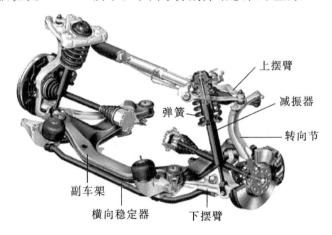

图6-4-1 悬架系统的结构

1.弹性元件

弹性元件主要是指弹簧。弹簧是维持正确行驶高度吸收冲击力的元件。

多数弹簧是由回火合金钢制成,通常是铬硅合金、铬钒合金钢。回火是在控制条件下加热或冷却金属的过程,合金钢回火处理可以增强金属弹性。悬架使用的弹簧都符合虎克定律描述特性,即:弹簧的变形量与施加的作用力成正比。弹性系数也叫变形率,表示弹簧被压缩一定量所施加力的大小。例如:螺旋弹簧被压缩 1 cm,需要 500 N,再压缩 1 cm,力又增加 500 N,则此弹簧弹性系数为 500 N/cm。通常用 K 表示。弹性系数 K 越大,弹簧的刚度越大。弹簧振动频率指在压缩或伸张后,弹簧振荡或反弹的速度。通常用每秒钟的振动次数表示。弹性系数越大,弹簧振动的频率越高。

各种弹簧用于悬架系统中,如螺旋弹簧、扭杆弹簧、钢板弹簧和空气弹簧和油气弹簧等,弹簧吸收由路面引起的冲击的基本方法是不同的。钢板弹簧依靠弯曲变形吸收振动,螺旋弹簧和空气弹簧依靠压缩变形,扭杆弹簧是靠扭曲变形吸收能量的。所有弹簧都会在恢复到原始状态的反弹过程中释放出作用力。如果弹簧磨损或损坏,其他悬架元件就会偏离其正确位置而增加磨损。增加的冲击力将破坏汽车操纵性。

(1)螺旋弹簧

螺旋弹簧特殊的圆形弹簧钢缠绕成的螺旋状,如图 6-4-1 所示。

螺旋弹簧的强度和使用特性取决于螺旋直径、螺旋数目、弹簧的高度、弹簧钢丝的直径等。弹簧都喷涂了环氧树脂漆以防断裂,由于腐蚀引起的刮伤、划痕及麻点可能引起应力增加而使弹簧失效,所以维修时注意保护弹簧外部涂得保护漆。螺旋弹簧通常被装在弹簧座圈上,在螺旋弹簧和弹簧座之间采用硬橡胶或塑料垫等隔绝材料,来隔绝和减少道路噪音和车身产生的振动。

(2)钢板弹簧

钢板弹簧是由若干片等宽但不等长的合金弹簧钢片组合而成的一根近似等强度的弹性梁,多数情况下由多片弹簧组成。钢板弹簧的第一片也是最长的一片为主片,其两端弯成卷耳,内装橡胶衬套,以便用弹簧销与固定在车架上的支架或吊耳作铰链连接,同时起到隔音和防振作用。中心螺栓用以连接各弹簧片,并保证装配时各片的相对位置。除中心螺栓以外,还有若干个 U 型弹簧夹(亦称回弹夹)将各片弹簧连接在一起,以保证当钢板弹簧反向变形(反跳)时,各片不致互相分开,以免主片单独承载。此外,还可防止各片横向错动。中心螺栓距两端卷耳中心的距离相等时,称为对称式钢板弹簧,不相等时,称为非对称式钢板弹簧,如图 6-4-2 所示。多片式钢板弹簧可以同时起到缓冲、减振、导向和传力的作用,用于货车后悬架可以不装减振器。

在载荷变化很大的货车及许多其他车辆中,都使用了副钢板弹簧。副钢板弹簧安装在主钢板弹簧上面。在轻载荷时,只有主弹簧工作,当载荷超过一定数量时,主、副弹簧一起工作,如图 6-4-3 所示。

(3)扭杆弹簧

扭杆弹簧通常简称为扭杆,它是用自身的扭转弹性来抵抗扭曲力的弹簧钢杆。扭杆的一端固定在车架或其他构件上,另一端连接在悬架的摆臂上。扭杆通常为纵向安装的,如图 6-4-4 所示。但也有一些是横向安装的,如图 6-4-22 所示。当车轮在不平路面行驶时,摆臂上下运动,使扭杆弹簧发生扭转变形,吸收来自路面的冲击。

如通过改变扭杆弹簧固定端的角度,就改变了悬架系统的刚度。若将扭杆弹簧固定端转过一个角度,则摆臂的初始位置将相应地改变,这样不但可以改变悬架的刚度,还可以调节车架与车轮间的垂直距离(即调节车身高度)。

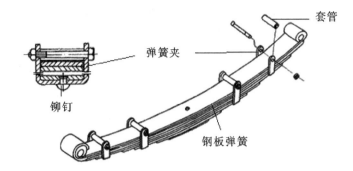

(a)对称式钢板弹簧

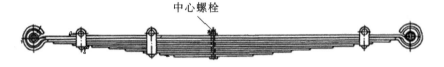

(b)非对称式钢板弹簧

图6-4-2　对称式与非对称式钢板弹簧

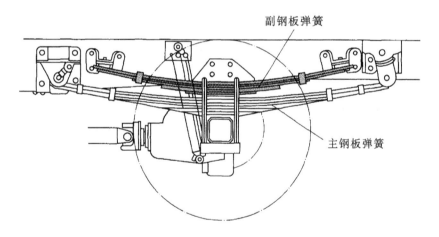

图6-4-3　主、副钢板弹簧

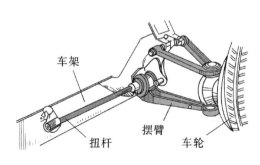

图6-4-4　扭杆弹簧

在制造过程中,对扭杆弹簧要预先施加扭转力矩,使杆内产生预应力以保证其疲劳强度,所以扭杆弹簧是有方向性的。左、右扭杆弹簧预加扭转力矩的方向与扭杆弹簧安装在车上后承受载荷时扭转的方向相同,不能互换,所以在左、右扭杆弹簧上都刻有"L"、"R"的标识,以示区别。

扭杆弹簧比钢板弹簧甚至比螺旋弹簧能储存更多的能量,因此它的质量更小。扭杆弹簧又有无需润滑以及安装所占空间小等特点。扭杆弹簧也不能控制振动,所以需要与减振器一起使用。

(4)橡胶弹簧

橡胶弹簧本身有弹性,受外力而变形以缓和冲击、吸收振动。

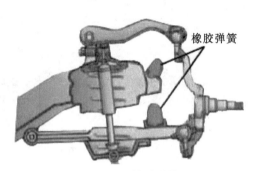

橡胶弹簧可以承受压缩载荷与扭转载荷,但不适于支撑重载荷。橡胶弹簧可以制成任何形状,使用时无噪声,不需要润滑。所以,橡胶弹簧主要用作辅助弹簧,或用作悬架部件的衬套、垫片、垫块、挡块及其他支撑件,如图6-4-5所示。

图6-4-5 橡胶弹簧

(5)气体弹簧

气体弹簧主要有空气弹簧和油气弹簧两种。气体弹簧是以空气作弹性介质,即在一个密闭的容器内装入压缩空气(气压为0.5~1 Mpa),利用气体的压缩弹性实现弹簧的作用。气体弹簧随着载荷的增加,容器内的压缩空气压力升高,其刚度也随之增加;载荷减少,刚度也随空气压力的降低而下降,因而这种弹簧具有较好的变刚度特性。空气弹簧可分为囊式和膜式两种,如图6-4-6所示。

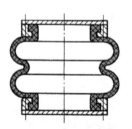 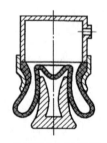

(a)囊式空气弹簧　　(b)膜式空气弹簧

图6-4-6 空气弹簧

囊式空气弹簧由夹有帘线的橡胶制成的气囊和密闭在其中的压缩空气构成。气囊外层由耐油橡胶制成单节或多节,节数越多弹簧越软,节与节之间围有钢质腰环,防止两节之间摩擦。气囊上下盖板将空气封入囊内。

膜式空气弹簧由橡胶片和金属压制件组成。它比气囊空气弹簧的弹性曲线更为理想,固有频率更低些,且尺寸小,便于布置,因而多用于轿车上。但其造价较贵,寿命较短。

油气弹簧的结构如图6-4-7所示,以气体(如氮等惰性气体)作为弹性介质,用油液作为传力介质,利用气体的可压缩性实现弹簧作用。图6-4-7(a)所示为带隔膜式的油气弹簧,它将气体和液体分开,便于充气并防止油液乳化;图6-4-7(b)所示为不带隔膜式的油所弹簧,这是一种简单的油气弹簧。

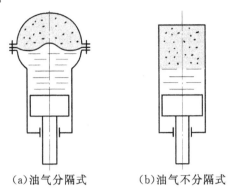

(a)油气分隔式　　(b)油气不分隔式

图 6-4-7　油气弹簧

油气弹簧具有良好的行驶平顺性,而且体积小,质量轻。但是对密封性要求很高,维护相对麻烦。目前这种弹簧多用于重型汽车和部分小型客车上。

由于气体弹簧只能承受垂直载荷,因此采用这种弹簧的悬架也必须加设导向装置和减振器。

2.减振器

汽车在行驶中4个车轮在垂直方向上会受到不同力的作用,悬架系统中的弹性元件受冲击会相应产生振动,因此需要在悬架中与弹性元件并联安装减振器,以衰减振动,提高汽车行驶的平顺性。

(1)液体双向作用筒式减振器

目前汽车悬架系统中通常采用液体双向作用筒式减振器,如图 6-4-8 所示。其工作原理是当车架(或车身)与车桥(或车轮)间受振动出现相对运动时,减振器内的活塞上下移动,减振器内的油液便反复地从一个腔经过不同的空隙流入另一个腔内。此时,孔壁与油液间的摩擦和油液分子间的内摩擦消耗了振动的能量,而对振动形成阻尼力,使汽车振动能量转化为油液热能,再由减振器吸收散发到大气中。在油液通道截面等因素不变时,阻尼力随车架与车桥(或车轮)之间的相对运动速度的增减而增减,并与油液粘度有关。

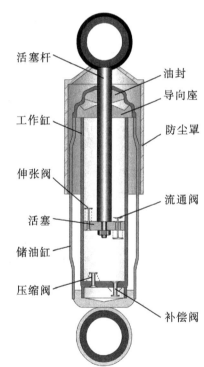

图 6-4-8　液体双向作用筒式减振器

弹性元件与减振器承担着缓冲和减振的任务,若阻尼力过大,振动衰减变得过快,使悬架的弹性元件的缓冲作用变差,甚至使减振器连接件及车架损坏。为解决弹性元件与减振器之间的这一矛盾,对减振器提出如下要求。

①在悬架压缩行程中(车桥和车架相互靠近),减振器阻尼力应较小,以便充分发挥弹性元件的弹性作用,缓和冲击。这时,弹性元件起主要作用。

②在悬架伸张行程中(车桥和车架相互远离),减振器阻尼较大,以迅速减振。此时减振器起主要作用。

③当车架(或车身)与车桥(或车轮)间的相对运动速度过大时,要求减振器能自动加大流液量,使阻尼力始终保持在一定限度之内,以避免车架或车身承受过大的冲击载荷。

在汽车悬架系统中广泛采用的液力减振器是筒式减振器,由于其在压缩和伸张行程中均能起减振作用,因此又称为双向作用筒式减振器。

双向作用筒式减振器的工作过程如下。

①压缩行程时,此时减振器被压缩,汽车车轮移近车身,减振器内的活塞向下移动,下腔的容积减小,油压升高。大部分油液冲开流通阀流入上腔,由于上腔被活塞杆占去了一部分空间,因而上腔增加的容积小于下腔减小的容积,于是另一部分油液就推开压缩阀,流回到储油缸内。油液通过阀孔时,所形成的节流作用就产生了对悬架受压缩运动的阻尼作用。

②伸张行程时,减振器受拉伸,车轮远离车身,这时减振器的活塞向上移动,上腔油压升高,流通阀被关闭,上腔内的油液压开伸张阀流入下腔。由于活塞杆的存在,自上腔流来的油液不足以充满下腔增加的容积,促使下腔产生一定的真空度,这时储油缸中的油液推开补偿阀流进下腔进行补充。这些阀的节流就对悬架在伸张运动时起到阻尼作用。

由于伸张阀弹簧的刚度和预紧力设计得大于压缩阀,在同样力的作用下,伸张阀及相应的常通缝隙通道的截面积总和少于压缩阀及相应常通缝隙通道的载面积总和,这使得减振器伸张行程产生的阻尼力大于压缩行程时产生的阻尼力,从而达到迅速减振的要求。

(2)充气式减振器

充气式减振器也可以减少滞后现象。如果用高压气体替代减振器中的空气,空气就不会与油液混合产生混气现象。氮气包用来帮助分离油液和气体。当油液被迫通过压缩阀的小孔时,产生了油液的高压喷射。在油液接触气泡之前,油液通过压缩阀压缩,这就减少了气泡和混气现象。

(3)空气减振器

当汽车负荷增加时,悬架弹簧很难使汽车保持水平,如图6-4-9所示。

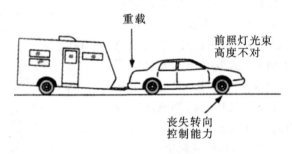

图6-4-9 重载下的汽车情况

汽车后部的重载可能引起转向几何参数发生变化,降低了乘客的乘坐舒适性;降低了驾驶员的转向控制能力;车身最低点可能会与路面凸起相碰。还可能导致增加了汽车前照灯的光束对对面司机的照射强度。克服由于重载而产生上述问题的方法是使用空气减振器。空气减振器的安装情况如图6-4-10所示。

空气减振器可以控制汽车姿态。压缩空气被迫进入空气室,以增加减振器高度,使汽车保

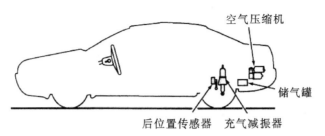

图 6-4-10 空气减振器的工作原理

持适当位置。空气减振器工作原理如图 6-4-11 所示。

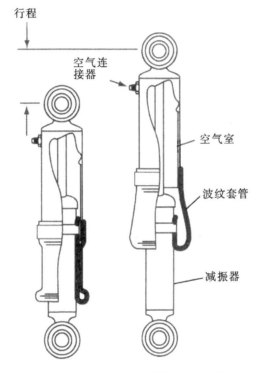

图 6-4-11 空气减振器的工作原理

空气减振器内含有一个空气室,波纹套管使减振器处于不同位置时,仍能保证空气室与外界的密封。空气室内的压力决定汽车的承载量。空气经由标准的轮胎气门嘴,进入空气室。压缩空气通过一个叫做空气压缩机的小型电动空气压缩机产生。另外还使用了车高控制阀。其他通用部件包括储气罐、不同类型的空气压缩机和控制阀。

3.导向机构

悬架要在车架和车轮间传递各种力,这种传递力的构件—导向机构必然是刚性件。这样,车轮在上下跳动时会有一特定的运动轨迹。研究表明,车轮(特别是转向轮)的这一运动轨迹应符合一定的要求,否则将影响到汽车的驾驶性能(特别是操纵稳定性)。因此悬架系统中的导向机构不但要传递各种力和力矩,更主要的是,要确保车轮按照一定轨迹相对于车架和车身跳动,导向机构由此得名。摆臂就是悬架系统中控制车轮运动轨迹的导向机构。如图6-4-1中的下摆臂。

4. 横向稳定器

现代轿车悬架很软,即固有频率很低。汽车高速行驶转弯时,车身会产生较大的侧向倾斜和侧向角振动。为了提高悬架的侧倾角刚度,减小侧倾,常在悬架中加设横向稳定器,如图6-4-12所示。

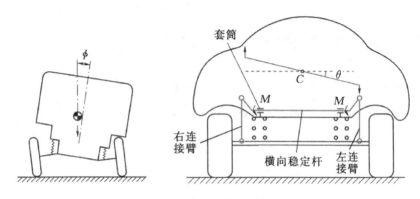

图6-4-12 横向稳定器结构示意图

由弹簧钢制成的横向稳定杆呈U形,安装在汽车紧靠悬架的前端或后端(有的轿车前后都装有横向稳定器)。稳定杆的中部自由支撑在两个固定于车架上的橡胶套筒内,而套筒固定在车架上,稳定杆两侧纵向部分的末端通过支杆与悬架下摆臂上的弹簧支座相连。

当车身受到振动而两侧悬架变形量相等时,横向稳定杆在套管内自由转动,此时横向稳定杆不起作用。当两侧悬架变形量不等,车身相对路面发生倾斜时,弹性的稳定杆产生扭转内力矩就阻碍了悬架弹簧的变形,从而减小了车身的侧倾和侧向角振动。即车架的一侧移近弹簧下支座,稳定杆的同侧末端就相对车架向上抬起,而另一侧车架远离弹簧座,相应一侧横向稳定杆的末端应相对车架下移。同时,横向稳定杆中部对于车架没有相对运动,而稳定杆两边的纵向部分向不同方向偏转,于是稳定杆被扭转。

普通横向稳定器避免了汽车在正常行驶过程中出现过大的横向倾斜,由于横向稳定杆的扭转刚度不可变,因此存在以下的缺点:当汽车行驶在凹凸不平的路面时,横向稳定器的存在,阻碍了左右车轮间的相对上下跳动,增加了车身的颠簸,反而削弱了独立悬架的平顺性。可采用主动式横向稳定器解决以上问题。

图6-4-13给出了宝马E60主动横向稳定控制系统,图6-4-14给出了该车主动稳定控制双向液压阀的结构和工作原理。该系统包括双向液压阀、电子控制单元、液压油泵、主动式横向稳定液压控制阀以及前后轴车身位置传感器等。

该系统的横向稳定器4被分为两段,中间通过一个双向液压阀连接,横向稳定器的一段与双向液压阀的阀芯相连。双向液压阀阀芯上的叶片把阀体分成4个液压室。液压室被分为两组,对角液压室相通,压力相同,分别与液压控制阀连接;相邻液压室通过油封隔断。双向液压阀通过控制系统可以完成以下动作。

(1)两组液压室压力不同(F_H,F_L),在横向稳定器内建立扭矩M_S,以此平衡车身的侧倾力

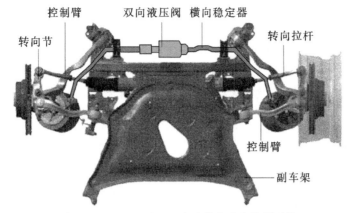

图 6-4-13 宝马 E60 主动横向稳定控制系统

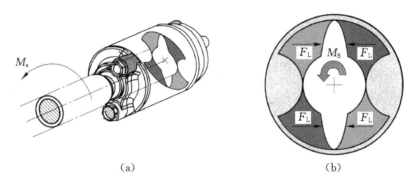

图 6-4-14 主动稳定控制双向液压阀的结构和工作原理

力矩,液压差大则侧倾刚度大,实现双向可变横向稳定刚度控制,即车速高、离心力大时抗侧倾刚度大,车速低、离心力小时抗侧倾刚度小,从而满足汽车在普通行驶状态下对横向稳定功能的要求。

(2)两组液压室无压力,横向稳定器实际断开不起作用,满足汽车在颠簸的路况下减少车身摇摆的要求。

(3)系统失灵时进入保护模式,两组液压室被关闭,压力相同,此时系统与普通横向稳定器的功能相同。

6.4.3 悬架的类型

1. 按左右车轮关联程度分

悬架结构与车轮运动关系密切,根据汽车左右两侧车轮的运动是否相互关联,基本上可分为两个大类。

(1)非独立悬架

非独立悬架如图 6-4-15(a)所示,其结构特点是汽车两侧车轮安装在一根整体式车轴的两端。一侧车轮上下跳动时,必然会影响到另一侧车轮的定位参数(主要是车轮外倾)的改变,但车轮轮距不会变动。非独立悬架通常总是和非断开式车桥联系在一起,又称整体桥悬架或刚性悬架。

(2) 独立悬架

独立悬架如图 6-4-15(b)所示，左右两侧车轮之间没有刚性的车轴，车轮独自通过悬架的弹性元件和导向杆件与车架相连。在左右车轮的运动关系上，当一侧车轮跳动时，对另一侧车轮的定位参数不产生影响，因此称为独立悬架。

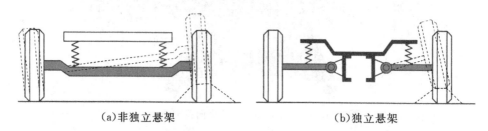

(a) 非独立悬架　　　　　　　　(b) 独立悬架

图 6-4-15　非独立悬架与独立悬架

此外，目前还有一种悬架结构，左右车轮间也有车轴，但车轮间的关联程度比非独立悬架要小（一侧车轮跳动时，另一侧车轮的外倾角改变要小一些），因此有时也被称为半独立悬架，其详细情况见单纵臂扭转梁式悬架。

2. 按控制形式分

根据对悬架性能控制的状况，汽车悬架又可分为两大类：被动式悬架和主动式悬架。

(1) 被动式悬架

被动式悬架是指汽车悬架的刚度和阻尼先确定，汽车在行驶中无法依据路面状况随时调节这些参数以获得最佳性能。被动式悬架目前为绝大多数汽车上所采用。

(2) 主动式悬架

主动式悬架可以根据路面和行驶工况动态地自适应调节悬架的性能，使悬架系统始终保持在最佳状态。该系统通常由传感器、控制单元、执行机构组成。

6.4.4　悬架的构造

1. 非独立悬架

非独立悬架因其结构简单、工作可靠、易于维修和使用寿命长等优点而受到青睐。尤其是钢板弹簧非独立悬架，钢板弹簧可兼起导向机构的作用，并有一定的阻尼减振作用，更使悬架结构大为简化，故而广泛地为载重车的前、后悬架所采用。在轿车中，非独立悬架仅用于后桥，且弹性元件为螺旋弹簧。

非独立悬架结构所采用的弹性元件，除了钢板弹簧之外，还可用螺旋弹簧和气体弹簧。采用螺旋弹簧、气体弹簧时，需要有稍复杂的导向机构。

(1) 纵置钢板弹簧非独立悬架

钢板弹簧式非独立悬架中，钢板弹簧通常是纵向布置的，如图 6-4-16 所示，装有双向作用筒式减震器。钢板弹簧的中部用两个 U 形螺栓固定在前桥上。钢板弹簧的前端卷耳用钢板弹簧销与前支架相连，形成固定铰链支点，起传力作用。钢板弹簧后端采用吊耳销与可在车架上摆动的吊耳相连,形成摆动的铰链支点,它能够使钢板弹簧变形时,两端卷耳中心线间的距离作相应的改变。也有的钢板弹簧后端采用直接插入后支架的滑动支撑方式,多用于副簧的支撑。

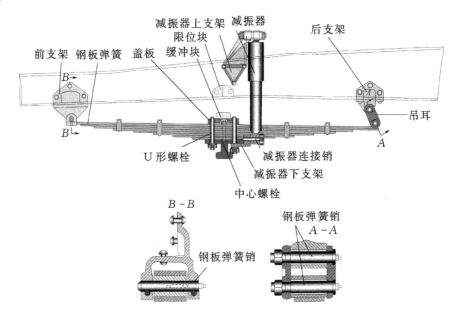

图 6-4-16　纵置钢板弹簧非独立悬架

纵置钢板弹簧非独立悬架主要应用于货车,但是,有些乘用车上如开迪的后悬架也是采用这种类型。

(2)螺旋弹簧非独立悬架

螺旋弹簧、空气弹簧和油气弹簧,它们的工作特性不完全一样,但有一共同之处,即只能承受垂直载荷,因此在用它们作弹性元件时,都需要有专门的传力杆件以传递纵向力、侧向力及有关力矩。图 6-4-17 所示为典型的螺旋弹簧式非独立悬架(后悬架),这种非独立悬架一般只用作轿车的后悬架。如一汽生产的小红旗轿车的悬架采用的即为此种结构。

螺旋弹簧上端装在车身上的支座中,下端装在纵向下推力杆上。由于螺旋弹簧只能承受垂直载荷,所以必须设置导向装置(图中纵向推力杆、横向推力杆)来承受并传递纵向力和横向力。纵向推力杆的一端均与车身铰接,另一端则与后桥铰接,其作用是传递驱动力、制动力等纵向力及其力矩。当车轮行驶中因路面颠簸而上下跳动时,纵向推力杆可绕其与车身的铰接点作上下纵向摆动。

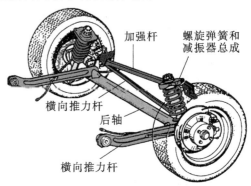

图 6-4-17　螺旋弹簧非独立悬架

横向推力杆的一端与车身铰接,另一端与后桥铰接,以传递车身到车轮的横向力,如汽车转时的离心力等。当后桥跳动时,横向推力杆依靠铰接头可作上下横向摆动。为了避免车身和后桥在横向产生过大的相对位移,要求横向推力杆与后桥之间的空间夹角尽可能小,即横向推力杆与后桥尽可能保持平行。

加强杆的作用是把通过车桥传来的横向力同时分配给另一侧车身,使车身受力更均衡。

20世纪70年代以后出现一种称作为纵臂扭转梁式复合悬架,我国的桑塔纳、捷达轿车的后悬架就采用了它。悬架的弹性元件为螺旋弹簧,如图6-4-18所示。它有一根V形(或U形)断面的整体横梁(板厚为6 mm),它相当于后车轴体,在车轴体两端焊接上变截面的管状纵臂形成一个整体构架(后轴体)。在纵臂的前端通过后轴体支架与车身作铰式连接,后轴体支架内部实际为橡胶—金属支承。纵臂的后端与轮毂、减振器相连。

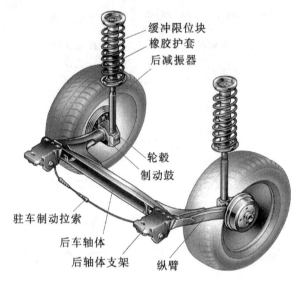

图6-4-18 纵臂扭转梁式半独立悬架

当汽车行驶时,车轮连同后轴体相对车身以橡胶-金属支承为支点作上下跳动。扭力横梁将把来自车身上的侧向力传给车轮,当两侧悬架变形不等时,则后轴体的V形断面横梁会发生扭转变形,因该横梁有较大的扭转弹性,故它可起横向稳定器的作用。这里要指出的是,纵臂扭转梁式复合悬架并不像普通带有整体轴的非独立悬架那样,一侧车轮的跳动完全影响另一侧车轮,但还是有一定程度的影响。从严格意义上来说,该悬架属于非独立悬架,但两车轮间的相关程度又稍弱一些,故又有人认为它是半独立悬架。

该悬架结构的另一特点是,由于橡胶-金属支承是不对称的橡胶楔形结构,其径向弹性小、轴向弹性大,因此,当汽车转弯行驶时,在侧向力的作用下,可以认为后轴只有轴向移动,而没有绕垂直轴线的偏转。也就是说,消除了后轴的自转向动作,从而保持了原设计的汽车转向特性。

单纵臂扭转梁式半独立悬架结构简单、性能可靠、悬架质量不会比独立悬架大。从安装角度来看,整个悬架很容易安装和拆卸,需要空间小,不需要任何控制臂和杆,只有较少的部件需要装配。只有两个衬套安装点,它们几乎对车轮跳动没有影响。横梁具有稳定杆的功能,不需要另设横向稳定器,其制造成本低。故它在前置前驱式中小型轿车上作为后桥(支持桥)得到广泛的应用。但不同厂商对该悬架的叫法并不统一,如H形扭力梁式悬架(广州本田飞度)、扭力梁式半独立悬架(上海通用雪佛兰乐驰)、拖曳臂式悬架(一汽丰田COROLLA花冠)、纵向拖曳臂式悬架(奇瑞旗云)、复合扭转梁式半独立悬架(上海大众帕萨特、领驭)等。

2. 独立悬架

在汽车悬架系统中,尤其是在轿车的前悬架中已无例外地采用了独立悬架,前后悬架均采用独立悬架的情况也越来越常见。

前已述及,独立悬架的结构特点是两侧的车轮各自独立地与车架或车身弹性连接,如图6-4-15(b)所示,因而具有以下优点。

①在悬架弹性元件一定的变形范围内,两侧车轮可以单独运动,而互不影响,减小了对车身的影响,有利于提高舒适性。

②减少了汽车的非簧载质量。非簧载质量越小,悬架所受到的冲击载荷也越小,采用独立悬架可以提高汽车的平均行驶速度。

③左右车轮间无车桥直接联系(所谓采用断开式车桥),发动机总成的位置高度可以大大降低,使汽车的高度和质心下降,提高了汽车行驶稳定性。

④独立悬架允许前轮有较大的跳动空间,便于选择较软的弹性元件,有利于提高汽车行驶平顺性。

以上优点使独立悬架广泛地被应用在现代汽车上。独立悬架结构复杂,制造成本高,在使用中要定期维修、检查车轮定位(现笼统称作四轮定位)以维持汽车有良好的行驶性能和安全。否则,车轮定位参数的变化,如车轮外倾角、前束的改变,也会造成轮胎磨损加剧。

独立悬架中现多采用螺旋弹簧、扭杆弹簧或气体弹簧等作为弹性元件。独立悬架的结构类型也不少,通常按导向机构引导车轮运动形式的不同,分成横臂式独立悬架、纵臂式独立悬架、烛式悬架、滑柱连杆式独立悬架和单斜臂式独立悬架。如图6-4-19所示。

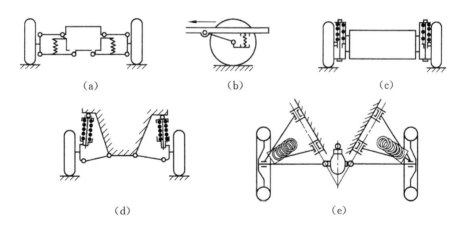

图6-4-19 不同类型的独立悬架示意图
(a)横臂式独立悬架;(b)纵臂式独立悬架;(c)烛式悬架;
(d)滑柱连杆式独立悬架;(e)单斜臂式独立悬架

(1)横臂式独立悬架

横臂式独立悬架分为单横臂式和双横臂式两种。

①单横臂式独立悬架。单横臂式独立悬架的特点是当悬架变形时,车轮平面将产生横

倾斜,且改变两侧车轮与路面接触点间的距离——轮距,致使轮胎相对于地面有侧向滑移,破坏轮胎和地面的附着,如图6-4-15(b)所示。此外,这种悬架用于转向轮时,会使主销内倾角和车轮外倾角发生较大的变化,对于转向操纵有一定影响,因此目前在前悬架中很少采用。但是,由于结构简单、紧凑、布置方便等原因,在车速不太高的重型越野汽车上的后悬架也有采用。

②双横臂式独立悬架。双横臂式独立悬架的两个摆臂长度可以相等,也可以不相等,如图6-4-20所示。图6-4-20(a)表明两摆臂等长的悬架,当车轮上下跳动时,车轮平面没有倾斜,但轮距却发生了较大的变化,这将增加车轮侧向滑移的可能性,加剧轮胎的磨损。在摆臂不等长的独立悬架中,如图6-4-20(b)所示,如将两臂长度选择适当,可以使车轮和主销的角度以及轮距的变化都不太大。不大的轮距变化在轮胎较软时可以由轮胎变形来适应,目前轿车的轮胎可容许轮距的改变在每个车轮上达到4～5 mm而不致使车轮沿路面滑移。由此可见,摆臂不等长的双横臂式独立悬架既改善了汽车的乘坐舒适性和行驶平顺性,又保证了轮胎的寿命,所以在轿车前轮上的应用非常广泛。

从图6-4-21中可看到,摆臂不等长的双横臂式独立前悬架采用球头结构代替主销,变成无主销式结构,上、下球头销的连心线相当于主销轴线,转向时车轮即围绕此轴线偏转。奥迪A4轿车应用的就是不等长双横臂式独立悬架,如图6-4-21所示。

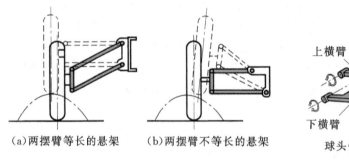
(a)两摆臂等长的悬架　　(b)两摆臂不等长的悬架

图6-4-20　双横臂独立悬架示意图

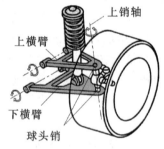

图6-4-21　双横臂式独立悬

(2)纵臂式独立悬架

车轮在汽车纵向平面内摆动的悬架,如图6-4-19(b)所示。纵臂式独立悬架分为单纵臂式和双纵臂式两种。

①单纵臂式独立悬架。转向轮采用单纵臂独立悬架时,车轮上下跳动将使主销后倾角产生很大变化。因此,单纵臂式独立悬架一般多用于不转向的后轮。

神龙汽车有限公司生产的富康轿车的后悬架,它的弹性元件用的是扭杆弹簧。如图6-4-22所示。这种结构的两侧车轮不是各自独立地直接与车身弹性连接,而是通过组装成后桥总成(它包括左、右扭杆弹簧支承架,左、右扭杆弹簧,横向稳定杆套管等)后,用前、后自偏转弹性垫块将它与车身作弹性连接。两个单纵臂通过左、右扭杆弹簧与后桥总成弹性连接。当汽车转弯行驶时,在路面对车轮的侧向反力作用下,前、后自偏转弹性垫块产生侧向弹性变形。由于前、后自偏转弹性垫块的变形不同,使两后轮产生与两前轮转向相同的不太大的偏转角,从而减小了后轮的侧偏角,增强了不足转向特性。转弯行驶速度越高,不足转向特性越好,因此该车高速行驶的操纵稳定性更好些。这种后轮随前转向轮按同一方向稍作偏转的特性,称为后桥的随动转向功能。它是法国轿车最具独创性的特点。东风雪铁龙塞纳轿车及标志307的后悬架与该结构基本完全相同。

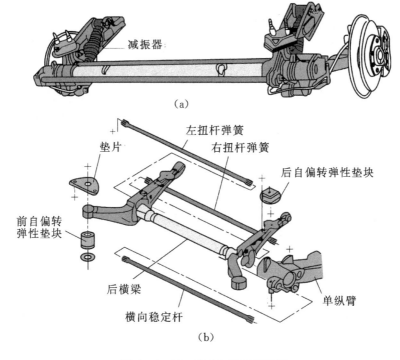

图6-4-22 爱丽舍轿车后悬架

②双纵臂式独立悬架。双纵臂式独立悬架的两个纵臂长度一般做成相等,形成平行四连杆机构。这样,在车轮上下跳动时,主销的后倾角保持不变,因此这种形式的悬架适用于转向轮。但由于占用空间较大,因此较少采用。

(3)单斜臂式独立悬架

单斜臂式独立悬架,如图6-4-23所示。是介于单横臂和单纵臂之间的一种悬架结构形

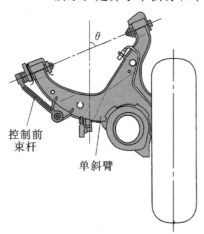

图6-4-23 单斜臂式独立悬架

式,单斜臂的摆动轴线与汽车纵轴线成一定夹角 $\theta(0°<\theta<90°)$。适当地选择夹角 θ,可以调整轮距、车轮倾角、前束等使之变化最小,从而可获得良好的操纵稳定性。有的单斜臂式独立悬架在单斜臂上安装了一根辅助拉杆,称为控制前束杆,以控制前束的变化。

单斜臂式独立悬架兼有单横臂和单纵臂式独立悬架的优点。它自 20 世纪 60 年代初问世以来,多用在后轮驱动汽车的后悬架上,图 6-4-2(4)所示为采用空气弹簧单斜臂式独立悬架的梅赛德斯—奔驰 V 级的后桥。

(4)麦弗逊式独立悬架

麦弗逊式悬架也称滑柱连杆式悬架,它是由滑动立柱和横摆臂组成的。它是以国外汽车公司的工程师 Earle S. McPherson 的名字命名的。

图 6-4-25 所示为捷达轿车的麦弗逊

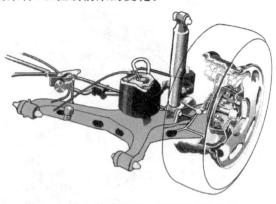

图 6-4-24 梅赛德斯—奔驰 V 级的后桥

式前独立悬架。筒式减振器的外面为滑动立柱(筒体),悬架横摆臂的内端通过铰链与车身相

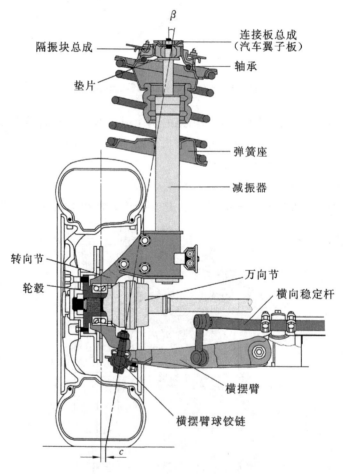

图 6-4-25 麦弗逊式独立悬架

连,其外端通过球铰链与转向节相连。减振器的上端通过减振器内的柱塞连杆上的带轴承的隔振块总成(可看做减振器的上铰链点)与车身上的车轮翼子板相连,减振器的下端由外面的滑动立柱与转向节固定连接在一起。当车轮上下跳动时,减振器的下支点要随横摆臂摆动,同时减振器的滑动立柱要沿活塞连杆上下移动。该悬架突出的优点是增大了两前轮内侧的空间,便于发动机和其他一些部件的布置。

在前置发动机前轮驱动的汽车上,当发动机横向布置时,发动机舱内部需要有足够的横向空间,特别是采用双横杆独立悬架要缩短其上臂长度,缩至极限就成为麦弗逊式悬架。从运动学的角度来看,麦氏悬架可看作为双横臂悬架的变形。麦弗逊式悬架将部分导向机构和减振器集成在一起,简化了结构、减轻了重量。作为前悬架,其主销轴线不是筒式减振器的轴线,而是由减振器上球铰中心与横摆臂外端的铰链中心的连线构成,所以也属于无主销结构。正因球铰中心的外移,主销接地距可较小,甚至成为负值。

麦弗逊式悬架是目前前置前驱动轿车和某些轻型客车首选的较好的悬架结构形式。例如,国产的桑塔纳、高尔夫、奥迪100、红旗CA7220型和爱丽舍以及宝马5系高级轿车(图6-4-26)等轿车也都采用此种结构形式。

图6-4-26 宝马E65的前悬架

(5)多连杆式独立悬架

独立悬架中多采用螺旋弹簧,对于侧向力及纵向力需加设导向装置即采用杆件来承受和传递,因而一些轿车上为减轻车重和简化结构采用多连杆式独立悬架。这种悬架是双横臂式独立悬架的改进。

通过多连杆可以增加约束条件,减少车轮的自由度,从而减少车轮在跳动过程中的定位参数的变化。因此多杆悬架系统应用范围越来越广。

多连杆悬架是1982年Mercedes Benz公司为190系列车首次开发的。从此,多连杆悬架被作为驱动或非驱动桥的悬架开始使用。

多连杆悬架的优点:可以自由独立的确定主销偏移距,减小因径向载荷引起的干扰力和力矩;很好地控制了在制动和加速期间车的纵向点头运动;有利于控制车轮的前束、外倾和轮距宽度变化,因此具有良好操纵稳定性;可有效地降低轮胎的磨损,延长其使用寿命;从弹性运动学角度来看,在侧向力和纵向力条件下前束角的改变以及行驶舒适性都能得到精确的控制;车轮受力点分散,因此连杆可以做得较细小,减轻了质量。

多连杆悬架的缺点:由于连杆和衬套增多,导致费用增加;悬架运动过程中过约束的可能性增加。因此,在车轮垂直和纵向运动过程中衬套必须有必要的变形,对连接衬套的磨损比较敏感;对于相关的几何体位置和衬套硬度公差要求较高。

图6-4-27为雪铁龙C5轿车后悬架。该悬架为多连杆机构,可调整前束,减少了非常规驾驶造成的磨损。多连杆机构具有很好的韧性,车身不易变形,操控性强。

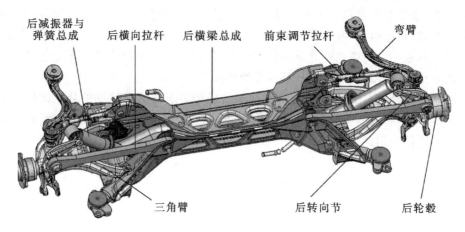

图6-4-27 雪铁龙C5轿车后悬架

3. 多轴汽车的平衡悬架

如果多轴汽车的全部车轮都是单独地刚性悬挂在车架上,在不平道路上行驶时将不能保证所有车轮同时接触地面。当道路不平时,可能出现车轮悬空现象,使各个车轮间垂直载荷的分配比例会有很大改变,造成其他车桥及车轮有超载的危险。当车轮垂直载荷变小甚至为零时,车轮对地面的附着力随之变小甚至为零。在此情况下,转向车轮将使汽车操纵能力大大降低以致失去操纵;驱动车轮将不能产生足够的驱动力。

如果将两个车桥(如三轴汽车的中桥与后桥)装在平衡杆的两端,而将平衡杆的中部与车架作铰接,一个车桥抬高将使另一车桥下降。由于平衡杆两臂等长,使两个车桥上的垂直载荷在任何情况下都相等,这种能保证中后桥车轮垂直载荷相等的悬架称为平衡悬架。

(1)等臂式平衡悬架

等臂式平衡悬架是越野汽车上普遍采用的一种平衡悬架结构形式,如图6-4-28所示。

钢板弹簧的两端自由地支承在中、后桥半轴套管上的滑板式支架内。钢板弹簧便相当于一根等臂平衡杆,它以悬架心轴为支点转动,从而可保证汽车在不平道路上行驶时,各轮都能着地,且使中、后桥车轮的垂直载荷平均分配。

(2)摆臂式平衡悬架

摆臂式平衡悬架主要用于6×2的货车上,如图6-4-29所示。

这种货车的结构特点是前桥为转向桥,中桥为驱动桥,后桥是可以升降的支持桥。当汽车在轻载或空载行驶时,可操纵举升油缸,通过杠杆机构将后轮(支持轮)举起,使6×2汽车变为

图 6-4-28 三轴越野汽车中、后桥的等臂式平衡悬架

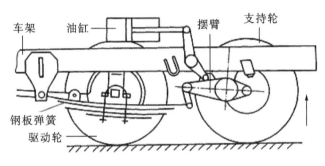

图 6-4-29 摆臂式平衡悬架

4×2 汽车。这不仅可减少轮胎的磨损和降低油耗,同时还可以增加空车行驶时驱动轮上的附着力。为适应这种汽车总体布置的需要,中(驱动)桥和后(支持)桥就有必要采用摆臂式平衡悬架。中桥的悬架采用普通纵置半椭圆钢板弹簧,后吊耳不与车架相连接,而是与摆臂的前端相连。摆臂轴支架固定在车架上。摆臂的后端与汽车的后桥(支持桥)相连。左、右后支持轮之间没有完整车轴连接。

6.4.5 电控悬架

1. 电控悬架的类别

汽车的悬架一般由弹性元件、减振器和导向元件组成。其作用是连接车身与车轮,以适当的刚性支撑车轮,并吸收路面的冲击,改善车辆的舒适性和平顺性;还可以稳定汽车行驶,改善操纵性。悬架作用中的平顺性与操纵稳定性有着相互矛盾的关系。若想改善汽车的舒适性和平顺性而采用较软的弹性元件,那么就会增加转弯时的侧倾及加速或制动时的前后颠簸,从而使操纵稳定性变差。同样,若想改善汽车的操纵稳定性而采用较硬的弹性元件,那么将增加汽车对路面不平度的敏感性,从而降低平顺性。如何解决两者之间的矛盾,只能根据汽车的用途按经验和优化设计的方法加以确定。对于传统悬架当其结构确定后,就具有固定的悬架刚度和阻尼系数,在汽车行驶的过程中不能根据行驶条件人为地或者自动地进行动态调节,因此称为被动悬架。

随着电子技术的发展,出现了电子控制悬架系统(简称电控悬架)。它是通过电子控制单元(ECU)来控制相应的执行元件,改变悬架特性以适应各种复杂的行驶工况对悬架系统的不同要求,从而使舒适性、平顺性和操纵稳定性同时得到改善。电控悬架可以根据行驶条件主动地调节悬架刚度和阻尼系数,突破被动悬架的局限区域,因此,电控悬架是一种主动悬架。电控悬架在其电子控制装置的控制下,能根据接受的外界信息或车辆本身状态的变化,进行动态的自适应性调节,即电控悬架没有固定的悬架刚度和阻尼系数,这样可以随着道路条件的变化和行驶需要的不同要求自动的调节,从根本上解决平顺性和操纵稳定性之间的矛盾,提高汽车的使用性能。

电控悬架按其是否包括动力源可分为主动悬架(有源主动悬架)和半主动悬架(无源主动悬架)两大类。

半主动悬架又称无源主动悬架,因为它没有一个动力源为悬架系统提供连续的能量输入,所以在半主动悬架系统中改变弹簧刚度要比改变阻尼状态困难得多,因此半主动悬架通常不考虑调节悬架刚度,而只对悬架的阻尼系数进行调节。半主动悬架系统的优点是工作时几乎不消耗动力,结构简单,而且有能达到与全主动悬架相近的性能,固应用较广泛。

半主动悬架按阻尼级别又可分成有级式和无级式两种。

(1)有级式半主动悬架

它是将悬架系统中的阻尼分成两级、三级或更多级,可由驾驶员选择或根据传感器信号自动进行选择所需要的阻尼级。也就是说,可以根据路面条件(好路或坏路)和汽车的行驶状态(转弯或制动)等,来调节悬架的阻尼级,使悬架适应外界环境的变化,从而可较大幅度地提高汽车的行驶平顺性和操纵稳定性。

(2)无级式半主动悬架

它是根据汽车行驶的路面条件和行驶状态,对悬架系统的阻尼在几毫秒内由最小变到最大进行无级调节。

主动悬架是一种具有做功能力的悬架,它包括传感器、电子控制单元(ECU)、执行器以及能源系统。因此,主动悬架需要一个动力源(液压泵或空气压缩机等)为悬架系统提供连续的动力输入。当汽车载荷、行驶速度、路面状况等行驶条件发生变化时,主动悬架系统能自动调整车身高度、悬架刚度,从而同时满足汽车的行驶平顺性和操纵稳定性等各方面的要求。目前,主动悬架系统根据控制的介质可分为主动空气悬架、主动油气悬架和主动液力悬架 3 种,但见到最多的是主动空气悬架。主动悬架的控制机构是由 ECU 和传感器等组成的闭环控制系统,通过传感器监测道路条件、汽车的运行状和驾驶员的需求,按照设定的控制规律向执行机构(空气弹簧、动力源等)适时地发出控制信号,以调节车身高度、悬架刚度和阻尼系数。

2.电控悬架的功用

电控悬架的功用可以概括为下面两点。

①弹簧弹性系数(刚度)与阻尼系数(减振力)的控制。
②高度调整功能。

3. 电控悬架的工作原理

电控悬架的传感器包括车高传感器、车速传感器、节气门位置传感器、转向传感器和制动开关、停车灯开关、车门开关等,这些传感器将相关信号转变成电信号传给电控单元,电控单元通过运算处理,控制空气弹簧等执行器进行适应性调节,保持车辆平顺性和操纵稳定性。空气压缩机产生的压缩空气送入空气弹簧的空气室中,ECU根据汽车高度信号,控制压缩机和排气阀充气或排气,使空气弹簧伸长或压缩而达到控制车辆高度。同时ECU根据车速、转向、加速、制动、车高等信号,通过控制阀改变空气弹簧主、副气室间的流通面积,进行弹簧刚度的调节;并通过控制减振器中的旋转阀,通、断油孔改变节流孔的数量,使阀体中减振液的流通快慢发生变化,从而改变减振器的阻尼系数。

4. 电控悬架的控制逻辑

丰田的TEMS(TOYOTA Electronic Modulated Suspensin的英文缩写)系统采用的是主动式空气悬架,我们以它为例阐述电控悬架的控制逻辑。其组成如图6-4-30所示。该系统对车高、弹簧刚度和减振器阻尼力可同时控制,且各自可以取三种数值:软(低)、中、硬(高),其所取数值由电子控制单元根据当时的运行条件和驾驶员选定的控制方式决定。驾驶员可以通过安装在中间操纵盒内的选择器开关,选择想要的控制模式:NORMAL(标准)——常规值自动控制;或者SPORT(运动)——高值自动控制。

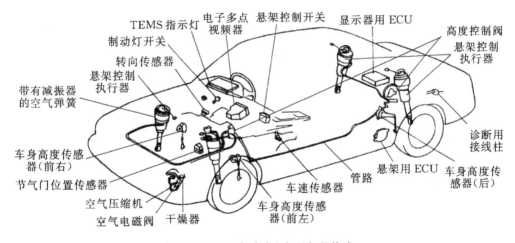

图6-4-30 主动式空气悬架的构成

(1)利用弹簧刚度/减振器阻尼力进行控制

①抗后坐。通过传感器检测油门踏板移动速度和位移。当车速低于20 km/h且加速度大时(急起步加速),ECU通过执行器将弹簧刚度和减振器阻尼力调到高值,从而抵抗汽车起步时车身后坐。如果此时驾驶员选择了"常规值自动控制"状态,则弹簧刚度和减振器阻尼力由软调至硬;如果此时驾驶员选择了"高速行驶自动控制"状态,则刚度和阻尼力由中调至硬。

②抗侧倾。由装于转向轴的光电式转向传感器检测转向盘的操作状况。在急转弯时,

ECU通过执行器使弹簧刚度和减振器阻尼力转换到高(硬)值,以抵抗车身侧倾。

③抗"点头"。在车速高于60 km/h时紧急制动,ECU通过执行器使弹簧刚度和减振器阻尼力调到高(硬)值,而不管驾驶员选择了何种控制状态,以抵抗车身前部的下俯。

④高速感应。当车速大于110 km/h时,系统将使弹簧刚度和减振器阻尼力调至中间值,从而提高高速行驶时操纵稳定性。即使驾驶员选择了"常规值自动控制"状态(刚度和阻尼处于低、软值),系统也将刚度和阻尼力调至中间值。

⑤前、后关联控制。车速在30~80 km/h范围内时,若前轮车高传感器检测出路面有小凸起(例如前轮通过混凝土路面接缝等),则在后轮越过该凸起之前,系统将使弹簧刚度和减振器阻尼力调至低(软)值,从而提高汽车乘坐舒适性。此时即使驾驶员选择了高速行驶状态(刚度和阻尼力为中间值),系统仍将刚度和阻尼力调至低(软)值。为了不影响高速时的操纵稳定性,这种动作在车速为80 km/h以下才发生。

⑥坏路、俯仰、振动感应。车速在40~100 km/h范围内,当前轮车高传感器检测出路面有较大凸起时(例如汽车通过损坏的铺砌路面等),系统将弹簧刚度和减振器阻尼力调至中间值,以抑制车体的前后颠簸、振动等大动作,从而提高汽车的乘坐舒适性和通过性,而不管驾驶员选择了何种控制状态。车速高于100 km/h时,系统将使刚度和阻尼力调至高(硬)值。

⑦良好路面正常行驶。弹簧刚度和减振器阻尼力由驾驶员选择"常规值自动控制"状态,刚度和阻尼力处于低(软)值;"高速行驶时自动控制"状态,则刚度和阻尼力为中间值。

(2)车身高度控制

车身高度控制是在汽车行驶车速和路面变化时,悬架ECU对执行元件输出控制信号,控制调节车身的高度,以确保汽车行驶的稳定性和通过性。

①高速感应。当车速高于90 km/h时,将车身高度降低一级,以减小风阻,提高行驶稳定性。如果驾驶员选择了"常规值自动控制"状态,则车身高度值由中间值(标准值)调至低值;如果驾驶员选择了"高值自动控制"状态,则车高由高值调至中间值(标准值)。在车速为60 km/h时,车高恢复原状。

②连续坏路面感应。汽车在坏路面上连续行驶,车高信号持续2.5 s以上有较大变动,且超过规定值时,将车高升高一级,使来自路面的突然抬起感减弱,并提高汽车的通过性能。

连续坏路且车速在40~90 km/h时,不论驾驶员选择了何种控制状态,都将车高调至高值,以减小路面不平感,确保足够的离地间隙,提高乘坐舒适性。

车速小于40 km/h时,车高则完全由驾驶员选择,选择"常规值自动控制"时,车高为中间值(标准值);选择"高值自动控制"时,车高为高值。

在连续坏路面上,车速高于90 km/h时,不管驾驶员选择了何种控制状态,车高都将调至中间值,这样做是为了避免车身过高对高速行驶稳定性产生不利影响。

另外,还具有驻车时车高控制功能。当汽车处于驻车状态时,为了使车身外观平衡,保持良好的驻车姿势,在点火开关断开后,ECU即发出指令,使车身高度处于常规模式的低状态。

5.电控悬架系统主要部件的结构

(1)传感器

①车高传感器。车身高度传感器为光电式结构,用于检测车身高度(汽车悬架装置的位移量)变化,并将其转换成电信号输入电子控制装置。在每个悬架上都装有一只车高传感器,通

过它监测车身与悬架下臂之间的距离变化,而检测汽车高度和因道路不平坦而引起的悬架位移量。车身高度传感器安装在车体上,传感器摆臂通过连杆与悬架臂连接。车身高度变化时,连杆带动传感器摆臂随之摆动,以此检测车身的高度变化,如图6-4-31所示。车身高度传感器的结构如图6-4-32所示。

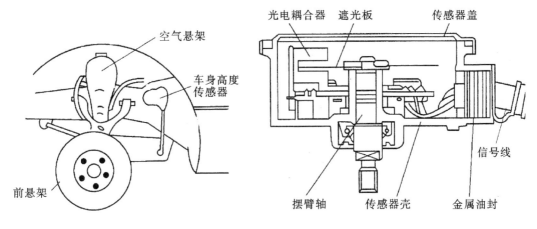

图6-4-31 车身高度传感器的安装　　　　图6-4-32 光电式车身高度传感器结构

在高度传感器的内部,装有一个开有许多缺口的遮光盘,遮光盘的两侧装有4组光电耦合器(分别由发光二极管和光敏三极管组成)。传感器的工作原理如图6-4-33所示。

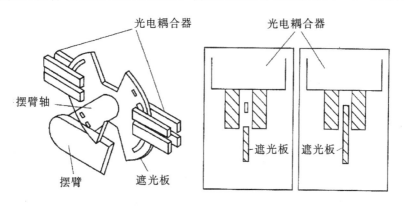

图6-4-33 光电式车身高度传感器的工作原理

当车身高度发生变化时,车身与车轮的相对运动使高度传感器的摆臂摆动,并通过摆臂轴带动遮光盘转动。当遮光盘的缺口对准耦合器时,发光二极管发出的光线通过缺口,使光敏三极管受光,传感器输出"通(ON)"信号;当遮光盘的缺口不对准耦合器时,发光二极管发出的光线被阻断,传感器输出"断(OFF)"信号。

遮光盘上的缺口以适当的长度和位置分布,使传感器可输出16组信号,把车身高度状态分为5个不同的区域(过高、高、普通、低、过低),这样可以使电子控制装置对车身高度进行精确控制,如表6-4-1所示。

表 6-4-1 光电式车身高度传感器结构

车高	光电耦合器状态				车高范围	ECU 判断结果
	NO.1	NO.2	NO.3	NO.4		
高 ↑↓ 低	OFF	OFF	ON	OFF	15	过高
	OFF	OFF	OFF	ON	14	高
	ON	OFF	ON	ON	13	
	ON	OFF	ON	OFF	12	
	ON	OFF	OFF	OFF	11	
	ON	OFF	OFF	ON	10	
	ON	ON	OFF	ON	9	普通
	ON	ONF	OFF	OFF	8	
	ON	ON	ON	OFF	7	
	ON	ON	ON	ON	6	
	OFF	ON	ON	ON	5	低
	OFF	ON	ON	OFF	4	
	OFF	ON	OFF	OFF	3	
	OFF	ON	OFF	ON	2	
	OFF	OFF	OFF	ON	1	
	OFF	OFF	OFF	OFF	0	过低

② 转向传感器如图 6-4-34 所示。转向传感器装在转向器上,用来检测转向时的转向角

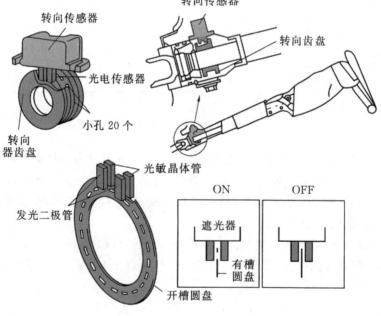

图 6-4-34 转向传感器

度和汽车转弯的方向,主要为转弯时提高操纵稳定性防止侧倾,向 ECU 提供车态信号。其外形和工作原理如下。

转向传感器由一个有槽圆盘和两个光电传感器组成。有槽圆盘随转向一起转动,并在圆盘上开有 20 个孔,圆盘的两侧有发光二极管和光敏晶体管组成的光电传感器,它们两者之间的光线变化随着圆盘遮挡转换成"通"或"断"信号。当操纵转向盘时,有槽圆盘随着一起转动而引起发光二极管发出光线的"通"或"断"信号,这种信号是与转向盘转动成正比的数字信号,并通过判断两个光电传感器信号的相位差判断转弯方向。此时,当 ECU 判断转向盘的转动角度和车速大于设定值时,ECU 会使弹簧刚度和减振力增加。

③其他传感器和开关。车速传感器安装在车轮上,检测出转速信号,ECU 利用此信号,计算出车身的侧倾程度。

节气门开度传感器可以间接检测汽车加速度信号。ECU 利用此信号作为防下坐控制的一个工作状态参数。

车门传感器是为了防止行驶过程中车门未关闭而设置的。

高度控制开关用来选择汽车高度,ECU 检测高度控制开关的状态使汽车高度上升或下降。有的车辆上还有高度控制 ON/OFF 开关,用于停止车高控制。

模式选择开关用来选择悬架的"软"、"中"或"硬"状态,ECU 检测到开关的状态后,操纵悬架控制执行器,从而改变弹簧刚度和减振器的阻尼系数。

制动灯开关是踩下制动踏板时,停车灯开关便接通,ECU 接收这个信号作为防点头控制用的一个起始状态。

(2)电子控制单元

电子控制单元 ECU 包括一个 8 位微型计算机、输入接口电路和输出驱动电路。其功能主要有以下几项。

①传感器信号放大。用接口电路将输入信号中的干扰信号除去,然后放大、变换极值、比较极值,变换为适合输入控制装置的信号。

②输入信号的计算。电子控制装置根据预先写入只读存贮器 ROM 中的程序对各输入信号进行计算,并将计算结果与内存的数据进行比较后,向执行机构发出控制信号。

③驱动执行机构。电子控制装置用输出驱动电路将输出驱动信号放大,然后输送到各执行机构。

④故障检测。电子控制装置用故障检测电路来检测传感器、执行器、线路等的故障,当发生故障时,将信号送入控制装置,便于使悬架系统安全工作,也容易确定故障所在位置。

(3)执行器

①空气弹簧。电控悬架用空气弹簧代替传统悬架的螺旋弹簧或钢板弹簧,空气弹簧在其气室内装入空气而具有弹性功能,关键是用 ECU 对汽车行驶的状态进行车高、弹簧刚度和阻尼系数的调节,使车辆的性能得到提高。

空气弹簧由主气室、副气室、弹簧刚度调节执行机构、阻尼转换执行机构和液压减振器等组成,如图 6-4-35 所示。弹簧刚度调节执行机构在主气室与副气室之间,在减振器的上部安有阻尼转换执行机构,减振器的内部有阻尼旋转阀,因此弹簧刚度是通过主气室与副气室进行调节,阻尼系数是通过减振器进行调节。

弹簧刚度的调节:弹簧刚度越小,即弹簧柔软,振动就较小,乘坐舒适性、平顺性就越好;弹簧坚硬,操纵稳定性得到提高。弹簧刚度的调节通过弹簧刚度执行机构,开闭主气室与副气室的隔板,改变气室的容积而改变弹簧的刚度,增大容积使刚度变小,减小容积可增加刚度。ECU 根据车辆状态信号及时调节弹簧刚度,高速行驶转换为大刚度,低速行驶转换为小刚度。在制动时使前弹簧刚度增加,在加速时使后弹簧刚度增加。而在转弯时使左右弹簧刚度调节以减少侧倾。例如,有的车辆可以实现弹簧刚度的"软中硬"的有级转换控制。在城镇公路或高速公路行驶,弹簧刚度调节为"软";在高速行驶(速度大于110km/h)或在弯曲道路上行驶时弹簧刚度调节为"中";而在加速、转弯情况时,弹簧刚度调节为"硬",以减少汽车高度的变化提高操纵稳定性。一般减小空气弹簧刚度会使汽车增大侧

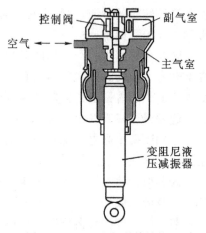

图 6-4-35 空气弹簧结构

倾、后坐或点头,因此弹簧刚度的控制多数情况下是和汽车高度和阻尼系数的调节相结合使用,以便于从总体上改善平顺性。

车高控制:是指汽车高度可以根据乘员人数、载质量变化和汽车的状态自动调节。如图 6-4-36 所示。就是当乘员人数和载质量增加或减少时,汽车高度自动保持一定使汽车行驶平稳;当在高低不平的路面上行驶时,为防止发生车架与车身之间的撞击,ECU 控制悬架弹簧的行程在一定的范围内;当高速行驶时,为减少空气阻力而降低车高;而当汽车停车后,乘员下车或货物卸完后车高会增加,ECU 会控制空气弹簧在几秒钟将空气少量排出,为保持汽车外形的美观而降低车高保持标准车高。因此,车高控制可以归纳为如下功能:自动高度控制、高速行驶时车高控制、驻车时车高控制。

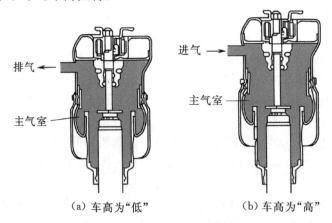

图 6-4-36 车高控制原理

车高控制主要是利用空气弹簧中主气室空气量的多少来进行调节。当 ECU 接到车高传感器、车门开关等传来的信号,经过处理判断,若是增加车高,则控制执行机构向空气弹簧主气室充气增加空气量,使汽车高度增加;若是降低车高,则控制执行机构打开排气装置向外排气,使空气弹簧主气室的空气量减少而降低汽车高度。

②减振器。电控悬架中的减振器一改过去固定阻尼系数的特点,而变为连续变化阻尼系

数和有级变化阻尼系数两种。目前,电控悬架多用后者,又称为半主动阻尼控制。这种阻尼控制是在减振器结构中采用简单的控制阀,通过在最大、中等、最小的通流面积之间的变换,改变减振液的流通快慢,达到阻尼系数的有级调节。减振器的结构原理如图 6-4-37 所示。在空气悬架的下边,与控制杆连接的旋转阀上有 3 个阻尼孔(油孔),旋转阀外面的活塞杆上有两个阻尼孔(油孔),控制机构可以带动控制杆使旋转阀旋转,从而改变阻尼孔的开闭组合,实现阻尼系数"软中硬"的有级转换。具体的调节过程如图 6-4-38 所示。当需要将阻尼系数调节为"软(低)"状态时,控制杆带动旋转阀旋转一角度,3 个截面的阻尼孔全部开通,悬架的阻尼系数小;若需要将阻尼系数调节为"中(运动)"状态时,同样控制杆带旋转阀又旋转一角度,此时只有 B 截面中的小阻尼孔开通,而其他两个截面中阻尼孔被关闭,悬架阻尼系数处于中间;若需要将阻尼系数调节为"硬(高)"状态时,同样控制杆带动旋转阀又旋转一角度,此时 3 个截面的阻尼孔全部关闭,仅靠减振器中的单向阀产生阻尼,悬架阻尼系数为最大。因此,电控悬架 ECU 根据转向操作、节气门位置、速度、加速度等信号调节悬架阻尼系数的"软中硬",控制汽车制动、加

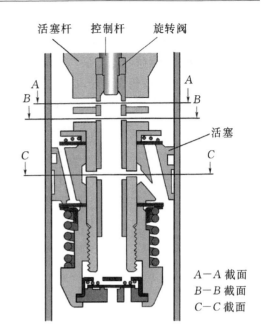

图 6-4-37 减振器的结构原理图

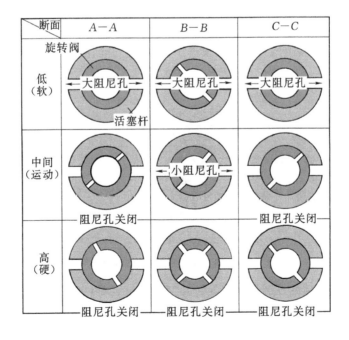

图 6-4-38 阻尼系数调节原理图

速、急转弯时产生的汽车姿态变化,从而提高汽车的平顺性和操纵稳定性。

③阻尼转换执行机构。如图6-4-39所示。阻尼转换机构装在减振器的上部,它由直流电机、减速齿轮、控制杆、电磁铁和挡块等组成。电控悬架ECU根据接收到的信号,使直流电机驱动扇形的减速齿轮左右转动,通过控制杆带动减振器中的回转阀旋转,有级地改变阻尼孔的开闭,从而改变阻尼系数(即减振阻力)。

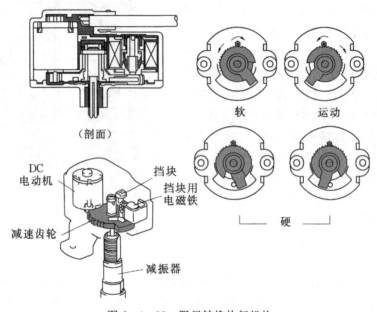

图6-4-39 阻尼转换执行机构

④弹簧刚度调节执行机构。如图6-4-40所示。弹簧刚度执行机构由刚度控制阀和执行机构等组成。执行机构位于减振器的顶部,与阻尼系数控制机构组装在一起。刚度控制阀如图6-4-41所示。装在空气弹簧副气室的中部,由空气阀、阀体和空气阀控制杆组成,空气阀在截面上有一个空气孔,外部的阀体在截面上有不同大小的空气孔。

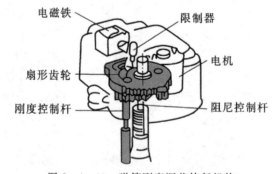

图6-4-40 弹簧刚度调节执行机构

当空气阀由电机驱动的控制杆带动旋转到"软"的位置时,空气弹簧主气室的气体经过空气阀的中间孔,阀体侧面的大空气孔(大通流孔)与副气室的气体相通,此时参与工作的气体容积最大,因此悬架刚度处于最小状态;若当空气阀被旋转到"中"位置时,主气室与副气室的气体,经过空气阀的中间孔与阀体侧面的小空气孔相互流通,主、副气室之间的气体流量较小,因

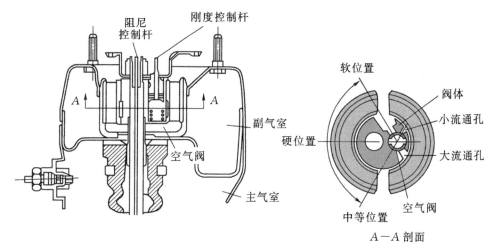

图 6-4-41 刚度控制阀

此悬架刚度处于中等状态;如果当空气阀被旋转到"硬"位置时,主气室与副气室的空气通道被空气阀挡住,此时仅仅靠主气室中的气体承担缓冲任务,因此悬架刚度处于最大状态。

(4) 空气压缩机和高度控制阀

在电控悬架中除上面讲述的一些装置外,还有空气供给装置与调节高度的空气压缩机、高度控制等装置。汽车的高度控制执行机构除上面讲过的空气悬架中的主气室外,还有空气压缩机和空气阀等。空气压缩机如图 6-4-42 所示,由驱动电机、排气阀、干燥器等组成。高度控制阀如图 6-4-43 所示是一个二位二通电磁阀,通过向空气弹簧的主气室内进气和排气,从而控制汽车的高度。

电控悬架 ECU 根据车高传感器送来的信号和控制模式指令,向高度控制阀下令。当车高需要升高时,高度控制阀打开,压缩空气进入空气弹簧的主气室,车身升高;高度控制阀关闭时,空气弹簧主气室的空气量保持不变,车身维持一定的高度不变;当车身需要降低时,压缩机停止工作,高度控制阀打开,此时排气阀也打开,悬架的主气室中的空气通过高度控制阀、管路,最后由排气阀排出,车身高度下降。

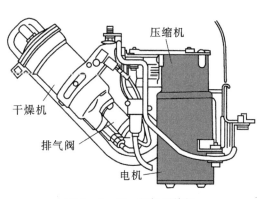

图 6-4-42 空气压缩机

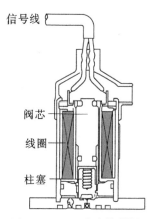

图 6-4-43 高度控制阀

(5)电控悬架电路图

雷克萨斯 LS400 轿车电子控制悬架系统电路图如图 6-4-44 所示。悬架控制执行器通

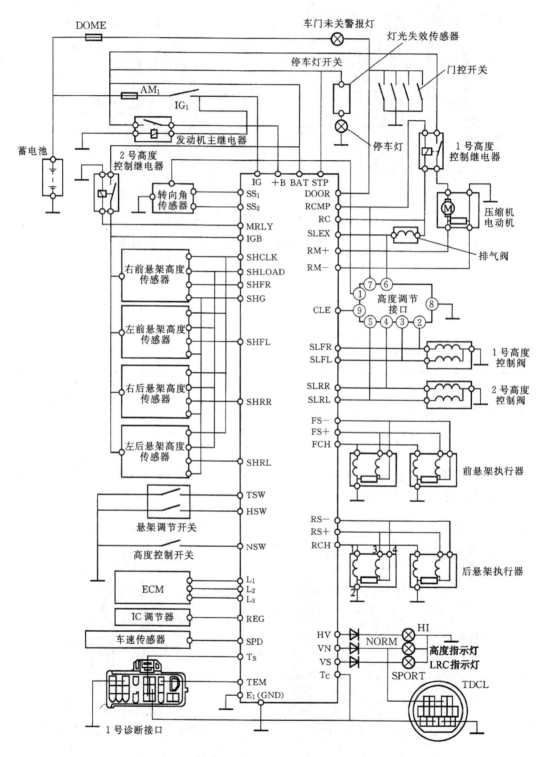

图 6-4-44　雷克萨斯 LS400 轿车电子悬架控制系统电路图

过控制杆驱动主、副气室之间的控制阀,使主、副气室接通或切断,空气弹簧的弹性在"软"和"硬"之间变换;同时,悬架控制执行器通过控制杆驱动减振器内的旋转阀,使减振器阻尼孔的开度变化,减振器的阻尼力在"软"、"中"、"硬"之间切换;车身高度调节通过1号和2号高度控制阀控制排气阀的开闭,使空气弹簧主气室中的压缩空气保持或释放来实现。

采用电控液压悬架控制系统的汽车车身非常平稳,轮胎噪声较小,转向和制动时,车身都能保持水平,可保证汽车有良好的操纵性和行驶稳定性。此外,这种系统可使弹簧的运动质量较小,从而可获得良好的乘坐舒适性。但是,该悬架系统也存在如在高频率下的行驶平顺性、能量消耗、价格、可靠性、振动和噪声以及维修等问题,这还有待进一步发展更精确的传感器和高灵敏度的执行器。目前,此系统大多安装在价格昂贵的车辆上。

6.5 汽车行驶系的维修

6.5.1 车桥与悬架的检修

1.前桥与前悬架的拆装

1)前悬架总成拆卸和安装(以桑塔纳轿车为例)

警告:

车桥与悬架的零部件都很重,搬动零件或总成过程中,要小心不要压伤手指。维修过程中,一定要按正确的程序举升汽车。车桥与悬架系统检修过程中,一定要佩带安全防护眼镜。

(1)前悬架总成拆卸

①取下车轮装饰罩。旋下轮毂与传动轴的紧固螺母(力矩230 N·m),车轮必须着地。

②卸下垫圈,旋松车轮紧固螺母(力矩110 N·m),拆下车轮。

③旋下制动钳紧固螺栓(力矩70 N·m),旋下制动盘。

④取下制动软管支架,并用铁丝将制动钳固定在车身上,如图6-5-1上部箭头所示,注意不要损坏制动软管,拆下球形接头紧固螺栓,如图6-5-1下部箭头所示。

⑤压下横拉杆接头(力矩30 N·m),如图6-5-2所示。

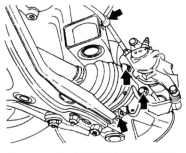
图6-5-1 旋下制动钳紧固螺栓

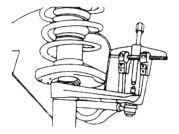
图6-5-2 压出横拉杆接头

⑥旋下稳定杆的紧固螺栓(力矩25 N·m),如图6-5-3所示。

⑦向下掀压下臂,从车轮轴承壳内拉出传动轴。或利用两个固定车轮凸缘上的螺孔,将压力装置V.A.G1389固定在轮毂上,用液压装置从轮毂中压出传动轴,如图6-5-4所示。

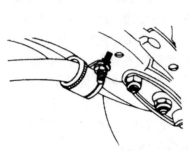
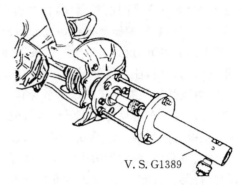

图 6-5-3　拆卸稳定杆　　　　　图 6-5-4　压出传动轴

注意：

轴承清洗干净后，一定不要用高压空气吹干轴承。因为用高压空气螺栓旋松机拆卸轴承，钢球有可能脱出，而对人造成严重的伤害。

⑧拆掉压力装置。取下盖子，支撑减振器滑柱下部，旋下活塞杆的螺母，用内六角扳手阻止活塞杆的转动，如图 6-5-5 所示。

(2) 前悬架总成安装

前悬架总成的安装顺序基本上与拆卸顺序相反，但在安装时应注意以下事项。

①不允许对前悬架总成进行焊接或整形处理，损坏的零部件总成需要更换新的。

②安装传动轴时，应擦净传动轴与轮毂花键齿面上的油污，去除防护剂的残留物。将外等速万向节 (RF 节) 花键面涂上一圈 5 mm 宽的防护剂 D6，然后进行传动轴装配。涂防护剂 D6 的传动轴装车后应停车 60 min 之后才可使用。

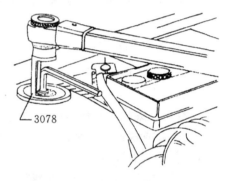

图 6-5-5　旋下活塞杆螺母

③安装时，所有螺栓和螺母的紧固力矩应符合规定。

维修提示

螺栓和螺母总成必须按正确的顺序拆卸。从车上拆卸悬架的零部件时，一定要按制造商建议的程序操作。所有自锁螺母，必须更换新件。

2) 传动轴（半轴）总成拆装

(1) 传动轴（半轴）总成的拆卸

①在车轮着地时，旋下轮毂的紧固螺母。

②旋下传动轴凸缘上的紧固螺栓，将传动轴与凸缘分开，如图 6-5-6 所示。

③从车轮轴承壳内拉出传动轴，或利用 V.A.G1389 压力装置拉出传动轴。拆卸传动轴时轮毂不能加热，否则会损坏车轮轴承。原则上应使用拉具。拆掉传动轴后，应装上一根连接轴来代替传动轴，防止移动卸掉传动轴的车辆时，损坏前轮轴承总成。

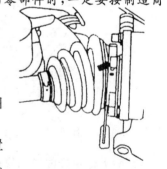

图 6-5-6　旋下半轴凸缘
　　　　　上的紧固螺栓

(2)传动轴(半轴)总成安装

①在等速万向节的花键涂上一圈5mm的防护剂(D6),然后装上传动轴花键套。

②将球头销接头重新装配在原位置,并拧紧螺母。在安装球头销接头时,不能损坏波纹管护套,如图6-5-7所示。

③必要时检查前轮外倾角。

④车轮着地后,拧紧轮毂固定螺母。

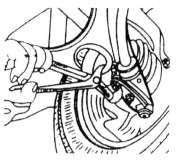

图6-5-7 安装球头销接头

3)副车架、下摇臂和稳定杆拆装

(1)副车架、下摇臂和稳定杆的拆卸

①旋下副车架与车身固定的前悬架螺栓(力矩70 N·m),拆下副车架下摇臂与稳定杆组件。

②旋松下摇臂与副车架连接橡胶轴套的螺栓螺母(力矩60 N·m),拆下摇臂。

③旋松稳定杆与下摇臂连接螺栓的紧固螺母,并拆下固定在副车架处支架螺栓(力矩25 N·m),拆下稳定杆。

④用专用工具压出副车架四个前后橡胶支撑,如图6-5-8所示。

图6-5-8 压出副车架前、后端橡胶支撑

⑤用专用工具压出下摇臂两端橡胶轴承,如图6-5-9所示。

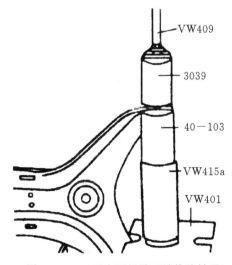

图6-5-9 压出下摇臂两端橡胶轴承

(2)副车架、下摇臂和稳定杆的安装

①用专用工具压入下摇臂橡胶轴承,如图6-5-10所示。

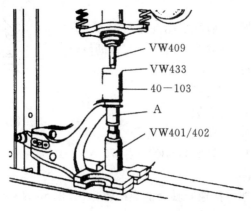

图6-5-10 压入下摇臂橡胶轴承

②用专用工具压入副车架前后端四个橡胶支撑,如图6-5-11所示。

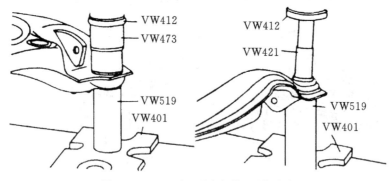

图6-5-11 压入副车架前、后橡胶支撑

③安装稳定杆。稳定杆安装正确位置是弯管向下弯曲,正确的安装方法是先装上较松的卡箍,然后进行短距离试车。这时橡胶支座就会自动滑入规定的位置,然后用25 N·m的力矩固定螺栓。进一步进行调整时应将车辆开到举升台上,然后紧固稳定杆。

④拧紧固定下摇臂与副车架的连接螺栓螺母(力矩60 N·m)。

⑤发动机悬架安装之后,发动机悬架内部都要用防腐剂进行处理。自锁螺栓(螺母)拆装后要再次使用须调换新的螺栓和螺母。

⑥副车架固定至车身上,其固定螺栓按车辆行驶方向拧紧顺序为后左、后右、前左、前右。

⑦如果要装一个新副车架,在前悬架下臂安装之后,副车架内部必须用防护蜡进行处理。

2.后桥与后悬架的拆装(以桑塔纳轿车为例)

(1)后桥与后悬架的拆卸

①将驻车制动拉索从拉杆上吊出,必要时脱开制动蹄。分开后桥上的制动管和制动软管。

②松开车身上的转向器支撑座,仅留一个螺母支撑。如要把支撑座留在车身上,需拆出支撑座与横梁上的固定螺栓。安装时要绝对注意为了避免金属橡胶支座在行驶中橡胶扭曲,在

旋紧螺栓之前,后桥横梁须平放。

③拆下排气管吊环。用专用工具撑住后桥横梁。

④取下车身内减振器盖板。从车身上旋下支撑杆座固定螺母,如图 6-5-12 所示。

⑤拆卸车身上的整个支撑座。

⑥慢慢升起车辆。将驻车制动拉索从排气管上拉出。

⑦拆出后桥。

注意:维修时不允许对后桥进行焊接和整形。

(2)后桥与后悬架的安装

后桥、后悬架总成的安装可按拆卸相反的顺序进行,但应注意以下事项。

①将驻车制动拉索铺设在排气管上面,然后将后桥装到车身上。

②将减振器支撑杆座装入车身的支架中,并用螺母固定。

③后桥横梁必须平放,车身与横梁的夹角应为 $17°\pm2°36'$,如图 6-5-13 所示。

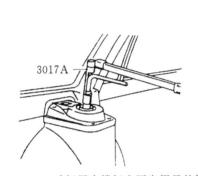
图 6-5-12 减振器支撑杆座固定螺母的拆卸

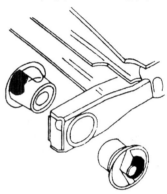
图 6-5-13 支撑座安装在后桥横梁上

④更换所有自锁螺母,且按规定力矩拧紧。

3. 前桥及前悬架的检修

前桥及前悬架的检修过程中,应先对前、后悬架摩擦力进行检查,步骤如表 6-6-1 所示。

表 6-6-1 检查前、后悬架摩擦力是否过大

检查步骤	操 作
1	请一位技师帮助抬起前或后保险杠,尽量能抬高车辆
2	缓慢放下保险杠,使车辆恢复正常翘头高度
3	测量保险杠中心至地面的距离
4	按压保险杠,然后缓慢的松开,使车辆恢复正常翘头高度
5	再次测量保险杠中心至地面的距离
6	两次测量值之差应小于规定值(如上海凯越轿车差值为 12.7 mm),如果超过规定值,应检查控制臂、减振器支柱、球头销等部件是否损坏或磨损

1）减振器的检查和更换

在车辆行驶过程中,如果减振器发出异常的响声,说明该减振器已损坏,一般减振器不进行修理,必须进行更换。减振器上如有很小渗油现象不必更换,如果漏油较多则可以推拉减振器活塞杆,通过拉伸和压缩减振器来检查渗油的程度。漏油多的减振器不能再使用,漏出的减振器油也不能再重新加入减振器内使用。

2）前悬架支柱总成的检修

(1)前悬架支柱总成拆卸

先进行前悬架支柱总成拆卸。在零件全部解体后,应进行清洗、检查,必要时测量。如有下列情况,必须更换新件。

①制动盘工作面严重磨损,超出规定,或表面出现裂纹。

②挡泥板严重扭曲变形。

③轮毂花键松旷,磨损严重;弹簧挡圈失效;车轮轴承损坏(轴承整套更换)。

④前悬架支柱件的焊缝出现裂纹或严重变形。

(2)拆检轮毂、转向节和轴承及球头销的步骤

①检查球头销。

 技术提示

检查球头销时,顶起车辆前端,悬架前端处于自由状态。先用手握住轮胎顶部和底部,由里向外扳动轮胎顶部,检查转向节是否相对于控制臂水平移动。观察下摆臂的连接部件球头销,检查球头销是否磨损。球头销的油嘴端面与球铰链壳体之间有一定间隙。当出现下列情况时,如球头销过松、油封断裂等,必须更换球头销。更换球铰链时,确保弹簧和控制臂处在合适的位置。

②拆下传动轴开尾销。

③踩动制动踏板并保持在踩下位置。拆下传动轴槽螺母,松开制动盘螺栓,但不拆下。

④拆下制动钳螺栓,如图6-5-14所示。

⑤从制动盘拆下制动钳,并用吊钩吊起,如图6-5-15所示。

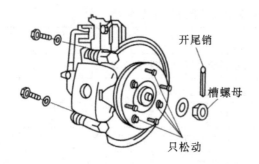 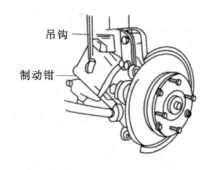

图6-5-14 制动钳螺栓拆卸　　图6-5-15 吊起制动钳

⑥用专用工具B、C拔出轮毂,如图6-5-16所示。

⑦用专用工具F从转向节拆下转向横拉杆接头,如图6-5-17所示。

⑧从托架拆下托架螺栓,并拆下球节,如图6-5-18所示。

⑨拆下转向节。

⑩用敲棒拆下内、外车轮轴承,如图6-5-19所示。

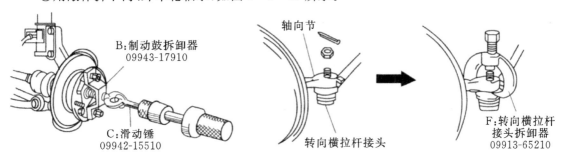

图6-5-16 拨出轮毂　　　　　　图6-5-17 拆转向横拉杆接头

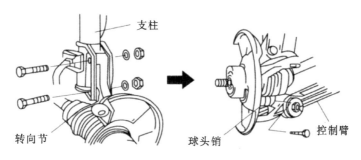

图6-5-18 拆转向球节

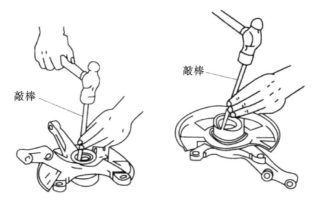

图6-5-19 拆车轮内、外轴承

3)传动轴总成的检修

关于传动轴总成分解、检查、组装及万向节与传动轴的组装,在万向传动装置模块介绍,在此不再进行讲解。

4)副车架、下摇臂的检修

副车架、下摇臂和稳定杆拆卸下来后,主要检查各部位橡胶轴承是否损坏,检查零件是否变形,各焊接部位是否有脱焊或裂纹产生。若橡胶轴承损坏,则更换新件。若到车架零件和下摇臂变形和脱焊,也必须更换,不允许对副车架和下摇臂进行焊接或整形处理。

维修提示

球头销的检查是十分必要的,球头销的损坏必须进行更换。更换球头销时,先在下控制臂弹簧座的下方安放一个合适的千斤顶,升起千斤顶以便压缩螺旋弹簧。拆下固定球头销和转向节的开口销和螺母,然后用撬棒将球头销与转向节连接断开,将球头销从控制臂上拆下来了。拆下固定球头销和控制臂的铆钉头将球头销拆下来。某些球头销可从控制臂内压出。在控制臂中放入新的球头销,新球头销必须压入或用螺栓连接到控制臂。将球头销锥面安装到转向节中,并按规定的力矩拧紧螺母。安装开口销并加润滑脂。重新装回轮胎和车轮。移开支撑汽车的千斤顶,测试车辆。

4.后桥及后悬架检修

1)后桥轮毂轴承检查

首先进行后桥轮毂轴承的拆卸,接下来进行后桥轮毂轴承的检查。

(1)检查轴承或座圈,损坏应更换新件。

(2)检查制动鼓表面磨损情况,磨损严重或端面圆跳动大于0.2 mm,则应更换制动鼓。

(3)检查后轮毂短轴的弯曲情况。用游标卡尺和直尺沿圆周方向测量直尺和轴颈的距离,至少测量三点,比较各次测得的读数,不得超过0.25 mm,否则更换短轴,如图6-5-20所示。

调整车轮轴承间隙,正确的间隙是用一字形螺丝刀在手指的加压下,刚好能够拨动止推垫圈,如图6-5-21所示。

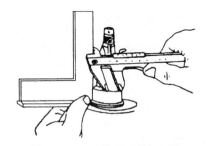 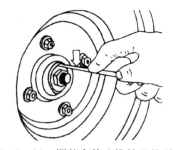

图6-5-20 检查后轮毂短轴　　图6-5-21 调整车轮止推轴承的预紧度

2)减振器和弹簧的检修

先进行减振器和弹簧的拆卸,再进行减振器和弹簧的检修。

(1)后减振器和支撑处有裂纹、筒体外漏油严重,或检验达不到要求应整体更换。

(2)如弹簧有损伤、裂纹或弹力下降,均需要换新件。

(3)橡胶件、缓冲块如有损伤、裂纹、老化等也要更换新件。

3)悬架臂支撑的检修

金属橡胶支撑套不能进行修理,如果出现松动、裂纹、损伤、破裂等现象,需要更换。

6.5.2 车轮的检修

1.轮胎磨损状况、压力和力矩

1)清理

清理轮胎花纹中夹杂的明显的石子或异物。

2)检查

(1)轮胎有无裂纹、缺损或鼓包

(2)轮胎是否偏磨

如果无偏磨,检查花纹正常磨损情况,若露出磨损标记,需要更换新轮胎;

(3)轮胎型号是否相同,花纹是否一致

(4)轮胎安装方向是否正确

(5)平衡块是否缺失

(6)轮辋是否变形

(7)检查气门嘴

①位置在是否居中。

②有无裂纹、破损。

(8)测量轮胎压力

按门框上的标记用压力表测量轮胎压力。

(9)加气或放气

给压力不足的轮胎加气或压力过高的轮胎放气。

(10)拧紧车轮螺栓

按规定的拧紧力矩拧紧车轮螺栓,轿车一般为90~110 N·m。

注意事项:

(1)备胎要拆下检查;

(2)有钉子扎入的轮胎要事先征询用户意见是否取出维修;

(3)有磨损、鼓包或气门嘴损坏的轮胎要通过服务顾问要求用户更换或维修;

(4)拧紧力矩部位:车轮螺栓。

完成作业项目后填写维修纪录。

2.轮胎换位

车辆前后轮胎工作时状态不完全相同,磨损也可能不同,车辆进行轮胎换位,可使轮胎磨损均匀,保证良好的路面附着性及行驶安全性。

常见四轮二桥轿车,斜交胎可采用交叉换位法,子午胎应采用单边换位法,如图6-5-22所示。在路面拱度较大的地区或夏季,轮胎磨损差别较大,可增加换位次数。

子午线轮胎的旋转方向应始终不变,如反向旋转,会因钢丝帘线反向变形产生振动,汽车平顺性变差,所以采用单边换位法。轮胎换位后,应按照所换的轮胎要求,重新调整气压。轮胎换位后须做好记录,下次换位仍要按上次选定的换位方法进行。

轮胎换位后,应按照前后位置的不同要求,重新调整气压。

现代汽车厂商为了节约成本,有些乘用车的备胎尺寸与行车用轮胎不一样,这种情况的备胎不参与换位。

轮胎换位时及换位后应注意什么问题呢?车轮胎换位一定要注意"四同",即同一厂型轮胎、尺寸、花纹、规格(胎体帘线层数、允许充气压力与负荷能力)。也就是说,如果车辆因爆胎等其他因素仅将个别轮胎更换了厂型或花纹,也有的车主使用了尺寸稍有变化的备胎,这时就不能简单地进行轮胎换位,只有厂型、尺寸、花纹、规格四者相同的情况下方可进行轮胎换位,

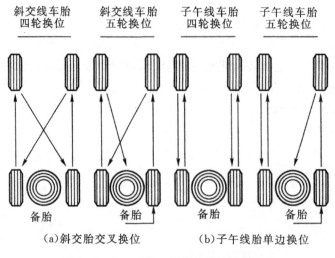

图 6-5-22 四轮二桥轿车轮胎换位方法

否则也会造成跑偏等现象。轮胎换位时要注意因漏气补过的轮胎尽量做备胎或安装于非驱动轮使用，保证把状况最好的轮胎装于驱动轮，以避免爆胎导致方向失控。

此外，轮胎换位之后，最好做一次动平衡和四轮定位。轮胎换位的同时，也要进行动平衡测试，如果轮毂两侧的配重不平均，能导致车辆在行驶中，方向盘抖，车身不稳。所以通常情况下，轮胎换位与动平衡是同时进行的。再有就是轮胎的首次轮换非常重要，请不要忘记在每次轮换后根据车辆制造商的建议调整胎压。

维修提示

换位后的轮胎要按规定的转矩和顺序拧紧车轮螺母，否则在行驶中，螺母可能会自行松动，从而造成重大的伤亡事故。

3. 车轮动平衡检测及调整

1) 车轮与轮胎的平衡

车轮与轮胎是高速旋转组件，如果不平衡，汽车在超过某一速度行驶时会产生共振。特别是高速公路上行驶的车辆，可能造成轮胎爆破，引发交通事故。不平衡也会引起底盘总成零部件损伤，使转向节上的磨损增加、减振器和其他悬架元件的变形等。就车轮本身而言，由于装有气门嘴，同时还与轮胎和传动轴等传动装置旋转部件组装在一起，不平衡在所难免，必须进行平衡。新车上的车轮与轮胎安装时都经过了平衡，随着车辆的行驶及轮胎的维护或修理，轮胎有不均匀或不规则磨损、车轮定位失准、车轮平衡维护时，就必须要做平衡检查。平衡车轮时，沿轮辋分配配重，使它平稳滚动而无振动。车轮平衡包括静平衡和动平衡两种。

静平衡是质量围绕车轮等量分配，简单的说就是车轮在静止时平衡。实际上，不管将车轮垂直装在主轴或平衡机上，还是水平装在气泡式平衡机上，车轮在车轴上处于任何位置都能保持不转动，这就达到了静平衡。静不平衡的车轮旋转时造成跳动，可能引起轮胎不均匀磨损。静不平衡的车轮总有转动趋向，直到重的部分转到最下方才能静止，为了对重的部分进行平衡，可将一块配重直接加到车轮重的部分的对面，就是通过增加平衡块来平衡。可以将平衡块放在车轮内侧或车轮外侧,还可以将重的部分的对面的车轮内外侧各放一块相等的平衡块。

动平衡是在中心线每一侧使质量等量分配,简单地说就是使车轮在运动中平衡。轮胎旋转时,没有从一侧移到另一侧的趋势,就达到了动平衡。动不平衡的车轮会引起车轮摆动和磨损,关键是存在着不平衡质量所产生的力和力偶的作用。为了纠正动不平衡,在不平衡点处,互成180°处放置相等的平衡块,一块在车轮内侧,一块在车轮外侧。这可纠正由于质量不平衡而致使车轮摆动的力偶作用。注意既要达到动平衡而又使静平衡不受影响。

通常遇到以下情况要求做车轮动平衡:
(1)当车更换了新的轮胎、轮毂或补过轮胎后;
(2)在轮胎受到大的撞击,轮胎从钢圈上剥离过;
(3)高速行驶在某一段车速出现转向盘抖动或者车轮出现有节奏的异响时。

2)检测与调整
(1)车轮动平衡机
车轮动平衡机如图6-5-23所示,主要由驱动装置、转轴与支撑装置、显示与控制装置、制动装置组成。
(2)车轮动平衡机检测步骤及注意事项
利用离车式车轮动平衡机对车轮进行动平衡检测时,需将车轮从车上拆下。
①准备工作。
(a)清除被测车轮上的泥土、石子和旧平衡块。
(b)检查轮胎气压,视必要充至规定值。
(c)根据轮辋中心孔的大小选择锥体,安装车轮,用大螺距螺母锁紧。
(d)操作人员佩戴防护眼镜。
(e)打开电源开关,检查指示与控制装置的面板是否指示。
②测量轮辋参数,如图6-5-24所示。

图6-5-23 车轮动平衡机

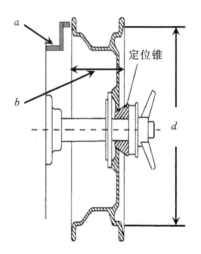

图6-5-24 轮辋参数
a—轮辋边缘至机箱距离;
b—轮辋宽度;d—轮辋直径

(a)用卡尺如图6-5-25所示,测量轮辋宽度b;

(b)轮辋直径 d(也可由胎侧读出);

(c)用平衡机上的标尺测量轮辋边缘至机箱距离 a;

(d)再用键入或选择器旋钮对准测量值的方法,将 a、b、d 值输入到指示与控制装置中。

③动平衡测量。

(a)放下车轮防护罩,按下起动键,车轮旋转,平衡测试开始,动平衡机自动采集数据。

(b)车轮自动停转或听到"笛"声操纵制动装置使车轮停转后,从指示装置读取车轮内、外不平衡量和不平衡位置。

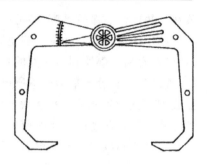

图 6-5-25 卡尺

(c)抬起车轮防护罩,用手按箭头方向慢慢转动车轮。当指示装置出现指示灯全部亮起时停止转动。

④安装平衡块。

(a)在轮辋的内侧或外侧的上部(时钟 12 点位置)加装指示装置显示的该侧平衡块质量。

(b)内、外侧要分别进行,平衡块装卡要牢固。平衡块有两种:卡夹式和粘贴式。分别如图 6-5-26 和图 6-5-27 所示。根据轮辋类型进行选择。

⑤重新检查轮胎动平衡。安装平衡块后有可能产生新的不平衡,应重新进行平衡试验,直至不平衡量<5g,指示装置显示"00"或"OK"时,轮胎动平衡合格。

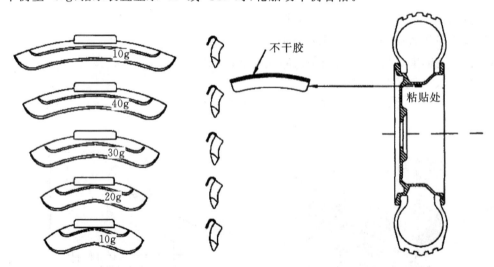

图 6-5-26 卡夹式平衡块　　　　图 6-5-27 粘贴式平衡块

⑥测试结束。关闭电源开关,取下车轮总成。

由于车轮动不平衡对汽车危害很大,因此,必须对车轮的动不平衡进行检测,并进行调平衡工作,由于动平衡的车轮一定处于静平衡状态,因此,只要检测了动平衡,就没有必要检测静平衡。

4. 车轮定位及调整

1)车轮定位前的准备

进行车轮定位及调整之前,先驾驶汽车进行路试,检查转向盘是否校直,转向盘、地板、座椅是否振动。检查车辆是否有不正常现象,如转向困难、转向时轮胎噪声或机械爆震声。看看轮胎磨损、轮胎尺寸和型号是否匹配,有无损伤。举起车辆后,检查转向装置、行驶装置的相关部件,先修理损坏部件再进行调整。

检查前轮定位前,车辆应先满足以下条件:车停放在水平场地或专用检测台上,车轮在直线位置且无负载;轮胎气压符合规定;车轮平衡,悬架活动自如;转向器调整正确;前悬架弹簧无过大的间隙和损坏。

维修提示

检修车轮和轮胎,就要举起汽车。用举升机举起汽车时,要按照正确的程序操作。如果用液压千斤顶,则要用专用千斤顶。要使车轮制动,确保汽车不会向前或向后移动。

2)车轮定位检查

(1)车轮定位规程

用来检测车轮定位的装置各种各样,从简易式定位计量表到应用计算机的四轮定位系统应有尽有,车轮四轮定位系统如图6-5-28所示。

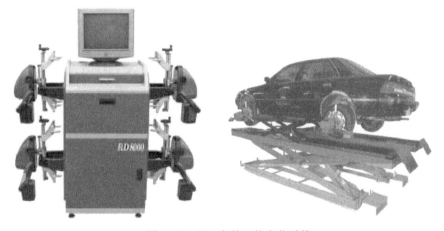

图6-5-28 车轮四轮定位系统

计算机定位系统能在显示器屏幕上提供信息,在定位过程中对维修技师进行逐步引导。首先选择待定位车辆的结构,再选出具体的年限和型号,系统就开始对车轮进行检测。检测一个车轮只需几秒钟。调整完毕后,定位测量值就立即被显示出来。具体存储数据与端口数据相结合,记忆存储的数据包括不平衡误差,左、右侧不同的技术特征值以及横向技术特征值(左、右两边的容许差异)。屏幕上的图形和文字表明在何处以及如何进行调整。在调整过程中,维修技师还可观察指向目标的定心块。若定心块与目标直线对准,则定位误差不超过规定公差的一半。所有的车轮定位角相互之间都有关联。不论汽车结构和悬架型式如何,应遵守的调整顺序均为—主销后倾角、车轮外倾角、前束。只要车辆允许,都照此顺序进行。有很多麦克弗森式悬架不允许调整主销后倾角和车轮外倾角。另外,调整方法因车型号而异,偶尔也与车型的生产年份有关。

(2)用计算机车轮定位系统进行四轮定位的步骤:

①将汽车停放在车轮定位台上;

②检查前轮是否正确地放置在转动盘上、后轮是否正确地放置在侧滑板上;

③正确安装和连接各车轮上的传感器及接头装置；
④操作计算机,选择检测车辆的型号和制造年份；
⑤按计算机屏幕的显示,目视检查所列各项项目；
⑥按计算机屏幕的显示,依次查看车身乘坐高度、查看每个车轮轮胎的状态、车轮径向偏振的补偿情况、车轮偏转角；
⑦计算机检测并显示出前、后轮各车轮定位参数需要调整的内容；
⑧根据检测结果对车辆进行调整。

3)车轮定位参数的调整

上海桑塔纳2000型轿车只调整车轮外倾和车轮前束,主销后倾角和主销内倾角不做调整,主要通过前轮外倾的正确性来保证。

(1)调整前轮外倾角

调整前轮外倾角时车轮应着地,通过改变球头销在下摇臂长孔中的位置来调整,具体如下：

①松开下摇臂球头销的固定螺母；
②把外倾调整杆40~200插入的孔中,如图6-5-29箭头所示；

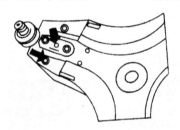

图6-5-29 插入外倾调整杆

③横向移动球头销,直至达到适当的外倾角值。调整左侧时,从后面插入调整杆；调整右侧时应从前面插入调整杆；
④紧固螺母并再次检查外倾角值,需要时重新进行调整；
⑤必要时调整前束。

(2)调整前轮前束

将车轮停放在水平的硬地面上。顶起前轮,使车轮能平稳回转,在轮胎周向花纹对称中心画线,然后拆下千斤顶,使车轮恢复稳定状态,并使车轮处于直行位置。测量前束用尺进行,调整前束是通过改变两侧转向横拉杆的长度来实现的,如图6-3-5中的可调横拉杆10。

①将转向器置于中间位置；
②旋松转向横拉杆两端接头的锁紧螺栓；
③仔细看清横拉杆转动的圈数和标记,若没有标记用粉笔在横拉杆及接头上做好；
④用管钳扭转横拉杆,使其伸长或缩短；
⑤调整合适后,拧紧横拉杆两端接头的锁紧螺栓；
⑥总前束值分两半,分别在左右横拉杆上调整；
⑦调整后固定转向横拉杆,再次检测前束值是否符合规定。

为了保证汽车正常行驶,应检查轮胎的侧滑,查看直线行驶时轮胎的横向侧滑率,也就是车轮外倾角与前轮前束的配合情况。检查标准规定,采用前束或后束发生的侧滑率,汽车直线行驶 1 km 应在 5 m 以内。汽车在直线行驶状态下,轮胎发生少量的横向侧滑是属于正常的。

5. 车轮及轮胎使用与维修

维修提示

检修车轮和轮胎,就要举起汽车。用举升机举起汽车时,要按照正确的程序操作。如果用液压千斤顶,则要用专用千斤顶。要使车轮制动,确保汽车不会向前或向后移动。要用正确的姿势和方法抬起轮胎,抬起轮胎时,要使轮胎靠近身体且腿部用力。在检修轮胎和轮辋时,要佩带相应的安全防护工具。要用专用工具从轮辋上卸下轮胎,拆卸步骤要正确。否则,拆卸过程中,轮胎内的压力可能对人造成严重的伤害。当给重新装好的轮胎充气时,轮圈常会弹回原位,此时手要远离轮圈,而且充气压力不能超过限值,因为旧轮辋可能会因此断裂并引起伤亡事故。要按规定的转矩和顺序拧紧车轮螺母,否则在行驶中,螺母可能会自行松动,从而造成重大的伤亡事故。充气压力不足的轮胎在高速行驶时会导致轮胎温度过高。注意不要在高速行驶后马上触摸轮胎,以免烫伤手指。汽车在高速公路高速行驶时,轮胎表面会有碎片,检修时一定要小心,要注意轮圈部位可能有尖锐的金属丝伸出来。

1)使用

①保证正常压力,检查轮胎气压时应在常温下进行,冬季轮胎气压应增高 20 kPa。上海桑塔纳 2000 型轿车车轮轮胎充气压力:前轮胎 180 kPa(空载)、190 kPa(满载);后轮胎 180 kPa(空载)、240 kPa(满载);备胎 250 kPa。

②如果轮胎上 12 mm 宽、1.6 mm 深的磨损指示条已经磨去,应立即更换轮胎。

③应使轮胎磨损均匀。如果发现前轮比后轮磨损大,为了保证安全应进行轮胎换位,并且保持原来旋转方向。

④同一车轴应使用同样规格和同样花纹的轮胎。

⑤经常查看轮胎气压和磨损情况,剔除嵌在轮胎花纹内的异物。

⑥存放的轮胎不可接触润滑油和燃油,避免长期暴晒。

2)轮胎充气

轮胎充气应按照该型汽车使用说明书上规定的标准气压执行,应在冷态时用气压表测量,若在热态时测量,应略高于标准气压。轮胎装好后,先充入少量空气,等内胎充气伸展后再继续充至要求气压。充气前应检查气门芯与气门嘴是否配合平整,擦净灰尘。充气后检查是否漏气,将气门帽装紧。冲入的空气不要含有水分和油雾。充气时注意安全,开始时用手锤轻击锁圈,使其平稳嵌入轮辋槽内,以防锁圈跳出。

3)维修

(1)维修方法

塞修理是最普遍的方法,将一个稍大于扎伤孔尺寸的塞放在工具的眼中。从轮胎内侧将塞插入扎伤的孔中,同时夹住和拉紧塞的长端。该塞必须伸出胎冠和内衬里表面。如果该塞一下子很容易穿过,则应将其抛弃并重复插入过程。卸掉工具,修剪该塞至内衬里表面距离 1/32 英寸。剪切时,不要拉动该塞。采用冷补片时,仔细清除补片背面。在刺伤区涂敷补胎液,稍干后将补片贴在刺伤区,并使其与轮胎结合牢靠。修理子午线帘布层轮胎时,只使用经批准的专用补片。这些专用补片有成排的箭头,他们必须与径向帘布层平行。轮胎热补片的用法和冷补片相似,区别是将热补片夹在刺伤区加热使补片粘牢。

(2)轮胎的拆卸与安装

轮胎拆装尽量使用换胎机器,如图 6-5-30 所示。在拆装铝制车轮或钢丝辐条车轮上的轮胎时,所需附件应同换胎机器厂家联系,以保护车轮光洁度。仅用手工工具和轮胎撬棒更换轮胎,可能会损坏轮胎沿口或轮辋,影响轮胎的气密性。

图 6-5-30 换胎机器

正确的轮胎拆卸和安装过程如下:
①检查换胎机器是否正常,准备拆卸;
②轮胎放气并卸下气门芯,将车轮及轮胎放在换胎机上;
③通过脚踏板控制换胎机器工作;
④将换胎机器臂缓慢降至轮胎和车轮组件上的正确位置;
⑤将撬棒插在轮胎和车轮之间。踩下使车轮转动的踏板,使轮胎与车轮分开;
⑥等轮胎完全离开轮辋之后,卸下轮胎;
⑦使用换胎机器将两侧车轮及轮胎都卸下;
⑧车轮在安装轮胎之前,应用钢丝刷刷掉轮辋密封面处的赃物和锈;
⑨做好安装轮胎前的准备,将橡胶混合物充足地加到将要安装的轮胎的沿口区;
⑩安装轮胎与 3、4、5、6 步骤相反,轮胎套到轮辋上使轮胎对车轮落座;
⑪重新安装气门芯,将轮胎充气到推荐压力值。

6.6 行驶系常见故障的诊断

6.6.1 车桥的故障诊断

维修提示

前桥及转向系常见故障有前轮摆动、前轮跑偏、转向盘沉重或转向盘振抖、轮胎的异常磨损等,影响汽车的操纵稳定性与操纵轻便性。汽车前桥及转向系故障包括前桥配合间隙、前轮轮胎的气压和胎面磨损的差异、前轮的平衡、左、右悬架的弹力等诸因素。在判断故障部位时,可将轮胎磨损的特征作为参考依据。

前桥配合部位松旷会影响前轮定位的准确性,使转向振动系统的刚度及阻尼作用降低,造成汽车前轮摆动或前轮跑偏以及转向盘沉重以及转向盘振抖等故障。随着行驶里程的增加,各配合零件磨损增大,就会造成配合松旷而影响汽车操纵的稳定性和轻便性,所以,在各级维护中,必须认真做好此项检查调整工作。一般先检查转向盘的自由转动量。若自由转动量过大,在检查调整轮毂轴承间隙之后,拆查调整转向器传动副的啮合间隙,使转向盘的自由转动量符合规定,然后装好摇臂轴并检查转向盘的自由转动量。重新装好摇臂轴之后,转向盘的自由转动量仍然过大,说明转向传动机构的配合部位,或者转向节、独立悬架的摆臂、支撑杆(稳定杆)或推力杆配合松旷,应逐一检查调整。

轮胎的气压过高,其偏离角减小,轮胎产生的稳定力矩减小,自动回正能力减弱;轮胎的气压过低,侧向弹性增强,稳定力矩过大,车辆回正能力过强,转向后回正过猛会使转向车轮摆动剧烈,造成转向盘抖动。轮胎气压过高或过低,都会引起前轮摆动或前轮跑偏,破坏汽车操纵稳定性,需要排除如轮辋变形等造成前轮不平衡的因素,必要时进行车轮动平衡试验。轮辋变形,轮毂、轮辋、制动鼓和轮胎制造以及修理、装配的误差,质量不均匀等因素,破坏了车轮组件的平衡性能,在高速时会引起严重的共振,造成前轮摆动。更换车轮组件中的任一零件或修补轮胎后均应对车轮重新进行动平衡试验。

维修提示

要用正确的姿势和方法抬起轮胎,抬起轮胎时,要使轮胎靠近身体且腿部用力。在检修轮胎和轮辋动平衡时,要佩带相应的安全防护工具。

前轮定位的准确程度影响汽车操纵的稳定性,汽车二级维护时,在侧滑试验台上检测汽车的侧滑量的基础上,用光学水准前轮定位仪或四轮定位仪检查调整前轮定位。

非独立悬架的前轴变形,独立悬架支撑架、摆臂、稳定杆与支撑架变形,车架的变形,杆件长度不符原厂规定等,会破坏汽车操纵的稳定性和轻便性。当消除前桥、转向系配合松旷、配合过紧、调整前轮定位、调整轮胎气压、车轮平衡之后,汽车侧滑量仍然过大,仍不能恢复汽车操纵的稳定性,需要进行前轴、车架等零部件变形拆检或修理。

6.6.2 车轮的故障诊断

1.车轮常见故障

轮毂轴承过紧,会造成汽车行驶跑偏。全部轮毂轴承过紧时,会使汽车滑行距离明显下降。轮毂轴承过紧会使汽车经过一段行驶后,轮毂处温度明显上升,有时甚至使润滑脂溶化而容易甩入制动鼓内。将车轮支起后,转动车轮明显感到费力沉重。轮毂轴承过松,会造成车轮摆振及行驶不稳,严重时还能使车轮甩出。此时,可将车轮支起,通过用手横向摇晃车轮,即可诊断出车轮轴承是否松旷。一旦发现轴承松旷,必须立即修理。

2.轮胎常见故障诊断

进行轮胎的故障诊断时注意轮胎与车轮、转向、悬架之间的关系。轮胎的使用和保养不良会导致轮胎本身及相关系统的故障。

常见问题:
充气压力不足的轮胎在高速行驶时会导致轮胎温度过高。注意不要在高速行驶后马上触摸轮胎,以免烫伤手指。汽车在高速公路高速行驶时,轮胎表面会有碎片,检修时一定要小心,要注意轮圈部位可能有尖锐的金属丝伸出来。

1)不均匀磨损
轮胎的主要故障是不均匀磨损。

(1) 内侧或外侧磨损

轮胎内侧或外侧过快磨损,如图 6-6-1 所示。

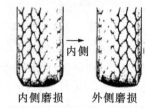

图 6-6-1 单侧磨损

轮胎面某一侧的磨损快于另一侧是较常见的轮胎磨损故障现象,主要原因是外倾角不正确。由于轮胎与路面接触面积大小因载荷而异,对具有正外倾角的轮胎而言,其外侧直径要小于其内侧直径。因此胎面必须在路面上滑动,以便其转动距离与胎面的内侧相等。这种滑动便造成了外侧胎面的过量磨损。反之,具有负外倾角的轮胎,其内侧胎面磨损较快。解决故障方法是按规定调整前轮外倾角。另外,经常在过高的车速下转弯,轮胎的滑动也会造成轮胎内侧或外侧斜形磨损。解决这类故障方法是使驾驶员在转弯时降低车速。

(2) 前束磨损和后束磨损

前束磨损和后束磨损(胎面羽状磨损),胎面呈明显的羽毛形,用于指从轮胎的内侧至外侧划过胎面,便可加以辨别。如图 6-6-2 所示。

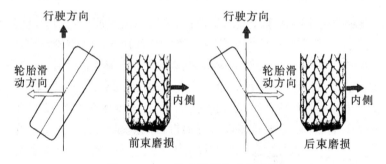

图 6-6-2 前束磨损和后束磨损

前束磨损和后束磨损主要原因是前束调整不当。过量的前束,会迫使轮胎向外滑动,并使胎面的接触面在路面上朝内拖动,造成前束磨损。过量的后束,会将轮胎向内拉动,并使胎面的接触面在路面上朝外拖动,造成后束磨损。解决故障方法是按规定调整前束。

(3) 胎肩或胎面中间胎冠磨损

胎肩快速磨损主要是由于轮胎气压过低或没有进行轮胎换位所致。胎面中间胎冠磨损主要是由于轮胎气压过高或超速所致,如图 6-6-3 所示。解决故障方法是需要冷态下将轮胎气压调整到规定值。

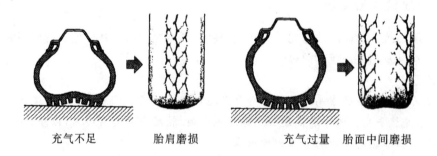

图 6-6-3 胎肩或胎面的磨损

(4) 前端和后端磨损

前端和后端磨损是一种局部磨损，常常出现在具有横向花纹和区间花纹的轮胎上，胎面上的区间发生斜向磨损（与鞋跟的磨损方式相同），最终变成锯齿状，如图6-6-4所示。

非驱动轮的轮胎只受制动力的影响，而不受驱动力的影响，因此往往会有前后端形式的磨损，如反复使用和放开制动器，便会使轮胎每次发生短距离滑动而磨损，前后端磨损的形式便与这种磨损相似。如果是驱动轮的轮胎，则驱动力所造成的磨损，会在制动力所

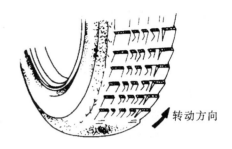

图6-6-4 前端和后端磨损

造成的磨损的相反的方向上出现，所以驱动轮轮胎极少出现前后端磨损。大客车和大货车，由于制动时产生了大得多的摩擦力，故具有横向花纹的轮胎，便会出现与非驱动轮相似的前后端磨损。如车辆经常在铺路道路上行驶，轮胎便会磨损较快。这是由于轮胎向上转动并离开铺面路时，胎面区间在刹那间打滑所致，最后离开路面的胎面区间部分受到较大的磨损。具有纵向花纹的胎面，磨损时会产生波状花纹。解决故障方法是需要驾驶员根据路面情况合理操作，降低轮胎磨损程度。

(5) 斑状磨损

斑状磨损通常是在汽车高速行驶时出现的，是在轮胎胎面出现的一处或多处斑状凹陷。如图6-6-5所示。

斑状磨损主要是因为轮胎不平或轮胎本身存在缺陷。轮辋变形或制动鼓变形都会造成车轮周期性的振动，出现斑状磨损。如果车轮轴承、球头销、转向横拉杆等处间隙过大，在轮胎高速旋转时，在某一位置便会产生摆振，造成斑状磨损。

图6-6-5 斑状磨损

2) 前轮自动跑偏

汽车中、高速行驶时放松转向盘之后，前轮急剧跑偏，驾驶员往往必须握紧转向盘约束前轮跑偏。造成前轮急剧跑偏的主要原因是两侧前轮主销后倾差异过大，主销后倾大的一侧，路面反力形成的车轮回正能力过于强烈，使前轮急剧向主销后倾小的一侧偏转，形成前轮急剧自动跑偏的故障。解决独立悬架前轮剧烈跑偏的故障方法是先按原厂规定检查调整主销后倾角，然后检查调整前轮外倾角，直至侧滑量符合规定。

车辆直线行驶中，放松转向盘，前轮逐渐跑偏，此故障往往在较低车速时出现。产生前轮逐渐跑偏的主要原因是两侧前轮外倾差异过大，外倾角大的前轮所产生的绕主销回转力矩必然大于外倾角小的前轮所产生的回转力矩，使汽车方向向外倾角大的一侧跑偏。排除这类故障方法是在保持主销后倾角正确的前提下调整前轮外倾。

汽车在直路面直行时，驾驶员稍打转向盘，前轮就会急速跑偏，转向盘出现漂浮感，有人也称为转向盘"发飘"。前轮跑偏的原因是前轮外倾值和前束值都大，产生过分的过度转向。调整前轮定位时，先将两前轮外倾角调整好，然后再检查侧滑量，按侧滑量的正负再调整前束值，待侧滑量合格后，故障即可排除。

3) 前轮摆动

汽车行驶中，驾驶员未转动转向盘，但两前轮忽左忽右的摆动，使汽车忽左忽右地"蛇行"，

并伴有转弯后转向回正能力很差,转向盘"发飘"感明显,此种故障称为前轮摆动。引起前轮摆动的主要原因是转向节主销后倾和主销内倾角过小,前桥、转向系配合松旷而引起的前束值过大。独立悬架故障排除方法是先消除配合松旷,然后检查调整主销后倾和主销内倾或车轮外倾,再调整前束。

4)转向沉重

汽车转向时,驾驶员转动转向盘的圆周力过大,转向反应迟钝,而且转向回位性能差。原因除各部位配合过紧或卡死等原因外,还与主销后倾有关。双侧均转向沉重,但双侧转向回正性能都好。该故障由于两侧主销后倾角均过大,造成前轮回正力矩过大,引起转向沉重但回位迅速,严重时转向盘出现"发飘"感。如果两侧主销后倾角差异过大,甚至一侧主销后倾角为负,另一侧主销后倾角为正,就会造成单侧转向沉重,而另一侧转向回正能力很差。故障排除方法是调整各部位配合状况。

6.6.3 悬架的故障诊断

悬架的故障涉及到悬架、车轮、轮胎、转向、制动等多个系统,在诊断这类问题时,这些因素要综合考虑。有些故障,如轮胎异常磨损或严重磨损,也可能是由于驾驶员不良的驾驶习惯造成的。所以,诊断之前必须先进行路试,再进行初步检查,如表6-6-1,然后再按照表中的故障症状及诊断步骤进行诊断维修,如表6-6-2~表6-6-6所示。

表6-6-1 悬架系统的初步检查项目

检 查	操 作
轮胎气压是否符合规范,轮胎磨损是否均匀	调整轮胎气压
轮胎是否失圆、弯曲变形,是否平衡,车轮轴承磨损是否松旷	车轮进行动平衡检测,更换车轮及车轮轴承
前、后悬架、转向器及连杆是否磨损或松旷	紧固前后悬架、转向器及连杆连接处
悬架各橡胶金属衬套和球接头磨损过大	检查更换磨损的衬套和球接头
动力转向系统油液是否正常,是否漏油	修理漏油部位,根据需要添加动力转向油液

表6-6-2 汽车行驶跑偏故障诊断与排除

故障现象	故障原因	故障诊断与排除
驾驶员操纵车辆直线行驶时,车辆偏离正常行驶方向	前车轮两侧轮胎气压不等	调整轮胎气压
	前制动器分离不彻底	检修调整前制动器
	前轮定位不准	检查、调整前轮定位
	减振器失效	更换减振器
	悬架各橡胶金属衬套和球接头磨损过大	检查更换磨损的衬套和球接头
	后悬架弹簧损坏或变软	更换后悬架弹簧
	悬架臂变形	更换悬架臂
	后桥移位或梁变形	检查、校正后桥

表6-6-3 汽车行驶噪声故障诊断与排除

故障现象	故障原因	故障诊断与排除
汽车行驶过程中,出现非正常的异响	减振器松动或损坏	紧固或更换减振器
	悬架系统各金属衬套磨损严重或松动	更换衬套
	前轮不平衡	重新平衡车轮
	前轮轴承松动	调整前轮轴承
	后轮毂轴承损坏	检查更换后轮毂轴承

表6-6-4 转弯时车身倾斜故障诊断与排除

故障现象	故障原因	故障诊断与排除
在汽车转弯时车身过度倾斜	横向稳定杆松动	紧固横向稳定杆
	弹簧弹力过软或支撑座变形	更换或校正
	减振器损坏	更换减振器
	主销后倾角过大	调整主销后倾角

表6-6-5 汽车摆振故障诊断与排除

故障现象	故障原因	故障诊断与排除
转向盘沿其转动方向出现的振动	轮胎气压低或各胎气压不等	调整气压
	前轮定位不准	调校前轮定位
	稳定杆失效	更换稳定杆
	车轮不平衡	平衡车轮
	轮毂轴承松动	调整轮毂轴承
	转向器调整不当或机件磨损过大	调整转向器

表6-6-6 汽车翘头高度过低故障诊断与排除

故障现象	故障原因	故障诊断与排除
汽车翘头高度低于正常范围,乘坐时感觉较软	弹簧折断或下垂	更换弹簧
	减震器磨损	更换减震器
	车辆超载	减少车辆负荷

6.7 案例分析

6.7.1 案例一：广州本田雅阁轿车转弯时制动不良故障的检修

1. 故障症状

一辆 2010 年广州本田雅阁轿车转弯时制动不良。

2. 司机反映

该车直线行驶时，制动性能很好，但一转弯时，制动距离明显变长，而且踩制动踏板感觉很硬，到其他维修厂更换了总泵、分泵和制动片，效果有些好转，但转弯时，感觉踏板仍然很硬，且制动效果不佳。

3. 检修方法

上路亲自试车，确如司机所说，让修理工把以前换下来的助力器接上真空试验，一切都很正常，然后装车路试，故障如前。

将车子上架，举升起来，启动挂挡，同时打死转向盘，踩制动踏板，一下子就发现了问题之所在。

在架起车子踩制动踏板时，发现右侧的减震器叉架在安装时装反了，结果在转弯时制动分泵与该叉架碰到一起，使分泵的钳体无法向内移动，也就无法夹紧制动盘，而且分泵不能向外伸出，使制动踏板感觉很硬。

将减震器叉架正确安装后，故障解除。

6.7.2 案例二：捷达轿车行驶时车轮前部有异响故障的检修

1. 故障症状

一辆捷达轿车，车主说该车曾拆装了变速器，装复后在路面行驶时，听见前部车轮有异响。经检查，是轮胎发出的声音。

2. 检修方法

首先对前轮定位做常规检查，检查前轮轮胎气压是否符合标准，左右两侧悬架高度是否一致，减震器弹簧是否折断，前轮轴承是否松旷，转向球头是否松旷。经检查，上述各部件均正常。

再检查前轮定位。捷达轿车前轮定位包括：前轮外倾角、前轮前束、主销内倾角、主销后倾角。其中主销内倾角和主销后倾角不可调整，前轮前束是靠右边的横拉杆来调整的；前轮外倾角是靠悬架与轴承壳体的连接螺栓来调整的。检查右横拉杆，在拆装变速器时没有动过。

检查车轮外倾角。捷达轿车的前桥悬架上端与车身相连，下端通过两个螺栓与车轮轴承相连。两个螺栓既起固定悬架与轴承壳体的作用，又可调整车轮外倾角。检查螺栓在悬架上固定时留下的痕迹,发现螺栓没有与原来的痕迹重合,这必然引起车轮外倾角的变化。将固定螺栓头部和螺母与原来的痕迹重合,试车,车轮不再发生异响。

6.7.3 案例三:奥迪轿车高速行驶时摆头故障的检修

1.故障症状

一辆一汽奥迪轿车高速行驶,速度达120km/h时摆头,整个前部车身都左右晃动,高于或低于此车速行驶时摆头不明显。行驶里程7500 km。

2.检修方法

根据故障现象,认为前轮可能不平衡。对前轮做动平衡后试车,发现摆振仍不能消除。平衡两只后轮,故障还是不能排除。

这种故障属于前轮共振,它和诸多因素有关,如前轮定位、车轮平衡、减震器紧固情况、阻尼特性、弹簧弹力、横拉杆、横拉杆球头是否松旷、控制臂球头是否松旷、前轮轴承等。

首先用大众公司专用工具V·A·G1813检查,发现定位参数基本正常。对相关部位进行详细检查,没有发现异常,经过一天的检查,没有发现故障原因。

再次详细询问用户故障发生的经过,用户说此车以前高速行驶时,没有摆头的故障。从上次跑高速到故障出现之间曾经修理过前悬架,因转动转向盘时左前减震器有异响,在左前减震器套下底端放置一个平垫,放平垫后异响消除了,但这次跑高速却出现了摆头的故障。

得知此情况,拆下左前减震器,取出减震套内的平垫,在减震器上端的螺母下放置一个打平垫,转动转向盘时减震器无异响,高速行驶时也不再摆头了。

习 题

1.简答

(1)轮式行驶系由哪几部分组成?功用是什么?
(2)试分析轮式行驶系的受力情况。
(3)整体式车桥与断开式车桥有何区别?
(4)在带主销的车桥中,当汽车转向时,主销的运动状态是否都相同?
(5)采用螺旋弹簧和扭杆弹簧的悬架上为什么必须装有减振器?
(6)转向驱动桥有哪些结构特点?实现转向和驱动两项功用的主要零、部件有哪些?
(7)钢板弹簧上的弹簧夹起什么作用?安装时应注意什么?

2.选择题

(1)汽车减振器广泛采用的是( )。
A.单向作用筒式 B.双向作用筒式 C.阻力可调式 D.摆臂式
(2)外胎结构中起承受负荷作用的是( )。
A.胎面 B.胎圈 C.帘布层 D.缓冲层
(3)前轮前束是为了消除( )带来的不良后果。
A.车轮外倾 B.主销后倾 C.主销内倾 D.车轮跑偏

(4)连接轮盘和半轴凸缘的零件是(　　)
　A.轮毂　　　　　　B.轮辋　　　　　　C.轮辐　　　　　　D.轮胎
(5)车轮定位具有保证车轮自动回正的作用是(　　)。
　A.主销后倾角　　　B.主销内倾角　　　C.车轮外倾角　　　D.车轮前束
(6)安装(　　)可使悬架的刚度成为不可变。
　A.渐变刚度的钢板弹簧　　　　　　　B.等螺距的螺旋弹簧
　C.变螺距的螺旋弹簧　　　　　　　　D.扭杆弹簧
(7)某轮胎规格表示为225/60R17 88H,其中"R"表示(　　)。
　A.子午线轮胎　　　B.负荷指数　　　　C.速度级别　　　　D.轮胎气压
(8)前轮定位中转向操纵轻便主要是靠(　　)。
　A.前轮前束　　　　B.主销内倾　　　　C.主销后倾　　　　D.前轮外倾。
(9)某轮胎规格表示为225/60R17 88H,其中"88"表示(　　)。
　A.轮胎的扁平率　　B.负荷指数　　　　C.速度级别　　　　D.子午线轮胎

项目7 汽车转向系

学习目标

(1)简单叙述转向系的功用、类型、组成和工作过程。
(2)正确描述转向器的功用、类型、构造和工作原理。
(3)正确描述转向操纵机构和转向传动机构的组成、工作原理。
(4)正确描述动力转向系统的功用、类型、组成及工作原理。
(5)正确描述电子控制动力转向系统的组成和工作原理。
(6)会分析转向系常见故障的产生原因及排除方法。
(7)会做转向系主要零部件的检修、转向系的装配与调整工作。

7.1 汽车转向系概述

7.1.1 转向系的功用、组成和分类

1.转向系的功用

汽车在行驶过程中,由于行驶路线、道路方向的改变,或为了避让行人、障碍物等多种因素,汽车的行驶方向需要经常改变或不断修正。为此,汽车设立了一套专门的机构,来使转向轮绕主销轴线偏转一定角度,直到新的行驶方向符合驾驶员的要求时,再将转向轮恢复到直线行驶位置。这种用来改变或恢复汽车行驶方向的专设的一整套机构,称为汽车转向系统,简称转向系。

2.转向系的组成

汽车转向系一般都是由转向操纵机构、转向器和转向传动机构三个基本部分组成,如图7-1-1所示。

转向操纵机构是驾驶员操纵转向器的工作机构,主要由转向盘、转向轴、转向柱管等组成。

转向器是将转向盘的转动变为转

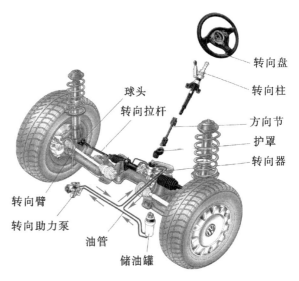

图7-1-1 转向系的组成

向摇臂的摆动或齿条轴的直线往复运动,并对转向操纵力进行放大的一种特殊的减速机构。转向器固定在汽车车架或车身上,转向操纵力通过转向器后一般还会改变运动方向。

转向传动机构是将转向器输出的力和运动传给车轮(转向节),并使左右车轮按照一定的关系进行偏转的机构。

3. 转向系的分类

汽车转向系按动力源的不同,分为机械转向系和动力转向系两大类。机械式转向系完全以驾驶员的体力(手力)作为转向能源,驾驶员需要对方向盘施加较大的力才能转动方向盘实现转向。动力转向系是兼用驾驶员体力和发动机动力(或蓄电池的电力)为转向动力的转向系。它是在机械转向系的基础上加设一套转向动力装置而形成的。图7-1-1为一种液压式动力转向系示意图。其中,储油罐、油泵、动力转向器构成转向加力器的各部件。

7.1.2 转向系的角传动比和转向时车轮的运动规律

1. 转向系的角传动比

转向盘的转角与安装在转向盘同侧的转向车轮偏转角的比值,称为转向系角传动比。

目前,汽车转向系统的角传动比(在直行位置)约为14~28,轿车一般偏小,载重汽车偏大。相应地,转向盘转动总圈数(从一侧极限位置到另一侧极限位置)为3~6圈。

转向系统角传动比的大小对汽车的操纵控制有很大影响。如今,汽车的行驶速度较高,在正常状况下行驶时,转向系统角传动比应选得较大,以避免转向过于灵敏。但是,如遇紧急情况需急转弯时,按正常行驶条件确定的传动比会显得过大、灵敏度过低(转向盘转动圈数过多);而汽车原地转向时,又希望有更大的传动比,使转向轻便。汽车使用情况复杂,要求机械转向系统同时满足转向轻便和转向灵敏是困难的,此问题通过采用助力转向装置和变速比转向器加以解决。

2. 转向时车轮的运动规律

汽车转向时,理论上要使各车轮都只滚动不滑动,各车轮必须围绕同一个中心点滚动,即各轮的旋转轴线必须交于一点O,如图7-1-2所示,此交点称为汽车的转向中心。显然,这个中心要落到后轴中心线的延长线上。

从图7-1-2中可以看出,为了满足上述要求,汽车转向时内侧转向轮偏转角β大于外侧转向轮偏转角α,α和β的关系是:

$$\cot\alpha = \cot\beta + B/L$$

式中:B——两侧主销延长线与地面交点的距离(略小于转向轮轮距);

L——汽车轴距。

这一关系是由转向梯形保证的,故上式也称为转向梯形理论特性关系式。转向梯形简图如图7-1-3所示,由转向横拉杆与两侧转向节的连接球头的球心A、B与两侧主销轴心C、D和所围成的梯形。迄今为止,所有汽车转向梯形的设计实际上都只能保证在一定的车轮偏转角范围内,使两侧车轮偏转角大体上接近以上关系式。

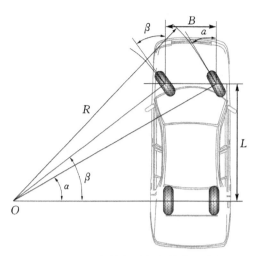
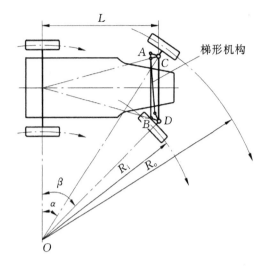

图7-1-2 汽车转向时各车轮的运动轨迹　　图7-1-3 梯形机构及内外轮转角关系

从转向中心 O 到外侧转向轮与地面接触点的距离 R 称为汽车转弯半径。转弯半径 R 越小,则汽车转向所需场地就越小,汽车的机动性也越好。从图7-1-2可以看出,当外侧转向轮偏转角达到最大值 α_{max} 时,转弯半径 R 最小。

汽车内侧转向轮的最大偏转角一般在35°～42°之间。

7.2 转向器及转向操纵机构

7.2.1 转向器的功用和类型

1. 转向器的功用

转向器是转向系中的减速增力传动装置,其功用是增大由转向盘传到转向节的力,并改变力的传递方向。

2. 转向器的分类

转向器的种类很多,一般是按其中传动副的结构形式分类。目前应用较广泛的有齿轮齿条式、循环球式和蜗杆曲柄指销式等几种。

7.2.2 转向器的传动效率和转向盘自由行程

1. 转向器的传动效率

转向器传动效率是转向器的输出功率与输入功率之比。功率由转向盘输入,从转向摇臂(或齿条轴)输出的传动效率称为正传动效率,而在传动方向与此相反时的效率则称为逆传动效率。

逆效率很高的转向器,容易将经转向传动机构传来的路面反力传到转向轴和转向盘上,故称为可逆式转向器。可逆式转向器有利于汽车转向结束后转向轮和转向盘自动回正,但也能将坏路对车轮的冲击力传到转向盘,发生"打手"情况。

逆效率很低的转向器称为不可逆式转向器。不可逆式转向器会造成转向器逆向传动"自锁",不平道路对转向轮的冲击力完全由转向器承受,而不会传到转向盘上,转向器零部件容易损坏。路面作用于转向轮上的回正力矩也同样不能传到转向盘,使之回转到中立位置,这就使得转向轮不能自动回正。此外,道路的转向阻力矩也不能反馈到转向盘,使得驾驶员不能得到路面反馈信息(丧失"路感"),无法据以调节转向力矩。

2. 转向盘的自由行程

由于转向系各传动件之间都存在着装配间隙,而且这些间隙将随零件的磨损而增大,因此在一定的范围内转动转向盘时转向节并不随即同步转动,而是在消除这些间隙并克服机件的弹性变形后,才作相应的转动,即转向盘有一空转过程。转向盘为消除传动件的配合间隙、克服机件弹性变形所空转过的角度称为转向盘自由行程。转向盘自由行程对于缓和路面冲击及避免驾驶员过度紧张是有利的,但过大的自由行程会影响转向灵敏度。一般规定转向盘从直行中间位置向任一方向的自由行程不超过 10°~15°。当零件磨损使转向盘的自由行程超过 25°~30°时,则必须进行调整,通常是通过调整转向器传动副的啮合间隙来调整转向盘自由行程。

7.2.3 转向器的构造和工作原理

汽车转向器的类型很多,一般按转向系啮合传动副的结构形式分类。应用比较广泛的有齿轮齿条式转向器、循环球式转向器和蜗杆曲柄指销式等几种。

1. 齿轮齿条式转向器

图 7-2-1(a)所示为齿轮齿条式转向器。它主要由转向器壳体、转向齿轮、转向齿条等组成。转向器通过转向器壳体的两端用螺栓固定在车身(车架)上。

齿轮轴通过球轴承、滚柱轴承垂直安装在壳体中,其上端通过花键与转向轴上的万向节(图中未画出)相连,其下部是与轴制成一体的转向齿轮。转向齿轮是转向器的主动件。与它相啮合的从动件转向齿条水平布置,齿条背面装有压簧垫块。在压簧的作用下,压簧垫块将齿条压靠在齿轮上,保证二者无间隙啮合。调整螺塞可用来调整压簧的预紧力。压簧不仅起消除啮合间隙的作用,而且还是一个弹性支撑,可以吸收部分振动能量,缓和冲击。

转向齿条的一端(有的是齿条两端,如图 7-2-1(b)所示)通过拉杆支架与左、右转向横拉杆连接。转动转向盘时,转向齿轮转动,与之相啮合的转向齿条沿轴向移动,从而使左、右转向横拉杆带动转向节转动,使转向轮偏转,实现汽车转向。

齿轮齿条式转向器结构简单;传动效率高,操纵轻便;质量轻;由于不需要转向摇臂和转向直拉杆,还使转向传动机构得以简化。在有效地解决了逆传动效率高和实现转向器可变速比等技术问题后,这种转向器在前轮为独立悬架的中级以下轿车和轻型、微型货车上得以广泛应用,如一汽捷达轿车,上海桑塔纳轿车、天津夏利轿车及南京依维柯轻型货车等均采用齿轮齿条式转向器。

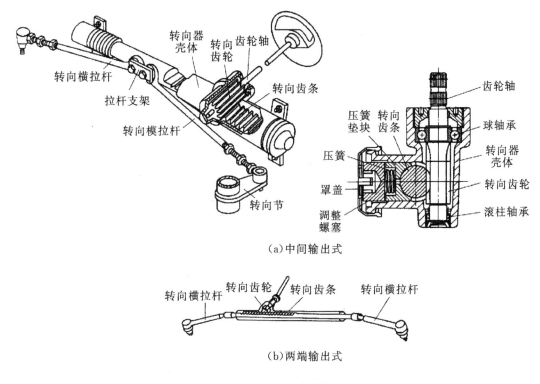

(a)中间输出式

(b)两端输出式

图 7-2-1 齿轮齿条式转向器

2.循环球式转向器

循环球式转向器是目前国内外汽车应用最广泛的一种转向器。与其他形式的转向器相比,循环球式转向器在结构上的主要特点是有两级传动副。

图 7-2-2 为循环球—齿条齿扇式转向器。第一级传动副是转向螺杆—转向螺母;螺母的下平面加工成齿条,与齿扇轴内侧的齿扇相啮合,构成齿条—齿扇第二级传动副。显然,转向螺母既是第一级传动副的从动件,也是第二级传动副的主动件。通过转向盘转动转向螺杆时,转向螺母不能随之转动,而只能沿杆轴向移动,并驱使齿扇轴(摇臂轴)转动。

转向螺杆支撑在两个推力球轴承上,轴承的预紧度可用调整垫片调整。在转向螺杆上松套着转向螺母。为了减少它们之间的摩擦,二者的螺纹并不直接接触,其间装有许多钢球,以实现滚动摩擦。螺杆和螺母的螺纹都加工成截面近似为半圆形的螺旋槽,二者的槽相配合即形成截面近似为圆形的螺旋管状通道。螺母侧面有两对通孔,可从此孔将钢球塞入螺旋通道内。螺母外有两根钢球导管,每根导管的两端分别插入螺母侧面的一对通孔中。导管内也装满钢球。这样,两根导管和螺母内的螺旋通道组合成两条各自独立的封闭的钢球"流道"。当转动转向螺杆时,通过钢球将力传给转向螺母,使螺母沿杆轴向移动。同时,由于摩擦力的作用,所有钢球便在螺杆和螺母之间的螺旋通道内滚动。钢球在螺旋通道内绕行两周后,流出螺母而进入导管的一端,再由导管的另一端流回螺母内。故在转向器工作时,两列钢球只在各自的封闭流道内循环流动,且不会脱出。

转向螺母下平面上加工出齿条,并且相对齿扇轴的轴线是倾斜的,与之相啮合的是变齿厚

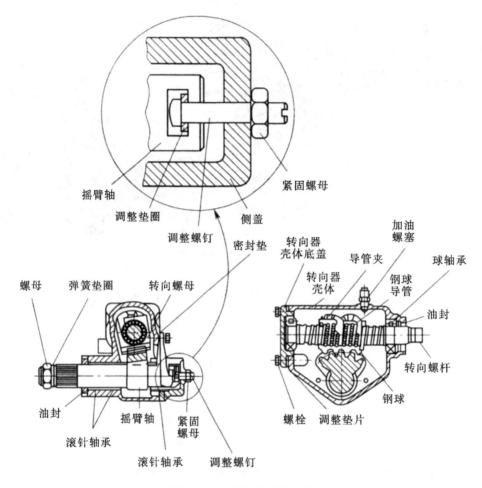

图 7-2-2 循环球式转向器

齿扇。只要使齿扇轴相对于齿条作轴向移动，便可调整二者的啮合间隙。调整螺钉旋装在侧盖上。齿扇轴靠近齿扇的端部切有 T 形槽，螺钉的圆柱形端头嵌入此切槽中，端头与 T 形槽的间隙用调整垫圈来调整。旋入螺钉，则齿条与齿扇的啮合间隙减小；旋出螺钉则啮合间隙增大。调整好后用锁紧螺母锁紧。转向器的第一级传动副（转向螺杆—转向螺母）因结构所限，不能进行啮合间隙的调整，零件磨损严重时，必须更换零件。

循环球式转向器传动效率高（正效率最高可达 90%～95%），故操纵轻便，转向结束后自动回正能力强，使用寿命长。但因其逆效率也很高，故容易将路面冲击传给转向盘而产生"打手"现象，不过，随着道路条件的改善，这个缺点并不明显。因此，循环球式转向器广泛用于各类汽车。

3. 蜗杆曲柄指销式转向器

蜗杆曲柄指销式转向器主要由转系器壳体、转向蜗杆、曲柄、指销和转向摇臂等组成，如图 7-2-3 所示。

蜗杆曲柄指销式转向器有一对传动副，蜗杆—指销。转向时，方向盘转动带动转向蜗杆，

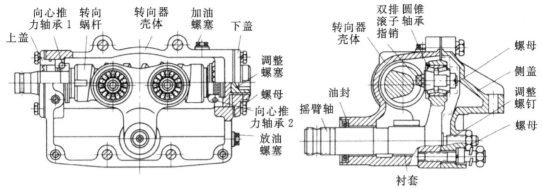

图 7-2-3 蜗杆曲柄指销式转向器

与之相啮合的指销一边自转,一边以曲柄为半径绕摇臂轴轴线在转向蜗杆螺纹槽内作圆弧运动,带动曲柄摆动,从而带动摇臂轴转动,最终实现车轮转向。

通过调整装在侧盖上的调整螺钉可以调整指销和蜗杆的啮合间隙,从而调整转向盘的自由行程。

蜗杆曲柄指销式转向器传动副中的指销可以有两个,也可以是一个。单销式和双销式结构基本一样。

7.2.4 转向操纵机构

转向操纵机构一般由转向盘、转向轴、转向柱管、万向节及转向传动轴等组成。其功用是产生足够的力以驱动转向器转动,并通过传动机构使转向轮转向。上海桑塔纳轿车的转向操纵机构主要组件如图 7-2-4 所示。

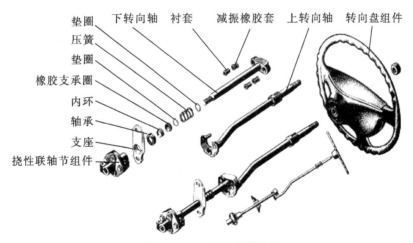

图 7-2-4 转向操纵机构

转向柱管用橡胶垫和支架固定在驾驶室前围板上,转向轴穿过转向柱管,其下端支承在支座的圆锥滚子轴承上,上端通过衬套支撑在柱管的内壁上,并用螺母与转向盘相连,转向轴通过挠性联轴节与转向器相连。

为了保证驾驶员的安全,同时更可靠、舒适地操纵转向系,现代汽车(特别是轿车)通常在转向操纵机构上增设了安全和调节装置。

1. 转向盘

包括我国在内的一些国家规定车辆靠道路右侧通行,驾驶员的左方视野较广阔,有利于两车安全交会。汽车上转向盘则应安置在驾驶室左侧。转向盘的构造如图7-2-5所示。它主要由轮毂3、轮辐2和轮圈1等组成。轮辐2和轮圈1的内部有钢、铝或镁合金制的骨架,外表通过注塑方法包覆有一定形状的塑料外层或合成橡胶,以改善操纵转向盘的手感并提高驾驶的安全性。转向盘与转向轴一般是通过花键或带锥度的细花键连接,端部通过螺母轴向压紧固定。

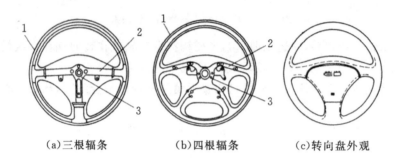

图7-2-5 转向盘
1—轮圈;2—轮辐;3—轮毂

汽车喇叭开关一般装在转向盘上,可以随转向盘相对车身转动,而与喇叭连接的导线固定在车身和转向管柱上,不能旋转。因此,与喇叭连接的导线必须与转向盘的旋转部分进行滑动连接。目前,大多数汽车在转向盘上都装有集电环,如图7-2-6所示。固定不动的转向管柱上端设有带弹性触片2的下圆盘1,与喇叭开关相连的集电环端子装在上圆盘3上。转向盘安装到转向轴上后,上、下圆盘紧密接触,集电环端子则与弹性触片形成滑动接触。

由于这种集电环是机械接触,长时间使用会因触点磨损而影响导电性,从而发生喇叭不响的现象,尤其是引起安全气囊在汽车发生碰撞时不能正常工作。为此,现在装备安全气囊的汽车开始采用电缆盘,如图7-2-7所示。电缆盘将导线卷入盘内,在转向盘旋转的范围内,导线靠卷筒自由伸缩。采用这种机构后,可利用无机械接触的导线与转向盘的电气装置连接,可靠性大大提高。

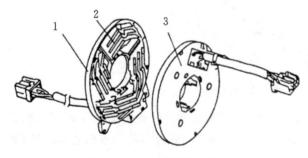

图7-2-6 转向盘集电环
1—下圆盘;2—弹性触片;3—上圆盘

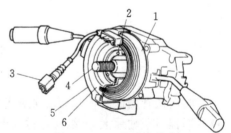

图7-2-7 转向电缆盘
1—电缆;2—凸轮;3—安全气囊接头;
4—转向头;5—电缆盘壳体;6—转子

2. 转身轴

1) 调整机构

驾驶员不同的驾驶姿势和身材对转向盘的最佳操纵位置有不同的要求,所以,一些汽车装设了可调节式转向柱,使驾驶员可以在一定范围内调节转向盘的位置。调节的形式分为倾斜角度调节和轴向位置调节两种。

图 7-2-8 所示为一种转向盘倾斜角度采用手动调整的机构。转向柱管的上端由与车身固定连接的调整支架夹持并通过锁紧螺栓固定,下端通过 U 形托架和枢轴与车身相铰连。调整手柄拧在锁紧螺栓上。当向下推手柄时,锁紧螺栓的螺纹松扣,锁紧螺栓即可在调整支架的长孔中上下移动,以调整转向轴的倾斜角度。调整完毕,向上扳动调整手柄,即可将转向柱管锁紧定位。

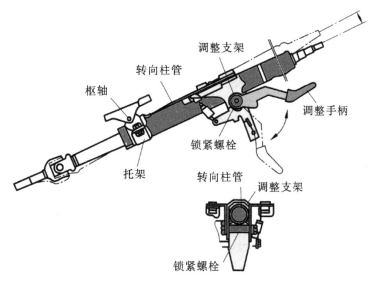

图 7-2-8 转向盘倾斜角度手动调整机构

一些豪华汽车上,采用了倾斜度自动调整机构,如图 7-2-9 所示。在转向柱管的上盖中,有调节倾斜度的电机、传动机构、控制器及位置传感器。按下调节开关,转向轴倾角便连续变化;松开调节开关,转向轴即停止运动,同时控制器记下当前位置。当拔出点火钥匙时,转向盘会自动弹起,便于驾驶员上下车;只要将点火钥匙插进开关中,转向盘就会自动恢复到原来的位置。

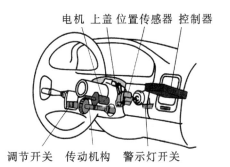

图 7-2-9 倾斜度自动调整机构

图 7-2-10 所示是一种手动转向轴伸缩调整机构。转向轴分为上、下两段,二者通过花键连接。上转向轴由调节螺栓通过楔形限位块定位夹紧。调节螺栓的一端拧有调节手柄,当需要调整转向轴的轴向位置时,先向下推调节手柄,使限位块松开,轴向移动转向盘,调到合适的位置后,向上拉调节手柄,将上转向轴锁紧。现在很多轿车上为了结构简化,只设置一个调整手柄,打

开手柄后可同时调整转向盘倾斜角度和转向轴伸缩。在一些豪华汽车上,转向轴的伸缩调节也实现了自动化。

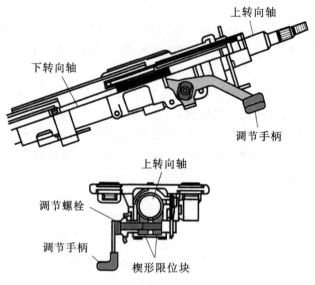

图 7-2-10 手动转向轴伸缩调整机构

2)安全装置

当汽车发生意外而产生正面碰撞时,车架(车身)的变形会导致转向器和转向操纵机构后移;而在巨大的惯性力作用下,人体会向前冲。这样,驾驶员很可能会碰撞转向盘而受到巨大伤害。因此,除安全气囊外,在转向操纵机构中须配置安全装置,以减轻或避免对驾驶员的伤害。安全装置的防护原理通常是转向轴或转向柱管采用可分离的结构并且受到碰撞后能够缓冲吸能。根据这一防护的根本思路,不同的汽车厂商采用了不同的结构形式,如钢球滚压吸能式(图 7-2-11)、网状柱管式(图 7-2-12)、波纹管吸能式(7-2-13)。我们以日本丰田汽车的一些车型采用的钢球滚压吸能式安全防护装置为例予以说明。

图 7-2-11(a)所示为一种用钢球连接的分开式转向柱。转向轴分为上转向轴和套在轴上的下转向轴两部分,二者用塑料销钉连成一体。转向柱管也分为上柱管和下柱下转管两部分,上、下柱管之间装有钢球,下柱管的外径与上柱管的内径之间的间隙比钢球直径稍小。上、下柱管连同柱管托架通过特制橡胶垫固定在车身上,橡胶垫则利用塑料销钉与托架连接。

当汽车发生碰撞时,转向器总成对转向柱施加轴向冲击力(第一次冲击),将连接上、下转向轴的塑料销钉切断,下转向轴便套在上转向轴上向上滑动,如图 7-2-11(b)所示。在这一过程中,上转向轴和上柱管的空间位置没有因冲击而上移,故可使驾驶员免受伤害。如果驾驶员的身体因惯性撞向转向盘(第二次冲击),则连接橡胶垫与柱管托架的塑料销钉被切断,托架脱离转向柱管连同转向盘、托架一起,相对于下转向轴和下转向柱管向下滑动,从而减缓了对驾驶员胸部的冲击。在上述两次冲击过程中,上、下转向柱管之间均产生相对滑动。因为钢球的直径稍大于上、下柱管之间的间隙,所以滑动中带有对钢球的挤压,冲击能量就在这种边滑动边挤压的过程中被吸收。

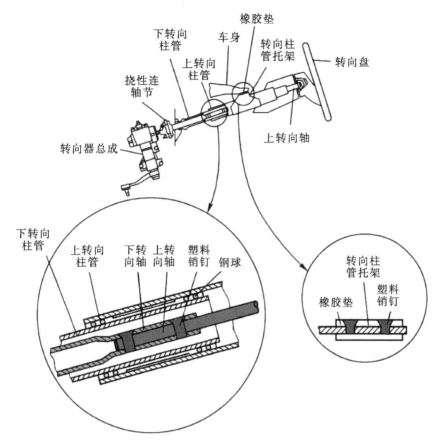

(a) 钢球连接分开式转向柱

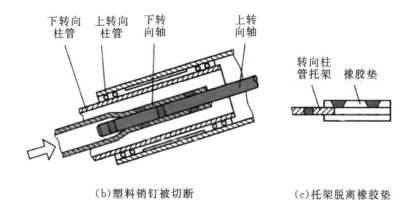

(b) 塑料销钉被切断　　　　　　(c) 托架脱离橡胶垫

图 7-2-11　钢球连接分开式转向柱

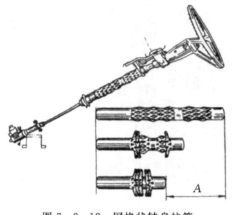

图 7-2-12 网格状转身柱管

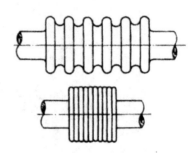

图 7-2-13 波纹管式转向柱管

7.3 转向传动机构

7.3.1 转向传动机构功用

转向传动机构的作用是将转向器输出的转向力传递给转向轮,使其发生偏转,实现汽车转向。同时,转向传动机构还承受、衰减因路面不平而引起的冲击振动,以稳定汽车行驶方向,避免转向盘打手。

7.3.2 与非独立悬架配用的转向传动机构

与非独立悬架配用的转向传动机构如图 7-3-1 所示,这是一般汽车使用较多的转向传动机构,它一般由转向摇臂、转向直拉杆、转向节臂、两个梯形臂和转向横拉杆等组成。各杆件之间都采用球形铰链连接,并设有防止松脱、缓冲吸振、自动消除磨损后的间隙的结构措施。

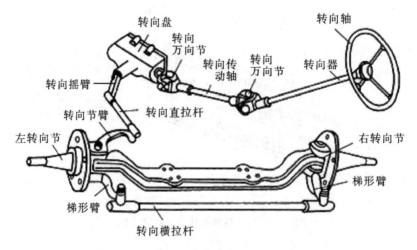

图 7-3-1 与非独立悬架配用的转向传动机构

在前桥仅为转向桥时,由左、右梯形臂 5 和转向横拉杆 6 组成的转向梯形一般布置在前桥之后,如图 7-3-2(a)所示,称为后置式。这种布置简单方便,且后置的横拉杆 6 有前面的车桥做保护,可避免直接与路面障碍物碰撞而损坏。当发动机位置较低或前桥为转向驱动桥时,为避免运动干涉,往往将转向梯形布置在前桥之前,如图 7-3-2(b)所示。若转向摇臂 2 不是在纵向平面内前后摆动,而是在路面平行的平面内左右摆动,则可将转向直拉杆 3 横置,并借球头销直接带动转向横拉杆 6,从而使两侧梯形臂 5 转动,如图 7-3-2(c)所示。

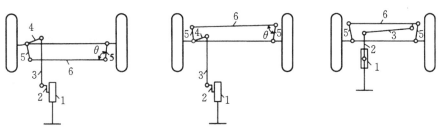

(a)转系梯形布置在前桥之后　　(b)转系梯形布置在前桥之前　　(c)转向直拉杆横向位置

图 7-3-2　与非独立悬架配用的转向传动机构示意图
1—转向器;2—转向摇臂;3—转向直拉杆;4—转向节臂;5—梯形臂;6—转向横拉杆

1.转向摇臂

转向摇臂是转向器传动副与直拉杆间的传动件,如图 7-3-3 所示,它的作用是把转向器输出的力和运动传给直拉杆或横拉杆,进而推动转向轮偏转。转向摇臂的大端通过花键与摇臂轴连接。转向摇臂在安装到摇臂轴上时,二者相应的装配标记要对齐。

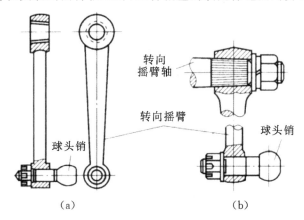

图 7-3-3　转向摇臂

2.转向直拉杆

转向直拉杆的作用是将转向摇臂传来的力和运动传给转向梯形臂(或转向节臂)。直拉杆的结构如图 7-3-4 所示。它所受的力既有拉力、也有压力。因此,转向直拉杆都是采用两端扩大了的优质特种钢管制造的,在扩大的端部里由球头稍、球头座、弹簧座、压缩弹簧和螺塞等组成的球铰链。

为了保证球头与座的润滑,可从油嘴注入润滑脂。压缩弹簧可以自动消除球头与座之间由于磨损产生的间隙,并可缓和冲击,通过调整端部螺塞可以调整压缩弹簧的预紧度。为了使直拉杆在受到向前或向后的冲击力时,都有一个弹簧起缓冲作用,两端的压缩弹簧应装在各自球头销的同一侧。

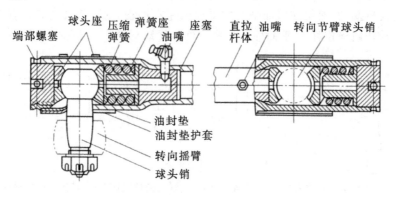

图 7-3-4 转向直拉杆

3.转向横拉杆

转向横拉杆是联系左、右梯形臂并使其协调工作的连接杆,它在汽车行驶过程中反复承受拉力和压力,因此多用高强度冷拉钢管制造。转向横拉杆由横拉杆体和在两端旋装的接头组成,如图 7-3-5(a)。两端的接头结构相同,如图 7-3-5(b)所示。其中球头销的尾部与梯形臂相连。上、下球头座用聚甲醛制成,有很好的耐磨性。球头座的形状见图 7-3-5(c)。

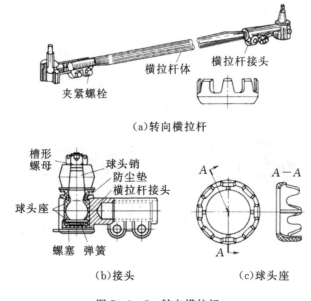

图 7-3-5 转向横拉杆

横拉杆体两端切有螺纹,一端为右旋,一端为左旋,与横拉杆接头旋装连接,通过夹紧螺栓固定。由于横拉杆两端是正反螺纹,因此,在旋松夹紧螺栓后,转动横拉杆体,即可改变横拉杆的总长度,从而调整转向轮前束。

4. 转向减振器

随着车速的提高,现代汽车的转向轮有时会产生摆振(转向轮绕主销轴线往复摆动,甚至引起整车车身的振动),这不仅影响汽车的稳定性,而且还影响汽车的舒适性、加剧前轮轮胎的磨损。在转向传动机构中设置转向减振器是克服转向轮摆振的有效措施。转向减振器是一个液压阻尼装置,通过活塞杆和活塞在缸筒内的往复运动,驱使油液在活塞的节流阀上下流动而产生阻尼,以吸收由于道路崎岖而引起的反作用力。其减振器缸筒一端固定在转向器壳体上,活塞一端则与转向横拉杆支架连接,利用减振器内液体流动的阻尼力来吸收道路不平而引起的冲击和振动。如图7-3-6所示。

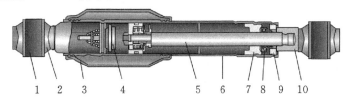

图7-3-6 转向减振器

1—连接环衬套;2—连接环橡胶套;3—橡胶储液缸;4—压缩阀总成;5—活塞及活塞杆总成;
6—油缸;7—导向座;8—油封;9—挡圈;10—轴套及连接环总成

7.3.3 与独立悬架配用的转向传动机构

当转向轮独立悬挂时,如采用整体式转向梯形,则转向轮在横向平面内跳动时,悬架导向杆系与转向传动机构会产生严重的运动干涉,因此转向梯形必须采用断开式结机,此时转向梯形中横拉杆断开点的位置将影响到车轮跳动过程中前束值的变化,不合理的断开点会使轮胎严重磨损。

图7-3-7所示为独立悬架上用的几种转向传动机构的结构简图,其中图7-3-7(a)、(b)所示机构中,转向器采用了转动副式,而图7-3-7(c)、(d)所示机构中,其转向器则采用了

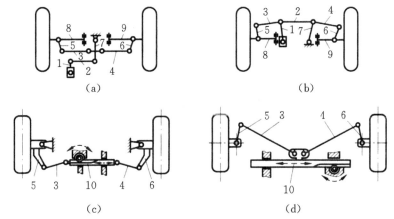

图7-3-7 独立悬架用转向传动机构简图

1—转向摇臂;2—转向直拖杆;3—左转向横拉杆;4—右转向横拉杆;5—左梯形臂;
6—右梯形臂;7—摇杆;8—悬架左摆臂;9—悬架右摆臂;10—齿条轴

移动副式。

在断开式梯形布置中要注意同向运动和反向运动之分,图7-3-7(a)中的杆件3和图(c)中的齿条轴10,它们的运动方向和车轮运动方向相反,属反向运动;而图(b)中的转向摇臂1和图(d)中的齿条轴10,它们的运动方向和车轮运动方向相同,属同向运动。

图7-3-8给出了采用断开式转向梯形的两种系统布置示意图,其中图(a)中的转向器为循环球式,图(b)中的转向器为齿轮齿条式。

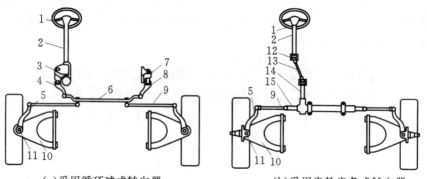

图7-3-8 断开式转向梯形的转向系统布置示意图
1—转向盘;2—转向轴;3—转向器;4—转向摇臂;5—梯形臂;6—中继杆;7—摇杆座;8—摇杆;
9—横拉杆;10—悬架控制臂;11—主销;12—万向节;13—转向传动轴;14—转向齿轮;15—齿条

对于两端输出式齿轮齿条式转向器图7-3-7(c),齿条本身就是转向传动机构的一部分,转向横拉杆的内端通过球头销与齿条铰接,外端通过螺纹与连接转向节的球头销总成6相连,如图7-3-9所示。当需要调前束时,松开锁紧螺母5,转动拉杆体4,达到合理的前束值时,再将锁紧螺母锁死。

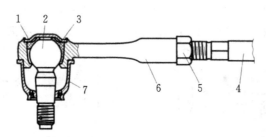

图7-3-9 与两端输出式齿轮齿条转向器配用的转向横拉杆
1—堵盖;2—球头销;3—球头销胯;4—横拉杆体;
5—锁紧螺母;6—横拉杆接头总成;7—防尘套

对于中间输出式齿轮齿条转向器(如图7-3-7(d)所示),它所配用的转向传动机构如图7-3-10所示。其横拉杆6、9的内端通过托架2、8用螺栓7与转向器齿条相连,外端通过球头销总成4与转向节铰接。由于横拉杆体6、9不能绕自身轴线转动,为调整前束,在横拉杆体与球头销4之间装有双头螺柱3,螺柱3两端的螺纹旋向相反,并各旋装一个锁紧螺母5。当需要调前束时,先拧松两端的锁紧螺母,然后转动调节螺柱3,达到合理的前束值时,再将锁紧螺母5锁死。

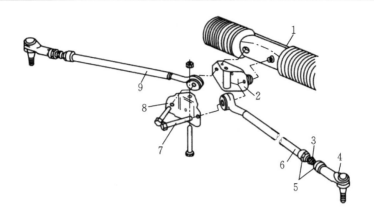

图 7-3-10 与中间输出式齿轮齿条转向器配用的转向传动机构
1—转向器壳体;2—内托架;3—词竹螺柱;4—球头销总成;5—锁紧螺母;
6—横拉杆体;7—螺栓;8—外托架;9—横拉杆总成

7.4 动力转向系统

7.4.1 动力转向系统的功用与类型

1. 功用

由于机械转向系统不能同时满足转向轻便和转向灵敏的要求。所以目前几乎所有乘用车和商用车都装备了动力转向系统。

采用动力式转向系的汽车,在正常情况下转向时,驾驶员操纵机械式转向系一方面提供转向所需的一小部分能量,另一方面同时带动转向助力器工作,由发动机(或蓄电池)通过转向助力器提供转向所需的大部分能量。在转向助力器失效时,一般还能由驾驶员独立承担汽车转向任务。

2. 类型

动力转向系统按控制方式的不同,可分为普通动力转向系统和电子控制动力转向系统。普通动力转向系统主要是液压式的转向系统,按液流形式,分为常压式和常流式两种,其中液压常流式动力转向系统应用广泛;按控制阀阀芯的运动方式,分为滑阀式和转阀式两种。电子控制动力转向系统根据动力源的不同又可分为液压式电子控制动力转向系统和电动式电子控制动力转向系统。液压式电子控制动力转向系统根据控制方式的不同,可分为流量控制式、反力控制式和阀灵敏度控制式三种形式。此外,有些高级轿车还采用了四轮转向系统,它可以让汽车的前轮和后轮同时发生偏转。在汽车低速行驶时,前轮和后轮的偏转方向相反,可提高汽车转向灵敏性;高速行驶时,前轮和后轮的偏转方向相同,可提高汽车操纵稳定性。

7.4.2 普通液压式动力转向系统的构造与工作原理

1. 构造

我们以与齿轮齿条式机械转向器配用的普通液压式动力转向系统为例进行说明。它是在齿轮齿条式机械转向器的基础上加装了转阀式转向控制阀、转向动力缸、转向油罐、叶片式转向油泵、进回油管等部件,如图7-4-1所示。其中转阀式转向控制阀主要由扭杆、阀芯、阀体等部件组成,如图7-4-2所示。扭杆是在扭矩作用下可产生弹性变形的杆件,它从中空的阀芯中穿过,上端部通过销钉与阀芯上端的花键部分(连转向轴)连接,下端与小齿轮刚性连接。阀体下部又以销轴与小齿轮刚性连接,阀体呈圆筒形,其外圆柱表面开有七道环槽,其中四个较窄且浅的是密封环槽,三个较宽且深的是油环槽,油环槽和密封环槽相间布置。油环槽底部开有与内壁相通的油孔,中间油环槽的油孔较大,是进油通道。两侧油环槽的油孔较小,分别与动力缸的左右腔相通。阀体内表面其内壁开有6个(有的是8个或10个)不贯通的纵向凹槽。阀芯也制成圆筒形,其外圆表面和阀体滑动配合,在扭杆发生扭转变形时,阀芯与阀体能相对转动。阀体和阀芯的配合间隙很小,配合精度高,维修时不可单独更换。阀芯的外表面也开有6个纵向不贯通的凹槽,凹槽底部开有回油孔。相对于凹槽,阀芯外表面没开凹槽的地方也就形成了6个凸肩,装配后,和阀体的6个纵向凹槽相对应,凸肩的宽度比阀体凹槽的宽度要小,因此每个凸肩左右与阀体纵向凹槽配合处都有间隙,这些间隙叫做预开间隙。

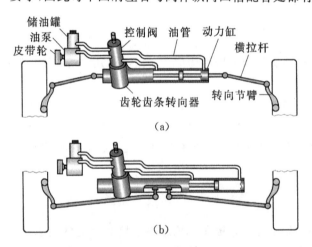

图7-4-1 齿轮齿条液压动力转向系统示意图

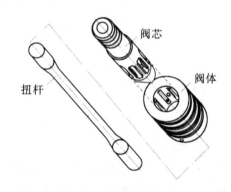

图7-4-2 转阀式转向控制阀组成及结构

2. 工作原理

当汽车直线行驶时,转阀处于中间位置,所有阀芯的凸肩和阀体的凹槽之间的预开间隙都相等,如图7-4-3所示。来自转向油泵的工作液向阀体的3个供油孔供油,油液通过两侧的预开间隙、阀芯的径向孔进入阀芯和扭杆之间的环形腔,流回储油罐。由于动力缸左、右腔都通过相等的预开间隙与储油罐相通,而处于开路状态,所以没有压力差,因此不产生助力作用。

当汽车转向时(假设向左转),转向盘带动转向轴转动,转向轴又带动阀芯转动,而阀芯通过销钉带动扭杆逆时针转动,如图7-4-4所示。因为扭杆下端和转向小齿轮刚性连接,即扭

项目 7　汽车转向系

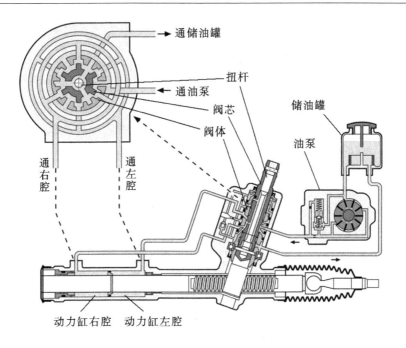

图 7-4-3　直线行驶时工作状态

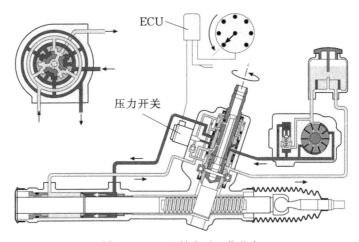

图 7-4-4　左转弯时工作状态

杆又要带动小齿轮逆时针转动。但由于转向阻力的存在,使扭杆与阀芯连接的上端和与小齿轮连接的下端出现相对扭转,就是上端相当于下端向前转过一个角度。而阀芯和扭杆上端同步运动,阀体通过销钉和小齿轮连在一起,即阀体和扭杆下端同步运动。因此阀芯相对于阀体向前转过一个角度。此时阀体进油口处通动力缸右腔的预开间隙被关闭,通过左腔的预开间隙开度增大,与此同时,动力缸右腔通阀芯径向回油孔的预开间隙也增大,压力油压向动力缸左腔,使该腔压力升高,活塞向伸出转向器方向移动,即将齿条推出转向器,这时起到了转向助力的作用,汽车向左转弯。动力缸右腔的油液被压出,通过阀体孔、阀芯径向回油孔、阀芯与扭杆间的间隙、回油道流回储油罐。同时小齿轮在齿条的带动下也逆时针转动,并带动和其刚性连接的阀体和扭杆下端一起转动,使扭杆变形量减小,即阀体和阀芯的相对角位移量减小。但是,只要转向盘继续转动,弹性扭杆的扭转变形便一直保持不变,阀体和阀芯之间的相对角位置也不变,转向助力作用就一直存在,转向轮将继续向左偏转。

当汽车右转弯时,助力原理和左转弯是一样的,只不过是各相关部件的运动方向同左转弯时相反,同学们可以自行分析。

当转向盘停在某一位置不再继续转动时,阀体随小齿轮在液力和扭杆弹力的作用下,沿转向盘转动方向旋转一个角度,使之与阀芯的相对角位移量减小,左、右油缸油压差减小,但仍有一定的助力作用。此时的助力转矩与车轮的回正力矩相平衡,使车轮维持在某一转向位置上。

在转向过程中,转向盘转得越快,弹性扭杆的扭转速度就越快,阀芯相对于阀体产生角位移的速度也越快,从而使动力缸左、右两腔产生的油压差的速度加快,转向轮偏转的速度也相应加快。

由上述分析可知,转阀式动力转向装置能使转向轮偏转的角度随转向盘转角的增大而增大;转向轮偏转的速度随转向盘转动速度的加快而加快;转向盘停止转动并维持转角不动,转向轮也随之停止偏转并维持偏转角不动,因而具有随动作用。在正常情况下,驾驶员操纵转向盘所提供的转向力矩主要用来使弹性扭杆产生扭转变形,以控制转向过程,而克服路面转向阻力及转向传动机构摩擦阻力使转向轮偏转所需要的动力则主要由转向动力缸提供。

若在前述维持转向的位置上松开转向盘,被扭转变形的弹性扭杆上端将顺时针方向自动转过一定的角度而自动恢复自由状态,转阀则在随之同向转动的扭杆带动下回复到中间位置,动力缸停止工作,转向轮在回正力矩作用下自动回正。如果需要液压加力,驾驶员可以回转转向盘,使动力转向装置帮助转向轮回正。

当汽车直线行驶偶遇外界冲击力使转向轮发生偏转时,冲击力通过转向传动机构、齿轮齿条转向器、阀体下部销钉作用在阀体上,使之与阀芯之间产生相对角位移,这样使动力缸左、右腔油压不等,产生了与转向轮转向相反的助力作用。在此力的作用下,转向轮迅速回正,保证了汽车直线行驶的稳定性。并且,助力装置减小了因转向轮的摆振而引起的方向盘的摆动,有效地避免了转向盘"打手"现象,因此,助力装置也起到了减振器的作用。

如图 7-4-5 所示,路面不平产生一个 F_A 力,该力作用在前车轮上,并使前轮绕旋转中心

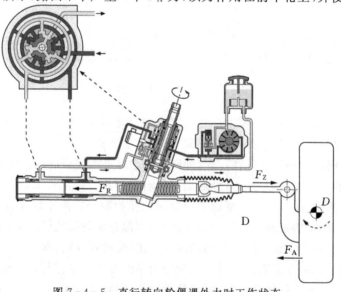

图 7-4-5 直行转向轮偶遇外力时工作状态

D转动。由此产生作用在齿条上的作用力F_Z,该力导致小齿轮和扭杆发生扭转,即阀体相对于阀芯相对转动,转动效果与汽车左转弯转动方向盘时,阀芯相对阀体的转动效果一样。于是通往动力缸右腔的供油口被打开,动力缸左腔与回油口相接,左右两腔产生油压差F_R,活塞和齿条上的反作用力F_R会平衡掉F_Z,从而可防止方向盘转动。

在转向过程中,动力缸中的油液压力是随转向阻力而变化的。而动力缸中油压的变化又受控于弹性扭杆的扭转变形量:转向阻力增大,弹性扭杆的扭转变形量也增大,阀芯相对于阀体的角位移量增大,从而使动力缸中油压升高;反之则动力缸中油压降低。显然,弹性扭杆的扭转变形量取决于转向阻力的大小。在此过程中,弹性扭杆因扭转变形而产生的反作用力(与转向阻力成递增函数关系)传到转向盘上,使驾驶员能感觉到转向阻力的变化情况,所以这种转阀式动力转向装置具有"路感"作用。

一旦液压助力装置失效,该动力转向器即变成机械转向器。此时若转动转向盘带动阀芯转动,同时通过扭杆带动阀套和小齿轮转动,以保证汽车转向。这时的动力转向器即变为机械转向器,转向变得沉重,转向盘自由行程增大。

为了保护扭杆不使其过载,在阀芯和阀套上做有限位机构。当阀芯相对阀套转过一个小角度(一般为5°~6°)后,限位机构即起作用,由阀芯直接带动转向齿轮旋转(扭杆不再进一步产生扭转变形)。常用的限位结构形式如图7-4-6所示。图7-4-6(a)所示的限位机构中,阀芯下端伸出的两个凸起插在阀套的两个缺口中限位;图7-4-6(b)所示的限位机构中,阀芯下端的菱形部分插在阀套中间的凹陷部位;图7-4-6(c)、(d)所示的机构中,则分别利用花键和凸台对阀芯转动进行限位。

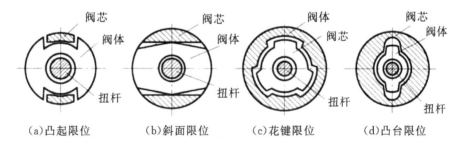

图7-4-6 阀芯、阀体限位结构形式

3.转向油泵

转向油泵是液压式动力转向装置的能源,一般由发动机驱动,其作用是将输入的机械能转换为液压能输出。转向油泵有齿轮式、叶片式、转子式和柱塞式等几种形式。曾被广泛采用的齿轮式转向油泵的构造及工作原理与发动机润滑系中的齿轮式机油泵类似。叶片式转向油泵具有结构紧凑、输油压力脉动小、输油量均匀、运转平稳、性能稳定、使用寿命长等优点,现代汽车采用较多,故以下仅介绍叶片式转向油泵。

1)叶片式转向油泵的工作原理

叶片式转向油泵按其转子叶片每转一周的供油次数和转子轴的受力情况可以分为单作用非卸荷式和双作用卸荷式两种。

①单作用非卸荷式叶片泵。单作用非卸荷式叶片泵主要由端盖、驱动轴、转子、定子、叶片及壳体组成,如图7-4-7所示。

定子具有圆柱形内表面。转子上沿圆周均匀制有径向切槽。矩形叶片装在转子的切槽内,可在槽内移动;叶片沿转子轴向的两端分别压靠在两侧端盖的端面上,并可在端面上滑动。这样就由定子内表面、转子外表面、叶片和端盖构成若干个油腔。转子和定子中心不重合,有一偏心距 e。当转子旋转时,叶片在自身离心力的作用下紧贴定子的内表面,将上述各油腔密封,并在转子切槽内作往复运动。

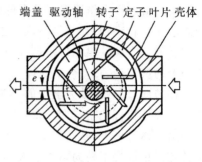

图7-4-7　单作用叶片泵工作原理

当转子按图示逆时针方向转动时,右半转子上各叶片均沿切槽向外滑动而伸出,相邻两叶片之间油腔的工作容积均增大,因而具有吸油作用;而左半转子上各叶片则均沿切槽向内滑动而被压回,相邻两叶片之间油腔的工作容积均减小,因而具有压油作用。转子每转一周,叶片在切槽内作往复伸、缩运动各一次,完成吸油、压油各一次,故称为单作用叶片泵。由于右边吸油区的油压低,左边压油区的油压高,左、右两油区的压力差作用在转子上,使转子轴的轴承上承受较大的载荷,故称其为非卸荷式叶片泵。现已很少使用。

② 双作用卸荷式叶片泵。双作用卸荷式叶片泵也由转子、定子、叶片、端盖等组成,如图7-4-8所示。与单作用叶片泵的不同之处在于:双作用叶片泵的转子与定子的中心相重合;定子的内表面不是圆形而是一个近似的椭圆形,它由两条长半径 $R(ab,a'b')$ 和两条短半径 $r(cd,c'd')$ 所决定的圆弧以及4段过渡曲线所组成。当转子旋转,叶片由短半径 r 向长半径 R 处运动时,两叶片间油腔的工作容积逐渐增大,形成局部真空而吸油;而叶片由长半径 R 向短半径 r 处运动时,两叶片间油腔的工作容积逐渐减小而压油。

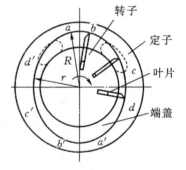

图7-4-8　双作用叶片泵工作原理

转子每转一周,叶片在转子切槽内往复运动两次,完成两次吸油和两次压油,故称为双作用叶片泵。由于两个吸油区和两个压油区各自的中心夹角对称,所以作用在转子上的油压作用力相互平衡,故又称为卸荷式叶片泵。为了使转子受到的径向油压力完全平衡,工作油腔数(叶片数)应当为偶数。

2)叶片式转向油泵的构造

如图7-4-9所示,左端盖和右端盖以外圆柱面与壳体的内孔滑动配合,配合表面之间分别装有O形密封圈和,其中密封圈使右端盖的右侧(与油泵的压油腔、出油道均相通)与壳体的进油腔隔开。定子即位于左、端盖之间的进油腔内,其两端与左、右端盖的接合端面靠弹簧的弹力压紧,弹性挡圈限制端盖在弹簧作用下向左轴向移动。

在右端盖上开有两个对称的吸油凹槽,两凹槽均与进油腔相通,实现双边进油,以利于增大油泵的流量。此外,在左、右两端盖上还对称开有两个压油凹槽 e,转子工作腔内压出的高压油流入其中的左端盖压油凹槽后,经定子上的八个轴向通孔汇集于右端盖的压油凹槽内,右端盖的压油凹槽开有轴向通道,与出油道相通。两个定位销使定子与左、右端盖周向定位;右端盖又通过定位销与壳体周向定位,从而保证了端盖各油口以及壳体进、出油道之间正确的相对位置。

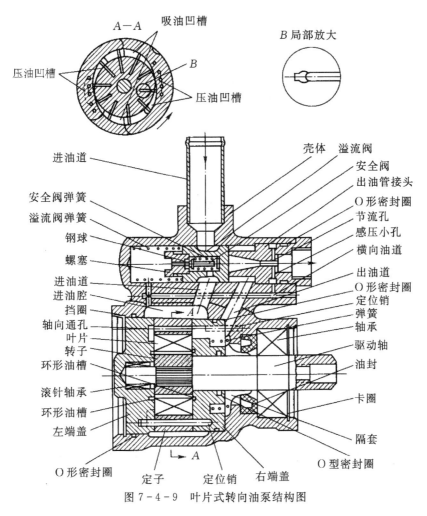

图 7-4-9 叶片式转向油泵结构图

转子位于定子的内孔中,以三角形花键孔与驱动轴的花键轴段相配合。转子沿圆周方向均匀地开有条径向切槽,每条槽内装有可沿槽径向滑动的矩形叶片,叶片两长边制成圆弧形,以利于与定子内表面良好接触,这种接触必须可靠,以保证油泵正常工作。为此,除依靠叶片本身的离心力外,还在叶片槽根部制有小油腔;在左、右端盖与转子叶片槽根部相对应的圆周上分别开有环形油槽,高压油经端盖与转子之间的间隙进入环形油槽后,即可流入叶片槽根部的小油腔内,迫使叶片可靠地压向定子内表面。

驱动轴右部轴颈通过向心球轴承支撑在壳体上,轴的左端插入左端盖中的无内圈滚针轴承中,起支撑作用。轴的左中段制有三角形花键;轴的右端与皮带盘相配合,发动机传出的动力由此输入,通过花键带动转子旋转。

叶片式转向油泵的输出油量随转子旋转速度(从而随发动机转速)的升高而增大。转向油泵设计时一般须保证即使在发动机怠速运转状态下,油泵的输出油量也能满足快速转向所需的动力缸活塞移动速度。这样,当发动机转速高时,油泵的输出油量将过大,导致油泵消耗功率过多和油温过高。油泵的输出油压取决于液压系统的负荷(动力缸活塞所受的运动阻力,也可以理解为油液的流通阻力)。输出油压过高,将导致动力缸和油泵超载而损坏其零件。为此,在进、出油道之间装有控制流量的溢流阀和控制压力的安全阀。

当输出油量过大时,出油管接头内节流孔中油液的流速很高,其静压力相应很低,此压力经感压小孔、横向油道传到溢流阀的左侧,使阀左、右两侧压力差增大,在压力差作用下阀压缩弹簧在壳体内左移,使进油道与出油道相沟通,部分油液即在泵内循环流动,使输出油量减少。当输出油量不大,而输出油压过高(如油道堵塞等原因造成)时,过高的油压同样经小孔、油道传至阀左侧,迫使钢球和安全阀压缩弹簧而右移,则高压油可通过带滤网的螺塞的中心孔经进油道流回进油腔,从而降低了输出油压。

4.压力开关

在转向时尤其转向阻力较大时,转向油泵输出油压较高,负荷较大。转向油泵通常都是由发动机驱动的,这种大油泵负荷,会对发动机怠速造成一定的影响。为了保持发动机的怠速稳定,有的动力转向油泵在出油管接口处安装一个压力开关(如装备 1.6L 汽油发动机的宝来轿车的转向油泵,即安有压力开关)。用以监测油压,进而间接地监测转向阻力。当阻力大、油压高(如宝来车的转向油泵油压超过 40bar)时,压力开关接通并将此信号传送给发动机 ECU,然后,发动机 ECU 提升发动机转速,以保持怠速稳定。

7.4.3 电子控制式动力转向系统的构造与工作原理

普通动力转向系统转向操纵灵活、轻便,能吸收路面对前轮的冲击,因此被许多汽车使用。但普通动力转向系统仍然存在一些缺点,如果所设计的助力放大倍数是为了适应汽车在低速行驶状态下转动转向盘的操纵力,则当汽车以高速行驶时,转动转向盘的操纵力就显得太小,不利于对高速行驶的汽车进行方向控制。如果所设计的助力放大倍数是为了适应汽车在高速行驶状态下转动转向盘的操纵力,则当汽车停驶或低速行驶时,转动转向盘就显得非常吃力,即转向沉重。为了实现在各种转速下转向的操纵力都是最佳值,电子控制动力转向系统是最好的选择。它可以随行驶条件及时调整转向助力放大倍数,适合在轿车上使用。

电子控制动力转向系统简称为 EPS,即 Electronic Control Power Steering 的英文缩写。

电子控制动力转向系统根据动力源的不同又可分为两大类:一类是带液压系统的电控液压式动力转向系统(液压式 EPS);一类是不带液压系统而直接采用电动机驱动的电动式动力转向系统(电动式 EPS)。液压式电子控制动力转向系统根据控制方式的不同,可分为流量控制式、反力控制式和阀灵敏度控制式三种形式。此外,有些高级轿车还采用了四轮转向系统,它可以让汽车的前轮和后轮同时发生偏转。在汽车低速行驶时,前轮和后轮的偏转方向相反,可提高汽车转向灵敏性;高速行驶时,前轮和后轮的偏转方向相同,可提高汽车操纵稳定性。

1.流量控制式 EPS

流量控制式电子控制动力转向系统是根据车速传感信号,调节向动力转向装置供应压力油,改变油液的输入、输出流量,以控制转向力的。控制流量的方法有两种:一是加旁通流量阀,即对油泵输出流量进行分流,控制流入转向助力系统的流量;二是直接改变油泵的输出流量。

1)旁通流量式

图 7-4-10(a)所示为一种旁通流量控制式液压动力转向系统的结构和原理示意图,与普通液压动力系统相比该系统中增加了转向盘转速传感器、车速传感器、流量控制阀、电磁阀及电控单元等。在转向油泵与转向器之间设有旁通管路,在旁通管路中又设有旁通油量控制阀。按

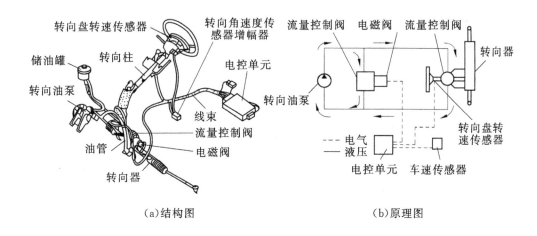

(a)结构图 (b)原理图

图 7-4-10 流量控制式电子控制动力转向系统

照来自车速传感器、转向角速度传感器的信号,电子控制单元向旁通流量控制阀发出控制信号以控制旁通流量,从而调整向转向器的供油量,如图 7-4-10(b)。

当向转向器供油量减少时,动力转向控制阀灵敏度下降,从而转向助力作用降低,转向力增加。如图 7-4-11 所示,为该系统旁通流量控制阀的结构示意图。在阀体内装有主滑阀和稳压滑阀,主滑阀的右端与电磁阀柱塞连接,主滑阀与电磁阀的推力成正比移动,从而改变主滑阀左端量孔的开口面积。调整调节螺钉可以调节旁通流量的大小。稳

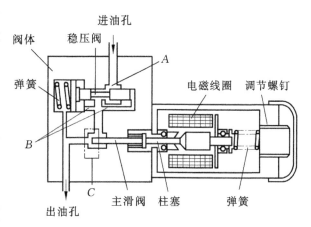

图 7-4-11 旁通流量控制阀
A—节流孔;B—内部油道;C—量孔

压滑阀的作用是保持量孔前后压差的稳定,以使旁通流量与流量主孔的开口面积成正比。当因转向负荷变化而使量孔前后压差偏离设定值时,稳压滑阀阀芯将在其左侧弹簧张力和右侧高压油压力的作用下发生滑移。如果压差大于设定值,则阀芯左移,使节流孔开口面积减小,流入到阀内的助力油量减少,前后压差减小;如果压差小于设定值,则阀芯右移,使节流孔开口面积增大,流入到阀内的助力油量增多,前后压差增大。量孔前后压差的稳定,保证了旁通流量的大小只与主滑阀控制的流量主孔的开口面积有关。

流量控制式电子控制动力转向系统的优点是在原来液压动力转向功能上再增加压力油流量控制功能,所以结构简单、成本较低。但是,当流向动力转向机构的压力油降低到极限值时,对于快速转向会产生压力不足、响应较慢等缺点,故使它的推广应用受到限制。

2)电动泵式

上述旁通流量控制式液压助力转向系统,其转向油泵由发动机驱动,只要发动机在运转,即使汽车不转向,油泵也在工作,这无疑会增加发动机的附加燃油消耗。如果油泵的转速能随车速和转向盘转速的变化而改变,而且汽车不转向时油泵不工作或以较低转速运转,这样不仅能获得随车速而变化的路感,而且能减少由助力转向系统造成的附加燃油消耗。要做到这一点,只

有采用电动机来驱动油泵。此时,由控制器根据车速和转向盘转速对电动机转速进行控制,从而改变流入液压助力转向系统的油液流量,达到改变操舵力大小的目的。由于这种液压助力转向系统中,电动机和油泵制成一体(称为电动泵),因此称为电动泵式液压助力转向系统。

图 7-4-12 给出了一种电动泵式液压动力转向系统的示意图。转向盘转速传感器安装在转向齿轮上。电动机、转向油泵、储油罐及电控单元制成一体,构成电动泵总成。系统通过 CAN 总线从电子车速表(位于仪表板中)获得车速信号,从发动机管理单元获得发动机转速信号,通过安装在转向齿轮上的转向盘转速传感器获得转向盘转速信号。安装在电动泵中的转向电控单元,根据上述信号对汽车的行驶状态进行判断,对电动机转速进行控制,使油泵输出与当前汽车行驶状态相适应的工作流量。

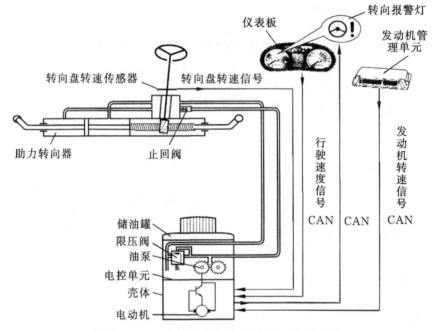

图 7-4-12 电动泵式液压动力转向系统示意图

例如,东风雪铁龙 C5 轿车的转向系统即采用电动泵式电控动力转向系统。因为助力泵完全是一个独立于发动机的电动泵,所以如果发动机熄火,也不会影响转向助力。另外,它的转速可以随车速变化而变化,低速时这个助力泵的转速是 3000 r/min,而高速时就会降到 800 r/min 左右。在高速行驶中,虽然助力减小了,但是仍有可能出现需要紧急避让的突发事件。为此,该系统设有助力转向紧急模式。方向盘转向柱上有一个角速度传感器,系统会根据打方向盘的速度来调整助力大小。在猛打方向盘时,电动泵会骤然把转速提高到接近 5000 r/min,助力会瞬间增大,顺利完成避险操作,这一点只有这种不依赖发动机转速的助力系统才能做到。

采用电动泵式液压动力系统后,不仅能够获得随车速而变化的路感,而且大大减少了转向助力系统的功率消耗,其功率消耗仅为普通液压动力转向系统的 20% 左右。

2. 反力控制式 EPS

反力控制式动力转向系统是能根据车速大小,控制反力室油压,改变输入、输出增益幅度,从而控制转向力大小。

如图 7-4-13 所示，为反力控制式动力转向系统的工作原理图。系统主要由转向控制阀、分流阀、电磁阀、转向动力缸、转向油泵、储油箱、车速传感器及电子控制单元等组成。转向控制阀是在传统的整体转阀式动力转向控制阀的基础上增设了油压反力室而构成。扭力杆的上端通过销子与阀芯相连，下端与小齿轮轴用销子连接，小齿轮轴的上端部通过销子与控制阀阀体相连。转向时，转向盘上的转向力通过扭力杆传递给小齿轮轴。当转向力增大，扭力杆发生扭转变形时，控制阀阀体和阀芯之间将发生相对转动，于是就改变了阀体和阀芯之间油道的通、断关系和工作油液的流动方向，从而实现转向助力作用。

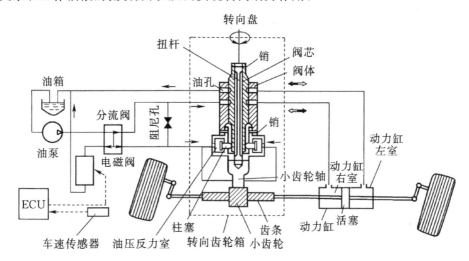

图 7-4-13 反力控制式动力转向系统的组成

分流阀是把来自转向油泵的油液向控制阀一侧和电磁阀一侧进行分流的阀。按照车速和转向要求，改变控制阀一侧与电磁阀一侧的油压，确保电磁阀一侧具有稳定的油液流量。固定小孔的作用是把供给转向控制阀的一部分流量分配到油压反力室一侧。电磁阀的作用是根据需要让油压反力室一侧的油液流回储油箱。

电子控制单元（ECU）根据车速的高低，线性控制电磁阀的开口面积。当车辆停驶或速度较低时，ECU 使电磁线圈的通电电流增大，电磁阀开口面积增大，经分流阀分流的油液，通过电磁阀重新回流到储油箱中，所以作用于柱塞的背压（油压反力室压力）降低。于是柱塞推动控制阀阀芯的力（反力）较小，因此只需要较小的转向力就可使扭力杆扭转变形，使阀体与阀芯发生相对转动而实现转向助力作用。当车辆在中高速区域转向时，ECU 使电磁线圈的通电电流减小，从而电磁阀开口面积减小，所以油压反力室的油压升高，作用于柱塞的背压增大，于是柱塞推动转阀阀杆的力增大。此时需要较大的转向力才能使阀体与阀芯之间作相对转动（相当于增加了扭力杆的扭转刚度），实现转向助力作用，所以在中高速时可使驾驶员获得良好的转向手感和转向特性。

反力控制式动力转向系统的优点是具有较大的选择转向力的自由度，转向刚度大，驶员能确实感受到路面情况，可以获得稳定的操作手感等。其缺点是结构复杂，且成本较高。

3. 阀灵敏度控制式 EPS

阀灵敏度控制式 EPS 是根据车速控制电磁阀直接改变动力转向控制阀的油压增益（阀灵

敏度)来控制油压,从而控制转向助力的大小。

图7-4-14所示为某款轿车所采用的阀灵敏度控制式动力转向系统。该系统对转向控制阀做了局部改进,并增加了电磁阀、车速传感器和电控单元等。控制阀的可变小孔分为低速专用小孔(1R、1L、2R、2L)和高速专用小孔(3R、3L)两种,在高速专用可变孔的下边设有旁通电磁阀回路。图7-4-15所示为该系统的控制阀等效液压回路,其工作过程如下。

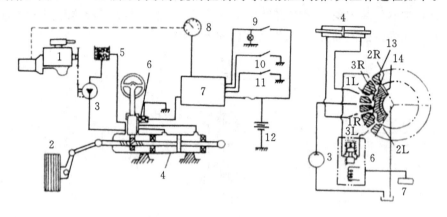

图7-4-14 阀灵敏度控制式EPS
1—发动机;2—前轮;3—转向油泵;4—动力缸;5—转向油罐;6—电磁阀;7—电控单元;
8—车速传感器;9—车灯开关;10—空挡开关;11—离合器开关;12—蓄电池;13—外体;14—内体

当车辆停止时,电磁阀完全关闭,如果此时向右转动转向盘,则高灵敏度低速专用小孔1R及2R在较小的转向扭矩作用下即可关闭,转向油泵的高压油液经1L流向转向动力缸右腔室,其左腔室的油液经3L、2L流回转向油罐,所以此时具有轻便的转向特性。而且施加在转向盘上的转向力矩越大,可变小孔1L、2L的开口面积越大,节流作用越小,转向助力作用越明显。随着车辆行驶速度的提高,在电控单元的作用下,电磁阀的开度也线性增加,如果向右转动转向盘,则转向油泵的高压油液经1L、3R旁通电磁阀流回转向油罐。此时,转向动力缸右腔室的转向助力油压就取决于旁通电磁阀和灵敏度

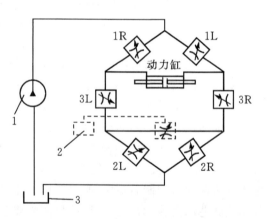

图7-4-15 控制阀等效液压回路
1—转向油泵;2—控制单元;3—转向油罐

低的高速专用可变孔3R的开度。车速越高,在电控单元的控制下,电磁阀的开度越大,旁路流量越大,转向助力作用越小;在车速不变的情况下,施加在转向盘上的转向力越小,高速专用小孔3R的开度越大,转向助力作用也越小,当转向力增大时,3R的开度逐渐减小,转向助力作用也随之增大。由此可见,阀灵敏度控制式电控动力转向系统可使驾驶员获得非常自然的转向手感和良好的速度转向特性。

液压式EPS有如下优点:
①电控液压动力转向是在原液压动力转向系统上发展起来的,原来的系统都可利用,不需

要更改布置。

②低速时转向效果不变,高速时可以自动根据车速逐步减小助力,增强路感,提高车辆行驶稳定性。

③采用电动机驱动油泵可以节省能量。

④具有失效保护系统,电子元件失灵后仍可依靠原液压动力转向系统安全工作。

4. 电动式 EPS

1) 电动式 EPS 系统的结构

电动式电控动力转向系统是是一种直接依靠电动机提供辅助转矩的动力转向系统,可以根据不同的使用工况控制电动机提供不同的辅助动力。图 7-4-16 所示为电动式 EPS 系统组成示意图,转向轴上装有转向角传感器和转向力矩传感器,电控单元根据来自电子车速表(或 ABS 控制器)的车速信号及转向角、转矩传感器的输出信号,判断驾驶员的操纵意图,从而控制电动机电流的大小和方向,使其输出适当的转矩。电动机产生的转矩通过减速器(通常为蜗轮蜗杆机构)直接施加在转向轴(或转向齿轮、齿条轴)上。驾驶员的转向操舵力矩和电动机的助力矩共同克服转向阻力矩,使车轮偏转。车速低,电动机助力大,转向操纵轻便;车速高,电动机助力减少,甚至产生阻力矩,使转向操纵变沉。

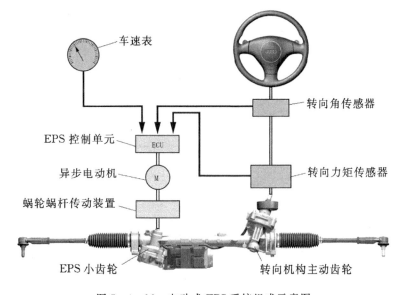

图 7-4-16 电动式 EPS 系统组成示意图

按汽车前轴负荷的不同,电动式 EPS 系统电机的安装位置有不同的方案,如图 7-4-17 所示。前轴负荷较轻(小于 650 kgf)时,电机减速器总成通常安装在转向轴上,称为转向轴助力式 EPS(C-EPS)系统;前轴负荷稍重(650～1200 kgf)时,电机减速器总成通常安装在转向齿轮上,称为转向齿轮助力式 EPS(P-EPS)系统;前轴负荷较重(大于1200kgf)时电机减速器总成通常安装在齿条轴上,称为齿条轴助力式 EPS(R-EPS)系统,这种安装形式有的是电机做成空心的(又称空心电机式),齿条轴从中心穿过,以螺杆螺母的传动形式传力,如本田雅阁。有的是电机安在齿条壳体的外面通过小齿轮驱动齿条(又称双小齿轮式),如一汽大众速腾。

目前,受车载蓄电池的限制,EPS电机的功率不能太大(大多小于500 W),因此EPS在商用车上的应用受到限制。

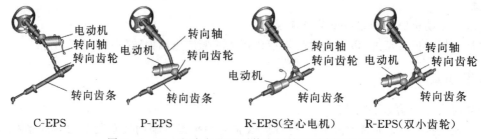

图7-4-17 电动式EPS系统电机的不同安装位置图

2)电动式EPS系统工作原理

电动式EPS系统是利用直流电动机作为动力源,ECU根据各传感器提供的信号,控制电动机所知的大小和方向,其工作原理框图如图7-4-18所示。

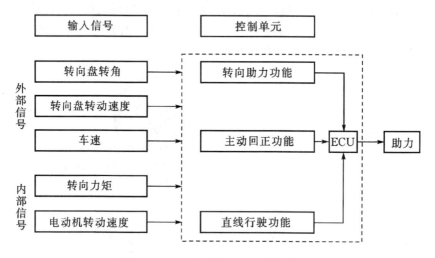

图7-4-18 电动式EPS工作原理图

(1)转向助力原理

当转动转向盘时,装在转向轴上转角传感器、转矩传感器不断地测出转向轴的转角、转矩信号,并与车速信号等同时输入到ECU。ECU根据这些输入信号,确定助力转矩的大小和方向,即选定电动机的旋转方向和助力电流的大小,并将指令传递给电动机,通过离合器和减速机构减速增扭后将辅助动力施加到转向系统中,从而得到一个与工况相适应的转向助力力矩。此力矩与驾驶员施加在方向盘上的力矩叠加在一起形成最终促动转向轮偏摆的有效力矩,如图7-4-19所示。

(2)主动回正原理

由于车轮定位参数的原因,转向后在转向轮上会产生一个回位力,但是由于转向系统内部各铰接点及车轮和地面之间的摩擦,这个回位力不足以将车轮转到直线行驶位置。而电动式EPS的ECU会根据转向力矩、车速、发动机转速、转向角度、转向速度和存储在ECU中的特性曲线图,计算出回位所需要的力矩。据此,启动电机,带动车轮回到直线行驶位置。如图7-4-20所示。

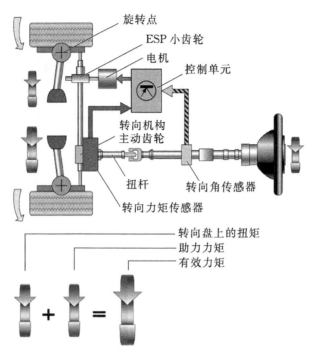

图 7-4-19 电动式 EPS 转向助力原理

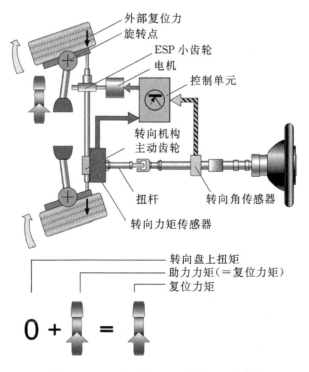

图 7-4-20 电动式 EPS 主动回正原理

(3) 直线行驶功能

直线行驶功能是主动回正功能一个扩展。在车辆行驶过程中,受到客观因素(如侧向风力、车在倾斜路面上的侧向分力等)影响,而使车轮偏摆,则电动式 EPS 的 ECU 会根据转向力矩、车速、发动机转速、转向角度、转向速度和存储在 ECU 中的特性曲线图,计算出直线行驶校正所需要的力矩。据此启动电机,带动车轮回到直线行驶位置。所以,司机就不需要进行不断地校正行驶方向了,从而减轻了疲劳强度。

(4) 电动式 EPS 系统主要构件的结构原理

①转角传感器。转角传感器安装在转向柱上的转向开关与方向盘之间,与安全气囊时钟弹簧集成为一体,其实物如图 7-4-21 所示。

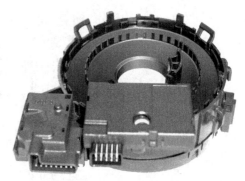

图 7-4-21　转角传感器实物图

转角传感器的作用是检测转向盘的转动角度和转动速度,是电动助力的依据之一。该传感器由转子、发光二极管、光敏二极管和放大器等组成。其工作原理如图 7-4-22 所示,发光二极管作为信号源,光敏二极管作为接收源。随着转子转动,当透光孔与发光二极管对正时,光线照射到光敏二极管上产生高电位,经放大电路放大后输送给 ECU,如图 7-4-22(a)所示。当透光孔与发光二极管错开时,光线不能照射到光敏二极管上,光敏二极管无电压信号输出,产生低电位输送给 ECU,如图 7-4-22(b)所示。如此反复,即形成图 7-4-22(c)所示方波信号,并通过 CAN 总线将该信号传递给转向柱电控单元,经过分析处理后的方向盘转角信号、转角速度信号传递给转向辅助控制单元,结合转向力矩传感器、车速传感器信号、电动机转动速度信号进行处理,从而适时调整转向助力大小。

当发现信号失效时,故障指示灯常亮,启动应急程序,用一个替代值取代这个信号,电子助力转向依然起作用。

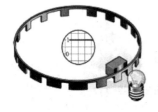　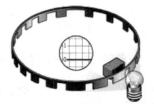　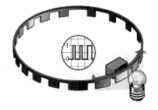

(a) 光敏元件导通　　　　　(b) 光敏元件截止　　　　　(c) 信号盘连续转动

图 7-4-22　转角传感器工作原理图

②转向力矩传感器。电动 ESP 系统中的转向力矩传感器多为电位计式、滑动变压器式或电磁式。它们的共同特点是都采用扭杆作为弹性元件,扭杆的上端与输入轴固连,下端与输出轴固连。通过检测扭杆两端的相对转角来检测作用在其上的转矩,即转向盘与转向器之间的相对转矩,是电动助力的控制依据之一。

图 7-4-23 所示为电磁式转向力矩传感器实物图,磁性转子和转向柱连接块为一体,磁阻传感元件和转向小齿轮连接块为一体。磁性转子由 24 个不同的磁极区交替排列组成,每次用两个磁极来估算力矩。当转动方向盘时,转向柱连接块和转向小齿轮连接块相对周向运动,

即磁性转子和磁阻传感元件相对周向运动,发生磁场变化,在磁阻传感元件两端产生电位差。通过测量磁阻传感元件两端的电位差值,则转向力(矩)的大小可以被测量出来,其工作原理图如图7-4-24所示。

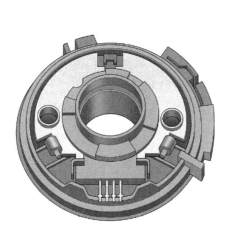
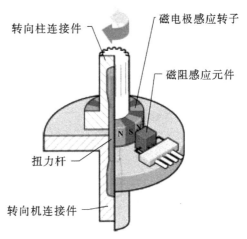

图7-4-23 转向力矩传感器实物图　　图7-4-24 转向力矩传感器原理图

如果信号失效,转向助力系统将关闭,但并不是马上关闭,而是通过一个柔和的逐步的过程。在此过程中,故障指示灯呈红色亮起。转向助力的大小是由控制单元通过电动机转子速度和方向盘转角等信号计算出的值所代替的。

③转向电动机。转向电动机是无刷式异步伺服电动机,具有无扭矩波动、低噪声、抗泥污、无额外摩擦、较宽的转速范围和温度范围等优点,其结构图如图7-4-25所示,它通过蜗轮蜗杆机构和一个传动小齿轮与齿条啮合,蜗轮与EPS小齿轮通过摇摆减振器连接。电动机里面还有转子转速传感器,电控单元用此来确定转向速度,从而实现对电动机进行精确控制,这个传感器若是出现故障,则指示灯呈红色亮起。

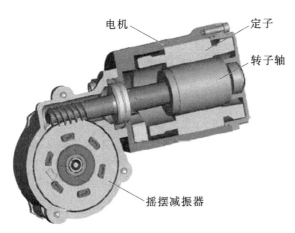
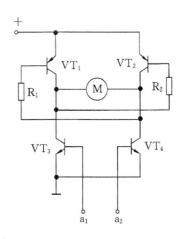

图7-4-25 带减速机构的转向电动机结构图　　图7-4-26 转向电动机电路图

转向电动机需要正反转控制,图7-4-26所示为一种比较简单适用的控制电路,a_1、a_2为触发信号端。当a_1端得到输入信号时,三极管VT_3导通,VT_2得到基极电流而导通,电流经VT_2、电动机M、VT_3、搭铁而构成回路,于是电动机正转。当a_2端得到输入信号时,电流则经

VT_1、电动机 M、VT_4、搭铁而构成回路,电动机则因电流方向相反而反转。控制触发信号端电流的大小,就可以控制通过电动机电流的大小。

异步电机有一个优点:在不通电的情况下,转向机仍可使电机转动。也就是说,即使该电机出现故障(无转向助力了),那么只需稍微再多用点力仍可转动转向装置,而不会锁止。此时,故障灯会呈红色亮起。

④转向助力控制单元。转向助力控制单元与转向电机固定连接在一起,出现故障后整体更换。控制单元内集成有温度传感器,用于转向系统的温度。若温度超过100℃,电动助力转向功能会逐渐降低,当降低到60%,警告灯呈黄色亮起,同时有故障记忆。

3)电动式 EPS 主要优缺点

(1)优点

①效率高、能量消耗少。

②系统内部采用刚性连接,反应灵敏,滞后小,驾驶员的"路感"好。

③结构简单,质量小。

④系统便于集成,整体尺寸减小;省去了油泵和辅助管路,总布置更加方便。

⑤无液压元件,对环境污染少。

(2)缺点

①直接助力式电动转向系统提供的辅助动力较小,难以用于大型车辆。

②减速机构、电动机等部件会影响汽车的操纵稳定性,正确匹配整车性能至关重要。

③使用电动机、减速机构和转矩传感器等部件,增加了系统的成本。

目前,电动式 EPS 在一些新型轿车上得到了应用,如广本飞度、丰田雷克萨斯和锐志以及大众迈腾等。

7.4.4 四轮转向控制系统(4WS)

汽车运行时,四轮转向控制系统可以控制后轮向两个不同的方向各偏转一个小的角度,使前轮驱动的汽车工作更可靠,以提高汽车的灵活性和行驶稳定性。即汽车低速转弯时,使后轮前展,即后轮的转向方向与前轮方向相反,可以提高汽车的机动灵活性。汽车高速转弯时,使后轮前束,即后轮的转向方向与前轮方向相同,可以提高汽车的行驶稳定性。

后轮前展和前束如图 7-4-27 所示。

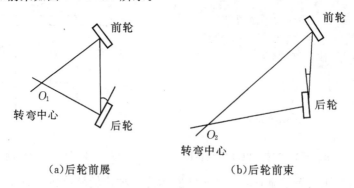

(a)后轮前展   (b)后轮前束

图 7-4-27 左转弯时后轮前展和前束的示意图

常见的四轮转向系统主要有机械式四轮转向系统、液压式四轮转向系统、电控式四轮转向系统三种。

1. 机械式四轮转向系统

机械式四轮转向系统是最早开发的四轮转向系统的一种。包括前轮的齿轮齿条转向系和前后转向系之间的传动轴。随着前轮偏转,转向力通过传动轴传到后轮。机械式四轮转向系统中有时也为后轮加装第二套转向器来帮助转向。机械式四轮转向系统只在汽车高于某一行驶速度时起作用,并且起作用时,前后轮只能往相同方向偏转。

2. 液压式四轮转向系统

第二代四轮转向系统利用液压系统来控制转向。这种类型的四轮转向系统的后轮只能偏转 1.5°左右,并且也只有在速度高于 22km/h 时才起作用。

典型的液压式四轮转向系统如图 7-4-28 所示。开始时,基本的齿轮齿条转向器使前轮偏转;同时把部分转向液压送到后轮转向系统的控制阀中,控制该控制阀(滑阀)的位置。前轮向某一方向偏转时,该滑阀向一个方向移动;前轮向另一方向偏转时,该滑阀向与前面相反方向移动。然后该滑阀控制着第二套液压回路工作。这个回路利用由差速器驱动后转向油泵产生的压力油为动力。这些压力油接着又驱动一个齿轮齿条转向器像前轮的一样工作。但第二个齿轮齿条转向器只能在很小的范围内移动,后轮的偏转角一般为 1.5°左右。

3. 电控式液压转向系统

四轮转向系统正越来越多地使用电子和计算机控制。电控式四轮转向系统允许后轮与前轮以相同的方向偏转(在高速时)或者以相反的方向偏转(在低速时)。

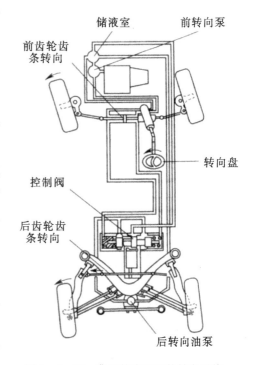

图 7-4-28 典型的液压四轮转向系统

1)构造

主要由电脑(电子控制单元)、输入传感器和后轮转向执行器组成。如图 7-4-29 所示。

2)工作原理

汽车行驶时,各传感器将信号传送给电脑(电子控制单元),电脑控制前、后转向器,实现四轮转向。如图 7-4-30 所示。

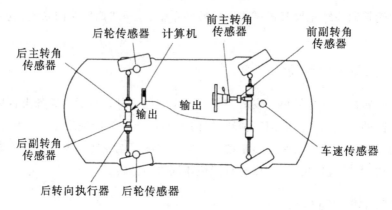

图 7-4-29 电控式四轮转向系统

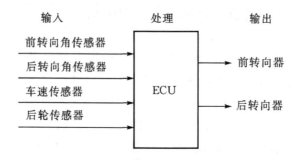

图 7-4-30 电控式四轮转向系统的工作流程图

7.5 汽车转向系的维修

7.5.1 转向系的维护

1. 转向系的一级维护

检查转向器、转向摇臂、转向直拉杆的连接情况,并紧固各部分连接螺栓,检查转向器有无漏油情况。

检查前轴及转向节主销的间隙。

检查转向盘的自由行程。

检查转向器各齿轮油油平面,视需要添加齿轮油。

2. 转向系的二级维护

完成一级维护的内容。

检查转向节主销与前轴的配合情况。

检查转向节及横、直拉杆各球头稍技术状况。

视情况拆检转向器总成。

7.5.2 转向系的拆卸与组装

以桑塔纳 2000 型轿车为例。

1.转向操纵机构的拆卸和组装

1)拆卸

转向柱上装有一套组合开关,包括点火开关、前风窗刮水器及洗涤器开关、转向灯开关及远近光变光开关,因此在拆卸前必须将蓄电池电源线断开,转向指示灯开关放在中间位置,并将车轮处在直线行驶位置,按下列拆卸步骤进行,如图 7-5-1 所示。

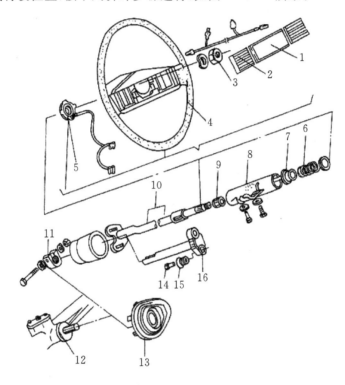

图 7-5-1 桑塔纳 2000 型轿车转向操纵机构分解图
1—大盖板;2—喇叭按钮盖板;3—转向盘与转向柱紧固螺母;4—转向盘;5—接触环;6—压缩弹簧;
7—连接圈;8—转向柱套管;9—轴承;10—转向柱上段;11—夹紧箍;12—转向器;
13—转向柱管橡皮圈;14—转向减振尼龙销;15—转向减振橡胶圈;16—转向柱下段

①向下按橡皮边缘,撬出盖板 1。
②取下喇叭盖 2,拆卸喇叭按钮及有关接线。
③用套筒扳手拆下转向盘紧固螺母 3,然后用拉器将转向盘 4 取下。
④用螺丝刀拆下组合开关上的三个平口螺栓,取下开关。
⑤拆下阻风门拉手上的弹簧稍子,然后拧下拉手、环形螺母;拧下仪表板下饰板固定螺栓,拆下仪表板左下方饰板。

⑥用梅花扳手拆下转向柱套管的两个螺钉,拆下套管。

⑦将转向柱上段10往下压,使上段端部法兰上的两个驱动销脱离转向柱下段16,取出转向柱上段10。

⑧取下转向柱橡胶圈13,用梅花扳手松开夹紧箍的紧固螺栓,拆下转向柱下段16。

⑨用水泵钳旋转卸下弹簧垫圈,用六角扳手卸下左边的内六角螺栓,用螺丝刀拆下右边的开口螺丝及转向盘锁套。

提示:转向操纵机构中的自锁螺母和螺栓拆卸后,应全部更换。

2) 组装

转向操纵机构的装配基本按拆卸的相反顺序进行,但同时应注意以下几点:

①转向柱与凸缘管应一起安装,并用水泵钳连接起来。

②应将凸缘管推至转向机构主动齿轮上,夹紧箍圈口应向外。注意:不可用手等掰开夹箍。

③转向柱管的断开螺栓装配时,应将螺栓拧紧至螺栓头断开为止,然后拧紧圆柱螺栓。

④车轮应处于直线行驶位置,转向指示灯开关应处在中间位置,才可安装转向盘4,否则在安装转向盘时,当分离爪齿通过接触环上的簧片时,有可能造成损坏。

⑤应更换所有的自锁螺母和螺栓,转向柱不能进行焊接修理。

2. 转向传动机构的拆卸与组装

桑塔纳2000型轿车的前悬架为独立悬架,其转向传动机构的拆装见图7-5-2所示。

1) 拆卸

①从转向节臂处松开横拉杆球头稍缩紧螺母。

②拆下左、右横拉杆的球铰链的一端。

③拆下左、右横拉杆与横拉杆支架的连接螺母,取下左、右横拉杆总成。

④松开调整螺母,卸下左、右横拉杆球头。

提示:

转向传动机构中的自锁螺母拆卸后,应全部更换。

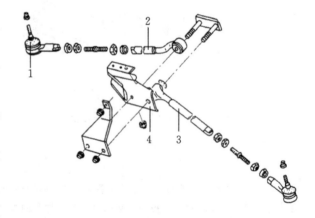

图7-5-2 桑塔纳2000型轿车转向传动机构分解图
1—横拉杆接头;2—右横拉杆;3—左横拉杆;4—横拉杆支架

2) 组装

①在横拉杆外端安装好调整螺母及球接头,将其长度调整合适(左横拉杆的长度为597.6mm+8mm,右横拉杆的长度为553.9mm+8mm),并拧紧加紧箍螺杆,以保证前轮出于直行位置时,转向器在中间位置啮合。

②将转向支架安装到转向器齿条上,并用连接板固定好横拉杆内端,安装时,各螺栓应按规定力矩拧紧。

③将球头稍装入转向臂销孔中,拧紧其紧固螺母。传动机构装好后,转向盘应无明显的自

项目7 汽车转向系

由行程,否则应查明原因并排除。

3.动力转向器的拆卸和组装

动力转向器零部件分解图,如图7-5-3所示。

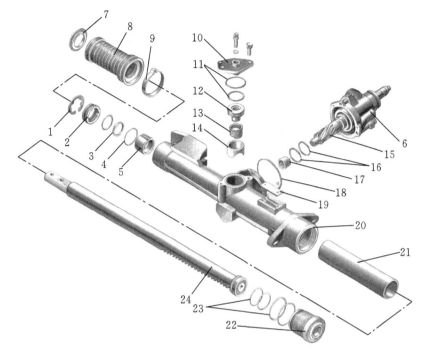

图7-5-3 桑塔纳2000型轿车动力转向器分解图
1—挡环;2—齿条油封座;3—环;4—O形密封圈;5—支承衬套;6—转阀;7—防尘罩挡圈;
8—波纹防尘罩;9—夹箍;10—盖板;11—O形密封圈;12—密封座;13—补偿弹簧;14—压块;
15—转向齿轮;16—O形密封圈;17—滚针轴承;18—O形密封圈;19—铭牌;20—转向器壳;
21—缸筒;22—密封挡盖;23—O形密封圈;24—齿条

1)拆卸
①用升降器升起车辆,排放转向液压油。
②拆下固定转向横拉杆的螺母,如图7-5-4所示。
③拆卸左前轮罩的转向器固定螺栓,如图7-5-5所示。

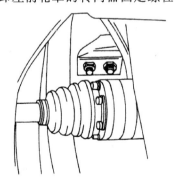

图7-5-4 拆卸横拉杆固定螺母　　图7-5-5 拆卸左前轮罩的转向器固定螺栓

④松开在转向控制阀外壳上的进油管,如图7-5-6所示。
⑤拆卸后横板上固定转向器的左边自锁螺母,如图7-5-7所示。

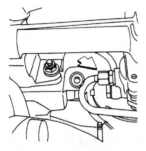 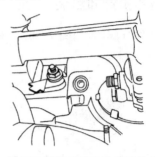

图7-5-6 松开高压油管　　图7-5-7 拆卸后横板上固定转向器的左边自锁螺母

⑥把车辆放下后,拆卸紧固齿条与转向横拉杆的螺栓,如图7-5-8所示。
⑦拆下仪表板侧边下盖、通风管和踏板盖。
⑧紧固转向齿轮轴与联轴节的螺栓,并使各轴分开,如图7-5-9所示。

图7-5-8 拆卸紧固齿条与转向　　图7-5-9 拆卸紧固转向齿轮轴与
　　　　　横拉杆的螺栓　　　　　　　　　　　联轴节的螺栓

⑨拆下防尘套后,从汽车内部拆卸固定在转向器控制阀外壳上回油软管的泄放螺栓,如图7-5-10所示。
⑩拆卸后横板上固定转向器的自锁螺母,如图7-5-11所示。
⑪拆下转向器。

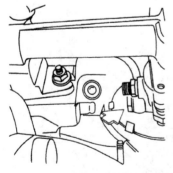 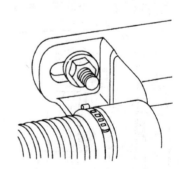

图7-5-10 拆卸回油管的泄放螺栓　　图7-5-11 拆卸后横板上固定转向器的自锁螺母

2)组装

安装时应注意:液压泵和转向器分配阀上固定泄放螺栓的密封圈只要被拆卸,就必须更换。

①在后横板上安装转向器自锁螺母但不必完全拧紧。

②支撑起车辆。

③在液压泵上安装进油管和回油管,使用新的密封圈,用扭力扳手以40N·m的力矩拧紧螺栓。

④安装在左前轮罩上的转向器固定螺栓,用扭力扳手以20N·m的力矩拧紧螺母。

⑤安装在后横板上固定转向器的自锁螺母,用扭力扳手以40N·m的力矩拧紧螺母。

⑥把进油管固定在转向器分配阀外壳上。

⑦把车辆放下。

⑧用扭力扳手以40N·m的力矩拧紧在后横板上固定转向器的自锁螺母。

⑨安装转向横拉杆支架固定螺栓,用扭力扳手以45N·m的力矩拧紧螺栓。

⑩从车厢内把回油管安装在转向器分配阀外壳上。

⑪安装防尘套。

⑫连接联轴节,安装固定螺栓用扭力扳手以25N·m的力矩拧紧。

⑬安装踏板盖、通风管和仪表板盖。

⑭向储油罐内注入液压油,直到达到标有"MAX"处。

提示:

不可再使用排出的动力转向液压油,应重新加注新的动力转向液压油。

⑮举升起车辆,在发动机停止的情况下转动转向盘数次,以便把系统中存在的空气排出。补充液压油,达到储液罐标上"MAX"处。

⑯起动发动机,完全向左和右转动转向盘,观察油面高度,一直操作到油面稳定在标有"MAX"处为止。

4. 液压泵的拆卸与组装

液压泵(叶轮泵)及其附件如图7-5-12所示。

1)拆卸

①支撑起车辆。

②拆卸液压泵上回油管和进油管的泄放螺栓,排放液压油,如图7-5-13所示。

③拆下液压泵前支架上的张紧螺栓,如图7-5-14所示。

④拆下液压泵后支架上的固定螺栓,如图7-5-15所示。

⑤松开液压泵中心支架上的固定螺母和螺栓,如图7-5-16所示。

⑥把液压泵固定在台虎钳上,拆卸V带轮和中间支架。

2)组装

液压泵的安装按照拆卸相反的顺序进行。安装完毕后,应调整液压泵V带的张紧度,并加注液压油。

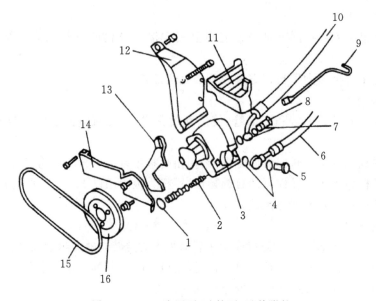

图 7-5-12 液压泵(叶轮泵)及其附件
1—密封环;2—限压阀和滋流阀;3—叶片泵;4、7—更换密封环;
5、8—管接头螺栓;6—进油管;9、12—支架;10—至分配阀套;
11—后摆动夹板;13—前摆动夹板;14—夹紧夹板;15—V带;16—带轮

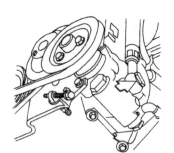

图 7-5-13 拆下卸放螺栓

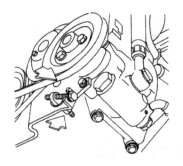

图 7-5-14 拆下转向油泵前支架上的张紧螺栓

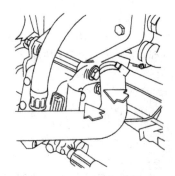

图 7-5-15 拆下液压泵后支架上的固定螺栓

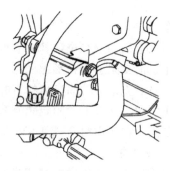

图 7-5-16 松开液压泵中心支架上的固定螺母和螺栓

7.5.3 转向系主要零件的检修

1.机械式转向装置的检修

1)转向盘

①间隙的检查。使汽车前轮处于直线行驶状态,用指尖向左、右侧轻轻推动转向盘,在转向盘外周上测量手感变重时(即车轮开始转动)的自由行程。如该值在规定值之内说明状况正常。桑塔纳轿车转向盘自由行程在转向盘边缘处测量,其值为15~20 mm。

若自由行程过大,说明齿条与转向齿轮啮合间隙偏大、各连接处松旷或齿轮磨损。调整补偿弹簧的压力,可使齿条微量变形,实现无侧隙或小侧隙啮合。

②松脱和松旷的检查。用双手把握住转向盘,在轴向和前后、左右方向上用力摇动,观察此时转向盘是否移位,由此了解转向盘与转向柱轴的装配情况、主轴承的松旷量及转向柱支架的连接情况。

③操纵情况检查。使车辆在各种条件下行驶,检查转向盘转舵力的大小、摆动量、回位状况及稳定性等。试验时要求轮胎及车轮定位正常。

2)齿轮室

检查是否漏油,盖板螺栓是否松动,若松动,应拧紧;轴承松旷,应正确测量调整,更换损坏或磨损超标的轴承;转动调整螺栓,改变补偿弹簧的预紧力,可控制齿条、齿轮的啮合间隙。补偿弹簧的弹力在出厂时已调好,一般不需另行调整;中心轴龟裂,应采用磁力探伤法进行检查。

提示:
转向器各零件不允许进行焊修或整形。

3)转向减振器

检查漏油情况,其容量为86 mL。若渗漏严重,应分解修理,调换密封圈等零件;查看支承是否开裂,若开裂应更换;检查减振器的工作行程,必须拆卸下来试验。$L_{max}=556$ mm,$L_{min}=344.5$ mm,最大阻尼载荷 560 N,最小阻尼载荷 180 N。

4)转向臂及横拉杆

检查槽形螺母是否松脱,若松脱应予拧紧;检查开口销、盖等装配情况;使转向盘从直行状况向左、右方向反复转过60°左右,检查横拉杆、转向臂等是否松脱、松旷;检查连接处的磨损和装配情况。

2.动力转向装置的检修

以桑塔纳2000GSi型轿车动力转向系统为例介绍动力转向装置检查与调整。

1)转向盘

在汽车前轮处于直线行驶状态时,转向盘边缘处测量自由行程,其值应为15~20 mm。当自由行程过大时,说明动力转向器齿轮与齿条啮合间隙偏大,或各连接处松旷,或齿轮和齿条磨损。调整弹簧压力,可使齿条微量变形,实现无侧隙或小侧隙啮合。

用双手握住转向盘,在轴向和直角方向上用力摇动,观察此时转向盘是否移出,由此了解转向盘与转向管柱轴的装配情况、主轴承的松旷量及转向柱支架的连接状况。

2)动力转向器

①检查动力转向器是否漏油,盖板螺栓是否松动。若螺栓松动,应拧紧。

②如果转向轴轴承松旷,应进行调整或更换损坏、磨损的轴承。

③动力转向器啮合副间隙过大或过小,通过调整螺栓改变补偿弹簧的预紧力,可调整齿条、主动齿轮的啮合间隙。这里应注意,补偿弹簧的弹力出厂时已调好,一般不需要另行调整,只有在确实有问题时才进行调整。

④转向轴如有龟裂,应采用磁性探伤法进行检查。

3) 储液罐

①高度的检查。使发动机怠速运转,反复将转向盘从一侧极限位置转到另一侧极限位置,以提高液压温度,使油温达到40℃～80℃左右。

这时检查储油罐内油量,油面应在储油罐的"MAX"处。油量不足时,在检查各部位无泄漏后,按规定牌号补充液压油至"MAX"处。

②液压系统的排气。检查液面高度,必要时添加液压油。使发动机怠速运转,反复使转向盘从左极限位置转右极限位置,直至储油罐内无气泡和泡沫为止。如液面有下降,应继续添加液压油直至达到规定液面高度(MAX处)为止。

③液压油的更换。顶起汽车前桥,从储油罐及回流管中排出液压油;使发动机怠速运转,一面排油,一方面将转向盘转到极限位置,直至液压油排净;添加液压油;排净液压系统中的空气。

4) 液压泵

液压泵(叶轮泵)泵送压力的检查方法如下:

①将油压表和截止阀装到油泵和转向控制阀之间的的进油管道中。如图 7-5-17 所示。

②起动发动机,使其怠速运转。如果需要,向储油罐补充液压油。

③急速关闭截止阀(不超过 10 s),并读出压力数。泵送压力额定值为 6.8～8.2 MPa。

④如果没有达到额定数值,应检查限压阀和溢流阀是否完好。如不正常,应更换限压阀和溢流阀或者叶轮泵。

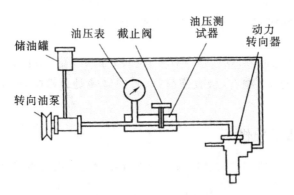

图 7-5-17 用油压表测试油泵泵油压力

5) 系统的密封性

起动发动机,将转向盘分别向左、向右两侧转至极限位置,在瞬间将其固定,以至在转向系统中产生额定压力。此时用目测法检查转向系统各管路、阀类连接处的密封性,如有渗漏应更换密封件。

7.5.4 液压式转向系统的排气

液压式转向系统无论更换动力转向器,还是更换转向油泵,都会造成液压系统里进入空气,而导致助力功能减弱或失效。那么,我们就必须对液压转向系统进行排气。排气的方法如下:

①换完转向助力泵后,将车落在地上,不起动发动机,左右转动方向盘到极限位置各10次。
②将车升起,使前轮离开地面,起动发动机后,左右转动方向盘到极限位置,各约10次。
③将车落到地面上,在发动机运转的情况下,左右转动方向盘到极限位置,各约10次。
④在上述过程中,要时刻保持储液罐内油液不低于最低液面线,必要时补充油液。

7.6 转向系常见故障的诊断

动力转向系统的常见故障有转向沉重、转向异响、转向发抖和左右转向轻重不同等。

7.6.1 转向沉重或助力不足

1.故障现象

正常使用时转向操纵轻便,突然感到转向沉重或转不动方向盘。

2.故障分析

根据动力转向系统的结构与工作原理,液压系统造成转向沉重或助力不足的原因有以下几点:

①液压油泵的V型带松动。工作中V型带打滑,液压泵的转速降低,泵油量和泵油压力减小,作用于工作缸活塞上的油压下降,液压助力作用减弱。
②储油罐油面过低。储油量不能满足油泵的泵油要求,泵油量和泵油压力减小。
③液压系统内有空气。低于大气压的管路密封不严或储油罐油面过低,将空气吸入系统内;溶解在油液中的空气流经低于饱和蒸气压的节流孔时会产生大量气泡。液压系统进入空气后,因为气体是可以压缩的,在油泵的进油腔气体膨胀,使进油量减少;在压油腔一侧气体又被压缩,使泵油量和泵油压力减小,严重时产生"气阻"而不泵油。
④液压泵泵油压力不足。油压不足是导致转向沉重的一个重要原因,上述三种原因都将造成泵油压力不足,除此之外液压泵的叶片过度磨损,工作效率下降也将引起泵油压力不足。
⑤限压阀弹簧力过弱或粘结在开启位置。限压阀弹簧力弱,油压较低时即开启回油;限压阀关闭不严时,大量油液经限压阀回流到吸油口,使泵油量和泵油压力下降。
⑥液压系统内、外泄漏过大。内漏是指液压油由系统内部的高压区漏入低压区,外漏是指液压油由系统内部经管接头等处的密封部位漏到系统外部。内、外泄漏均使系统内的工作油压降低,造成转向沉重或助力不足。

3.故障诊断与排除

①检查调整液压泵V型带的张紧度。用大拇指在V型带中部的下压量为10 mm,则为紧

度合适。否则需调整 V 型带松紧度。

排除方法:松开液压泵支架上的后固定螺栓;松开张紧螺栓的螺母;转动张紧螺栓使 V 型带的紧度符合要求;调整以后拧紧张紧螺栓的螺母;拧紧液压泵支架上的固定螺栓。

②检查液压系统的密封性。启动发动机,将转向盘分别向左、向右转至极限位置,在瞬间将其固定,使转向系统产生额定压力。此时目测检查转向器、分配阀、液压油泵、动力缸和各油管接头等处的密封性。

排除方法:若有渗漏,应更换密封件。

③检查储液缸内液压油的油质和油面高度并排除系统内的空气。当液压油的油质不符合要求时应进行更换,发现油中有泡沫可能是油路中有空气,应进行排气。

检查油面高度:发动机急速运转,反复将转向盘从一侧极限位置转到另一侧极限位置,使油温达到 40℃~80℃左右;检查储油罐内的油面应在"MAX"标记处。

排除方法:油量不足时按规定牌号补充液压油至"MAX"处。

排除液压系统的空气:发动机急速运转,反复使转向盘从左极限位置转到右极限位置,直至储油罐内无气泡和泡沫为止;若液面下降,应继续将液压油添加至规定的油面高度("MAX"处)。

更换液压油:顶起汽车前桥,将液压油从储油罐和回油管中排出;发动机急速运转,一边排油,一边把转向盘转到极限位置,直到液压油排净为止;按规定添加液压油并排除系统内的空气。

④检测液压泵的泵送压力。将压力表装到连接阀体和弹性软管之间的压力管中;启动发动机;急速关闭压力表上的截止阀(不超过 5 min),读出压力表指示值;泵送压力的额定值应为 6.8~8.2 MPa。

排除方法:若泵送压力达不到额定值,应检查限压阀和溢油阀是否完好,必要时更换限压阀和溢油阀或者叶轮泵。

⑤检修转向器。桑塔纳轿车动力转向器的分解与检修。动力转向器的常见故障是漏油、齿轮齿条间隙过大(调整方法同机械转向器)等。转向器的检修要点如下:严重磨损或损坏的零件必须更换,修复转向器零件时不允许进行焊修或整形,经过拆卸的密封衬垫必须换新;转向器主动齿轮不密封,应更换阀体中的密封圈和中间盖板上的圆形绳环,更换阀体密封圈时,应使用专用工具将阀体装至限位块密封唇边;转向器罩壳中的齿轮齿条密封件不密封时,应拆开转向机构更换所有标有 * 号的密封件(圆绳环、齿条密封罩);油管接头漏油时,查找原因重新修好。转向器装配后必须按规定加注 ATF 润滑油、排除系统中的空气,并进行密封性检验,加油时应更换滤清器,保持润滑油清洁。

7.6.2 转向异响

1.故障现象

转向时系统发出噪声。

2.故障分析

动力转向系统的噪声可分为机械噪声和液压系统产生的噪声。产生噪声的主要原因如下：

①液压泵的 V 型带过松。V 型带过松时与带轮的摩擦力减小,工作中皮带颤动并相对于带轮打滑而发出嘶嘶的皮带啸叫声。

②储油罐内油面过低、油量不足工作时满足不了油泵的吸油要求,将空气吸入而产生噪声。

③液压系统内有空气。空气在系统内胀缩而发出噪声。

④进油管或滤清器堵塞,油泵不能可靠吸油。

⑤油管接头松动或油管破裂。

⑥油泵损坏或磨损严重而产生机械噪声。

⑦流量控制阀粘结或卡滞。

3.故障诊断与排除

①检查储油罐的转向油液,若不足,则补充转向油液。

②检查液压泵 V 型带张紧度,若过松打滑,则调整 V 型带的张紧度。

③检查油液中有无泡沫,若有泡沫,检查滤清器、油管连接是否正常,必要时更换新件并按规定力矩拧紧油管接头,油泵,应更换控制阀,等磨损的零部件。

7.6.3 转向发抖

1.故障现象

发动机工作时,转向盘颤抖或震动

2.故障分析

动力转向系统发抖的主要原因如下：

①储油罐的转向油液油面过低。

②转向油泵皮带松弛。

③油泵泵油压力不足。

④转向油泵流量控制阀卡住。

3.故障诊断与排除

①检查储油罐的转向油液,若不足,则补充转向油液。

②检查液压泵 V 型带张紧度,若过松打滑,则调整 V 型带的张紧度。

③检查油泵的泵油压力是否达到额定值,若压力过小,应检查限压阀和溢油阀是否完好,必要时更换限压阀和溢油阀或者油泵。

7.6.4 左右转向轻重不同

1.故障现象

汽车转向时,向左和向右转动转向盘时需要的操纵力大小明显不同。

2. 故障分析

左右转向轻重不同的主要原因如下：
①控制阀的滑阀偏离中间位置。
②滑阀内有赃物，使左右移动时阻力不一样。

3. 故障诊断与排除

①检查储油罐的转向油液质量，如果脏污，应放出油路系统中的油液，经清洗后换新油。
②若油液质量良好，转向限止阀调整合适，则可能是转向控制阀有故障。此时应先检查滑阀是否偏离中心位置，并进行调整。如果经调整后左右转向轻重仍然不同，应分解分配阀，检查缝隙、台肩是否有毛刺及环肩的磨损程度，必要时更换滑阀及阀体。
③如上述检查均正常，则应检查助力器管路部分是否有被压扁处，造成油路轻微堵塞。

7.7 案例分析

7.7.1 案例一：桑塔纳2000轿车转向盘沉重

1. 故障现象

一辆桑塔纳2000轿车已行驶近100000 km，近日发现动力转向沉重。

2. 故障分析

桑塔纳2000轿车转向系统主要由转向盘、转向管柱（由转向上轴和转向下轴两部分组成）、转向油罐、进油管、回油管、叶片式油泵、伺服动力转向器及横拉杆等组成。工作原理是：由发动机传动带带动转向叶片泵，叶片泵将转向油罐中的液压油，泵入伺服动力转向器的滑阀，再通过滑阀使压力油进入转向器的活塞缸，推动活塞也即推动齿条运动，再由与齿条连接的横拉杆推动前悬架转向摇臂而实现转向，多余的油液通过回油管流回转向油罐。为此，驾驶员仅需通过转向盘对控制阀施以轻便的转向力，就能以油压来实现转向。

根据上述结构特点和工作原理，可以推断动力转向沉重的主要原因有以下几方面。
①叶片泵磨损严重，使油压降低。
②油路内混有空气，造成气阻。
③传动带严重磨损或过松打滑。
④转向器内齿轮齿条磨损严重。
⑤转向轴承损坏或预紧力过大。
⑥转向横拉杆弯曲或球头稍配合过紧。
⑦转向油罐油面过低等。

3. 故障诊断与排除

①检查液压系统密封情况。液压系统不密封，会使空气从不密封处慢慢渗入液压系统中。

检查液压系统不密封的方法是查油迹,具体操作方法是:将汽车两前轮悬空,发动机怠速运转,连续从左极限到右极限转动方向盘数次(注意在位置停留不要超过 5 s),而后观察整个液压系统有无出现漏油的痕迹,尤其注意各油管接头处与薄壁壳体处。经检查,未发现问题。

②检查液压油量。启动发动机使液压油温达到正常工作温度(80℃左右)。左右转动方向盘在极限位置,检查转向油罐中的液压油面高度,应处于"MAX"和"MIN"之间,如果油面接近"MIN",应向转向油罐中加注液压油,但不应超过"MAX"标记处。

③检查叶片泵泵油压力。将压力表装到连接在阀体和软管之间。然后启动发动机,急速关闭截止阀,并迅速读出压力数。该车泵油压力额定值为 6.8～8.2 MPa,如不符合此值应检查检查限压阀和溢流阀是否完好。经检查,油泵泵油压力正常。

④检查液压油的品质。该车使用的是专用油,即自动变速用油(红色液体油)。不可加注劣质转向油或代用品,否则易使转向器磨损加剧。

根据以上检查,该车的故障原因是误加不合动力转向系统要求的液压油,导致转向器内齿轮齿条磨损严重所致。更换新的转向器后排除。

7.7.2 案例二:红旗轿车转动转向盘时有异响

1.故障现象

一辆红旗 CA7220E 轿车左右转动方向盘时,发动机前部有异响。打开机舱盖仔细听,异响是动力转向泵发出的。

2.故障分析

红旗轿车的动力转向泵是引进德国技术的 7684 型叶片泵,皮带驱动、液压平衡的油泵。工作原理是:动力转向泵泵出的高压转向油进入转向器油缸,推动活塞运动,实现动力转向。

液压动力机构具有操纵方便、噪音小的特点。该车转向泵有异响,说明液压动力机构有故障。

3.故障诊断与排除

①检查转向泵的皮带张进度,合适。

②检查转向油罐油量,发现油面过低,已降至"MIN"标记处。加注液压油后,异响减轻,但仍存在。

③检查液压系统密封情况。发现动力转向泵上有油污,将其擦拭干净,启动发动机,左右转动转向盘,但不见转向油流出。发动机熄火后,观察后发现从动力转向泵进油管处有转向油流出。原来,动力转向泵的进油出漏油。

取下进油管螺栓,发现油管上的两个铜垫已变形,更换两个铜垫后再试验,动力转向泵不再漏油。左右转动转向盘,动力转向泵也不再有异响,故障排除。

因动力转向泵进油管处密封不严,在转向泵工作时,将空气抽入动力转向系统中,使动力转向泵出现异响并使转向油呈泡沫状。由于转向泵工作时,进油管处呈负压,所以在此时此处不漏油,而停车时转向油才从进油管处渗漏出来。

7.7.3 案例三：丰田皇冠轿车转向沉重

1. 故障现象

丰田皇冠218L轿车转向沉重，需用较大的力才能使车轮偏转。

2. 故障分析与排除

经询问，司机反映行驶转向时越来越费力，直至感觉转向沉重。因此怀疑其动力转向系统有问题。首先进行外观检查，没有发现漏油之处；检查油面，高度正常。然后检查油泵，在油泵的输出端和转向助力器的输入端接入油压表，测得油压为3.5 MPa（标准值应大于7.0 MPa）说明油压过低。将方向盘分别转到左或右极限位置，分别测量油压，仍为3.5 MPa，这说明转向助力器、安全阀、溢流阀均正常，故障可能在油泵。

拆检叶片泵，发现叶片泵各滑片表面磨损严重，厚度仅为1.35 mm（标准值为1.55 mm）。叶片磨损，导致油泵泵油压力不足，助力效果明显减弱，造成转向沉重。更换一套（6组）滑片、弹簧、弹簧座后，采油压力恢复正常，故障排除。

3. 总结分析

引起汽车转向沉重的因素很多，主要受两大总成件影响。一是受转向器结构型式、安装位置以及转向器本身的故障影响；二是受转向前桥（包括横、纵拉杆）结构、参数及润滑情况影响。对于带有助力转向的汽车，液压系统的故障也是导致汽车转向沉重的原因之一。

7.7.4 案例四：大发微型车转向不灵敏

1. 故障现象

一辆天津大发微型车直线行驶不稳，要较大幅度转动方向盘才能控制汽车的行驶方向。

2. 故障分析与排除

让两前轮朝向正前方并着地，测得方向盘自由行程为55°（标准值为25°~30°），显然自南行程过大。卸下转向齿条端部的锁止螺母，让转向齿条与转向传动机构暂时脱离，再测方向盘自由行程，仍为50°，说明故障在转向器内部。

经查，转向小齿轮、转向齿条安装良好，无松动，故障原因为转向小齿轮与转向齿条啮合间隙过大。调整啮合间隙，故障排除。

3. 总结分析

汽车转向不灵敏主要从以下几个方面来诊断：检查齿条导向螺塞的调整是否正确，并视情进行调整；检查动力转向油泵驱动皮带是否打滑，并视情调整其预紧力，必要时更换驱动带；检查急速转速是否过低或急速不稳。在发动机急速或车辆低速行驶时转动转向盘，若发动机熄火，则说明发动机急速不正常，应予调整。检查储油罐是否缺油、动力转向系统内是否有空气

习 题

1. 思考题

(1)简述汽车转向装置的组成、功用及类型。
(2)什么是汽车的转弯半径?
(3)转向传动比的定义是什么?
(4)试述汽车机械转向系的工作过程。
(5)简述循环球式转向器的工作过程。
(6)比较机械转向装置和动力转向装置的特点。
(7)几种常见转向器的主要调整项目有哪些?
(8)什么是转向器的传动效率?什么是转向盘的自由行程?
(9)动力转向系中的滑阀是如何工作的?
(10)列举动力转向装置常见故障的产生原因及排除方法。

2. 选择题

(1)改变横拉杆的长度,可以改变(　　)的值。
A. 车轮外倾　　　　B. 前束　　　　　C. 主销内倾　　　　D. 车轮转角
(2)转向系的三个主要组成部分是转向操纵机构、转向器和(　　)。
A. 转向摇臂　　　　B. 转向前束　　　C. 转向传动机构　　D. 转向盘
(3)循环球式转向器中使用(　　)。
A. 循环球　　　　　B. 齿扇轴　　　　C. 循环球螺母　　　D. 以上所有都是
(4)(　　)属于转向传动机构。
A. 转向节臂　　　　B. 直拉杆　　　　C. 横拉杆　　　　　D. 以上所有都是
(5)动力转向泵由(　　)驱动。
A. 转向传动机构　　B. 曲轴带动的传动带　C. 转向器　　　　D. 传动轴
(6)转向系角传动比越大,转向时驾驶员越(　　)。
A. 省力　　　　　　B. 费力　　　　　C. 无影响　　　　　D. 前面答案都不对
(7)转向盘自由间隙大,路面传递的力(　　)。
A. 越明显　　　　　B. 越不明显　　　C. 变化不大　　　　D. 前面答案都不对
(8)循环球式转向器是(　　)转向器。
A. 单传动比　　　　B. 双传动比　　　C. 三传动比　　　　D. 四传动比
(9)横拉杆两端螺纹旋向(　　)。
A. 都是左旋　　　　　　　　　　　　B. 都是右旋
C. 一个左旋,一个右旋　　　　　　　D. 前面答案都不对
(10)转向盘出现"打手"现象,主要是(　　)。
A. 方向盘自由行程小　　　　　　　　B. 方向盘自由行程大
C. 车速太高　　　　　　　　　　　　D. 前面答案都不对

项目 8　汽车制动系

学习目标

（1）简单叙述制动系的功用、组成，正确描述其结构和工作原理。
（2）正确描述制动器、制动传动装置的类型、结构特点，简单叙述其工作原理。
（3）正确描述制动防抱死（ABS）系统、驱动防滑转（ASR）系统及电子稳定系统（ESP）的功用、结构特点及工作原理。
（4）会分析制动系的常见故障成因，能进行故障诊断与排除。

8.1　汽车制动系概述

8.1.1　制动系的功用和分类

1. 制动系的功用

（1）使行驶中的汽车按照驾驶员的要求进行减速慢行甚至停车。
（2）使下坡行驶的汽车速度保持稳定，以保证行车的安全。
（3）使已停驶的汽车在各种道路条件下（包括在坡道上）稳定驻车，以防溜车。

2. 制动系的分类

1）按制动系的功用分类

①行车制动装置。使行驶中的汽车减低速度甚至停车的一套专门装置。主要由车轮制动器和制动传动机构组成。俗称脚制动。

②驻车制动装置。使已停驶的汽车驻留原地不动的一套装置。坡道起步、行车制动效能失效后，该装置临时使用或配合行车制动器进行紧急制动，俗称手制动。

③第二制动装置。在行车制动系失效的情况下保证汽车仍能实现减速或停车的一套装置。在许多国家的汽车安全法规中规定，第二制动系也是汽车必须具备的。

④辅助制动装置。在汽车下长坡时用以稳定车速的一套装置。

实际上，大部分汽车至少须具有两套制动系统，即行车制动系统和驻车制动系统。一般驻车制动系统都兼作应急制动系统。是否需要安装辅助制动系统，主要视车辆及其使用特点而定，如对于经常在山区行驶的载货汽车，若单靠行车制动装置来限制汽车下长坡的车速，将导致制动器过热而降低制动效能，甚至完全失效，故还应增设辅助制动装置。

2）按制动系的制动能源分类

①人力制动系。以驾驶员的肢体作为唯一制动能源的制动系。

②动力制动系。完全依靠发动机动力转化成的气压或液压形式的势能进行制动的制动系。

③伺服制动系。兼用人力和发动机动力进行制动的制动系。

3）按照制动能量的传输方式分类

制动系又可分为机械式、液压式、气压式和电磁式等。同时采用两种传能方式的制动系统可称为组合式制动系,如大型汽车上使用的气顶液制动系。

8.1.2 制动系的组成及工作原理

1.制动系的组成

制动系一般由制动器和制动操纵机构两部分组成。

1）制动器

产生制动摩擦力矩的部件,分为鼓式制动器和盘式制动器两大类。

2）制动操纵机构

主要包括制动控制装置、制动供能装置、传能装置及制动警告装置等。制动控制装置的作用是控制产生制动力的大小,如图 8-1-1 中的制动踏板机构和制动主缸(也称为制动总泵)就是一种最简单的制动控制装置。制动供能装置的作用是外加能量来协助人的体力进行制动,它们可以是油泵、气泵或真空助力器、真空增压器等装置;制动传能装置的作用是将人的操纵力传输到制动器,如制动管路系统。较为完善的制动系还具有制动警告装置用以提醒驾驶员制动系统中某些元件出现故障以及制动力调节装置(ABS)等。

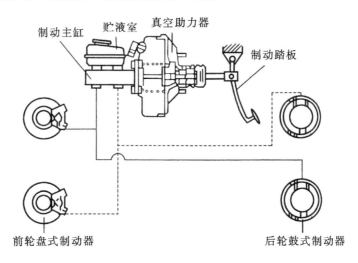

图 8-1-1 前盘后鼓式制动系

2.制动系的工作原理

制动系利用摩擦原理,借助摩擦力矩阻止车轮的转动或转动的趋势。行驶的汽车要实现减速、停车,必须借助路面强制地对车轮产生与行驶方向相反的外力即制动力。

如图 8-1-2 所示为一简单的液压制动系,主要由鼓式车轮制动器和液压传动机构组成。

车轮制动器主要由旋转部分、固定部分和调整机构组成,旋转部分是制动鼓;固定部分包括制动蹄和制动底板;调整机构由偏心支承销和调整凸轮组成用于调整蹄鼓间隙。制动传动机构主要由制动踏板、推杆、制动主缸、制动轮缸和管路组成。

摩擦力的产生是由车轮制动器的固定元件与旋转元件工作表面之间的摩擦作用,不制动时旋转元件与固定元件之间保留一定间隙,旋转元件与车轮一起旋转;不制动时,制动鼓的内圆柱面与摩擦片之间保留一定的间隙,使制动鼓可以随车轮一起旋转。

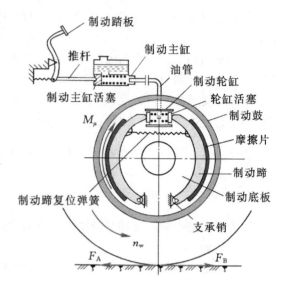

图 8-1-2 制动系工作原理

制动时,驾驶员踩下制动踏板,推杆便推动制动主缸活塞,迫使制动油液经油管进入制动轮缸,油液压力使制动轮缸活塞克服复位弹簧的拉力推动制动蹄绕支撑销转动,上端向外张开,消除制动蹄与制动鼓之间的间隙后压紧在制动鼓上。这样不旋转的制动蹄摩擦片对旋转着的制动鼓就产生一个摩擦力矩 M_μ,其方向与车轮旋转方向相反,其大小取决于制动轮缸活塞的张开力、制动蹄鼓间的摩擦系数及制动鼓和制动蹄的尺寸。制动鼓将力矩传至车轮,由于车轮与路面的附着作用,车轮即对路面作用一个向前的周向力 F_A,同时,路面也给车轮一个向后的切向反作用力 F_B,即车轮受到的路面制动力。各车轮所受路面制动力之和就是汽车受到的总制动力,它由车轮经车桥和悬架传给车架及车身,迫使整个汽车产生一定的减速度,制动力越大,减速度越大。

放松制动踏板,在复位弹簧作用下,制动蹄与制动鼓的间隙又得以恢复,从而解除制动。

8.2 制动器

8.2.1 制动器的功用、分类

1.制动器的功用

在制动系中用以产生阻碍车辆运动或运动趋势的力,即利用固定元件与旋转元件表面之间的摩擦而产生制动力矩。

2.制动器的分类

①按车轮制动器结构不同可分为鼓式和盘式两类。
②按旋转元件固装位置的不同可分为车轮制动器和中央制动器两类。车轮制动器可用于行车制动和驻车制动,中央制动器只用于驻车制动和缓速制动。

8.2.2 鼓式制动器

1. 鼓式制动器的分类

鼓式车轮制动器有内张型和外束型,前者以制动鼓的内圆柱面为工作表面,在汽车上应用广泛。按张开机构不同,鼓式车轮制动器又可分为轮缸式车轮制动器、凸轮式车轮制动器和楔形块式车轮制动器;根据制动过程中两制动蹄产生制动力矩的不同,鼓式车轮制动器可分为领从蹄式、双领蹄式、双向双领蹄式、双从蹄式、单向自增力式和双向自增力式等几种形式。

2. 鼓式制动器的自动增势效应

轿车上常用液压式制动系统,所以我们以轮缸式车轮制动器为例,对领蹄和从蹄的不同结构组合,所产生的不同的制动效果进行分析。

1) 领从蹄式制动器

设制动鼓旋转方向如图 8-2-1 中箭头所示,该制动器左面的制动蹄在促动力 F_s 的作用下张开时,制动蹄与制动鼓间产生摩擦力 T_1。从图中可看出,摩擦力 T_1 对支点的力矩使制动蹄更为贴紧制动鼓,促使摩擦力更进一步增大,具有这种属性的制动蹄称为领蹄。与此相反,制动蹄在促动力 F_s 作用下张开,制动蹄与制动鼓间产生摩擦力 T_2,它有使制动蹄脱离制动鼓的趋势,使摩擦力变小,具有这种属性的制动蹄称为从蹄。一般说来,相同的促动力作用下领蹄的制动力矩约为从蹄制动力矩的 2~2.5 倍。很显然,制动鼓朝相反的方向旋转时,原来的领蹄成为从蹄,从蹄变成领蹄。但整个制动器的制动效能还是同

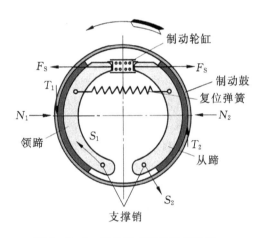

图 8-2-1 领从蹄式制动器示意图

前进制动时一样,领蹄这个特点称为制动器的制动效能"对称"。

领从蹄式制动器存在两个问题:其一是在两蹄摩擦片工作面积相等的情况下,由于领蹄与从蹄所受法向反力不等,领蹄摩擦片上的单位压力较大,因而磨损较严重,两蹄寿命不等。其二是由于制动蹄对制动鼓施加的法向力不相平衡,则两蹄法向力之和只能由车轮轮毂轴承的反力来平衡,这就对轮毂轴承造成了附加径向载荷,使其寿命缩短。凡制动鼓所受来自两蹄的法向力不能互相平衡的制动器称为非平衡式制动器。

2) 双领蹄式制动器

汽车前进制动时,两制动蹄均为领蹄的制动器称为双领蹄式制动器,其结构如图 8-2-2 所示。双领蹄式制动器在结构上的主要特点是,两制动蹄各用一个单活塞式轮缸,只能单边起作用。因此,该结构在汽车前进时制动效果好,倒车制动时效果差,适用于作前轮制动器。

3) 双向双领蹄式制动器

无论是前进制动还是倒车制动,两制动蹄都是领蹄的制动器称为双向双领蹄式制动器,图 8-2-3 所示是其结构示意图。双向双领蹄式制动器在结构上的主要特点有二:一是采用两

个双活塞式制动轮缸;二是两制动蹄的两端都采用浮动式支承,且支点的位置随轮缸活塞的移动而变化。使用这种结构,汽车无论前进还是后退,其制动效果一样。

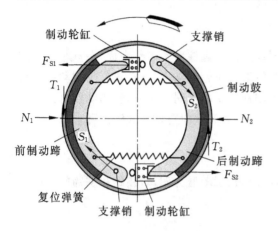

图 8-2-2 双领蹄式制动器示意图

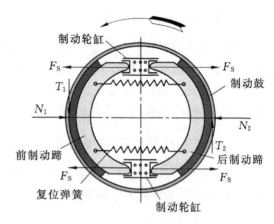

图 8-2-3 双向双领蹄式制动器示意图

4)双从蹄式制动器

前进制动时两制动蹄均为从蹄的制动器称为双从蹄式制动器,其结构示意图如图 8-2-4 所示。这种制动器与双领蹄式制动器结构很相似,二者的差异只在于固定元件与旋转元件的相对运动方向不同。虽然双从蹄式制动器的前进制动效能很差,但其效能对摩擦系数变化的敏感程度较小,具有良好的制动效能稳定性,因此仍然有少数汽车采用。

以上 3 类制动器:双领蹄、双向双领蹄、双从蹄式制动器的固定元件布置都是中心对称的。理论上,其制动鼓所受两蹄施加的法向合力能互相平衡,不会对轮毂轴承造成附力径向载荷。因此,这 3 种制动器都属于平衡式制动器。

5)单向自增力式制动器

单向自增力式制动器的结构原理如图 8-2-5 所示。第一制动蹄和第二制动蹄的下端分别浮支在浮动顶杆的两端。制动器只在上方有一个支承销。不制动时,两蹄上端均借各自的回位弹簧拉靠在支承销上。制动鼓正向旋转方向(汽车前进制动时制动鼓的旋转方向)如图中箭头所示。

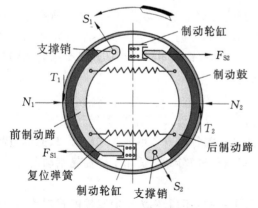

图 8-2-4 双从蹄式制动器示意图

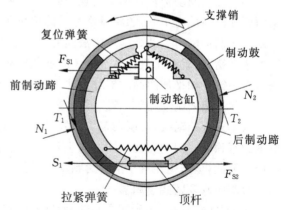

图 8-2-5 单向自增力式制动器示意图

汽车前进制动时,单活塞式轮缸只将促动力 F_{S1} 加于前制动蹄,使其上端离开支承销,整个制动蹄绕顶杆左端支承点旋转,并压靠到制动鼓上。显然,前制动蹄是领蹄,由于顶杆是浮动的,自然成为后制动蹄的促动装置,故后制动蹄也是领蹄。前制动蹄下端的支承力通过顶杆传到后制动蹄,形成后制动蹄促动力 $F_{S2}(=S_1)$。对前制动蹄进行受力分析可知,$S_1 > F_{S1}$。此外,F_{S2} 对后制动蹄支承点的力臂也大于 F_{S1} 对前制动蹄支承的力臂。因此,后制动蹄的制动力矩必然大于前制动蹄的制动力矩。由此可见,在制动鼓尺寸和摩擦系数相同的条件下,这种制动器的前进制动效能明显是最高的。倒车制动时,两个蹄片都有明显的"减势"作用,故此时整个制动器的制动效能很低。

6)双向自增力式制动器

双向自增力式制动器的结构原理如图 8-2-6 所示。其特点是制动鼓正向和反向旋转时均能借制动蹄与制动鼓之间的摩擦起自增力作用。它的结构不同于单向自增力式之处主要是采用双活塞式制动轮缸。制动鼓正向(如箭头所示)旋转时,前制动蹄为领蹄,后制动蹄为从蹄;制动鼓反向旋转时则情况相反。它们都起到相同的增力效果。

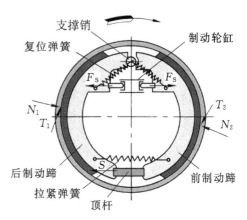

图 8-2-6 双向自增力式制动器示意图

综上所述,各种轮缸式制动器各有利弊,就制动效能而言,在基本结构参数相同的条件下,自增力式制动器对摩擦助势的效果利用最为充分,产生的制动力矩最大,以下依次是双领蹄式制动器、领从蹄式制动器和双从蹄式制动器。

自增力式制动器的构造较复杂,两制动蹄对制动鼓的法向力和摩擦力是不相等的,属于非平衡式制动器;在制动过程中,自增力式制动器的制动力矩增长急促,制动平顺性差;此外,由于是靠摩擦增力,对摩擦系数的依赖性很大,一旦制动器沾水、沾油后制动效能明显下降,制动性能不稳定。

领从蹄式制动器虽然制动效能较低,但有结构简单,制造成本低、制动效能受摩擦系数的影响相对较小、制动较平顺等优点,目前使用仍较广泛。

双领蹄式制动器的制动效能、制动稳定性及平顺性都介于两者之间,其特有优点是具有两个对称的轮缸,最宜布置双回路制动系统。

3.制动器制动间隙的自动调整

制动器间隙自调装置一般可分为一次调准式和阶跃式两大类。楔形块式间隙自调装置属一次调准式,常与领从蹄式制动器配合使用,特点是一次制动即可使制动器间隙恢复到标准值,但因它对制动器热膨胀间隙也有补偿作用,易造成调整过度,使车轮发生"拖磨"甚至"抱死"。阶跃式间隙自调装置常与自增力式制动器配合使用,其特点是必须经过若干次(可能达 20 次以上)制动动作后才能一举消除所积累的过量制动器间隙。

1)一次调准式制动间隙的自调装置

图 8-2-7 所示为装有一次调准式自调装置的制动器。制动底板用螺栓固定在后桥轴端支撑座上,制动轮缸用螺钉固定在制动底板上方。制动蹄采用了浮式支撑,制动蹄稳定销、稳

定弹簧及弹簧座将制动蹄紧压在制动底板的带销孔的支撑平面上,防止制动蹄轴向窜动。制动蹄的两端做成圆弧形,制动蹄复位弹簧分别将两个制动蹄上端贴靠在制动轮缸左右活塞带耳槽的支撑块上,下端贴靠在制动底板上的支撑座上,并用止挡板轴向限位,制动蹄可以沿支撑座和轮缸活塞的支撑块作一定的浮动。制动蹄可以自动定心,以保证与制动鼓全面接触。前制动蹄上固定有斜楔支撑,它用来支撑调节间隙用的楔形调节块。摩擦衬片用空心铆钉与制动蹄铆接在一起,铆钉头端埋入摩擦片中,深度约为新摩擦片的2/3。

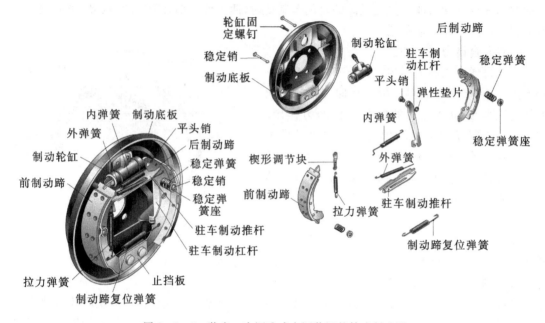

图8-2-7 装有一次调准式自调装置的鼓式制动器

驻车制动杠杆上端用平头销与后制动蹄相连,其上部卡入驻车制动推杆右端的切槽中,作为中间支点,下端做成钩形,与驻车制动钢索相连。前、后制动蹄的腹板卡在驻车制动推杆两端的切槽中。

驻车制动时,将驻车制动杆拉到制动位置,制动钢索将制动杠杆下端向前拉,使之绕上端支点(平头销)转动,制动杠杆在转动过程中,其中间支点推动驻车制动推杆向左移动,将前制动蹄压向制动鼓,直到前制动蹄压到制动鼓后,推杆停止移动,则制动杠杆的中间支点成为继续转动的新支点,于是制动杠杆的上端右移,使后制动蹄压靠到制动鼓上。钢索拉得越紧,摩擦片对制动鼓的压力也越大,制动鼓与摩擦片之间产生的摩擦力矩也越大。解除驻车制动时,松开驻车制动杆,在复位弹簧的作用下,制动杆、制动蹄均回复原位。

对于装有制动间隙自动调整装置的制动器,在装配时不需要调整间隙,只需在安装到汽车上后经过一次完全制动,即可以将间隙调整到设定值。如图8-2-7所示,驻车制动推杆内弹簧的左端钩在前制动蹄的腹板上,而右端则钩在推杆的右弯舌上,弹簧弹力将间隙自调装置的楔形调节块紧紧压靠在前制动蹄的斜楔支撑上,即将推杆紧压在前制动蹄上。驻车制动推杆外弹簧左端钩在推杆的左弯舌上,而右端钩在后制动蹄的腹板上,在弹簧弹力作用下,驻车制动杠杆顶靠在推杆右端缺口左端,在驻车制动推杆与右端缺口右端有一个间隙S,该间隙为制动间隙设定为标准值时完全制动制动杠杆相对推杆移动的距离,此值为设定的的标准的间隙的 2 倍,见图 8-2-8。

在正常制动间隙下制动时,由于驻车制动推杆内弹簧的刚度设计得比外弹簧大,外弹簧被拉伸,内弹簧不被拉伸,所以驻车制动推杆始终压住楔形块与前制动蹄一起向左方向运动。驻车制动杠杆用平头销压铆在制动蹄的腹板上,可以绕销轴自由摆动。在后蹄转动时,制动杠杆与推杆原接触处逐渐分开,而与推杆右端缺口的右端距离则越来越小,但是只要制动间隙不超过设定的标准值,制动杠杆的位置就只能达到与推杆右端缺口的右端接触,而不能再向右移动,在这种情况下不会发生间隙调整。

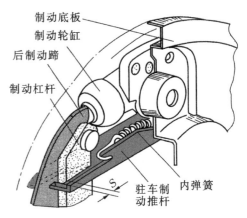

图 8-2-8 制动间隙自动调整原理

当制动间隙增加超过设定的标准值时进行行车制动,后制动蹄向右方向转动使制动杠杆移动了 S 距离与推杆右端缺口右端接触后,驻车制动杠杆还要带动推杆一起向右移动,内弹簧被拉伸,这样推杆和楔形块之间便产生了间隙。在楔形块拉力弹簧的作用下,将楔形块往下拉,直到消除间隙。解除制动时,在制动蹄复位弹簧的作用下虽然制动蹄要复位,但由于楔形块已下行填补了超过间隙 S 部分的间隙,因此左右制动蹄已不可能恢复到制动前的位置。于是原来由于磨损变大的制动间隙便得到了补偿,恢复到初始的设置值。制动时,这个过程反复进行,实现了制动间隙的自动调整。

2)阶跃式制动间隙的自调装置

如图 8-2-9 所示,自调装置由自调拨板、拨板复位弹簧、拉绳及其导向板等组成。自调拨板用于拨转带齿调整螺钉。自调拨板以右端部销孔支撑在制动蹄的销钉上,可绕此销钉转动,在扭簧的作用下拨板处于最下端,使拨板左端与调整螺钉的棘齿离开一定距离,此距离与规定的制动器间隙相对应。自调拉绳的上端挂在支撑销上,中部绕过导向板的弧面,下端与自调拨板相连。导向板以其中央孔的圆筒状凸起装在制动蹄的孔中,形成自由转动支点。

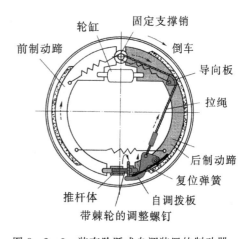

图 8-2-9 装有阶跃式自调装置的制动器

该型制动器间隙的调整只在若干次倒车制动后起调整作用。前进制动时,该自调装置完全不起作用。倒车制动时,后蹄的上端离开支撑销,整个制动蹄压靠在制动鼓上,并在摩擦力作用下随制动鼓顺时针方向转过一个角度。此时挂在支撑销上的拉绳即拉动自调拨板的自由端向上(顺时针方向)摆转(此时导向板也在拉绳摩擦力作用下逆时针方向转动,使拉绳不致磨损),摆转量取决于制动器实际间隙的大小。若制动器间隙为标准值,则拨板的摆动量不足以使其左端插入调整螺钉的棘齿间,因而保持规定的间隙不变。只有当制动器间隙超过标准值时,拨板的摆转方能使其左端插入调整螺钉的棘齿内。解除倒车制动时,制动蹄回位,拨板在扭簧的作用下回到最下端,同时将调整螺钉拨转过一定的角度,使可调推杆的长度稍有增加,从而使蹄鼓间隙有所恢复。经若干次制动,所积累的制动器过量间隙才能被完全清除。

采用倒车制动自调方案是考虑到倒车制动的机会较小,即倒车制动时制动鼓是处于常温状态,自调出来的间隙值是在常温状态下得到的,因而不会导致自调过度。

8.2.3 盘式制动器

1. 盘式制动器分类

盘式制动器摩擦副中的旋转元件为以端面为工作面的金属圆盘,称为制动盘。根据其固定元件的结构形式,盘式制动器可分为钳盘式制动器与全盘式制动器。

钳盘式制动器的固定元件为制动钳和制动块(由金属背板和摩擦片组成)。钳盘式制动器按制动钳固定在支架上的结构形式又可分为定钳盘式和浮钳盘式两种。

图 8-2-10 所示为定钳盘式制动器的结构示意图,跨置在制动盘上的制动钳体固定安装在车桥上,它既不能旋转也不能沿制动盘轴线方向移动,其内的两个活塞分别位于制动盘的两侧,制动时,制动油液由制动主缸(制动总泵)经进油口进入钳体中两个相通的液压腔中(相当于制动轮缸),将两侧的制动块压向与车轮固定连接的制动盘,从而产生制动力。图 8-2-11 所示为浮钳盘式制动器的结构示意图,制动钳体通过导向销与车桥相连,可以相对于制动盘轴向移动。制动钳体只在制动盘的内侧设置油缸,而外侧的制动块则附装在钳体上。制动时,来自制动主缸的液压油通过进油口进入制动油缸,推动活塞及其上的制动块向右移动,并压到制动盘上,于是制动盘给活塞一个向左的反作用力,使得活塞连同制动钳体整体沿导向销向左移动,直到制动盘右侧的制动块也压紧在制动盘上。此时,两侧的制动块都压在制动盘上,夹住制动盘使其制动。

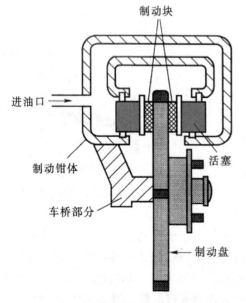

图 8-2-10 定钳盘式制动器结构示意图

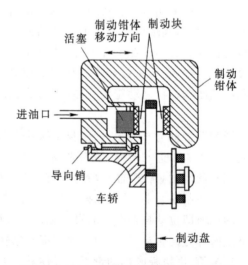

图 8-2-11 浮钳盘式制动器结构示意图

全盘式制动器固定元件的金属背板和摩擦片都做成圆盘形,因而其制动盘的全部工作面可同时与摩擦片接触。钳盘式制动器目前被各级轿车和轻型货车用作车轮制动器;全盘式只有少数汽车(主要是重型汽车)采用为车轮制动器。

定钳盘式制动器具有油缸较多、制动钳结构复杂、制动钳的尺寸过大、热负荷大时制动液容易受热汽化等缺点,使得定钳盘式制动器难以适应现代汽车的使用要求,故现在已少用。本书只介绍浮钳盘式制动器。

2. 浮钳盘式制动器的结构

如图 8-2-12 所示为浮钳盘式制动器。制动钳壳体用螺栓与支架相连,螺栓同时兼作导向销,支架固定在前悬架总成轮毂轴承座凸缘上。壳体可沿导向销与支架作轴向相对移动。两制动块装在支架上,用保持弹簧卡住,使两制动块可以在支架上作轴向移动,但不会上下窜动。制动盘装在两制动块之间,并通过轮胎螺栓固定在轮毂上。制动块由无石棉的材料制成的摩擦衬块与钢制背板牢牢粘合而成。制动钳只在制动盘内侧设有油缸。制动时活塞在制动液压力作用下,推动内制动块压向制动盘内侧面,制动钳上的反力使制动钳壳体向内侧移动,从而带动外制动块压向制动盘外侧面。于是内、外摩擦块将制动盘的两端面紧紧夹住,实现了制动。

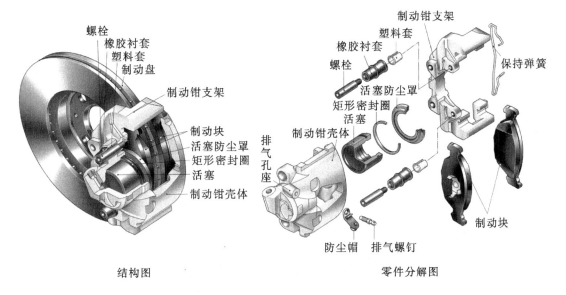

结构图　　　　　　　　　　　零件分解图

图 8-2-12　浮钳盘式制动器

这种浮钳盘式制动器具有热稳定性和水稳定性均好的优点,此外结构简单、造价低廉。浮钳的结构还有利于整个制动器靠近车轮轮辐布置,使转向主销的下端点外移,实现负的接地距(指主销延长线接地点在车轮接地点的外侧),提高汽车抗制动跑偏能力。

3. 制动器制动间隙的自动调节

浮钳盘式制动器利用活塞矩形密封圈的弹性变形实现制动间隙的自动调整,其原理如图 8-2-13 所示。矩形密封圈嵌在制动钳油缸的矩形槽内,密封圈刃边与活塞外圆配合较紧,制动时刃边在摩擦作用下随活塞移动,使密封圈发生弹性变形,相应于极限摩擦力的密封圈极限变形量δ应等于制动器间隙为设定值时完全制动所需的活塞行程(图8-2-13(a))。解除制动时,密封圈恢复变形,活塞在密封圈弹力作用下退回原位(图8-2-13(b))。当制动盘与摩擦衬块磨损后引起的制动间隙超过设定值时,则制动时活塞密封圈变形量达到极限值δ后,活塞仍可在液压作用下,克服密封圈的摩擦力而继续移动,直到实现完全制动为止。解除制动后,制动器间隙即恢复到设定值,因活塞密封圈将活塞拉回的距离仍然等于δ。活塞密封圈兼起活塞复位弹簧和一次调准式间隙自调装置的作用。

轿车制动器的制动盘有两种形式:实心式制动盘,特点是结构简单、加工方便、质量轻;通风式制动盘,它有更好的散热效果,进一步提高了热稳定性。

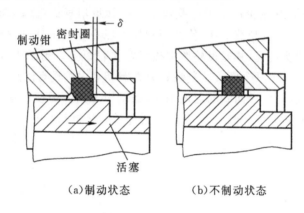

(a)制动状态　　(b)不制动状态

图8-2-13　盘式制动器制动间隙自动调整装置

4.制动块磨损报警装置

许多盘式制动器上装有制动块摩擦片磨损报警装置,它用来提醒驾驶员制动块上的摩擦片需要更换。该装置传感器有声音的、电子的和触觉的3种。

声音传感器式如图8-2-14所示,这种系统在制动摩擦块的背板上装有一小弹簧片,其端部到制动盘的距离刚好为摩擦片的磨损极限,当摩擦片磨损到需更换时,弹簧片与制动盘接触发出刺耳的尖叫声,警告驾驶员需要维修制动系统。

电子传感器式在摩擦片内预埋了电路触点,当衬片磨损到触点外露接触制动盘时,形成电流回路接通仪表板上的警告灯,告知驾驶员摩擦片需更换。

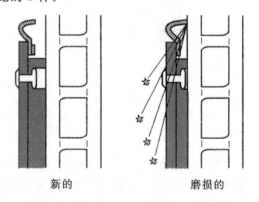

图8-2-14　声音式制动块磨损报警装

触觉传感器式在制动盘表面有一传感器,摩擦片也有一传感器。当摩擦片磨损到两个传感器接触时,踏板产生震动,警告驾驶员维修制动系统。

5.盘式制动器的特点

盘式制动器与鼓式制动器相比较,有以下

优点:

①制动盘暴露在空气中,散热能力强。特别是采用通风式制动盘,空气可以流经内部,加强散热;

②浸水后制动效能降低较少,而且只须经一两次制动即可恢复正常;

③制动效能较稳定、平顺性好;

④制动盘沿厚度方向的热膨胀量极小,不会像制动鼓的热膨胀那样使制动器间隙明显增加而导制动踏板行程过大。此外,也便与装设间隙自调装置;

⑤结构简单,摩擦片安装更换容易,维修方便。

盘式制动器的缺点:

①因制动时无助势作用,故要求管路液压比鼓式制动器高,一般要用伺服装置和采用较大直径的油缸;

②防污性能差,制动块摩擦面积小,磨损较快;

③兼用于驻车制动时,需要加装的驻车制动传动装置较鼓式制动器复杂,因而在后轮上的应用受到限制。

8.3 制动操纵机构

汽车制动操纵是将驾驶员或其他动力源的作用力传到制动器,同时控制制动器工作,从而获得所需要的制动力矩。一般分为液压制动操纵机构、气压控制制动操纵机构、气液综合式制动操纵机构三种。

8.3.1 液压制动操纵机构的功用和组成

1. 液压操纵机构的功用

液压操纵机构是利用特制油液作为传力介质,将驾驶员施于踏板上的力放大后传至制动器,推动制动蹄产生制动作用。

2. 液压操纵机构的组成

主要是由制动主缸(也称制动总泵)、制动轮缸(也称制动分泵)、真空助力器或增压器、以及管路和油液等组成,如图 8-3-1 所示。踏板和主缸装在车架上,主缸与装在制动底板上的轮缸均装有活塞,用油管互相连通。由于车轮是通过弹性悬架与车架相连的,主缸与轮缸的相对位置经常变化,故主缸与轮缸的连接油管除用钢管外,部分有相对运动的区段还用高强度的橡胶软管连接。制动前整个系统充满了制动油液。另外,串联式双腔制动主缸在一个缸体内装入两个活塞,形成两个彼此独立的工作腔,分别和各自的管路连接。左前轮和右后轮共用一套管路,右前轮和左后轮共用一套管路。

制动时,驾驶员踩下制动踏板,制动主缸即将制动液经油管压入前、后制动轮缸,使轮缸活塞向外移动,从而将制动蹄压靠到制动鼓(盘)上,使汽车产生制动。

3. 双管路液压制动操纵机构的布置形式

为了提高汽车行驶的安全性,并根据交通法规的要求,现代汽车的行车制动系都采用了双回路制动系。双管路液压制动传动装置是利用彼此独立的双腔制动主缸(也称为制动总泵),通过两套独立管路,分别控制两桥或三桥的车轮制动器。其特点是若其中一套管路发生故障而失效时,另一套管路仍能继续起制动作用,从而提高了汽车制动的可靠性和行车安全性。

双管路的布置方案在各型汽车上各不相同,可归纳为如下几种:

①一轴对一轴(Ⅱ)型。如图8-3-1(a)所示,前轴制动器与后轴制动器各有一套管路。这种布置形式最为简单,可与单轮缸鼓式制动器配合使用,是发动机前置、后轮驱动式汽车广泛采用的一种布置形式,如南京依维柯汽车等。其缺点是,当一套管路失效时,前后桥制动力分配的比值被破坏。

②交叉(X)型。如图8-3-1(b)所示,一轴的一侧车轮制动器与另一轴对侧车轮制动器同属一个管路。在任一管路失效时,剩余总制动力都能保持正常值的50%,且前后桥制动力分配比值保持不变,有利于提高制动稳定性。这种布置形式多用于发动机前置、前轮驱动的轿车上,如宝来、桑塔纳、奥迪100、富康、夏利轿车等。

③一轴半对半轴(HI)型。如图8-3-1(c)所示,每侧前轮制动器的半数轮缸和全部后制动器轮缸属于一套管路,其余的前轮轮缸属于另一套管路。

④半轴一轮对半轴一轮(LL)型。如图8-3-1(d)所示,两套管路分别对两侧前轮制动器的半数轮缸和一个后轮制动器起作用。

⑤双半轴对双半轴(HH)型。如图8-3-1(e)所示,每套管路均只对每个前、后轮制动器的半数轮缸起作用。

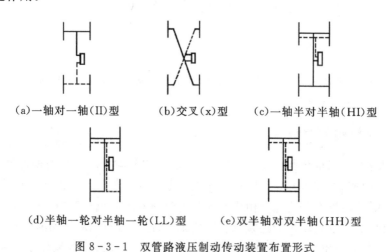

(a)一轴对一轴(II)型　　(b)交叉(x)型　　(c)一轴半对半轴(HI)型

(d)半轴一轮对半轴一轮(LL)型　　(e)双半轴对双半轴(HH)型

图8-3-1　双管路液压制动传动装置布置形式

4. 液压制动操纵机构的主要部件结构及工作原理

1)制动主缸

制动主缸的作用是将踏板输入的机械能转换成液压能。

制动主缸有的与储液室铸成一体,也有二者分制然后装合在一起或用油管连接的。按交通法规的要求,现代汽车的行车制动系都必须采用双回路制动系,因此液压制动系都采用串列双腔式制动主缸。目前国内轿车及大多数国外轿车都采用等径制动主缸,即制动主缸两腔的缸径相同。但少量国外轿车上装用了异径制动主缸,即制动主缸的两腔的缸径不相等。

图8-3-2所示的是串列双腔等径制动主缸工作原理示意图。缸体呈筒形,内有两个活塞。第二活塞位于缸体的中间位置,将主缸分成左右两个工作腔,每个工作腔经各自的管路和前、后轮制动器的轮缸相连。工作腔上部又分别通过补偿孔和进油孔与储液室相通。第二活塞两端都承受弹簧力,当主缸不工作时,第二活塞处在正确的中间位置,即活塞位于补偿孔和进油孔之间。第一活塞在弹簧的作用下压靠在限位环上,此时第一活塞处于补偿孔和进油孔之间。每个活塞上都有轴向小孔,皮碗的端部通过垫片压在小孔的一侧,以便两腔建立油压并保证密封。

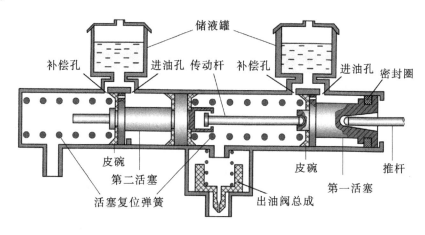

图8-3-2 制动主缸工作原理示意图

踩下制动踏板时,真空助力器推动第一活塞左移,直到皮碗盖住补偿孔后,右工作腔(即后腔)中液压升高。在右腔液压和弹簧的作用下,第二活塞向左移动,同第一活塞一样,当补偿孔被遮盖住时,左腔(即前腔)压力也随之提高。当继续踩下制动踏板,左、右腔的液压继续升高,制动液通过出液口分别进入两条独立的制动管路,使轮缸中的液压升高,克服蹄鼓(或钳盘)间隙后,产生摩擦转矩,使汽车制动。

解除制动时,活塞在弹簧作用下复位,高压油液自制动管路流回制动主缸。如果活塞复位过快,则工作腔容积迅速增大,油压迅速降低,制动管路中的油液由于管路阻力的影响,来不及充分流回工作腔,使工作腔中形成一定的真空度,于是储液室中的油液便经进油口和活塞上的轴向小孔推开垫片及皮碗进入工作腔。当活塞完全复位时,补偿孔打开,制动管路中流入工作腔的多余油液经补偿孔流回储液室。

若与左腔连接的制动管路损坏而漏油,则在踩下制动踏板时只有右腔中能建立液压,左腔中无压力。此时在压差作用下,第二活塞迅速移到其前端顶到主缸缸体上。此后,右工作腔中液压方能升高到制动时所需的值。

若与右腔连接的制动管路损坏而漏油,则在踩下制动踏板时,只是第一活塞前移,而不能推动第二活塞,因而右工作腔中不能建立液压。但在第一活塞直接顶触第二活塞时,第二活塞便前移,使左工作腔建立必要的液压而制动。

由上述可见,双回路液压制动系中任一回路失效时,制动主缸仍能工作,只是所需踏板行程加大,同时只有一半车轮产生制动力。所以汽车的制动距离增长时,制动效能降低。

2)制动轮缸

制动轮缸(也称为制动分泵)的作用是把油液压力转变为轮缸活塞的推力,推动制动蹄压靠在制动鼓上,产生制动作用。制动轮缸有双活塞式和单活塞式两种。

图8-3-3所示为上海桑塔纳轿车、一汽捷达和奥迪轿车所采用的双活塞式制动轮缸。缸体用螺栓固定在制动底板上,缸内有两个活塞,二者之间的内腔由两个皮碗密封。制动时,制动液自油管接头和进油孔进入,活塞在液压作用下外移,通过顶块推动制动蹄。弹簧保证皮碗、活塞、制动蹄三者紧密接触,并保持两活塞之间的进油间隙。防护罩除防尘外,还可防止水分进入,以免活塞和轮缸生锈而卡住。在轮缸缸体上方还装有放气阀,以便放出液压系统中的空气。

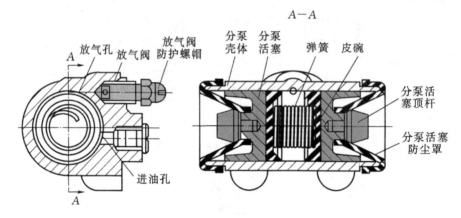

图8-3-3 双活塞式制动轮缸

图8-3-4所示为单活塞式制动轮缸。为缩小轴向尺寸,液压腔密封件不使用抵靠活塞端面的皮碗,而采用装在活塞导向面上切槽内的皮圈。进油间隙靠活塞端面的凸台保持。放气阀的中部有螺纹,尾部有密封锥面,平时旋紧压靠在阀座上。与密封锥面相连的圆柱面两侧有径向孔,与阀中心的轴向孔道相通。需要放气时,先取下橡胶护,再连踩几下制动踏板,对缸内空气加压,然后踩住制动踏板不放,将放气阀旋出少许,空气即行排出。空气排尽后再将放气阀拧紧。

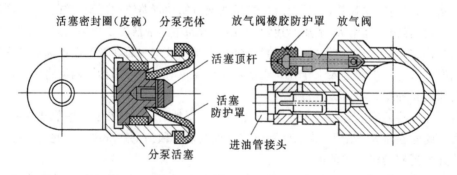

图8-3-4 单活塞式制动轮缸

3)储液罐

储液罐(如图8-3-5所示)由透明材料制成,便于观察制动液位,制动液位应该在最高液位与最低液位线之间。储液罐上装有制动液液位传感器,检测制动液位,当液位过低时,浮式传感器或磁性簧片开关接通仪表盘上的警告灯电路。

4)制动液

相关内容在离合器章节里已有介绍,这里不再赘述。

5)真空助力器

制动系统装配有真空助力器的属于伺服制动系统。伺服制动系兼用人体和发动机作为制动能源,在正常情况下,制动能量大部分由动力伺服系统供给,可以减轻驾驶员施加于制动踏板上的力,增加车轮制动力,达到操纵轻便、制动可靠的目的。在动力伺服系统失效时,伺服制动转变为人力制动。

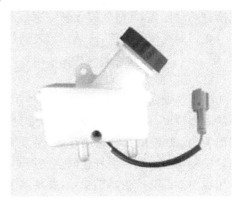

图8-3-5 制动液储液罐

常见伺服制动系以发动机工作时在进气管中形成的真空(或利用真空泵产生的真空)为伺服能量。它可分为增压式和助力式两种形式。增压式是通过增压器将制动主缸的液压进一步增加,增压器装在主缸之后;助力式是通过助力器来帮助制动踏板对制动主缸产生推力,助力器装在踏板和主缸之间。

下面我们仅以真空助力器为例,分析真空助力器的结构和工作原理。

(1)真空助力器的结构

如图8-3-6所示,真空助力器固定在车身上,借推杆与制动踏板连接。加力气室由前后壳体组成,其间夹装有膜片和座,它的前腔A经止回阀与发动机进气管相通。后腔膜片座毂

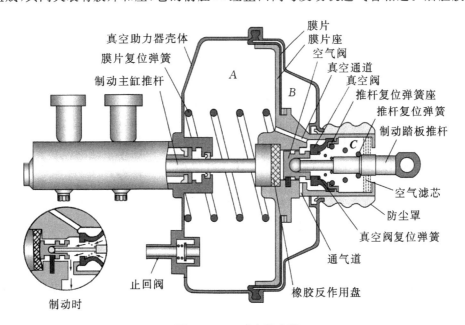

图8-3-6 真空助力器

筒中装有控制阀,其中装有与制动踏板推杆铰接的空气阀和限位板,以及真空阀和推杆等零件。膜片座前端滑装有制动主缸推杆,其间有传递脚感的橡胶反作用盘,橡胶反作用盘是两面受力,右面的中心部分要承受制动踏板推杆及空气阀的推力,盘边环部分还要承受膜片座的推力,左面要承受制动主缸推杆传来的主缸液压反作用力。利用橡胶反作用盘的弹性变形来完成渐进随动任务,同时使脚无悬空感。

止回阀有两个功能:一是保证发动机熄火后有一次有效地助力制动;二是发动机偶尔回火时,保护真空加力气室的膜片免于损坏。

(2)真空助力器的工作原理

①不制动时。空气阀和踏板推杆在推杆复位弹簧的作用下离开反作用盘,回到膜片座毂筒的右端位置。橡胶真空阀因被压缩离开阀座(膜片座毂筒内端面)而开启,空气阀紧压真空阀而关闭。B腔的真空通道开启,加力气室A腔和B腔都处于真空状态。

②制动时。踏板推杆连同空气阀向左移动,消除了与橡胶反作用盘的间隙后,压缩橡胶反作用盘中心部分产生凹陷变形,并推动主缸推杆向左移动,使制动主缸液压上升传入各轮缸,此力是驾驶员所给。与此同时,踏板推杆通过真空阀复位弹簧先将真空阀压向阀座而关闭,使A腔与B腔隔绝。进而空气阀与真空阀分离而开启,C腔的空气经空气阀的开口和通气道进入B腔。随着空气的进入,在加力气室膜片的两侧出现压力差而产生推力,此推力通过膜片座、橡胶反作用盘推动主缸推杆左移,此力为压力差所给。此时,主缸推杆上的作用力应为踏板力和加力气室压力差产生的推力的总和,但后者较前者大得多,使制动主缸输出的液压成数倍的增高。

③维持制动时。当踏板踩下并停止在某一位置时,踏板推杆和空气阀就停止推压橡胶反作用盘。由于膜片两边压力差是通过膜片座作用在橡胶反作用盘的边环部分,使盘中心凹下的部分又重新凸起变平,于是空气阀重新与真空阀接触而关闭,出现"双阀关闭"的平衡状态,助力作用就停止。此时,主缸作用在盘上的反作用力与踏板推杆和膜片座作用在盘上的推力相平衡。

橡胶反作用盘的变形特点是:中心部分先凹下,继而在边环部分助力,力图使盘变平;中心部分停止凹下,边环助力使盘变平。这样,轻踩小变形,重踩大变形,不踩不变形。不同的变形程度,对应不同的助力程度,就有不同的平衡状态。也就是盘的中心部分和边环部分的单位面积压力相等时才会变平,这是真空助力器的渐进随动原理。助力器的随动作用是一直保持到加力气室B腔的压力等于大气压力,此时助力即停止在定值状态。

④放松制动时。推杆复位弹簧将踏板推杆和空气阀推向右移,使真空阀离开阀座,加力气室A、B腔相通,成为真空状态。膜片和膜片座在膜片复位弹簧的作用下回位,主缸即解除制动。

真空助力器失效或真空管路无真空度时,踏板推杆将通过空气阀直接推动膜片座和主缸推杆移动,使主缸产生制动液压,但踏板力要大得多。

5.驻车制动装置

驻车制动分中央驻车制动和车轮驻车制动两类。中央驻车制动系制动器安装在变速器或分动器之后,称为中央制动器,其制动力矩作用在传动轴上。

轿车驻车制动一般采用车轮驻车制动装置,它是在后轮制动器中加装必要的机构,使之兼充驻车制动器,结构简单紧凑,为复合式制动器。

驻车制动的操纵机构采用机械式制动,用机械锁止方法可靠地保证汽车在原地停驻,并在任何情况下不自动滑行。现在有些轿车采用机电式驻车制动,如奥迪 A6 轿车。轿车机械锁止驻车制动装置如图 8-3-7 所示。

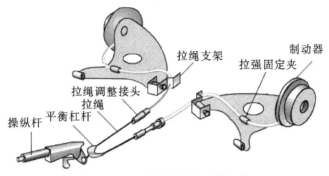

图 8-3-7 驻车制动装置的组成

1)带驻车制动机构的鼓式制动器

驻车制动时,将驻车制动拉杆拉到制动位置,制动钢索将制动杠杆下端向前拉,上端以平头销为支点,先驻车制动杠杆向左移动,将前制动蹄与制动鼓压紧,推杆停止移动,则制动杠杆的中间支撑点为新支点,将驻车制动杠杆向右移动,使后制动蹄也与制动鼓压紧。松开驻车制动杆,在复位弹簧的作用下,制动蹄恢复原位,如图 8-3-8 所示。

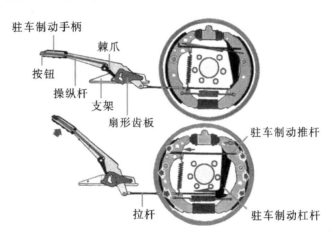

图 8-3-8 带驻车制动机构的鼓式制动器

2)带驻车制动机构的钳盘式制动器

钳盘式驻车制动系根据形式不同分为带促动机构的浮式制动钳、盘鼓结合式和电控机电式三种形式。

(1)带促动机构的浮式制动钳

后轮制动钳里装有特殊机械机构驱动制动钳活塞,特殊机构由连接到操纵杆的驻车制动器拉索控制,操纵杆从制动钳里面伸出来。促动机构有凸轮促动式、钢球促动式、偏心轴和推杆促动式三种类型。

①凸轮促动式驻车制动机构。

图8-3-9所示为一种带凸轮促动机构的盘式制动器的浮式制动钳。自调螺杆穿过制动钳体的孔旋装在切有粗牙螺纹的自调螺母中,螺母凸缘的左边部分被扭簧紧箍着。扭簧的一端固定在活塞上,而另一端则自由地抵靠螺母凸缘。推力球轴承固定在螺母凸缘的右侧,并被固定在活塞上的挡片封闭。轴承与挡片之间的装配间隙即等于制动器间隙为标准值时完全制动所需的活塞行程。膜片弹簧使螺杆右端斜面与驻车制动杠杆的凸轮斜面始终贴合。

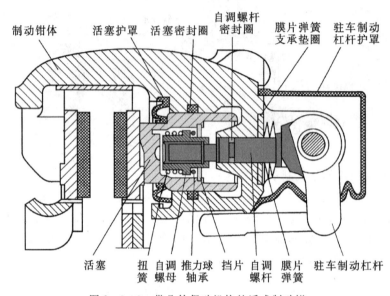

图8-3-9 带凸轮促动机构的浮式制动钳

施行驻车制动时,在驻车制动杠杆的凸轮推动下,自调螺杆连同自调螺母一直左移到螺母接触活塞的底部。此时,由于扭簧的障碍,自调螺母不可能倒转着相对于螺杆向右移动,于是轴向推力便通过活塞传到制动块上而实现制动。解除驻车制动时,自调螺杆在膜片弹簧的作用下,随着驻车制动杠杆复位。

制动间隙的自动调整。在制动间隙大于标准值的情况下实行行车制动时,活塞在液压作用下左移。到挡片与轴承间的间隙消失后,活塞所受液压推力便通过推力轴承作用在自调螺母凸缘上。因为自调螺杆受凸轮斜面和膜片弹簧的限制,不能转动,也不能轴向移动,所以这一轴向推力便迫使自调螺母转动,并且随活塞相对于螺杆左移到制动器过量间隙消失为止。此时扭簧张开,且其螺圈直径略有增大。撤除液压后,活塞密封圈使活塞退回到制动器间隙等于标准值的位置,而扭簧的自由端则由于所受摩擦力矩的消失而转回原位。这样,自调螺母保持在制动时的轴向位置不动,从而保证了挡片与推力轴承之间的间隙为原值。螺母左端面与活塞底之间距离调整到制动器间隙为标准时的值,使驻车制动手柄的行程始终在正常范围内,实现了自动调整的目的。

②钢球促动式驻车制动机构。如图8-3-10所示,驻车制动杠杆用螺栓固定在凸缘短轴上,凸缘短轴和凸缘螺杆的凸缘端面上各有三个倾斜凹坑,二者通过凹坑中的钢球传力,凸缘螺杆通过粗牙螺纹拧在活塞组件的螺母上。进行驻车制动时,拉绳拉动驻车制动杠杆摆动,凸缘短轴也随之转动,于是钢球在倾斜凹坑内滚动,同时推动凸缘螺杆带动活塞组件移动,压向

制动盘实现制动。

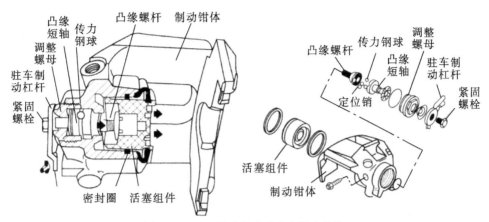

图 8-3-10　钢球促动式驻车制动机构

③偏心轴和推杆促动式驻车制动机构。如图 8-3-11 所示,制动钳体右端装有杠杆轴壳体,杠杆轴插入杠杆轴壳体中。杠杆轴下端有一偏心孔,孔的中心线与杠杆轴中心线垂直但不相交,存在偏置。推杆的一端插在杠杆轴下端偏心孔中,另一端插在自调螺杆前端凹槽中。自调螺杆通过多头螺纹与活塞组件中的螺母相连。进行驻车制动时,拉绳通过驻车制动杠杆带动杠杆轴转动,从而通过推杆推动自调螺杆和活塞组件向左移动实现制动。

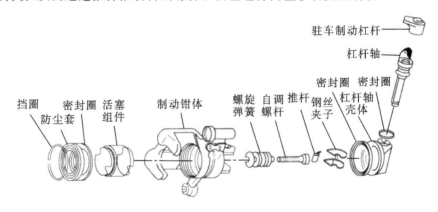

图 8-3-11　偏心轴和推杆促动式驻车制动机构

(2)盘鼓结合式驻车制动机构

盘鼓结合式驻车制动机构比较复杂,在制动盘凹进去的毂部内安装一个驻车鼓式制动器。丰田雷克萨斯车用后轮盘鼓结合型制动器如图 8-3-12 所示,将一个作行车制动器的盘式制动器和一个作驻车制动器的鼓式制动器组合在一起。双作用制动盘的外缘盘作盘式制动器的制动盘,中间的鼓部作鼓式制动器的制动鼓。

进行驻车制动时,将驾驶室中的手动驻车制动操纵杆拉到制动位置,经一系列杠杆和拉绳传动,将驻车

图 8-3-12　盘鼓结合式驻车制动器

制动杠杆的下端向前拉,使之绕平头销转动,其中间支点推动制动推杆左移,将前制动蹄推向制动鼓。待前制动蹄压靠到制动鼓上之后,推杆停止移动,此时制动杠杆绕中间支点继续转动。于是制动杠杆的上端向右移动,使后制动蹄压靠到制动鼓上,施以驻车制动。解除制动时,将驻车制动操纵杆推回到不制动的位置,制动杠杆在卷绕在拉绳回位弹簧的作用下回位,同时制动蹄回位弹簧将两制动蹄拉拢。

(3)机电式驻车制动机构

机电式驻车制动机构除了具有驻车制动功能、制动摩擦衬块磨损识别和间隙校正功能以外,还具有自适应起步辅助功能和动态紧急制动功能。

奥迪 A6 轿车电子控制式驻车制动装置如图 8-3-13 所示,简称 EPB,主要包括左右轮制动器锁止系统、驻车制动控制单元、警报灯及驻车开关。

驻车控制单元控制集成了两个处理器和一个微型机械式倾角传感器。驻车制动器松开的命令要由这两个处理器共同执行,倾角传感器检测车辆所在路面的坡度。数据的传送通过驱动 CAN 总线进行。

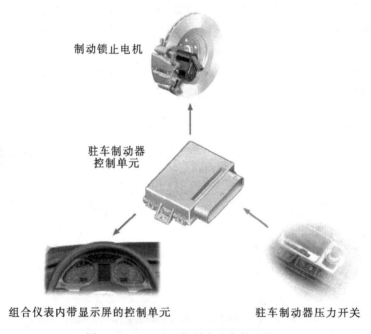

图 8-3-13 电子控制式驻车制动装置

①驻车制动功能和制动摩擦衬块磨损识别和间隙校正功能。拉出驻车制动开关,驻车制动处于工作状态。驻车控制单元接收该信号并发出工作指令,左右轮制动器锁止系统开始工作,同时仪表盘驻车工作灯点亮。如果仪表盘驻车工作灯持续闪烁,说明系统有故障,可用解码器读取故障代码。

系统设定的制动夹紧力可以满足所有的行驶工况。在当驻车控制单元的倾角传感器检测到驻车坡度超过 30% 时,在仪表板中央显示屏出现文字警报,以提醒驾驶员;行车制动过程中,制动盘和制动摩擦衬块会因摩擦而温度升高,在制动盘冷却后,制动力会自动张紧(温度模块提供制动盘温度)。

解除驻车制动时,打开点火开关,在按下驻车制动按钮的同时要踩下制动踏板或油门踏板。

制动摩擦衬块的厚度会定期(每 500 km)在车辆静止并且驻车制动不工作时自动获取的。制动时,传感器测量摩擦衬块离开终点位置到顶住制动盘的行程传递给控制单元,控制单元通过计算与内存数据比较,可得知制动摩擦块的厚度值。

②动态紧急制动功能。紧急制动功能的操作过程与手制动杆的操作是一样的。当车速低于 8 km/h,拉出驻车开关不松开,就会对车辆实施制动。松开开关后,制动过程被终止。为了避免误操作,只要又踏下了油门踏板,紧急制动功能立即被终止。当车速超过 8 km/h,就由电子稳定系统(ESP)来实施制动过程。

③自适应起步辅助功能。自适应起步辅助功能只有在系上安全带后才可以使用。该功能可以使车辆在斜坡上平稳起步并且可以保证不会出现溜车现象。EPB 功能启动前的 0.5 s,离合器踏板位置传感器信号传递给电子控制单元,以此来保证在行驶过程中 EPB 功能能够安全启动。

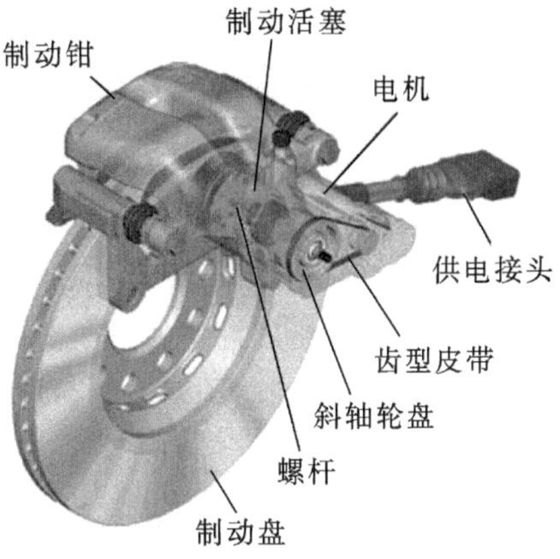

车辆起步时,驻车制动器在哪一时刻松开,由路面的坡度、发动机转速、变速器挡位、油门踏板的位置及踏下的速度等参数决定。每次在水平路面上起步时,都会将加速行驶状态的参数存储并与控制单元内的参数组进行比较,以便进行调节。

④左右轮制动器锁止机构。车轮锁止机构如图 8-3-14 所示,主要有制动盘、制动钳、驱动电动机、斜轴轮盘驱动机构、驱动主轴(螺杆)及制动活塞等组成。斜轴轮盘机构和直流电动机通过法兰固定在制动钳上,直流电动机驱动斜轴轮盘机构,通过轮盘驱动机构驱动螺杆。

图 8-3-14 车轮锁止机构

斜轴轮盘机构的作用是与螺杆驱动相结合,将驱动电机的旋转运动转换为制动活塞非常小的直线往复运动,从而实现驻车制动。驱动电动机旋转运动的速度通过霍尔传感器来测量,控制单元由此计算出活塞往复运动的行程。

车轮锁止机构工作原理如图 8-3-15 所示,斜轴轮盘机构和直流电动机通过法兰固定在

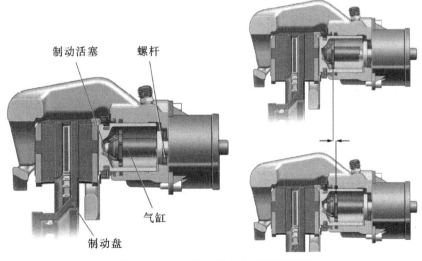

图 8-3-15 车轮锁止机构工作原理

制动钳上。拉开制动开关,直流电动机通过内齿皮带带动斜轴轮盘机构,斜轴轮盘机构驱动带自锁螺纹的螺杆,螺杆驱动制动活塞。气缸在制动活塞内轴向滑动,通过两个平面实现扭转止动。在气缸尾部加粗部分上装有一个螺母,螺杆的旋转运动会带动压紧螺母沿螺杆螺纹向前移动,气缸与活塞接触,摩擦衬块收紧压靠在制动盘上,实现驻车制动。驻车制动开关松开,螺母在螺杆上向回旋转,气缸卸荷,密封圈在恢复原状时会将活塞向回推,于是摩擦衬块离开制动盘。

8.3.2 气压制动操纵机构

1. 气压制动操纵机构概述

气压制动操纵机构的制动能源是空气压缩机产生的压缩空气。其操纵轻便省力,但其制动起作用时间长,结构复杂,尺寸、重量大。广泛用于中、重型汽车。

图 8-3-16 所示为解放 CA1092 型汽车双管路气压制动系统示意图。发动机驱动的活塞式空气压缩机将压缩空气经单向阀压入湿储气筒;湿储气筒上装有安全阀和供其他系统使用的压缩空气放气阀,压缩空气在湿储气筒内冷却并进行油水分离,然后进入主储气筒的前、后腔。

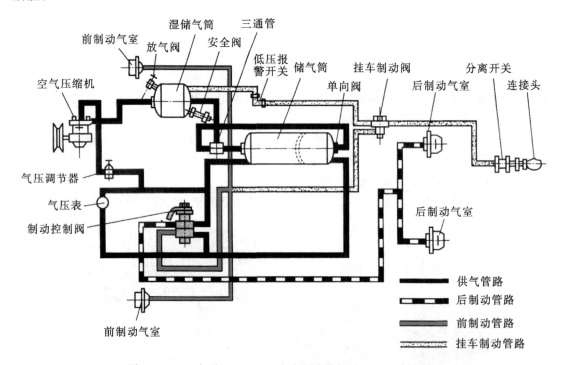

图 8-3-16 解放 CA1092 型汽车双管路气压制动系统示意图

主储气筒的前腔与制动控制阀的上腔相连,以控制后轮制动;同时通过三通管与气压表及气压调节器相连;储气筒后腔与制动控制阀的下腔相连,以控制前轮制动,并通过三通管与气压表相连。气压表为双指针式,上指针指示储气筒前腔气压;下指针指示储气筒后腔气压。供气管路中常存有压缩空气,储气筒最高气压为 0.8 MPa。

当驾驶员踩下制动踏板时,拉杆带动制动控制阀拉臂摆动,使制动控制阀工作。储气筒前腔的压缩空气经制动控制阀的上腔进入后轮制动气室,使后轮制动;同时储气筒后腔的压缩空气通过制动控制阀下腔进入前制动气室,使前轮制动。当放松制动踏板时制动控制阀使各制动气室通大气以解除制动。

2. 气压制动操纵机构主要部件的结构及工作原理

1) 空气压缩机

空气压缩机一般固定在发动机缸体的一侧,多由发动机通过皮带或齿轮来驱动。在空气压缩机缸盖上有两个单向阀,一个是进气阀,一个是排气阀,与活塞的上下运动相配合完成进气和排气。具体结构这里不再细述。

2) 调压阀

它的作用是调节储气筒中压缩空气的压力,使之保持在规定的压力范围内,同时使空气压缩机能卸荷空转,减少发动机的功率损失。

如图 8-3-17 所示,当储气筒气压升高到 0.7~0.74 MPa 时,膜片下方气压作用力即克服调压弹簧的预紧力而推动膜片向上拱曲,使空心管和排气阀随之上移,直至排气阀压靠在阀座上而关闭,切断卸荷室与大气通路,同时空心管下端面也离开排气阀,出现间隙,于是储气筒中的压缩空气便沿图中箭头所示路线充入空气压缩机的卸荷室,迫使卸荷柱塞下移,使进气阀门开启。这时气缸与大气相通,空气压缩机卸荷空转,湿储气筒内气体压力也不再升高。随着储气筒内的压缩空气不断消耗,调压阀膜片下面气压降低,膜片和空心管即在调压弹簧的作用下相应下移,当气压在 0.56~0.6 MPa 时,空心管下端将排气阀打开,卸荷室与储气筒的通路被切断,而与大气相通,卸荷室的压缩空气即排入大气。卸荷阀在其弹簧的作用下升高,进气阀又恢复正常,空气压缩机恢复对储气筒充气。

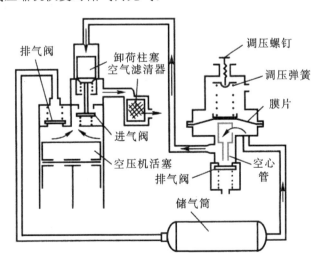

图 8-3-17 调压阀与空气压缩机卸荷阀的调压原理

3) 制动控制阀

制动控制阀的作用是控制从储气筒充入制动气室和挂车制动控制阀的压缩空气量,从而控制制动气室中的工作气压,并有逐渐变化的随动作用,即保证制动气室的气压与踏板行程有一定的比例关系。制动控制阀常见结构有串联活塞式和并联膜片式。我们这里仅以串联活塞式制动控制阀为例,对其工作原理予以分析。

图 8-3-18 所示为解放 CA1092 型汽车制动控制阀。它由上盖、上阀体、中阀体和下阀体等组成,并用螺钉连接在一起,其间装有密封垫。中阀体上的通气口 A_1 和 B_1 分别接后桥储气筒和后桥制动气室;下阀体上的通气口 A_2 和 B_2 分别接前桥储气筒和前桥制动气室。上下活塞与壳体间装有密封圈。下活塞由大小两个活塞套装在一起,小活塞对大活塞能进行单向分离。上腔阀门滑动地套装在心管上,其外圆有密封隔套。下腔阀门滑动地套在有密封圈的下阀体中心孔中,中空的心管和小活塞制成一体。

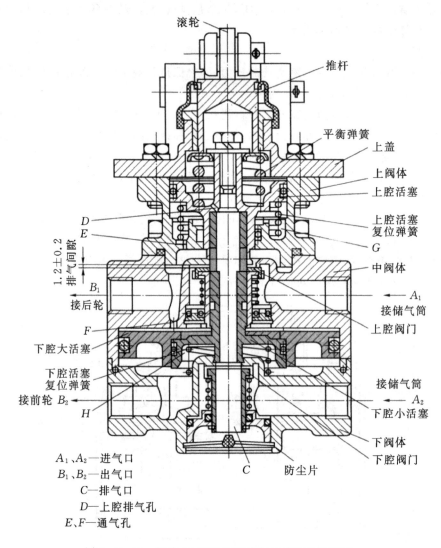

图 8-3-18 解放 CA1092 型汽车气压式制动控制阀

如图 8-3-19 所示,制动时,驾驶员将制动踏板踩下到一定距离,通过滚轮、推杆使平衡弹簧及上腔活塞向下移动,消除排气间隙(上腔阀门与上腔活塞之间)而推开上腔阀门,此时,从储气筒来的压缩空气经 A_1 阀门与中阀体上的进气阀座间的进气间隙进入 G 腔,并经出气口

B_1 进入后制动气室,使后轮制动。与此同时,进入 G 腔的压缩空气通过通气孔 F 进入大活塞及下腔小活塞的上方,使其下移推开下腔阀门,此时从前桥储气筒来的压缩空气经下腔阀门与下体阀座之间形成的进气间隙进入 H 腔,并经出气口 B_2 充入前制动气室,使前轮制动。

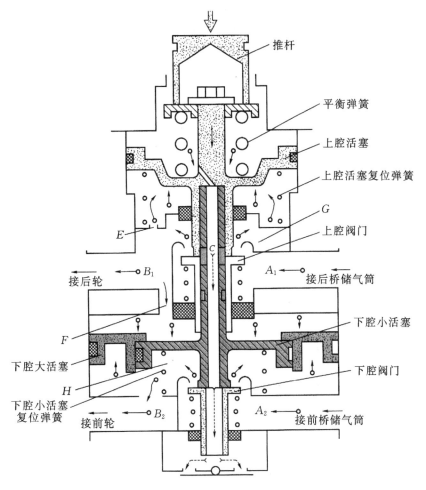

图 8-3-19 双腔串联活塞气压式制动控制阀工作原理

当制动踏板保持在某一位置(维持制动状态)时,压缩空气在进入 G 腔的同时由通气孔 E 进入上腔活塞的下方,并推动上腔活塞上移,使 G 腔中气压作用与复位弹簧的张力之和与平衡弹簧的压紧力相平衡,此时上腔阀门和下腔阀门均关闭,G 腔和 H 腔中的气压保持稳定状态,即为制动阀的平衡位置。

若驾驶员感到制动强度不足,可将制动踏板再踩下一些,此时上腔阀门和下腔阀门又重新开启,使中阀体的 G 腔和下阀体的 H 腔以及制动气室进一步充气,直至 G 腔中气压又一次达到与平衡弹簧的压力平衡,而 H 腔中的压缩空气对下腔活塞向上的压力重新与下腔活塞上方的压缩空气对下腔活塞向下作用的压力相平衡。在此新的平衡状态下,制动气室所保持的稳定压力比以前更高。同时,平衡弹簧的压缩量和踏板力也比以前更大。

当放松制动踏板时,操纵摇臂复位,心管上移,平衡弹簧恢复到原来装配长度,上腔活塞上移到使下端与上腔阀门之间形成排气间隙。后制动气室的压缩空气经 G 腔排气间隙和其下面的排气口 C 排入大气;与此同时,下腔大活塞及下腔小活塞受复位弹簧的张力的作用而上升,使下腔阀门与下阀体的阀座接触,从而关闭储气筒与前制动气室的通路;另一方面,由于下腔大活塞及下腔小活塞的上移,使小活塞的下端与下腔阀门之间也形成排气间隙,前制动气室的压缩空气经 H 腔及所形成的排气间隙以及下腔阀门和排气口 C 排入大气中。

若前桥管路失效,控制阀的上腔室仍能按上述方式工作,因此后桥管路照常工作。当后桥管路失效时,由于下腔室的大活塞上方建立不起控制气压而无法动作,上腔平衡弹簧将通过上活塞推动小活塞及心管使小活塞与大活塞单向分离而下移,推开下阀门使前桥控制管路建立制动气压、并利用小活塞和平衡弹簧的张力相互平衡起随动作用。为了消除上活塞与上阀门间的排气间隙(1.2±0.2mm)所需要的踏板行程,称为制动踏板自由行程。

8.3.3 气液综合式制动操纵机构

气液综合式制动操纵机构是由空气加力器与液压控制操纵机构组成。常用的空气加力器有真空加力器和压缩空气加力器。真空加力装置是利用发动机工作时在进气管中形成的真空度(或利用真空泵)为力源的动力制动传动置。压缩空气加力器用带空气压缩机气压制动系统与液压制动系统组合式的,气压可通过串连的制动气室和液压主缸转换为液压能。气液综合式制动滞后时间较小,目前中、重型汽车较多采用。

8.4 制动防抱死系统(ABS)

8.4.1 ABS 系统的功用

为了得到汽车理想的制动控制过程,现代轿车采用了汽车防抱死制动系统(Anti-Lock Brake System),缩写为 ABS 或 ALB,是汽车上的主动安全装置。

ABS 能根据路面状况,自动调节车轮的制动力,控制车轮的滑移率在某一范围内工作。防止车轮制动抱死在路面上产生拖滑,使车轮处于边滚边滑的状态,从而缩短制动距离,提高制动过程中的方向稳定性及转向操纵能力,使汽车制动更为安全有效。

1. 制动过程中车轮的三种运动状态

制动过程中车轮的三种运动状态如图 8-4-1 所示。

汽车在制动时,车速与轮速之间产生速度差,车轮发生滑动现象。滑动成分的多少用汽车行驶时实际车速与车轮瞬时圆周速度之间的差异评价,即车轮的滑移率,用 S 表示。

$$S = \frac{车速 - 轮速}{车速} \times 100\%$$

式中,轮速=车轮转速×车轮半径。

2. 附着系数 φ 与滑移率 S 的关系

干燥硬路面附着系数与滑移率之间的关系如图 8-4-2 所示。

车辆正常行驶时,车速(v)=轮速(v_ω),$S=0$;车轮自由滚动。

车轮完全抱死时,轮速(v_ω)=0,$S=100\%$,车轮完全抱死滑移,纵向附着系数下降,制动

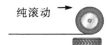
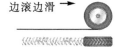

第一阶段

车轮纯滚动,路面印痕与胎面花纹基本一致,车速 $v=$ 轮速 v_ω。

第二阶段

车轮边滚边滑,路面印痕可以辨认出轮胎花纹,但花纹逐渐模糊,车速 $v>$ 轮速 v_ω。

第三阶段

车轮抱死拖滑,路面印痕粗黑,轮速 $v_\omega=0$。

图 8-4-1 制动过程中车轮的三种运动状态

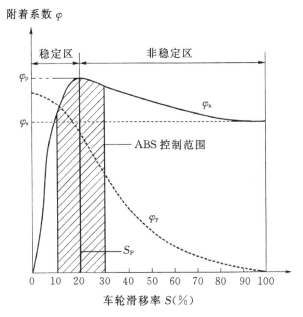

图 8-4-2 附着系数与滑移率的关系

φ_P—峰值附着系数;φ_S—车轮抱死时的纵向附着系数;S_P—峰值附着系数时的滑移率;
φ_y—横向附着系数;φ_x—纵向附着系数

力下降,汽车制动效能变差。横向附着系数下降至零,此时,车轮在极小的侧向力作用下即产生侧滑。若汽车前轴先抱死,则汽车方向失控;后轴先抱死,则汽车甩尾。

车速(v)>轮速(v_ω),$0<S<100\%$,车轮即滚动又滑移,滑移率越大,车轮滑移程度越大。

通过以上分析得知,应将制动滑动率控制在稳定区域内。附着系数的大小取决于道路的材料、状况以及轮胎的结构、胎面花纹和车速等因素。车轮滑移率 S 控制在 20% 左右,便可获取最大的纵向附着系数,制动力最大。同时,横向附着系数也保持较大值,使车辆具有良好的抗侧滑能力和制动时转向操纵能力,是最理想的控制效果。

3. 理想的制动控制过程

①制动开始时,让制动压力迅速增大,使滑移率 S 上升至 20% 所需时间最短,以便获取最短的制动距离和方向稳定性。

②制动过程中。当 S 上升稍大于 20% 时,对制动轮迅速适当降低制动压力,使 S 迅速下降到 20%;当 S 下降稍小于 20% 时,对制动轮迅速适当增大制动压力,使 S 迅速上升到 20%。

8.4.2 ABS 系统的类型及组成

1. ABS 系统的组成和工作原理

ABS 系统是在传统制动系统的基础上,又增设车轮转速传感器、电子控制单元 ECU、制动压力调节器、ABS 警告灯等元件,如图 8-4-3 所示,有些轿车还增设减速度传感器。

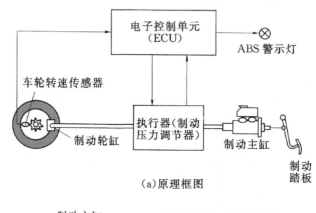

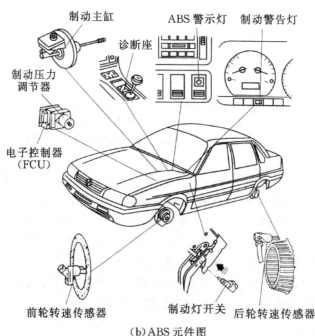

图 8-4-3 防抱死制动系统(ABS)的基本组成

ABS 基本工作原理如图 8-4-4 所示,汽车在制动过程中,车轮转速传感器不断把各个车轮的转速信号及时输送给 ABS 电子控制单元(ABS ECU),ABS ECU 根据设定的控制逻辑对 4 个转速传感器输入的信号进行处理,计算汽车的参考车速、各车轮速度和减速度,确定各车轮的滑移率。如果某个车轮的滑移率超过设定值,ABS ECU 就发出指令控制液压控制单元,使该车轮制动轮缸中的制动压力减小;如果某个车轮的滑移率还没达到设定值,ABS ECU 就控制液压单元,使该车轮的制动压力增大;如果某个车轮的滑移率接近于设定值时,ABS ECU 就控制液压控制单元,使该车轮制动压力保持一定。从而使各个车轮的滑移率保持在理想的范围之内,防止 4 个车轮完全抱死。

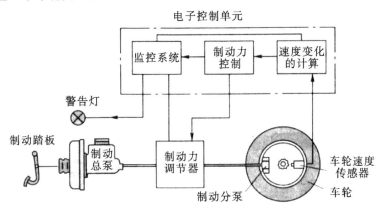

图 8-4-4　ABS 基本工作原理

在制动过程中,如果车轮没有抱死趋势,ABS 系统将不参与制动压力控制,此时制动过程与普通制动系统相同。如果 ABS 系统出现故障,电子控制单元将不再对液压单元进行控制,并将仪表板上的 ABS 故障警告灯点亮,向驾驶员发出警告信号,此时 ABS 不起作用,制动过程与普通制动系统的工作相同。

2. ABS 系统的类型

在 ABS 系统中,能够独立进行制动压力调节的制动管路称为控制通道。如果对某车轮的制动压力可以进行单独调节,这种控制方式称为独立控制;如果对两个(或两个以上)车轮的制动压力一同进行调节,则称这种控制方式为一同控制。在两个车轮的制动压力进行一同控制时,如果以保证附着力较大的车轮不发生制动抱死为原则进行制动压力调节,称这种控制方式为按高选原则一同控制;如果以保证附着力较小的车轮不发生制动抱死为原则进行制动压力调节,则称这种控制方式为按低选原则一同控制。

按照控制通道数目的不同,ABS 系统分为四通道、三通道、双通道和单通道四种形式,而其布置形式却多种多样。

1)四通道四传感器

如图 8-4-5 所示,每个车轮各安装

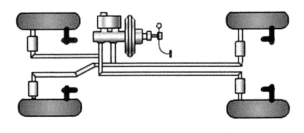

图 8-4-5　四通道四传感器

一个转速传感器,各制动轮压力均可单独调节。四通道 ABS 可最大程度地利用每个车轮的附着力进行制动,制动效能最好。但在两侧车轮的附着系数不相等的路面上制动时,由于同一轴上的制动力不相等,使得汽车产生较大的偏转力矩而产生制动跑偏。ABS 通常不对四个车轮进行独立的制动压力调节。

2)三通道四传感器

如图 8-4-6 所示,三通道系统都是对两前轮的制动压力进行单独控制,对两后轮的制动压力按低选原则一同控制。按对角布置的双管路制动系统中,虽然在通往四个制动轮缸的制动管路中各设置一个制动压力调节分装置,但两个后制动压力调节分装置却是由电子控制装置一同控制的,实际上仍是三通道 ABS。由于三通道 ABS 对两后轮进行一同控制,对于后轮驱动的汽车可以在变速器或主减速器中只设置一个转速传感器来检测两后轮的平均转速。

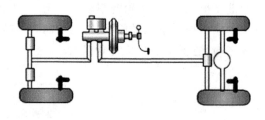

□ 控制通道；⊥ 轮速传感器

图 8-4-6 三通道四传感器

汽车紧急制动时,前轴荷增加,后轴荷减小,使得前轮的附着力比后轮的附着力大很多(前置前驱动汽车的前轮附着力约占汽车总附着力的 70%~80%)。对前轮制动压力进行独立控制,可充分利用两前轮的附着力对汽车进行制动,有利于缩短制动距离,并且汽车的方向稳定性却得到很大改善。普通轿车多采用三通道四传感器防抱死制动系统。

另外还有三通道三传感器、二通道三传感器、三通道二传感器、六通道六传感器(适用于带挂车的汽车)等几种形式,应用不多。

3)按传动的介质分类

按传动的介质的不同 ABS 系统分为气压式和液压式两种,气压式主要用于中、重型货车,液压式用于轿车和一些轻型货车。

8.4.3 ABS 系统主要部件的结构及工作过程

1. 轮速传感器

1)功用

检测车轮转速,并将信号送达电子控制单元,用于对制动压力调节器实施控制。

轮速传感器一般安装在转向节上、轮毂上、制动底板上,如图 8-4-7 所示,但有些驱动车

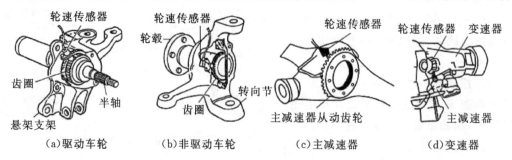

(a)驱动车轮　　(b)非驱动车轮　　(c)主减速器　　(d)变速器

图 8-4-7 轮速传感器的安装位置

轮的轮速传感器则设置在主减速器或变速器中。

2）结构及工作过程

轮速传感器的结构形式主要有电磁感应式和霍尔效应式。电磁感应式轮速传感器虽然在车速低于15km/h时，信号较弱，但其结构简单、坚固耐用，特别适于汽车行驶的恶劣环境，被广泛采用。

电磁式轮速传感器由传感头和齿圈两部分组成，如图8-4-8所示。传感头为静止元件，在永久磁铁上绕有感应线圈。齿圈随车轮每转动一个齿，齿的凸凹引起磁路磁阻变化一次，磁通也就变化一次，线圈中也就产生交变感应电势，感应电势的频率与转速成正比，车轮转动越快，频率越高，如图8-4-9所示。

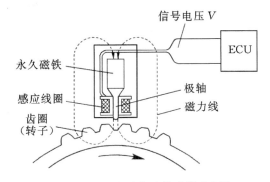

图8-4-8 电磁轮速传感器示意图

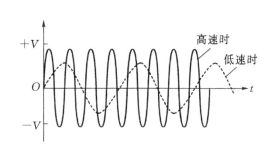

图8-4-9 轮速传感器产生的电压信号

注意：传感头与与齿圈之间的间隙一般为0.4～2.0 mm。安装牢靠。水、泥、灰尘会影响传感器的工作，安装前要涂防锈液。

2. 减速度传感器（G传感器）

1）功用

汽车制动时，获得汽车减速度信号，电子控制单元用来判定路面附着系数的高低情况。检测到的减速度信号大，则路面附着系数高，减速度信号小，则路面附着系数低。多用于一些四轮驱动的车辆。

2）结构及工作过程

减速度传感器有光电式、水银式、差动变压器式和半导体式等。

光电式减速度传感器如图8-4-10所示，由两个发光二极管、两个光电三极管、一个透光板和一个信号电路组成。

汽车行驶时，透光板随着减速度的变化沿汽车的纵轴摆动，减速度越大，透光板摆动越大，由于透光板的位置不同，光电三极管上接受到的光线不同，使光电三极管形成关和开两种状态。两个发光二极管和两个发光三极管的组合作用，将汽车的减速度分为4个等级，将此

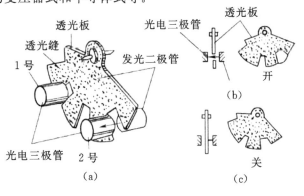

图8-4-10 光电式减速度传感器

信号送入电子控制单元能感知路面附着系数的情况。

3. ABS 电子控制单元(ECU)

电子控制单元是 ABS 系统的控制中心,它实际上是一个微型计算机,又常称为 ABS ECU,与 ABS 液压控制装置组装在一起,一般安装在发动机舱内。如图 8-4-11 所示。

ABS ECU 主要包括:输入级电路、计算电路、输出级电路及安全保护电路,如图 8-4-12 所示。ABS ECU 连续监测接受 4 个车轮转速传感器送来的脉冲信号,并进行测量比较、分析放大和判别处理,计算出车轮转速、车轮减速度以及制动滑移率,再进行逻辑比较分析 4 个车轮的制动情况,一旦判断出车轮将要抱死,它立刻进入防抱死控制状态,通过电子控制单元向液压单元发出指令,以控制制动轮缸油路上电磁阀的通断和液压泵的工作来调节制动压力,防止车轮抱死。

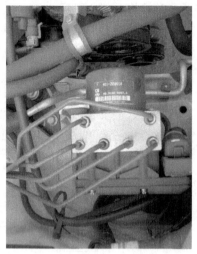

图 8-4-11 电子控制单元

ABS ECU 不断地对自身工作进行监控。当点火开关接通时,ABS ECU 就开始进行自检程序,对系统进行自检。自检过程大约需要 2s,自检结束后,ABS 故障灯就熄灭,表明系统工作正常。在自检过程或正常工作时当发现影响 ABS 系统正常工作的故障时,根据微处理器的指令切断有关继电器的电源电路,ABS 停止工作,恢复普通制动系统的功能,并将故障信息以故障代码的形式存储在 ABS ECU 内,同时点亮仪表盘上的 ABS 警告灯。

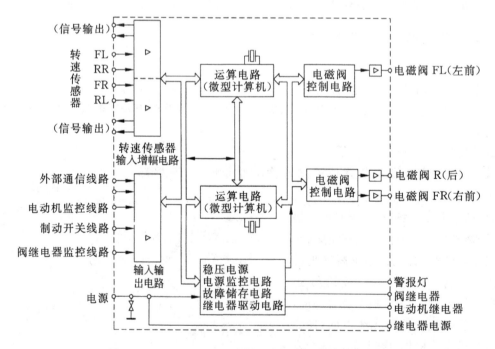

图 8-4-12 ABS ECU 内部电路框图(4 传感器 3 通道)

4. ABS 液压控制装置

1）功用

根据 ABS ECU 控制指令，通过液压控制总成内的电磁阀的动作对车轮制动器压力实施自动调节，以使车轮滑移率保持在最佳范围内。制动压力调节器一般设在制动主缸与车轮制动轮缸之间，制动压力调节器通过管路连接制动主缸、制动轮缸和回油路，根据调压方式不同压力调节器分为流通式和变容式两种。

流通式也叫循环流通式，通过电磁阀直接控制轮缸的制动压力。其结构简单，控制方便而被广泛采用。变容式也叫容积变化式，电磁阀间接改变轮缸的制动压力。其中，流通式压力调节器有两种：一种是装有三个 3 位 3 通电磁阀，如主要应用于奔驰、宝马、沃尔沃、奥迪、雪佛兰、凌志等的博世（BOSCH）ABS；另一种是装有八个 2 位 2 通电磁阀，如主要应用于通用、福特、大众等的戴维斯（TEVES）ABS。

2）结构及工作过程

（1）大众车系流通式压力调节器的基本组成图 8-4-13 所示，液压调节装置含有电机驱动的回流泵、储压器、阻尼室、节流阀和液压电磁阀。

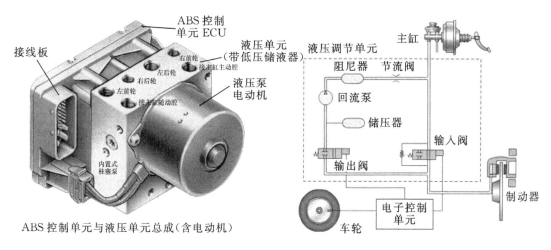

图 8-4-13　流通式压力调节器的基本组成

①调节器。调节器直接装在汽车原有的制动管路中，通过串联在制动主缸和制动轮缸之间的三位三通或两位两通电磁阀直接控制轮缸的压力，可以使轮缸的工作处于常规工作状态、增压状态、减压状态或保压状态。三位是指电磁阀有三个不同位置，分别控制轮缸制动压力的增、减或保压，三通是指电磁阀上有 3 个通道，分别通制动主缸、制动轮缸和储压器。电磁阀控制三种状态如图 8-4-14 所示。加压：进油阀开，出油阀关；减压：进油阀关，出油阀开；保压：进油阀关，出油阀关。

②回流泵。回流泵的作用一是当电磁阀在"减压"过程中，将从制动轮缸流出的制动液经储液器及时泵回主缸；二是在 ABS 工作的增压过程将储液器中的制动液泵到轮缸。

③储压器。储压器位于电磁阀与回油泵之间，储压器的作用是暂时储存来自轮缸中的制动液，减小压力调节过程中的脉动现象。

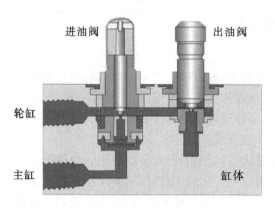

图 8-4-14 电磁阀控制三种状态

④阻尼器。阻尼器及其下游的节流装置能减少返回到制动总泵中的液压脉冲幅值,使噪声减少。

(2) 戴维斯(TEVES)ABS 工作过程

ABS 压力调节器以 5~6 次/秒的频率按"压力增高→压力保持→压力减小→压力保持→压力增高"的循环对制动压力进行调节,将车轮的滑移率始终控制在 20% 左右。

①常规制动(升压)状态。在常规制动过程中,电磁线圈中无电流通过,电磁阀处于"升压"位置。此时常开电磁阀开启,常闭电磁阀关闭,制动主缸与轮缸相通,如图 8-4-15 所示。由制动主缸来的制动液直接进入轮缸,轮缸压力随主缸压力的变化而变化。

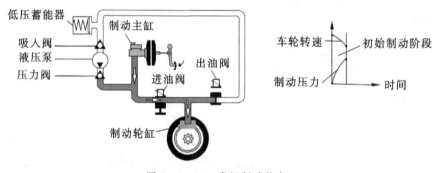

图 8-4-15 常规制动状态

②保压状态。随着制动压力的增加,车轮被制动和减速。当车轮的滑移率等参数达到最佳范围时,电子控制单元向液压控制单元发出"保压"的指令,使常开阀通电关闭,常闭阀不通电,仍保持关闭。制动液通往轮缸的通道被切断,在常开阀和常闭阀之间,制动压力保持不变,见图 8-4-16 所示。

③减压状态。即使制动压力保持不变,如果车轮进一步减速,仍出现车轮抱死趋势,此时必须降低制动压力,如图 8-4-17 所示。电子控制单元发出"减压"的指令,此时常开阀通电关闭,常闭阀通电开启。制动液经回液通道进入储液器,同时电动泵工作,将多余的制动液送回制动主缸,这时制动踏板会轻微的向上抖动。当制动压力减小到车轮的滑移率在设定范围内时,进油阀通电,出油阀断电,制动压力保持不变。

④增压状态。轮缸制动压力下降后,如果车轮转速再次升高,电子控制单元会发出"增压"

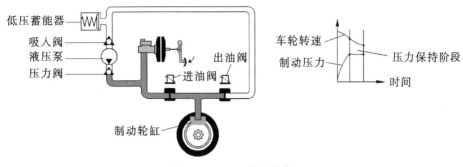

图 8-4-16 保压状态

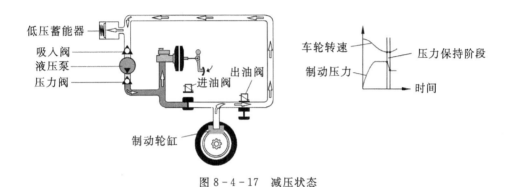

图 8-4-17 减压状态

的指令。如图 8-4-18 所示,使常开阀断电开启,常闭阀断电关闭,制动液在泵电机和制动踏板力的作用下又进入轮缸,轮缸制动压力上升,车轮转速下降,进入下一个循环。ABS 重复上述过程。

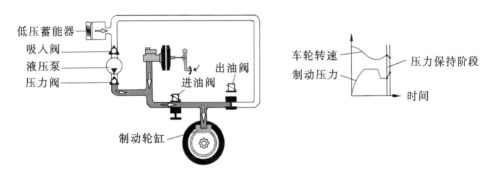

图 8-4-18 增压状态

(3) 博世(BOSCH)ABS 工作过程

制动时,车轮转速传感器不断检测车轮转速信号,并把信号传给电控单元。当电控单元发现某一车轮有抱死趋势时,即发出指令,控制相应回路的电磁阀动作。下面以一个车轮为例,介绍采用 3 位 3 通电磁阀式制动压力调节器的 ABS 工作时制动压力的调节过程。

① 常规制动(增压)状态。在常规制动过程中,ABS 系统不工作,电磁线圈中无电流通过,电磁阀处于"升压"位置。此时制动主缸与轮缸相通,如图 8-4-19 所示。由制动主缸而来的

制动液直接进入轮缸,轮缸压力随主缸压力的变化而变化。此时,回油泵也不需要工作。

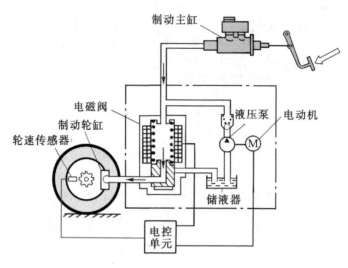

图 8-4-19 常规制动状态

②保压状态。当ECU根据轮速等信号,判断其滑移率等参数达到最佳范围,需要保持轮缸的制动压力时,ECU向电磁线圈输入一个较小的电流(2A),使电磁阀处于"保压"位置,如图 8-4-20 所示。此时,主缸、轮缸和回油通道相互隔离密封,轮缸中的制动压力保持一定。

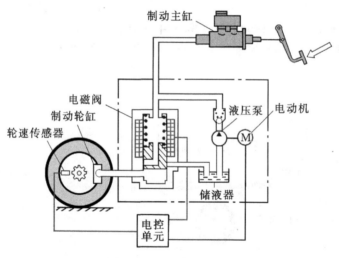

图 8-4-20 保压状态

③减压状态。当ECU根据轮速等信号,判断其滑移率等参数超出最佳范围,需要减小轮缸的制动压力时,ECU向电磁线圈输入一个较大的电流(5A),使电磁阀处于"减压"位置,如图 8-4-21 所示。此时电磁阀将轮缸与回油通道或储液器接通,轮缸中的制动液经电磁阀流入储液器,轮缸压力下降。与此同时,驱动电动机启动,带动回油泵工作,把流入储液器的制动液加压后输送到主缸,为下一个制动周期做好准备。

④增压状态。当压力下降后车轮转速再次升高时,使车轮滑移率趋于0,电控单元便切断

项目 8 汽车制动系

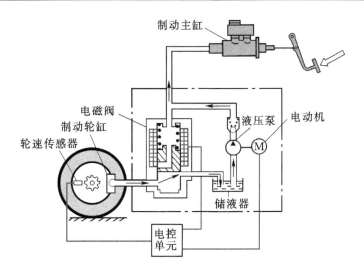

图 8-4-21 减压状态

通往电磁阀的电流,主缸和轮缸再次相通,主缸中的高压制动液再次进入轮缸,使制动力增加。

制动时,上述过程反复进行,压力调节频率为 4~10Hz,直到解除制动为止。

⑤解除制动(泄压)状态。当需要解除制动时,驾驶员松开制动踏板,此信号通过制动踏板开关送到 ABS ECU,ECU 使电磁阀断电,阀芯在弹簧弹力的作用下下移到最下端位置,切断了制动轮缸到储液器和回液泵之间的油路,由于踏板力消失,轮缸液压大于主缸液压,轮缸的制动液通过电磁阀回到制动主缸,如图 8-4-22 所示。

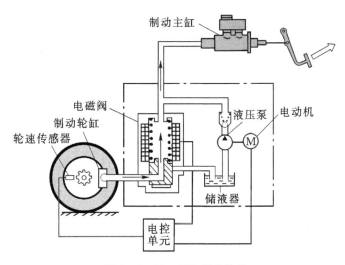

图 8-4-22 解除制动状态

(4)变容式制动压力调节器工作过程

变容式压力调节器根据变容方式又可分为高压制动液控制式(如本田 ABS)、电动机控制式(如 DELCOABS)和动力转向液压油控制(如日本皇冠 ABS)等。变容式压力调节器的特点是 ABS 工作时,首先将制动轮缸与主缸隔离,然后使到制动轮缸的管路容积发生变化而调压,容积增大,实现制动压力减小;容积减小,实现制动压力增大;容积不变,压力保持。

这里我们以高压制动液控制式的变容式制动压力调节器为例对其工作过程进行分析。它是在汽车原有制动管路上增加一套液压控制装置,用它来控制制动管路中制动液容积的增减,从而控制制动压力的变化。这种压力调节系统的特点是制动压力油路和 ABS 控制压力油路是相互隔开的。它主要由电磁阀、控制活塞、液压泵、高压蓄能器、压力开关等组成。ABS 油泵及电机用于提供控制用的高压制动液;高压蓄能器用于蓄存高压制动液;压力开关用于监测蓄能器中的压力,随时以 ON 或 OFF 信号形式向 ECU 发送信号,ECU 以此控制油泵运转或停转;电磁阀用于转换高压控制油路,根据需要调节控制活塞油腔与高压蓄能器相通(增压),或与储液器相通(减压),或都不通(保持),控制活塞组件通过高压制动液改变活塞位置而改变管路容积,从而达到调压。电磁阀不通电时,轮缸始终与主缸相通,确保 ABS 失效后制动系统按常规系统工作。

其基本工作原理如下:

① 常规制动状态。如图 8-4-23 所示,常规制动时,电磁线圈中无电流通过,电磁阀将控制活塞的工作腔与回油管路接通,控制活塞在强力弹簧的作用下被推至最左端,活塞顶端推杆将单向阀打开,使制动主缸与轮缸的制动管路接通,制动主缸的制动液直接进入轮缸,轮缸压力随主缸压力的变化而变化。

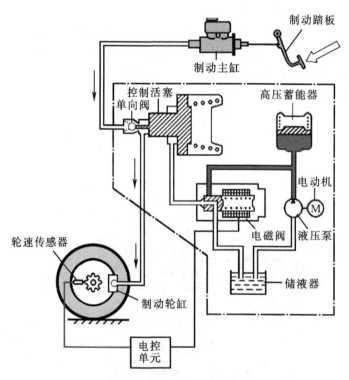

图 8-4-23 常规制动状态

② 减压状态。如图 8-4-24 所示,当电控单元向电磁线圈输入一大电流时,电磁阀内的柱塞在电磁力作用下克服弹簧弹力移到右边,将蓄能器与控制活塞的工作腔管路接通,制动液进入控制活塞的工作腔推动活塞右移。单向阀关闭,主缸与轮缸之间的通路被切断。同时,由于控制活塞的右移使轮缸侧容积增大,制动压力减小。

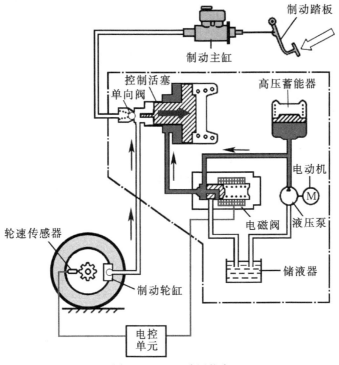

图 8-4-24 减压状态

③保压状态。如图 8-4-25 所示,当电控单元向电磁线圈输入一小电流时,由于电磁线

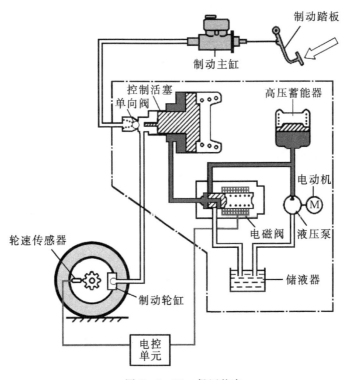

图 8-4-25 保压状态

圈的电磁力减小,柱塞在弹力作用下左移至能将蓄能器、回油管及控制活塞工作腔管路相互关闭的位置。此时,控制活塞左侧的油压保持一定,控制活塞在油压和强力弹簧的共同作用下保持在一定的位置,而此时单向阀仍处于关闭状态,轮缸侧的容积也不发生变化,制动压力保持一定。

④增压状态。如图8-4-26所示,需要增压时,电控单元切断电磁线圈中的电流,柱塞回到左端的初始位置,使控制活塞工作腔与回油管路接通,控制活塞左侧控制油压解除,控制活塞移至最左端时,单向阀被打开,轮缸压力将随主缸的压力增大而增大。

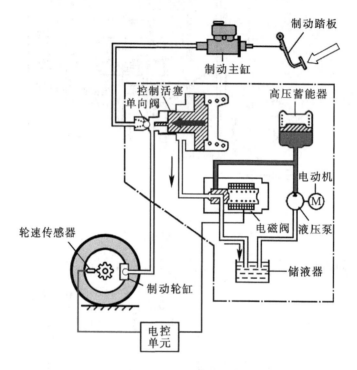

图8-4-26 增压状态

对于电动机控制式变容式压力调节器与高压制动液控制式变容式压力调节器控制原理类似,所不同的是取消了液压控制装置,而由电机通过螺杆螺母传动直接驱动控制活塞来控制制动压力的大小。结构更简单了。

(5)气压制动系统ABS工作过程

装备有ABS的气压式制动系统比未装备有ABS的气压制动系统主要是多了一个气压式制动压力调节器。图8-4-27所示为直接控制式气压制动系统压力调节器的结构原理。它主要由一个进气膜片隔离阀和一个排气膜片隔离阀及两个电磁阀组成,进气膜片隔离阀用来控制从制动继动阀进入的空气,排气膜片隔离阀用来排去制动控制气室的空气,电磁阀的作用是控制各相应膜片阀的背压。各电磁阀的控制状态见表8-4-1所示。

图8-4-27中继动阀的作用是使储气筒内的压缩空气不必经过制动控制阀长距离的迂回,而是抄近路直接从储气筒充入制动气室,使制动器迅速实现制动。

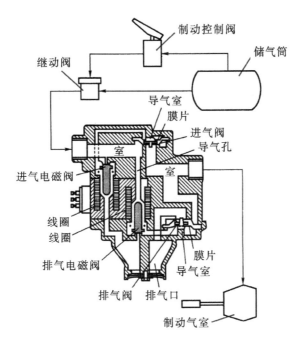

图 8-4-27 直控式气压制动压力调节器结构原理图

表 8-4-1 直控式气压制动压力调节器电磁阀控制状态

电磁阀状态	控制进气膜片隔离阀背压的电磁阀	控制排气膜片隔离阀背压的电磁阀
增压状态	关	关
保压状态	开	关
减压状态	开	开

8.5 驱动防滑转(ASR)系统

8.5.1 ASR 的功用

1. ASR 的功用

汽车驱动防滑转电子控制(Anti Slip Regulation)系统简称 ASR 系统,其作用是防止汽车在起步、加速过程中驱动轮打滑,特别是防止汽车在非对称路面或转弯时驱动轮空转。它是继汽车防抱死制动系统(ABS)之后应用于车轮防滑的电子控制系统。

随着发动机通过传动系作用在驱动轮上转矩的不断增大,汽车的驱动力也逐步增大,但由汽车的行驶原理我们知道当驱动力超过地面附着力时,驱动轮开始滑转。我们有时会看到汽车起步时,尽管驱动轮不停地转动,但汽车却原地不动,这就是所谓的驱动轮滑转。驱动轮的滑转程度用驱动轮滑转率 S_d 表示,其表达式为:

$$S_d = \frac{v_w - v}{v_w} \times 100\%$$

式中：S_d——驱动时的滑转率；

v_w——车轮瞬时圆周速度(m/s)；

v——汽车行驶速度(m/s)，实际应用时常以非驱动轮轮缘速度代替。

当汽车未动时($v=0$)而驱动轮转动时，$S_d=100\%$，车轮处于完全滑转状态；当$v_w=v$时，$S_d=0$，驱动轮处于纯滚动状态。驱动时附着系数与滑转率的关系如图8-5-1所示。

从图8-5-1中可以看出，当滑转率在10%～20%时，纵向附着系数达到峰值，此时横向附着系数也比较大；而当滑转率为100%时，即车轮完全空转时，纵向附着系数变小，横向附着系数几乎为零，此时产生的驱动力最低，对后轮驱动汽车会失去方向稳定性，对前轮驱动汽车会失去转向控制能力。可见，要获得最大的驱动力，必须根据驱动力的大小自动调节车轮的滑转程度，使之保持在10%～20%的范围内，从而最大程度地利用附着系数。显然要靠

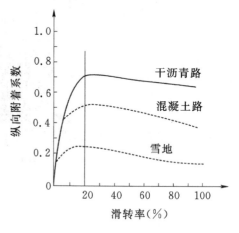

图8-5-1 附着系数与滑转率的关系

人工来适时快速完成驱动力的调节是不现实的，因此ASR系统应运而生。ASR系统是以驱动力为控制对象的，驱动力又称为牵引力，故ASR系统也称为牵引力控制(Traction Regulation Control)系统，简称TRC。

2. ASR系统的主要控制方式

ASR系统的控制目标参数是驱动轮滑转率，主要的控制方式如下。

(1)对发动机输出转矩进行控制

合理地控制发动机的输出转矩，可以获得最大驱动力。发动机输出转矩的控制手段主要有调节燃油喷射量、调整点火时间及调整进气量3种，从加速圆滑和减少污染的角度看，调整进气量最好，但反应速度较慢，通常辅以另外两种手段。

(2)对驱动轮进行制动控制

对驱动轮进行制动控制是对发生滑转的驱动轮直接施以制动力，使车轮的滑转率控制在目标值范围内，这时，非滑转车轮仍有正常的驱动力，从而提高了汽车在滑溜路面的起步、加速的能力及行驶方向的稳定性。这种方式的作用类似于差速锁，在一边驱动车轮陷于泥坑或完全失去驱动能力时，对其制动后，另一边的驱动车轮仍能发挥其驱动力，使汽车能驶离泥坑；当两边的驱动车轮都滑转，但滑转率不同的情况下，则对两边驱动车轮施以不同的制动力。该方式反应时间最短，是防止滑转最迅速的一种控制方式，一般作为调整进气量改变发动机输出转矩方式的补充。

(3)对可变锁止差速器进行控制

这是一种电子控制可变锁止差速器，也把它称作限滑差速器(LSD)控制。如图8-5-2所示，它主要由装在差速器壳与半轴齿轮间的多片离合器、改变离合器控制油压的电磁阀、提

供控制压力的高压蓄能器、感知控制压力的油压传感器、感知驱动轮轮速的轮速传感器及控制电脑等组成。电脑根据轮速传感器传来的轮速信号、车速信号判定车轮是否处于滑转状态,若处于滑转状态则向电磁阀发出指令接通蓄能器与离合器的油路,增加油压使离合器锁止,电脑可以根据传感器反馈信号随时调整对电磁阀的控制指令,使车轮滑转率保持在目标值范围内。

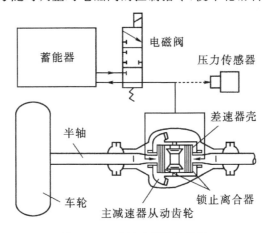

图 8-5-2 差速器锁止控制

(4)对发动机与驱动轮之间的转矩进行控制

这种控制方法多是通过控制变速器的的换挡特性、改变传动比来实现的。

以上 4 种控制方式中,前两者组合使用的较为普遍。

3. ASR 与 ABS 的区别

(1)两者都是用来控制车轮相对于地面的滑动,以使车轮与地面的附着力不下降,但 ABS 控制的是制动时车轮的"滑拖",而 ASR 控制的是驱动时车轮的"滑转"。

(2)ASR 只对驱动车轮实施制动控制。

(3)ABS 是在汽车制动后车轮出现抱死时起作用,当车速很低时(一般低于 8km/h)不起作用;而 ASR 则是在汽车行驶过程中车轮出现滑转时起作用,当车速很高(一般高于 80~120km/h)时一般不起作用。

4. 基本组成及原理

由于 ASR 和 ABS 之间有许多共同之处,如都是用来控制车轮对地面的滑动,都需要轮速传感器信号、都需要对车轮进行制动等,通常将 ASR 与 ABS 组合成一体,构成具有制动防抱死和驱动防滑转功能的防滑控制(ABS/ASR)系统。我国进口的一些高级轿车上,如德国的奔驰、宝马,日本的丰田凌志 LS400 等轿车上一般都装有防滑控制系统。图 8-5-3 为一典型的 ABS/ASR 系统示意图。

从图中可看出,该系统是在 ABS 系统的基础上增设了一些 ASR 的装置。主要有 ASR 制动执行器,由步进电机控制的发动机副节气门装置,以及一些 ASR 的控制开关及显示灯等。

图中 ABS/ASR ECU 根据轮速传感器产生的车轮转速信号,确定驱动车轮的滑转率,并与 ECU 里存贮的设定范围值进行比较,若超过此值便发出指令控制副节气门的步进电机转

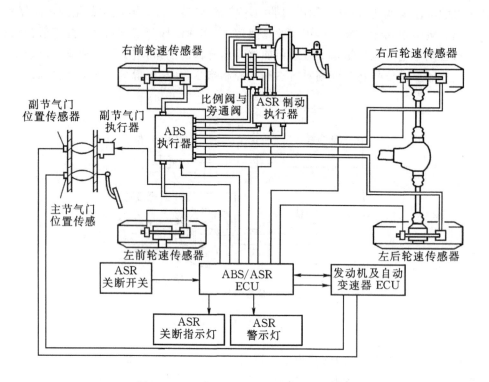

图 8-5-3 典型的 ABS/ASR 系统示意图

动减小节气门开度,此时,即使主节气门的开度不变,发动机的进气量也会因副节气门的开度减小而减小,从而发动机的输出转矩,驱动车轮的驱动力也就会随之下降。如果驱动车轮的滑转率仍未降到设定范围值内,ABS/ASR ECU 又会控制 ASR 制动执行器,对驱动车轮施加一定的制动力,进一步控制驱动车轮的滑转率,使之符合要求,以达到防止车轮滑转的目的。在 ASR 处于防滑控制中,只要驾驶员一踩下制动踏板,ASR 便会自动退出控制,而不影响制动过程。

在采用 ASR 的汽车上一般都装有 ASR 关断开关,驾驶员可通过此开关对 ASR 系统是否起作用进行人为干预。该开关闭合,ASR 不起作用,ASR 关断指示灯会持续点亮。

ASR 也具有自诊断功能和失效保护功能,系统正常工作时,ASR 警告灯闪亮,提示驾驶员现在可能正在湿滑路面行驶,需谨慎驾驶;ECU 一旦发现系统有影响正常工作的故障时,ASR ECU 会自动关闭 ASR 系统,并将 ASR 警告灯持续点亮,向驾驶员发出检修警示信号。

8.5.2 典型 ASR 系统

以丰田凌志(LS400)型轿车为例,该车 ASR 系统与 ABS 结合在一起,称之为 ABS/TRC 系统,具有制动防抱死和驱动防滑转功能。在制动过程中采用流通调压方式对 4 个车轮进行防抱死控制;在驱动过程中,通过调节副节气门的开度和对驱动车轮进行制动的方式对两驱动轮进行控制。

1. 主要部件的功能和结构

凌志 LS400 ABS/TRC 系统在车上的布置情况如图 8-5-4 所示,系统电路如图 8-5-5 所示。

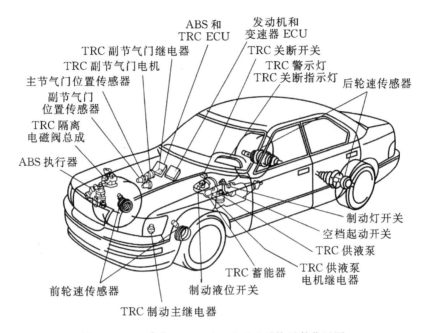

图 8-5-4 凌志 LS400 ABS/TRC 系统元件位置图

(1) 轮速传感器

在 4 个车轮处各安装一个电磁感应式轮速传感器,向 ABS/TRC ECU(以下简称 ECU)提供轮速信号。

(2) ABS 执行器

ABS 执行器又称为制动压力调节器,如图 8-5-6 所示。该装置由 4 个 3 位 3 通调压电磁阀、两个储液器、1 个双联电动回液泵组成。该装置通过管路与制动总泵、TRC 隔离电磁阀总成、制动轮缸相连。

(3) TRC 制动执行器

TRC 制动执行器主要由 TRC 隔离电磁阀及制动供能总成组成。

TRC 隔离电磁阀如图 8-5-7 所示。该装置主要由 3 个 2 位 2 通电磁阀组成,即制动总泵隔离电磁阀、蓄能器隔离电磁阀和储液器隔离电磁阀。该装置通过管路与制动总泵、制动压力调节器、TRC 制动供能总成相连。TRC 不工作时 3 个隔离电磁阀均不通电,制动总泵隔离电磁阀处于通流状态,制动总泵的制动液可通往后轮制动压力调节器电磁阀,其余两电磁阀关闭。TRC 工作时,3 个电磁阀均通电,制动总泵隔离电磁阀关断,制动总泵与后轮制动压力调节器电磁阀断开;蓄能器隔离电磁阀处于通流状态,将蓄能器升压后的制动液通过电磁阀送到后轮制动轮缸;储液器隔离电磁阀也处于通流状态,以便能将储液器及制动轮缸中的制动液送回制动总泵中。

TRC 制动供能总成如图 8-5-8 所示,该装置主要由电动供液泵,蓄能器和压力开关组

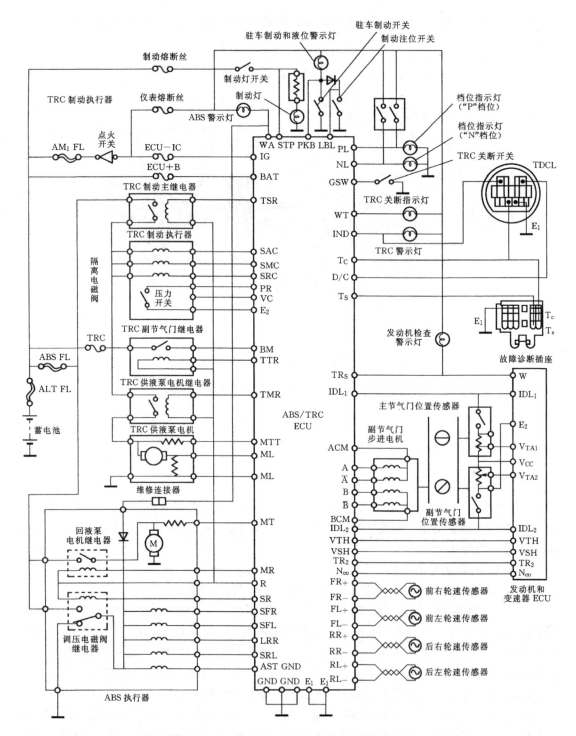

图 8-5-5 凌志 LS400 ABS/TRC 系统电路图

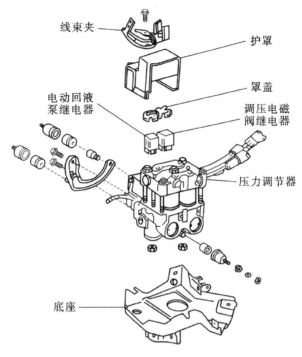

图 8-5-6　ABS 执行器

成。该装置通过管路与制动总泵和 TRC 隔离电磁阀总成相连。电动供液泵为一电动机驱动的柱塞泵,它将制动液从总泵储液室中泵入蓄能器,使蓄能器中压力升高并保持在一定范围内,以便为驱动防滑制动介入提供可靠的制动能源。压力开关安装在 TRC 电磁阀总成旁,它将信号送入 ECU,用来控制 TRC 电动供液泵是否运转。压力开关有两种,一种是在左舵驾驶车上使用的接触型压力开关;另一种是右舵驾驶车上使用的非接触型开关。

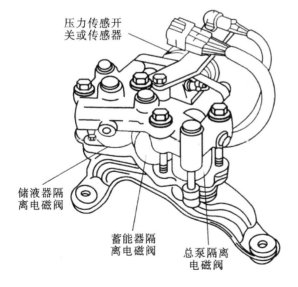

图 8-5-7　TRC 隔离电磁阀总成

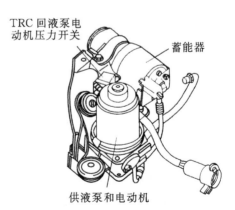

图 8-5-8　TRC 制动供能器总成

(4)副节气门装置

带驱动防滑功能的节气门体,如图8-5-9(a)所示,在发动机节气门体上主节气门的前方,设置一个副节气门,也叫辅助节气门。TRC不工作时,副节气门全开,进气量唯一地由主节气门开度所控制,如图8-5-9(b)所示。TRC工作时,副节气门的开度由步进电机根据ABS/TRC ECU的指令进行控制,调整发动机进气量,从而控制发动机输出转矩。节气门控制输出转矩工作原理如图8-5-9(c)所示。在节气门体上还设有主、副节气门位置传感器,其检测的信号先送入发动机和变速器电脑,再由发动机和变速器电脑送到ABS/TRC ECU。

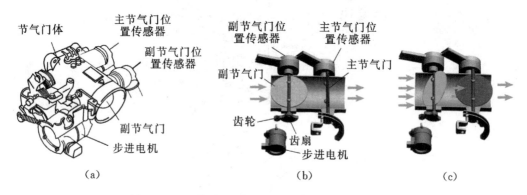

图8-5-9 带副节气门的节气门体总成结构示意图

(5)ABS/TRC ECU

ABS/TRC ECU集制动防抱死和驱动防滑转控制功能于一体,其中有3个8位微处理器,其间通过一个串行缓冲寄存器进行通讯,为了提高其工作可靠性,各微处理器间还进行相互监测,发现异常,会立即停止ABS或TRC工作,同时点亮相应警告灯。

2.工作过程

(1)工作条件

TRC正常工作需具备以下条件:

①TRC关断开关处于断开位置;

②主节气门位置传感器怠速触点应断开(驾驶员在踩加速踏板);

③制动灯开关处于断开位置;

④发动机及变速器系统正常;

⑤变速操纵杆不在"P"、"N"位置。

(2)系统自检

打开点火开关,TRC关断开关处于断开位置,TRC关断指示灯熄灭,若系统正常则TRC警告灯亮3s左右应熄灭,若发现故障则持续点亮警告灯,同时存贮故障码。

(3)TRC未进入工作时

TRC未进入工作时,各电磁阀均不通电,处于图8-5-10所示的状态。制动总泵到各车轮制动轮缸的油路处于连通状态;蓄能器中的制动液压力保持在一定范围内;控制副节气门的步进电机不通电,副节气门保持在全开位置,进气量由驾驶员通过主节气门控制。

项目8 汽车制动系

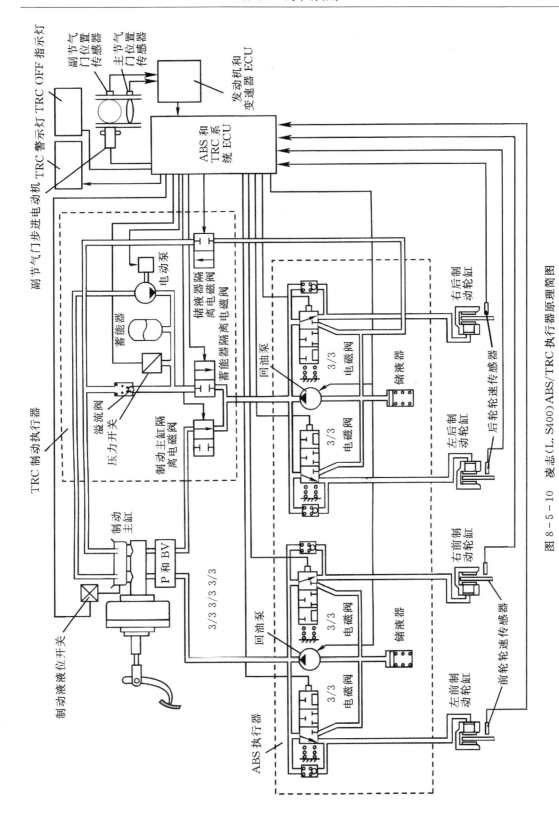

图8-5-10 凌志(L.S400)ABS/TRC执行器原理简图

（4）驱动滑转时

在汽车起步、加速及行驶过程中，ECU 根据轮速传感器输入的信号，判定驱动轮的滑转率超过设定值时，就进入防滑转控制过程：首先 ECU 控制副节气门的步进电机转动使副节气门开度减小，减小进入发动机的进气量，使发动机的输出转矩减小，同时使 TRC 警告灯闪烁；当 ECU 判定需要对驱动轮进行制动介入时，将 TRC 隔离电磁阀总成中的 3 个隔离电磁阀通电，使制动总泵隔离电磁阀处于关断状态，蓄能器和储液器隔离电磁阀处于通流状态，同时将不需要制动轮缸的 3 位 3 通调压电磁阀通 2A 左右电流，使其处于保持状态。这样，蓄能器中被加压的制动液会通过蓄能器隔离电磁阀、需制动后轮的 3 位 3 通调压电磁阀，进入相应制动轮缸，产生制动作用。ECU 通过独立地控制两个后轮调压电磁阀的电流值对两后轮制动轮缸的制动压力进行增大、保持和减小的循环调节，以将车轮的滑转率控制在设定值范围内。注意此时的压力调节与 ABS 的压力调节过程不同，增压时进入制动的制动液来自蓄能器被加压后的制动液；减压时制动液不是流到储液器，而是经调压电磁阀、储液器隔离电磁阀流回制动总泵的储液室，此时 ABS 电动回油泵并不工作。

8.6 电子稳定系统(ESP)

8.6.1 ESP 的概述

车身电子稳定系统(Electronic Stability Program，简称 ESP)，是博世(Bosch)公司的专利。1995 年，博世公司第一个研制出了 ESP 主动安全系统。因为 ESP 是博世公司的专利产品，所以只有博世公司的车身电子稳定系统才可称之为 ESP。在博世公司之后，也有很多公司研发出了类似的系统，如日产研发的车辆行驶动力学调整系统(Vehicle Dynamic Control，简称 VDC)，丰田研发的车辆稳定控制系统(Vehicle Stability Control，简称 VSC)，本田研发的车辆稳定性控制系统(Vehicle Stability Assist Control，简称 VSA)，宝马研发的动态稳定控制系统(Dynamic Stability Control，简称 DSC)等等。

ESP 系统的作用可以概括为下面两点：

①转向时，保持车辆运行方向的准确性，防止出现不足转向(转向盘转角固定，转向半径却越来越大)和过度转向(转向盘转角固定，转向半径却越来越小)的情形；

②制动时，保持车辆运行方向的稳定性，防止在非对称路面(左右两侧车轮的路面附着系数不相等)制动时，出现制动跑偏的情形。

8.6.2 ESP 的组成

ESP 系统包含 ABS 和 ASR，是对这两种系统的进一步拓展。ABS 和 ASR 的功能均包含在 ESP 控制模块中，这三个系统共用一个液压单元，各自按 ESP 模块的指令，在不同的时间和条件下，发挥各自的功能。因此，ESP 称得上是当前汽车防滑装置的最高级形式。ESP 系统由传感器、控制单元、执行器等组成。有 ESP 与只有 ABS 或 ASR 的汽车，它们之间的差别在于 ABS 及 ASR 只能被动地作出反应，而 ESP 则能够探测和分析车况并纠正驾驶的错误，防患于未然。当然，任何事物都有一个度的范围，如果驾车者盲目开快车，现在的任何安全装置都难以保全。

(1)传感器

①转向传感器、车轮转速传感器、横摆率传感器、侧向加速度传感器、ESP 开关等。这些传感器负责采集车身状态的数据。

转向传感器监测转向盘的转向角度,车轮传感器监测各个车轮的转动速度,ESP 根据二者还可判断转向盘的转动方向。至于它们的结构原理前已述及,这里不再赘述。

②侧向加速度传感器监测汽车转弯时的离心力。外形如图 8-6-1(a)所示,测量原理如图 8-6-1(b)、(c)。侧向加速度传感器是根据电容的工作原理来设计的,将这个传感器看作是两个电容的串联,而中间的极板在外力的作用下可以移动。这两个电容都有各自的容量,都能够存储一定量的电荷。如果中间的极板移动时,两侧极板的间距会发生变化,则两侧的电容最值也要发生变化,根据电容量值的变化来用固定的程序进行计算侧向加速度的大小。

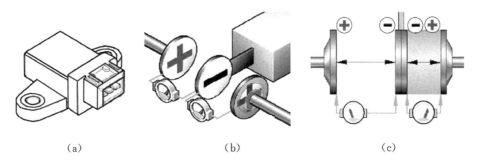

图 8-6-1 侧向加速度传感器结构原理图

③横摆率传感器。它用来监测车体绕垂直轴线转动的状态,确定车辆受不受到旋转力矩。外形如图 8-6-2(a)所示,测量原理如图 8-6-2(b)、(c)所示。将一个震荡交流电施加到谐振叉上,上下谐振叉的谐振频率已预先设好,上谐振叉(激励叉)的谐振频率 11 kHz,下谐振叉(测量叉)的谐振频率是 11.33 kHz。调节交流震荡频率为 11 kHz,使上叉产生共振,而下叉不发生共振。在施加外力的情况下,共振的上叉对外力的反应要远比不共振的下叉的反应慢得多。这样,角加速度(惯性转矩)会使下谐振叉随汽车的转动而发生扭转,而产生共振的上谐振叉将迟滞于这种运动。这种扭转改变了电量的分布,并通过电极进行测量变化量,经过传感器转化并以信号的形式送给控制单元。

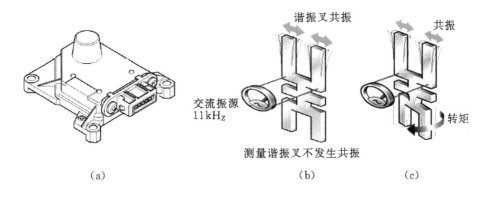

图 8-6-2 横摆率传感器结构原理图

④ESP开关如图8-6-3所示。如果司机想要关闭ESP开关,按动该按钮,同时ESP警告灯亮起。如果再想激活ESP功能,再次按动该按钮,如果驾驶员在停车之前忘记再次激活ESP功能,那么在再次起车后ESP控制单元将自动激活该功能。

(2) ESP电脑

将传感器采集到的数据进行计算,算出车身状态然后跟存储器里面预先设定的数据进行比对。当电脑计算数据超出存储器预存的数值,即车身临近失控或者已经失控的时候则命令执行器工作,以保证车辆行驶状态能够尽量满足驾驶员的意图。

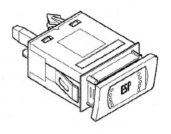

图8-6-3 ESP开关

(3) 执行器

ESP的执行器就是4个车轮的制动系统,其实ESP就是帮驾驶员踩制动踏板。ESP电脑可以根据需要,在驾驶员没踩刹车的时候替驾驶员向某个车轮的制动油管加压好让这个车轮产生制动力。另外ESP还能控制发动机的动力输出等。

(4) ESP灯

位于仪表盘上,与驾驶员沟通。

8.6.3 ESP的工作原理

ESP控制的基础是汽车行驶状态的识别。工作时,ESP系统首先根据驾驶员的意图与实际的汽车运行状态之间的差异来识别汽车所处的状态,即不足转向和过度转向,再根据横摆率传感器、轮速传感器等多个传感器发出的信号,及时启动相应车轮上的制动装置,以修正转向过度或转向不足的倾向。

当车辆转弯出现不足转向的时候,如图8-6-4(a)所示。ESP各个传感器会把转向不足的消息告诉电脑,然后电脑就控制内侧后轮制动,产生一个旋转力矩来对抗车头向右推的转向不足趋势。同时,通过干预变速器和发动机管理系统来完成。

当车辆转弯出现过度转向的时候,如图8-6-4(b)所示。ESP会控制外侧前轮制动,产生一个旋转力矩,纠正错误的转向姿态。同时,通过干预变速器和发动机管理系统来完成。

直线刹车由于地面附着力不均匀出现跑偏的时候(有ABS的车也会出现这种情况,这时候车身会向附着系数大的一边跑偏)。ESP会控制附着力强的轮子减小制动力,让车按照驾驶员预想的行驶线路前进。同样当一边刹车一边转向的时候,ESP也会控制某些车轮增大制动力或者减小制动力让车子按照驾驶员的意图行驶。

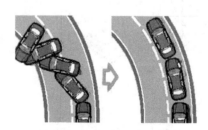

(a) 对不足转向的控制　　　　(b) 对过度转向的控制

图8-6-4 ESP对汽车转向的控制

8.6.4 ESP 的工作过程

下面仅以制动回路中的一个车轮加以说明。基本部件比原来 ABS 系统多了两个电磁阀，分别是高压阀和控制阀。

(1) ESP 不工作时

进油阀、高压阀开启，回油阀关闭，控制阀正向开启（从制动主缸至制动轮缸方向），液压泵不工作。如图 8-6-5 所示。

(2) 增压时

各阀状态同 ESP 不工作时的状态一样，只是液压泵开始工作，输送制动液使制动轮缸内制动压力升高。如图 8-6-6 所示。

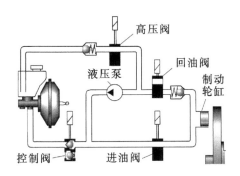

图 8-6-5　ESP 不工作状态

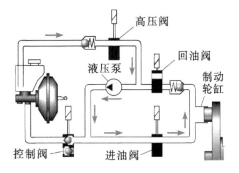

图 8-6-6　增压状态

(3) 保压时

进油阀关闭，回油阀也保持关闭。制动轮缸内的制动液不能卸压，液压泵停止工作，高压阀关闭，控制阀处于正向开启，反向关闭状态。如图 8-6-7 所示。

(4) 减压时

控制阀反向打开，回油阀打开，进油阀、高压阀保持关闭。制动液通过制动主缸返回储液罐。如图 8-6-8 所示。

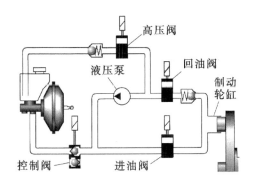

图 8-6-7　保压状态

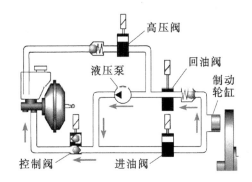

图 8-6-8　减压状态

8.7 汽车制动系的维修

8.7.1 制动系的维护(包括 ABS 系统)

制动系的维护应按照不同车系的常规保养标准进行,大众车系常规保养规定如下。

①用专用设备 VAS505X 读取各系统控制单元内存储的故障信息。

②检查制动管路。

整个制动系统的管路和接头应无凹瘪、严重锈蚀、裂纹现象,连接可靠无渗漏。金属管路的固定管夹安装紧固,与车架及其他部件不产生碰擦。制动软管舒展无折叠、脱皮、老化、膨胀等现象。

③检查制动液液面是否在标准刻度,必要时调整。

④检查手制动器,必要时调整。

⑤检查制动盘及摩擦片的厚度和磨损情况,必要时更换。

⑥制动液要注意每 24 个月或 50 000km(先到为准)必须更换。

⑦ABS、ASR、ESP 无需保养,检测、组装和修理工作应由专业人员完成,如不遵守维修手册的说明,会损坏系统,影响行车安全。

8.7.2 制动系主要零件的拆卸

制动系主要零件的拆卸方式大同小异,下述为奥迪车系的制动系统主要零件的拆卸的方法和注意事项。

1.制动摩擦衬块的更换(前轮)

(1)拆卸摩擦衬块

注意:

拆卸制动钳时,不要从其上断开制动软管。

①将汽车举升到齐胸的位置。

②拆下车轮及其组件。

③用一个车轮螺栓固定好制动盘,如图 8-7-1 所示。

④用手套或抹布遮挡,然后用平口螺丝刀将止动弹簧撬出并取下,如图 8-7-2 所示。

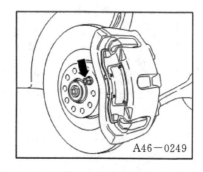

图 8-7-1 用一个车轮螺栓固定好制动盘

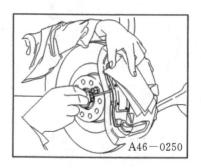

图 8-7-2 取下止动弹簧

⑤拔下制动摩擦衬块磨损警报插头,并将插头从固定支架上松开后拉出,如图8-7-3所示。

⑥从固定支架上取下制动管路(箭头所示),然后拆下盖罩,如图8-7-4所示。

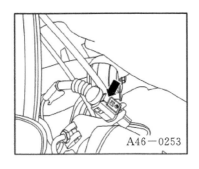
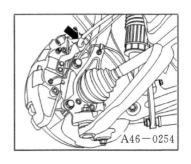

图8-7-3 拔下制动摩擦衬块磨损警报插头   图8-7-4 取下制动管路

⑦拆下制动钳的两个导向销,拆卸制动钳体,用金属线将制动钳挂在车体上,防止制动软管受力损坏。将摩擦衬块从制动钳体中取出,并对制动钳进行清洁,如图8-7-5所示。

注意:

清洁制动钳体只能用酒精。

(2)安装摩擦衬块

注意:

如需要重新使用制动摩擦衬片,拆卸前应做上标记,重新安装时,应装在原位置,否则制动会不平稳!

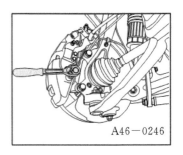

图8-7-5 拆卸制动钳

①用专用工具(制动活塞压入装备)压回制动钳活塞,如图8-7-6所示。

②将带有止动弹簧和磨损指示摩擦衬块装入制动钳体中,如图8-7-7所示。

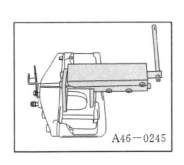
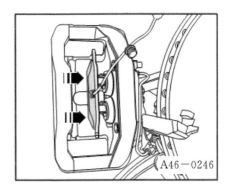

图8-7-6 压回制动钳活塞   图8-7-7 安装内侧摩擦衬块

③将外侧制动摩擦衬块2安装到制动钳中,将制动钳安装到制动盘上,如图8-7-8所示。

④将制动钳体用两个导向销以 30Nm 拧紧在制动器支架上然后装好个盖罩,如图 8-7-9 所示。

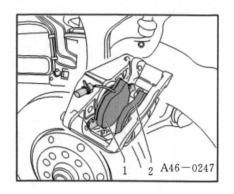

图 8-7-8 安装外侧制动摩擦衬块

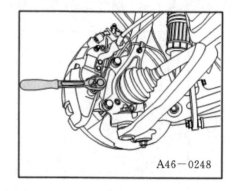

图 8-7-9 坚固导向销

⑤检查制动软管不能扭曲。将止动弹簧装入制动钳体中,固定好制动管路,插好磨损指示插头并将导线固定好。

⑥安装好车轮。

⑦安装完毕后,关闭点火开关,拉好手刹,把制动踏板反复用力踩到底,使制动摩擦衬块移动到相应位置。

⑧检查制动液液位,必要时添加。

2. 制动钳活塞的拆装

①将制动钳固定在工作台的虎钳上,在活塞的前方放置木块,防止活塞损伤,用压缩空气将活塞从制动钳壳体中压出,如图 8-7-10 所示。

②从虎钳上取下制动钳体,用专用工具拆卸楔 3409 将旧密封圈拆下。拆卸时注意不要损坏液压缸的表面,如图 8-7-11 所示。

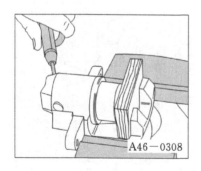

图 8-7-10 拆卸活塞

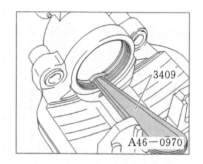

图 8-7-11 拆卸密封圈

③将新的密封圈装入制动钳,如图 8-7-12 所示。

④将带有外密封圈的保护罩安装在活塞上。用无水酒精将活塞和密封圈清洗后干燥,如图 8-7-13 所示。

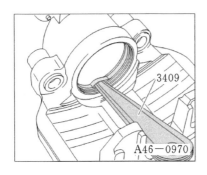
图 8-7-12 装入新的密封圈

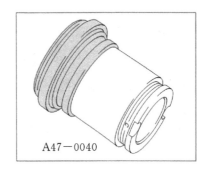
图 8-7-13 安装外密封圈的保护罩

⑤将制动钳固定在虎钳上,用拆卸楔将密封圈安装到液压缸的凹槽中,如图 8-7-14 所示。

⑥用活塞压回装备将活塞压回到制动钳壳体中,注意此时保护罩外密封圈应钳在活塞的凹槽中,如图 8-7-15 所示。

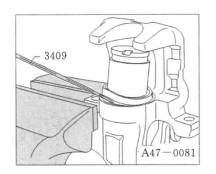
图 8-7-14 安装密封圈

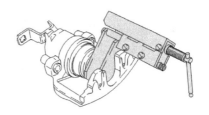
图 8-7-15 将活塞压回到制动钳壳

3. ABS/ESP 液压控制单元的拆装

注意:

ABS/ESP 系统原则上是不维修的,测试、装配以及维修工作只能由经过培训的人员实施。

维修系统时,要根据车型查看维修手册上的维修规程提到的注意事项,否则会损坏系统,影响车辆的安全性。

在拆装工作之前,应对液压系统的连接件及其周围进行彻底的清洁,注意不能使用制动器清洗剂、汽油或类似的具有腐蚀性的清洗剂。

在开始拆装工作前,关闭点火开关。注意装有可编码收音机的车辆,要查明其编码,并断开蓄电池的搭铁线。

①将制动器踏板加载装置放在制动踏板和驾驶员座椅之间,将制动踏板至少压下 60 mm,如图 8-7-16 所示。

②将控制器的插头按箭头方向打开并取出,如图 8-7-17 所示。

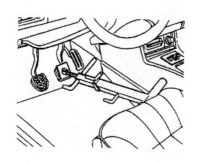
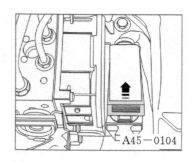

图 8-7-16 安装制动器踏板加载装置　　图 8-7-17 拆卸控制器的插头

③松开固定螺栓1,沿箭头所示方向取出,将冷却水储液罐向侧面翻转并取出,如图8-7-18所示。

④拆下液压控制单元管路1、2和3,并做上记号,立即用密封塞将开口部塞住,如图8-7-19所示。

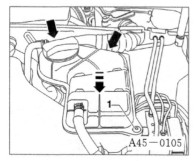
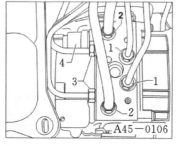

图 8-7-18 松开固定螺栓　　图 8-7-19 拆下液压控制单元管路

⑤拆下制动总泵管路1和2,并做上记号,立即用密封塞将开口部塞住,如图8-7-20所示。

⑥断开插头连接1,从管夹2中松开制动管路,如图8-7-21所示。

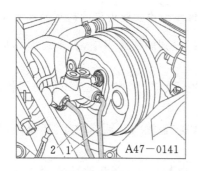
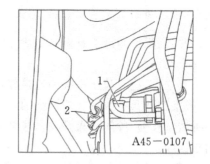

图 8-7-20 拆下制动总泵管路　　图 8-7-21 断开插头,松开制动管路

⑦将下方的管夹1打开,并沿着箭头方向取出液压控制单元,如图8-7-22所示。

安装应按与拆卸相反的顺序进行。

液压控制单元连接管路的密封塞,只有在制动油管要装上去的时候才能拆下,以免异物进

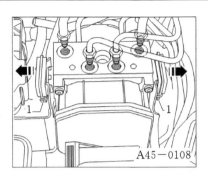

图 8-7-22 取出液压控制单元

入制动系统。各连接管接头以 15~20 N·m 的力矩拧紧,安装完毕对 ABS 系统充液和排气。

连接好蓄电池,打开点火开关,ABS 警告灯须亮 2s 后再熄灭。使用 V.A.G1552(或 VAS5051)故障诊断仪,先清除故障存储,再查询故障代码。如果 ABS ECU 更换新的,必须对 ECU 重新编码。在最后进行试车时,要至少进行一次由 ABS 控制的制动,即能感觉到制动踏板的跳动。

8.7.3 制动系主要零件检修(包括 ABS 系统)

1. 制动主缸(总泵)的检修

制动主缸和活塞的检修,首先检查泵体内孔和活塞表面有无划伤和腐蚀现象,若有更换总泵。其次如图 8-7-23 所示,用内径量表测量泵体的内孔直径 B,用外径千分尺测量活塞的外径 C,用 $A=B-C$ 计算出泵体与活塞的配合间隙,其标准值一般轿车为 0.04~0.06 mm,使用极限为 0.15 mm。超过极限应更换。同时检查密封圈是否老化、磨损或损坏,必要时更换。

制动钳的制动轮缸活塞与缸筒的磨损检修与制动主缸检修方法相同。

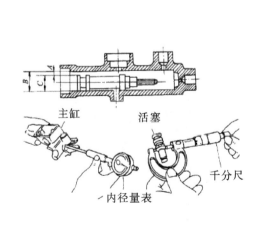

(a)制动主缸的检测

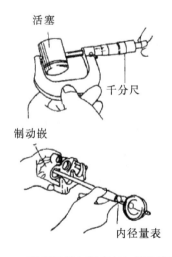

(b)制动轮缸活塞与缸筒的磨损检测

图 8-7-23 制动主缸的检测

2. 真空助力器的检修

①发动机熄火后,用力踩动制动器踏板若干次,这样可消除助力器中残留的真空度。

②用适中的力踩动制动器踏板,使它停留在制动位置上,然后起动发动机,进气管中重新产生真空度,如果助力器性能良好,则制动踏板有下降趋势,表明助力器起作用。

③如果更换整个制动助力器总成,应将发动机上进气歧管的真空排空。

④助力器单向阀安装在真空软管内,单向阀失效将造成制动踏板沉重。其工作性能可用压缩空气进行检查,按阀体上的箭头方向压缩空气应能通过,反向时则不通。也可用嘴吸法检验其单向通过性。单向阀密封不良时,应更换新件。

更换真空助力器时,最好将制动主缸一起移动安装,要更换制动主缸和真空助力器间的密封圈。

3. 盘式制动器的检修

1)制动盘

制动盘的工作表面有轻微的锈斑、滑痕和沟槽,可用砂纸砂磨清除。当工作表面有严重磨损或划痕、裂纹时,应对制动盘进行车削加工或更换新的制动盘。通常两边的制动盘同时更换。

(1)制动盘厚度的检查

制动盘使用磨损会使其厚度减小,厚度的偏差可判断制动盘的平行度。如图 8-7-24 所示,用外径千分尺在制动盘与摩擦片接触的中心位置最少 4 个点等距离测量厚度,厚度的减小量不得少于标准厚度 2 mm,平行度是否小于 0.013 mm,平行度的缺陷会导致车辆制动时前部抖动或制动踏板摆动。

(2)制动盘端面跳动的检查

如图 8-7-25 所示,百分表针压在距制动盘边缘约 3 mm 处,转动制动盘旋转一周,观察百分表,大多数轿车最大跳动量不得大于 0.06 mm。制动盘过度的端面跳动会使制动踏板抖动或使制动衬片磨损不均匀。

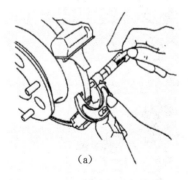

(a)

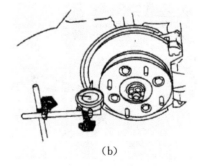

(b)

图 8-7-24 制动盘厚度的检查　　图 8-7-25 制动盘端面跳动的检查

2)制动钳

(1)制动钳壳体检查

制动钳壳体不得有严重锈蚀和损伤现象,检查导向装置是否磨损或变形,弹性夹弹性是否正常,支架是否有裂纹或磨损,支架弹簧是否变形,制动块支撑板有无损伤,若有上述现象应及时修理或更换。检查制动钳防尘罩,若有破损、裂纹、老化变形等损伤,应更换其损坏的防尘罩。

(2)制动摩擦衬块磨损的检查

制动衬块根据车辆行驶里程检查其厚度,大多数车辆的制动钳都设有检查口,以便观察衬块的厚度。大部分车辆的前、后轮制动摩擦衬片厚度(包括后板)磨损极限为 7 mm,当摩擦衬片厚度(包括后板)只有 7 mm 时,必须更换摩擦衬片。检查方法如图 8-7-26 所示。

①用手电筒通过车轮的检查口看,目视确定外侧摩擦衬片厚度。

②用手电筒及一个镜子,目视确定内侧摩擦衬片厚度。

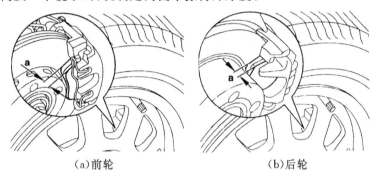

(a)前轮　　　　　　　　(b)后轮

图 8-7-26　制动摩擦衬片磨损检查

当制动衬块磨损警报器报警,应及时更换衬块。同时应注意制动衬块厚度仍可用,但有严重裂纹,也应立即更换。如图 8-7-27 所示为不同制动衬块的最小厚度。

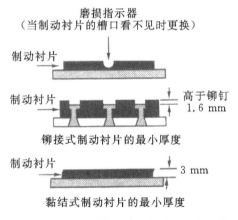

图 8-7-27　不同制动摩擦衬块的最小厚度

4.后鼓式制动器的检修

(1)检查制动摩擦蹄片厚度

利用制动器底板上的观察孔检查制动摩擦片厚度和拖滞情况,用卡尺测量蹄片的厚度,桑塔纳车的摩擦片厚度为 5.0mm,磨损极限值为 2.5mm(不包括底板)。铆接的摩擦片铆钉头与摩擦片表面的深度不得小于1mm,以免划伤制动鼓内表面。

制动蹄不得有裂纹和变形,支撑销与支撑销孔的配合应符合原规定。

(2)制动鼓的检查

检查制动鼓内孔有无烧损、刮痕和凹陷,若有壳修磨加工,用卡尺检查制动鼓尺寸,桑塔纳制动鼓内径为200 mm,磨损极限值为201 mm。用百分表检查摩擦表面径向圆跳动量为0.05 mm,车轮端面圆跳动量为0.20 mm。如果超过规定值时,应更换新件。

如图8-7-28所示,将制动蹄摩擦片表面修磨干净后,靠紧在制动鼓上,检查二者的接触面积应不小于60%。

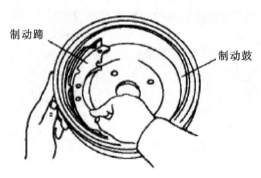

图8-7-28 制动鼓与制动蹄结合面的检查

 技术提示

制动蹄摩擦面与制动鼓内表面不得沾上油污。否则要用汽油清洗干净,并用砂纸打磨去掉浸入摩擦片的油痕。

(3)制动更换

制动器的定位弹簧和复位弹簧相邻两圈的间隙大于0.10 mm,说明弹力衰退应更换。弹簧两端的拉钩断裂必须更换新件。

(4)制动分泵的检查

先检查泵体内孔与活塞外圆表面是否有锈蚀、滑伤等现象,再用量缸表和外径千分尺测出泵体内孔孔径、活塞外圆直径,计算出活塞与泵体的间隙,使用极限为0.15 mm,必要时修理或更换。

5.驻车制动器的检修

①检查制动拉索是否破裂,拉索接头是否损坏,若有应更换拉索总成。检查拉索润滑是否良好。

②检查制动手柄锁止板与棘爪是否变形或损坏,若有应更换制动手柄总成。若制动手柄套破裂或损坏也应更换。

③检查拉索滑轮和销轴转动是否灵活,磨损是否严重,如有不良应更换。

6.ABS系统的检测

大众桑塔纳车系ABS系统的检测方法和标准值如表8-7-1所示。

表8-7-1　ABS系统的检测方法和标准值

检查项目	点火开关挡位	接线柱	标准值	单位
蓄电池电压(电动机)	OFF	25－8	10.1～14.5	V
蓄电池电压(电磁阀)	↑	9－24	↑	V
电源绝缘性能	↑	8－23	0.00～0.5	V
搭铁绝缘性能	↑	8－24	↑	V
电源电压	ON	8－23	10.0～14.5	V
ABS警告灯	OFF	ECU未接	警告灯熄	目视
ABS警告灯	ON	ECU未接	警告灯亮	目视
ABS警告灯	OFF	连接ECU	警告灯熄	目视
ABS警告灯	ON	连接ECU	警告灯亮约1.7s后熄灭	目视
制动灯开关功能 踏板未踩下	ON	8－12	0.0～0.5	V
制动灯开关功能 踏板踩下	ON	8－12	10.0～14.5	V
诊断接头	OFF	诊断接头 K　13	0.0～0.5	Ω
左前轮速度传感器电阻值	OFF	11－4	1.0～1.3	kΩ
右前轮速度传感器电阻值	OFF	18－3	1.0～1.3	kΩ
左后轮速度传感器电阻值	OFF	2－10	1.0～1.3	kΩ
右后轮速度传感器电阻值	OFF	1－17	1.0～1.3	kΩ
左前轮传感器输出电压	OFF	11－4	3.4～14.8(脉冲输出)	mV
右前轮传感器输出电压	OFF	18－3	3.4～14.8(脉冲输出)	mV
左后轮传感器输出电压	OFF	2－10	>12.2	mV
右后轮传感器输出电压	OFF	1－17	>12.2	mV
传感器输出电压比		最高峰值电压/最低峰值电压≤2		
车型识别	OFF	6－22	0.0～1.0	Ω
左前轮常开阀及常闭阀密封性	ON	踩踏板	左前轮无法转动时,踏板不下沉	常闭阀检查
左前轮常开阀及常闭阀密封性	ON(两阀和泵同时通电)	踩踏板	左前轮可自由转动时,踏板不下沉	常开阀检查
右前轮常开阀及常闭阀密封性	ON	踩踏板	右前轮无法转动时,踏板不下沉	常闭阀检查
右前轮常开阀及常闭阀密封性	ON(两阀和泵同时通电)	踩踏板	右前轮可自由转动时,踏板不下沉	常开阀检查

续表 8-7-1

检查项目	点火开关挡位	接线柱	标准值	单位
左后轮常开阀及常闭阀密封性	ON	踩踏板	左后轮无法转动时,踏板不下沉	常闭阀检查
	ON（两阀和泵同时通电）	踩踏板	左后轮可自由转动时,踏板不下沉	常开阀检查
右后轮常开阀及常闭阀密封性	ON	踩踏板	右后轮无法转动时,踏板不下沉	常闭阀检查
	ON（两阀和泵同时通电）	踩踏板	右后轮可自由转动时,踏板不下沉	常开阀检查

注：进行检查时,须有真空作用在真空助力器上

8.7.4 制动系的调整

1. 制动踏板自由行程的检查与调整

(1) 踏板自由行程的检查

踏板自由行程是主缸与推杆之间的间隙的反应。检查时,可用手轻轻压下踏板,当手感变重时,用钢板尺测出踏板下移的量,该量即为踏板自由行程,应该符合有关技术规定。如图 8-7-29 所示。

踏板的踏下余量,也应该进行检测。将踏板踩到底后,踏板与地板之间的距离,即为踏板余量。踏板余量减小的原因主要是制动间隙过大、盘式制动器自动补偿调整不良、制动管路内进气、缺制动液等。踏板余量过小或者为零,会使制动作用滞后、减弱,甚至失去制动作用。

(2) 制动踏板自由行程的调整

踏板自由行程的调整,大多通过调节推杆长度的方法来实现,如图 8-101 所示,将推杆长度缩短,可以增大自由行程;加长则可以减小自由行程。

还有一些汽车推杆与踏板通过偏心销铰接,调整自由行程时,可转动偏心销,使推杆的轴向位置改变,而使自由行程改变。推杆向踏板方向移动,可使自由行程增大;向主缸方向移动,可使自由行程减小。

不论何种调整方法,调整完毕后,应将锁紧螺母锁止。

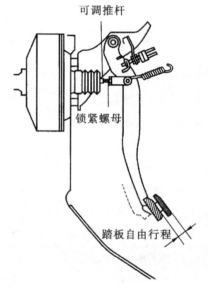

图 8-7-29 制动踏板自由行程的检查

2. 轿车驻车制动系的调整

轿车驻车制动器大多由后轮制动器兼任,通过一套机械系统操纵。由于后轮制动器是自动调整的,因此不必调整手制动器。只有在更换手制动器拉索、制动钳、制动衬片和制动盘时,才需重新调整,并且只需调整驻车制动装置拉索长度。调整手制动器时要求脚制动系统必须已排气且功能正常。

调整时,先松开驻车制动拉杆,用力踩制动踏板一次,然后将驻车制动拉杆拉紧2个齿,转动拉索上的调整螺母,直至到用手不能转动后轮为止。放松驻车制动拉杆后,两后轮应能自由转动。

3. 液压制动系统的排气

液压制动系统在使用中,有气体进入管路后,应及时排出。否则,会影响制动性能。排气从离制动主缸最远的轮缸开始,发动机熄火。

①取下放气螺钉的护套,将一根胶管插入放气螺钉上,胶管另一端插入装有制动液的透明瓶内,如图8-7-30所示。

②一人坐于驾驶室内,连续踩下制动踏板,直至踩不下去时为止,完全消除制动助力器中的压力。

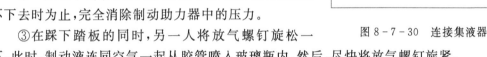

图 8-7-30 连接集液器

③在踩下踏板的同时,另一人将放气螺钉旋松一下,此时,制动液连同空气一起从胶管喷入玻璃瓶内,然后,尽快将放气螺钉旋紧。

④在排出制动液的同时,踏板高度会逐渐降低,在未拧紧放气螺钉之前,决不可将踏板抬起,以免空气再次侵入。

⑤一个轮缸应反复放气几次,直至将空气完全放出(制动液中无气泡)为止,按照由远到近的原则,将各轮缸逐个放气完毕。

⑥在放气过程中,应及时向储液室内添加制动液,保持液面的规定高度。

注意:

在放气螺钉未拧紧以前,切不可抬起踏板,否则空气又会侵入。

对制动系统进行维修或更换部件后添加制动液,除应对轮缸放气外,还应对制动主缸进行放气,如图8-7-31所示。放气时,将放气管两端插入储液室制动液内,用推杆推动主缸活塞。

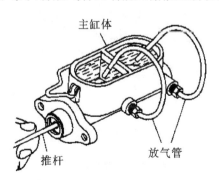

图 8-7-31 制动主缸放气

将活塞推到底后,放松推杆,利用弹簧压力使活塞复位。如此反复几次,直至制动液中无气泡时为止。

4. 带 ESP 车辆的排气过程

BOSCH 生产的 ESP 系统的排气方法如下。

注意:

给 ESP 液压泵排气时,需至少 200kPa 的预压。

因此应检查排气装置上的压力设定。先以普通的方法给所有制动钳排气,然后必须给 ESP 液压泵排气,这一步须使用故障阅读仪来触发液压泵 10s。

①连接 V.A.G1869(图 8-7-32),按规定顺序拧下排气螺栓,给制动钳排气(如需要,可使用踏板加压)。此时的排气顺序依次为左后制动钳、右前制动钳、右后制动钳和左前制动钳。

图 8-7-32　V.A.G1869

②进行排气,一直排到制动液流出时无气泡和泡沫为止。拧上排气螺栓,连接 V.A.G1551 并选择地址码。

③松开烟灰缸,将其从中央副仪表板上取下。

④如图 8-7-33 所示,取下自诊断插头护板。关闭点火开关,用 V.A.G1551/3 将故障阅读仪接到自诊断插头上。显示屏显示:

```
V.A.G 自诊断        帮助
1—快速数据传递 *
2—闪光码输出 *
```

* 交替出现

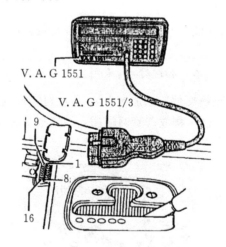

图 8-7-33　连接故障阅读仪

⑤如果显示屏无显示,检查自诊断插头的连接。

⑥打开点火开关,按 Print 键接通打印机,按 1 键选择"快速数据传递"。输入地址码 03

"制动系统电子装置",按 Q 键确认。按→键。显示屏显示:

```
快速数据传递    帮助
  选择功能××
```

⑦按 1 键两次,选择"登录"。显示屏显示:

```
快速数据传递    Q
   1—登录
```

⑧按 Q 键确认输入。显示屏显示:

```
      1—登录
  输入代码号×××××
```

⑨输入代码 40168,按 Q 键确认输入。显示屏显示:

```
快速数据传递    帮助
  选择功能××
```

⑩按 0 和 4 键选择"基本设定"。显示屏显示:

```
快速数据传递    Q
   4—基本设定
```

⑪按 Q 键确认输入。显示屏显示:

```
   基本设定    Q
  输入显示组号×××
```

⑫在触发预加压泵时,必须打开左前排气螺栓。按 0 和 2 键。显示屏显示:

```
   基本设定    2→
   系统排气    正常
```

⑬拧上排气螺栓。按→键回到初始状态。显示屏显示:

```
快速数据传递    帮助
  选择功能××
```

8.8 液压制动系常见故障的诊断

8.8.1 制动不灵

1. 现象

汽车制动时,驾驶员感到减速度不足;汽车紧急制动时,制动距离太长。

2. 原因

①制动主缸、轮缸、管路或管接头漏油。
②主缸储液室(罐)存油不足或无油。
③制动液变质(变稀或变稠)或管路内壁积垢太厚。
④制动液中有空气。
⑤主缸、轮缸皮碗、活塞或缸筒磨损过度。
⑥主缸进油孔、补偿孔或储液室(罐)通气孔堵塞。
⑦主缸出油阀、回油阀不密封;活塞复位弹簧预紧力太小;活塞前端贯通小孔堵塞或主缸皮碗发粘、发胀。
⑧轮缸皮碗发粘、发胀。
⑨增压器或助力器效能不佳或失效。
⑩油管凹瘪或软管内孔不畅通。
⑪制动踏板自由行程太大。
⑫制动蹄磨擦片与制动鼓(盘)靠合面不佳或制动间隙调整不当。
⑬制动蹄摩擦片质量欠佳或使用中表面硬化、烧焦、油污及铆钉头露出。
⑭制动鼓磨损过甚或制动时变形。
⑮制动油管工作时胀大。

3. 诊断及排除方法

①踩下制动踏板若踏板位置太低,则连续两次或几次踩踏板,若其高度随之增高且制动效能好转,则应检查制动踏板自由行程及制动罪间隙。
②维持制动时踏板的高度,若缓慢或迅速下降,说明制动管路某处破裂、接头密封不良、轮缸皮碗密封不良或主缸皮碗、皮圈密封不良等。可首先踏下制动踏板,观察有无制动液渗漏部位。若外部正常,则应检查修理主缸故障。
③连续几脚制动时,踏板高度仍过低,并且在第一脚制动后,感到总泵活塞未回位,踩下制动踏板即有总泵椎杆与活塞碰击响声,系总泵皮碗破裂或其复位弹簧太软。
④连续几次制动时踏板高度稍有增高,并有弹性感,说明制动管路中渗入空气。
⑤连续几次制动时,踏板均被踩到底,并感到踏板毫无反力,说明总泵储液室内制动液严重亏缺。
⑥连续几次制动时踏板高度低而软,系总泵进油孔或储液室螺塞通气孔堵塞。

⑦一脚或两脚制动时,踏板高度适当但太硬且制动效能不良。首先应检查真空助力器的工作性能;其次检查油管是否有老化、凹瘪、制动液是否太稠;最后检查制动器各轮摩擦片的磨损情况,以及与制动盘(鼓)的间隙。

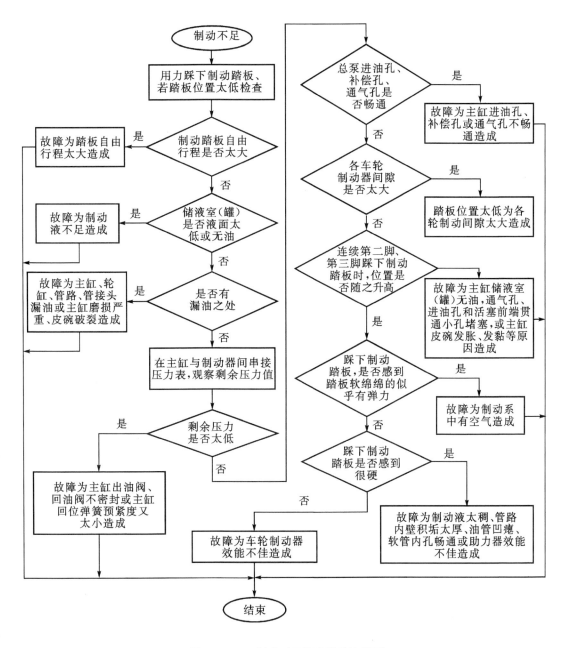

图 8-8-1 制动不灵故障排除流程图

8.8.2 制动失效

1. 现象

踩下制动踏板,车辆不减速,即使连续几脚制动也无明显减速作用。

2. 原因

①主缸内无制动液。
②主缸皮碗严重破裂或制动系有严重的泄漏之处。
③制动软管或金属管断裂。
④制动踏板至主缸的连接脱开。

3. 诊断及排除方法

首先检查主缸储液室内制动液是否充足,若不足则观察泄漏之处。若主缸推杆防尘套处的制动液泄漏严重,多属主缸皮碗踩翻或严重损坏,若车轮制动鼓边缘有大量制动液,则说明该轮轮缸皮碗压翻或严重破损。制动失效故障排除流程图如图8-8-2所示。

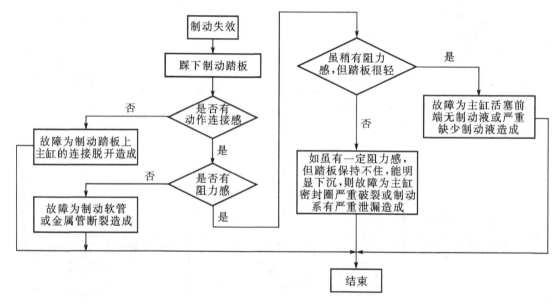

图8-8-2 制动失效故障排除流程图

8.8.3 制动跑偏

1. 现象

汽车制动时,车辆行驶方向发生偏斜。

2. 原因

汽车制动跑偏的根本原因是左右制动力不等,具体表现如下。
①左右车轮制动摩擦片与材料不一或新旧程度不一。
②左右车轮制动蹄摩擦片与制动鼓(盘)的接触面积、位置不一样或制动间隙不等。
③左右车轮轮缸的技术状况不一,造成起作用时间或张开力大小不等。
④左右车轮制动蹄复位弹簧拉力不一。
⑤左右车轮轮胎气压、直径、花纹或花纹深度不一。
⑥左右车轮制动鼓的厚度、直径、工作中的变形程度和工作面的粗糙不一。
⑦单边制动管凹瘪,阻塞或滑油;单边制动管路或轮缸内有气阻。
⑧单边制动蹄与支承销配合紧或锈蚀。
⑨车架车桥在水平平面内弯曲,车架两边的轴距不等或前钢板弹簧刚度不等。

4. 诊断及排除方法

汽车路试制动,根据轮胎印迹(非 ABS 车辆或 ABS 不工作时)情况查明制动效能不良的车轮。可先检查该轮制动管路是否漏油、轮胎气压是否充足,若正常则检查制动蹄与制动鼓的间隙是否符合规定,否则予以调整。如仍无效,可检查轮缸内是否渗入空气,若无渗入空气,则应拆下制动器,按原因逐一检查制动器各件。

若各轮拖印基本符合要求,但制动仍跑偏,说明故障不在制动系,应检查车架和前轴的技术状况。制动跑偏故障排除流程图如图 8-8-3 所示。

8.8.4 制动拖滞

1. 现象

抬起制动踏板后,全部或个别车轮的制动作用不能立即完全解除,以致影响了车辆重新起步,加速行使或滑行。

2. 原因

①制动踏板无自由行程。
②制动踏板与其轴的配合缺油、锈污或踏板复位弹簧脱落、拉断及拉力太小等。
③主缸活塞复位弹簧折断或顶紧力太小,皮碗的长度太大或皮碗发胀、发粘;补偿孔被污物堵塞。
④轮缸皮碗发胀、发粘或活塞犯卡。
⑤制动蹄复位弹簧脱落、折断或弹力下降。
⑥制动蹄与支承销锈污。
⑦制动蹄与制动鼓(盘)的间隙调整不当,制动放松后仍局部摩擦。
⑧通往各轮缸的油管凹瘪或堵塞。
⑨不制动时增压器辅助缸活塞中心孔打不开。
⑩轮毂轴承松旷。

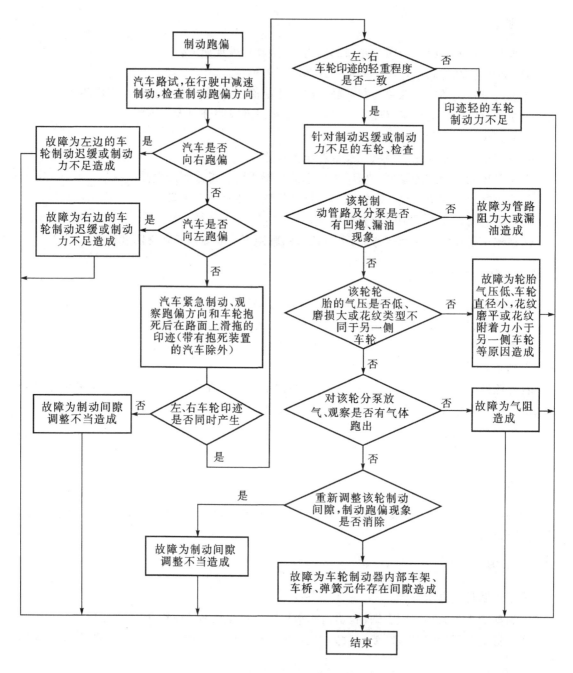

图 8-8-3 制动跑偏故障排除流程图

3.诊断及排除方法

先判断故障是在主缸还是车轮制动器。行车中出现拖滞,若所有制动鼓均过热,表明主缸有故障。若个别制动鼓过热,则属于该轮制动器工作不良。维修作业后出现制动拖滞,可将汽车举升,变速器置于空挡并放松手制动,然后转动各车轮再踏下制动踏板。若抬起制动踏板后,各轮均难以立即扳转,则故障在主缸,如个别轮不能立即转动,说明该轮制动器有故障。制动拖滞故障流程图如图 8-8-4 所示。

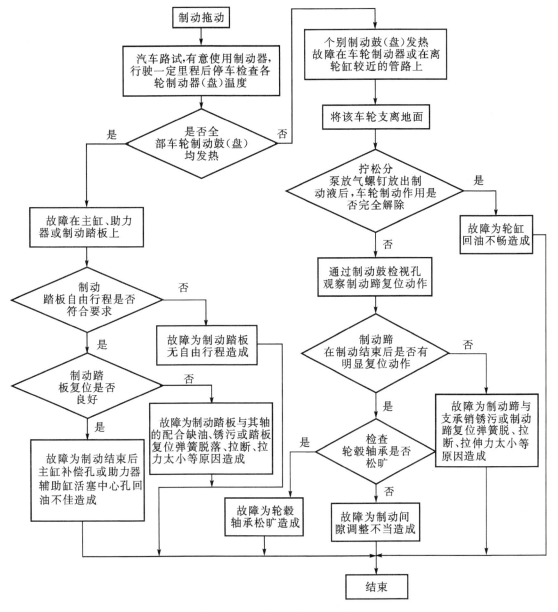

图 8-8-4 制动拖滞故障流程图

① 若故障在主缸时,应先检查踏板自由行程。若自由行程正常,可拆下主缸储液盖,踩踏制动踏板,观察回油情况,如不回油,为回油孔堵塞。如回油缓慢,可检查制动液是否太脏、粘度太大。如制动液清澈,则应拆检主缸。

② 个别车轮制动器拖滞,可架起该车轮,旋松其轮缸放气螺钉,如制动液随之急速喷出且车轮即刻旋转自如,说明该轮制动管路堵塞,轮缸未能回油。如旋转车轮仍拖滞,可检查制动间隙。如上述均正常,则检修轮缸。

8.8.5 ABS、ASR、ESP 的自诊断

ABS（电子防抱死系统）控制单元是有自诊断能力的。自诊断是针对系统的电气/电子零件而言的，它只辨认影响电子信号的故障。我们以奥迪车系讲述，自诊断功能有故障阅读仪 V.A.G1551 或 V.A.G1552 完成。

故障诊断与排除流程图如图 8-8-5 所示。

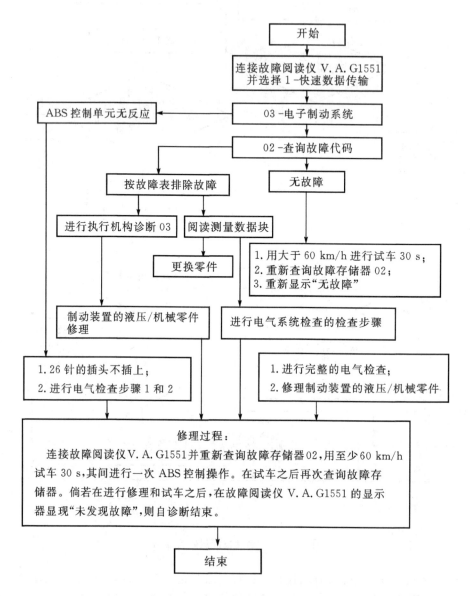

图 8-8-5 故障诊断与排除流程图

8.9 案例分析

8.9.1 案例一:迈腾轿车右前轮制动后解除不彻底

1. 现象

一辆一汽迈腾轿车行驶时感觉车辆阻力很大,下车检查,发现右前制动盘温度特别高,判定是右前轮制动后解除不彻底。经检查制动钳上导向销动作不灵活,用润滑油润滑后,情况有所改变,但不久后,右前轮制动后解除不彻底。

2. 维修

该车前轮采用的是浮动卡钳型盘式制动器,制动盘和前轮轮毂装在一起,制动钳壳体通过两个螺栓使用导向销与支架连接并可沿导向销相对滑动。

单轮制动后解除不彻底的原因如下。

①制动管变形。
②制动分泵活塞密封圈老化、变形、发胀、卡死。
③制动钳损坏、卡死。

经检查制动管没有变形,制动分泵活塞密封圈弹性良好。

拆下制动钳下导向销螺栓,沿制动钳上导向销移动制动钳,感觉发卡。取下上导向销,经检查导向销弯曲变形。

更换上导向销后,故障排除。

在维修中经常发现制动钳中有一个导向销损坏的情况,这主要是由于安装制动块的方法不对造成的。更换新制动块时,需将分泵活塞压回,这时应使用专用工具,而有些维修人员采取拆下一个导向销,保留一个导向销,用撬棒强行压入活塞的方法,这样做很容易造成导向销弯曲,因此在维修工作中一定要注意这个问题。

8.9.2 案例二:一汽宝来轿车慢踩制动踏板或高速行驶时制动不良

1. 现象

一辆上一汽宝来轿车已行驶 128 000 km,车辆高速行驶时,松开加速踏板制动时,制动踏板能踩到底,但感觉制动不良。慢踩制动踏板时几乎没有制动效果,要两脚制动才行。

2. 维修

按技术要求,制动液应要求两年更换一次,此车已使用 3 年多,行驶十多万公里,但没有更换过制动液,因此我们先更换了制动液,试车时,发现故障有所好转,但慢踩制动踏板时还是感觉制动不良。怀疑是制动总泵泄油,更换制动总泵后制动恢复正常。

制动液在使用过程中会吸收空气中的水分,其沸点降低,产生气阻,同时腐蚀制动系统部件,加速制动泵内皮碗的老化,造成制动不良的故障,因此制动液应定期更换。

制动总泵内皮碗泄油后,会出现慢踩制动踏板时制动不良但紧急制动或两脚制动后才会有制动效果的故障。车辆在高速行驶遇紧急情况松开加速踏板制动时,由于进气歧管内空气流速突然降低,根据流体力学原理其压力会增高,真空助力的作用会减小,这与慢踩制动踏板制动时的情况相似,所以制动总泵内皮碗泄油后会明显感觉到高速行车时制动力降低。

8.9.3 案例三:富康轿车制动时车身抖动

1. 现象

一辆富康 1.6iAL 轿车,已行驶了 67 000 km。此车在 80~100 km/h 的车速制动时,车身严重抖动。不加速时车辆的加速性、行驶稳定性极佳。该车曾在 60 000 km 时出过一次交通事故,事后在某特约服务站维修,换过底托架、两侧三角臂、右侧减震器、右前制动盘及摩擦片,还测量并调校了轴距。修车后车主!感觉到制动时车身抖动。

2. 维修

试车时发现,车速达到 80 km/h 时踩制动踏板,车身抖动厉害,且转向盘也抖动,制动踏板也有轻微的振动。检测该车的定位参数,发现前轮前束值超过允许值 5 mm。对前束调整后试车,制动时转向盘不再抖动,但车身依然抖动。

此前别的维修人员已对此车制动系统做过了全面的检查,并在找不到故障原因的情况下,对制动系统元件进行了大换血,更换了两前轮制动卡钳、两后轮制动鼓、摩擦片、制动分泵及制动总泵,并考虑到此车出过交通事故,更换了转向节、两前减震器等,但问题还是没有解决。

用制动系统压力检测仪检测制动压力,踩制动踏板时车身抖动,检测仪显示压力在 3 MPa 附近摆动。采用切断制动力连接的方法进行故障诊断。富康 ZX 系列轿车采用的是 X 型对角线布置双管路液压制动系统。用专门制作的专用螺栓堵死制动总泵的右前、左后轮出油口进行试车时,制动时的车身仍然抖动;恢复右前、左后轮制动力,堵死总泵左前、右后轮出油口进行试车,制动时车身不再抖动。恢复左前轮制动力试车,车身依然不抖动,说明故障就出在有右后轮。

对右后轮的制动鼓进行测量,发现制动鼓的圆跳动量稍大了一些,更换了一个圆跳动量为 0.05 mm 的制动鼓,试车时,车身不抖动了。

习 题

1. 思考题

(1)什么是摩擦制动器?它是如何分类的?各自的结构特点如何?
(2)什么是双领蹄式制动器?其结构特点如何?
(3)叙述浮钳盘式制动器的工作原理与组成。
(4)什么是制动器间隙?其大小对制动性能有何影响?
(5)液压制动传动装置由哪些部分组成?
(6)叙述液压制动主缸的构造和工作原理。
(7)叙述制动防抱死装置的组成和工作原理。

(8)叙述 BOSCH 生产的 ESP 系统的组成和工作原理。

(9)叙述浮式制动钳的检修。

(10)叙述 ABS 主要部件的检修

2. 选择题

(1)下列制动系统中能使下长坡的汽车进行制动的是(　　)。

　A.行车制动　　　　　　B.驻车制动

　C.第二制动　　　　　　D.辅助制动

(2)真空助力器作用于(　　)。

　A. 主缸推杆上　　　　　B.制动踏板上

　C. 主缸通向轮缸的管路上　D.辅助缸的活塞上

(3)在液压制动传动装置中,制动踏板的自由行程取决于(　　)。

　A. 主缸推杆与活塞间的间隙和制动蹄摩擦片与制动鼓间的间隙之和

　B. 主缸推杆与活塞间的间隙

　C. 制动蹄摩擦片与制动鼓之间的间隙

　D. 主缸推杆与活塞间的间隙和制动蹄摩擦片与制动鼓之间的间隙之差

(4)ABS 发挥正常作用是在(　　)

　A.制动系统处于任何状态下都起作用

　B.制动系统各机构完全正常的情况下

　C.原制动系统失效也能起作用

　D. 在车轮完全抱死时起作用

(5)在汽车制动过程中,汽车和地面的附着系数(　　)。

　A.与轮胎类型无关　　　B.随滑移率的变化而变化

　C.始终为常数　　　　　D.逐渐减小

(6)汽车制动效能随制动器工作温度的升高而(　　)。

　A 不变　　B.减弱　　C.增强　　D.先减弱后增强

(7)(　　)会造成汽车制动跑偏。

　A.涉水　　　　　　　　B.制动热衰退

　C.制动力增长过慢　　　D.左、右轮制动力增长不一致

(8)对液压制动的汽车连续踏几次制动踏板后,踏板能升高但感觉制动踏板有弹性,这是因为(　　)。

　A.制动主缸皮碗损坏、顶翻　B.液压系统有空气或制动液汽化

　C.液压系统有渗漏　　　D.制动液牌号不对

(9)ABS 将汽车滑移率控制在(　　)。

　A.10%~15%　　　　　B.15%~30%

　C.20%~30%　　　　　D.30%~40%

(10)本田车系 ABS 采用的是(　　)制动力调节器。

　A.液压调节可变容积式　B.电动机调节可变容积式

　C.循环式　　　　　　　D.定容式

参考文献

[1] 曲英凯,刘利胜. 汽车底盘构造与维修.[M]. 北京:人民交通出版社,2011.

[2] 杨罗成. 汽车底盘构造与维修.[M]. 成都:西南交通大学出版社,2014.

[3] 谢剑. 汽车底盘构造与维修.[M]. 北京:中国铁道出版社,2010.

[4] 高光辉,段伟. 汽车底盘构造与维修.[M]. 合肥:中国科学技术大学出版社,2014.

[5] 邹喜红. 汽车故障诊断技术.[M]. 北京:中国铁道出版社,2011.

[6] 王遂双. 汽车电子控制系统的原理与检修(底盘和车身部分).[M]. 北京:北京理工大学出版社,1998.

[7] 周林福. 汽车底盘构造与维修.[M]. 北京:人民交通出版社,2005.

[8] 徐石安. 汽车构造——底盘工程.[M]. 北京:清华大学出版社,2008.

[9] 魏建秋,蒋耘农. 国产大众系列轿车维修手册.[M]. 北京:金盾出版社,2009.

[10] 鲁植雄,刘奕贯. 大众车系维修体验.[M]. 北京:电子工业出版社,2012.